BASTEI
LÜBBE

Über dieses Buch:
Man schreibt das Jahr 1930, Arbeitslosigkeit, Armut und Hunger sind das tägliche Brot breiter Bevölkerungsschichten in Irland, und Straßenkinder sind Bestandteil dieser Armut. Sie werden in kirchliche Fürsorgeheime gegeben, wenn sie Glück haben, findet sich eine Familie, die sie adoptiert, staatliche Unterstützung der Herkunftsfamilie ist nicht vorgesehen. J. P. Rodgers erzählt in diesem Buch die Geschichte seiner Mutter – und seine eigene Geschichte. Es ist die Geschichte einer Mutter und eines Sohnes, die eine zweite Chance erhalten.

Über den Autor:
John Paschal Rodgers wurde in Tuam/ Irland in einem Heim für ledige Mütter geboren. Im Alter von dreizehn Monaten wurde er zur Adoption freigegeben. Nach vielen Jahren der Trennung trafen Mutter und Sohn sich wieder und lernten sich – zum zweiten Mal – kennen. Nach einigen Jahren in England lebt J. P. Rodgers heute mit seiner Frau in Irland.

J. P. Rodgers

Die Liebe meiner Mutter

Sie nahmen ihr die Freiheit.
Sie nahmen ihr Kind.
Aber niemand konnte ihr den Mut nehmen.

Aus dem Englischen von
Isabell Lorenz

BASTEI LÜBBE

BASTEI LÜBBE TASCHENBUCH
Band 61627

1. Auflage: März 2008
2. Auflage: September 2009

Deutsche Erstausgabe
Bastei Lübbe Taschenbücher in der Verlagsgruppe Lübbe

First published in Ireland in 2005 by MacRuariri Art
First published in the UK in 2006 by
HEADLINE PUBLISHING GROUP
Titel der englischen Originalausgabe:
FOR THE LOVE OF MY MOTHER
Für die deutschsprachige Ausgabe:

Lektorat: Andrea Kalbe, Berlin
Titelbild: © H. Armstrong Roberts/CORBIS
Umschlaggestaltung: Marina Boda
Satz: Textverarbeitung Garbe, Köln
Druck und Verarbeitung: CPI – Ebner & Spiegel, Ulm
Printed in Germany
ISBN 978-3-404-61627-5

VORWORT

Bestenfalls könnte man mein Leben als völliges Desaster beschreiben. Ich wollte so viel, versuchte mich in so vielen Projekten, manche gut, manche schlecht, die entweder im Sand verliefen oder nicht zu Ende gebracht wurden. Wie auch immer man es betrachten will: Gut war es nicht. Kurz gesagt, was ich meine, ist Folgendes: Ich war womöglich der erfolgreichste Versager, der je aus Irland kam. Ein gutes Buch aber wollte ich mein ganzes Leben schon schreiben. Zwar habe ich alle Vorarbeiten für ein Buch abgeschlossen, die inzwischen irgendwo im Haus Staub ansetzen, aber das Thema drängte sich nicht gerade auf. Zugegeben, da sind Theaterstücke, Gedichte, Kurzgeschichten – oder Teile davon, sollte ich vielleicht sagen –, aber alles ohne Ziel. Jetzt dagegen, da ich mich dem Herbst des Lebens nähere, unternehme ich eine einzige Riesenanstrengung, um ein gutes Buch zu schreiben und die Gespenster der Vergangenheit zu beschwichtigen. Doch wo soll ich anfangen? Soll ich mit dem Bericht eines einsamen Tages in meiner Jugend anfangen oder mit der Geschichte meiner Mutter, deren Leben mit meinem so eng verstrickt ist, einer Geschichte, die mich wirklich verfolgt? Ehe ich das nicht erledigt habe, sind alle anderen Schreibversuche wohl sinnlos.

27. April 1997, 5.00 Uhr

J. P. Rodgers

KAPITEL 1

An einem Freitagmorgen, dem 3. März 1930, hat diese ganze scheußliche Geschichte wohl begonnen. Es war die Art Morgen, an dem man sich wünscht, man wäre besser im Bett geblieben, statt dem schneidend kalten Wind die Stirn zu bieten, der durch die verdreckten Straßen des alten Dublin fegte, in Richtung des Metropolitan Courthouse, dem Gerichtsgebäude im Norden der Stadt.

Doch trotz beißenden Windes und strenger Kälte lungerten einige rotznäsige kleine Racker beim Smithfield Market in der Nähe des Gerichts herum, bereit, das bisschen zu stehlen, das ihnen unter die Finger kam, denn sie wollten versuchen, die anwachsende Hungersnot einzudämmen. Und auf jeden flinkfüßigen, erfolgreichen kleinen Racker, der die Straßen unsicher machte, kam wenigstens ein halbes Dutzend weiterer kleiner Kinder, die in verdreckten Hauseingängen hockten, erbärmlich weinten und um Almosen bettelten.

Gelegentlich musste der schwächste kleine Racker einen bitteren Preis zahlen und im nahegelegenen Metropolitan Courthouse vor Gericht erscheinen. Und so kam es, dass an jenem Morgen in dem düster wirkenden viktorianischen Gebäude Oberrichter Cussens stand und dankbar zur Kenntnis nahm, dass es warm im Gebäude war. Er schickte sich an, die Perücke aufzusetzen und die Robe überzuziehen, ehe er seine Privaträume verließ, um den Verhandlungen des Tages vorzusitzen.

In dem Moment, als er die Tür öffnete und den Gerichtssaal betrat, befahl der Protokollführer der versammelten Menge: »Die Anwesenden mögen sich erheben.« Der gut gefüllte Saal voller Anwälte, Polizisten und all jenen, die auf ihren Prozess warteten, erhob sich sofort, als der Richter würdevoll durch die Tür schritt und auf die Richterbank zuging. Dort gab er mit einem Kopfnicken zu verstehen, der Prozesstag könne beginnen. Als der Protokollführer sich überzeugt hatte, dass Richter Cussens bereit war, ließ er die versammelte Menge Platz nehmen und rief den ersten Fall auf.

»Euer Ehren, das hohe Gericht ruft den Fall Clancy gegen Rodgers auf. Klägerin ist Rose Clancy, Beklagte Bridgit Norah Rodgers.«

Eine halbe Ewigkeit schien die große Stille zu dauern, die sich über die versammelte Menge gesenkt hatte, während gleichzeitig unauffälliges Kopfnicken und Flüstern zwischen Rose Clancy und Michael Corcoran hin und her ging; Corcoran war ein junger Polizist, der in Rose Clancys Namen geladen worden war. Dann stand Corcoran auf und betrat zögerlich den Zeugenstand, wo er die kleine schwarze Bibel zur Hand nahm und schwor, die Wahrheit zu sagen, die reine Wahrheit und nichts als die Wahrheit …

Als sich der junge Polizeibeamte auf Aufforderung des Richters gesetzt hatte, warf er nervös einen Blick in seine Notizen, ehe er im Namen der Klägerin die Anklage verlas. »Euer Ehren, nach einer Beschwerde von Rose Clancy, die am 21. Februar 1930 um genau 14.30 Uhr einging, begab ich mich zum Markt bei der Chancery Street in besagten Stadtteil von Dublin, wo mir ein kleines Kind weiblichen Geschlechts in erbärmlichem und unordentlichem Zustand auffiel. Die Kleine weinte jämmerlich und bettelte, wobei sie den Passanten ein leeres Gefäß entgegenstreckte. Nach einigen Nachforschungen ergab sich für mich folgendes Bild: Das Kind ist Katholikin, getauft auf den Namen Bridgit Norah Rodgers. Das Geburtsdatum wird mit 13. September 1927 angegeben und die Anschrift mit North Great Clarence Street 44 in Dublin, zuletzt jedoch wohnhaft in Bluebell, Inchicore, in der Grafschaft Dublin. Weitere Nachforschungen ergaben, dass es die Adresse North Great Clarence Street 44 nicht mehr gibt, es existiert nur noch ein verlassenes, verfallenes Grundstück. Zum gegenwärtigen Zeitpunkt scheint die Beklagte

Bridgit Norah Rodgers moralisch ernsthaft gefährdet zu sein, denn es fehlt ihr die Unterstützung einer Familie, und es ist nicht bekannt, wer derzeit die gesetzlichen Erziehungsberechtigten sind. Dies, Euer Ehren, erkläre ich wahrheitsgemäß und schließe meinen Bericht.«

Oberrichter Cussens räusperte sich und erwiderte: »Was für Zustände … Da meinen die Leute, sie könnten ihre Sprösslinge wie einen unerwünschten Wurf junger Katzen auf den Straßen Dublins aussetzen.« Dann wandte er sich an den Polizeibeamten Corcoran und fügte hinzu: »Danke, Mr. Corcoran, Sie dürfen den Zeugenstand verlassen.«

Michael Corcoran stand rasch auf, seufzte erleichtert und zupfte sich die Aufschläge seiner adretten Uniformjacke zurecht. Dann marschierte er flott ganz nach hinten in den Gerichtssaal, während die Klägerin Rose Clancy in den Zeugenstand gerufen wurde.

Rose Clancy, die einen dreiviertellangen dunkelblauen Mantel und einen dazu passenden Hut mit breiter Krempe trug, war eine etwa fünfundvierzigjährige unverheiratete Frau aus Dublin. Sie war erfüllt von dem glühenden Wunsch, aus der Straße, in der sie wohnte, alle unerwünschten obdachlosen Kinder zu entfernen. Sie machte einen irgendwie überheblichen Eindruck, als wolle sie zu verstehen geben, sie sei die Größte, und sie hatte einen schmalen Mund, der nie zu lächeln schien. Außerdem hatte sie einen wenig schmeichelhaften Gang, der den Leuten ein Schmunzeln entlockte, als sie ihren Platz im Zeugenstand einnahm.

Nach den üblichen Belehrungen durch den Richter und den Angaben zur Person berichtete Rose Clancy, wie sie das Kind entdeckt hatte und dass es ihr glühender Wunsch sei, aus der Gegend um den Smithfield Market ein für alle Mal die Straßenkinder zu entfernen.

Während Rose Clancy ihre Rede hielt, nahm Richter Cussens die Lesebrille ab und musterte die Klägerin mit kaltem Blick aus wachen Augen, ehe er fragte: »Miss Clancy – so darf ich Sie doch nennen –, ich nehme an, Sie sind nicht verheiratet?«

»Nein, Euer Ehren … ich bin nicht verheiratet.«

»Helfen Sie meinem Gedächtnis ein wenig auf die Sprünge, seien Sie so gut, ich glaube … wir sind uns schon einmal begegnet, nicht wahr?«

»Jawohl, Euer Ehren, in meiner Eigenschaft als Mitglied des Kinderschutzbundes habe ich schon einmal bei Gericht beantragt, ein Kind möge der staatlichen Fürsorge übergeben werden. Es handelte sich um einen zehnjährigen Jungen, der zwei kleine frisch gebackene Kuchen gestohlen hatte, und zwar von meinem …«

»Oh ja, natürlich! Wie konnte ich das nur vergessen!«, unterbrach sie der Richter beiläufig, ehe er fragte: »Und was können Sie mir nun über Bridgit Norah Rodgers sagen?«

»Bridgit Norah Rodgers ist, nach allem, was ich weiß, ein uneheliches Kind, Euer Ehren. Niemand scheint zu wissen, wer die leiblichen Eltern sind. Standesamtlich eingetragen ist Colleen Rodgers als leibliche Mutter, deren Cousine Mary Harte aus Bluebell, Inchicore, sich wohl um das Kind kümmern sollte …«

»Verzeihung, da muss ich Sie gleich unterbrechen. Sie haben gesagt, niemand scheint zu wissen, wer die leiblichen Eltern sind, und dann erzählen Sie mir, leibliche Mutter des Kindes sei Colleen Rodgers. Da scheint doch wohl ein Widerspruch vorzuliegen, oder?«

»Ja, doch … Euer Ehren. Colleen Rodgers ist die Mutter, aber ich …«

»Und wo ist die Mutter?«

»Sie soll in London leben, sie ist offenbar fortgelaufen.«

»Und was hat es mit dieser famosen Cousine auf sich? Wieso kann die sich denn nicht um das Kind kümmern und die Kleine davon abhalten, auf der Straße herumzulungern wie eine Figur aus einem Roman von Charles Dickens?«

»Mary Harte hat sechs eigene Kinder, Euer Ehren. Sie arbeitet als Obstverkäuferin auf dem Markt von Smithfield, ihr Mann hat nämlich Tuberkulose.«

»Na, ein Glück, dass sie nicht auch nach London gegangen ist, sonst wären wir jetzt in ziemlichen Schwierigkeiten. Wie ist denn gegenwärtig der Gesundheitszustand des Kindes? Weiß jemand, ob die Kleine einem Arzt vorgestellt wurde?«

»Sie wurde von meinem eigenen Arzt untersucht, Euer Ehren, und ist bei guter Gesundheit, wenn auch etwas unterernährt.«

»Wie alt ist sie, und wo ist sie jetzt?«

»Sie ist zweieinhalb, und sie ist hier im Saal anwesend, Euer Ehren«, sagte Miss Clancy und deutete nach hinten auf ein schwächlich wirkendes Kind, das spielerisch versuchte, Michael Corcoran, dem Polizisten, der ein Auge auf sie hatte, einen Ball zuzuspielen.

»Gegenwärtig befindet sie sich in der Obhut des Kinderkrankenhauses in der Harcourt Street, doch da man dort nicht in der Lage ist, Verantwortung für ihr weiteres Wohlergehen zu übernehmen, muss eine geeignete Unterbringungsmöglichkeit für sie gefunden werden.«

Wieder setzte der Richter seine Hornbrille ab und schaute hinunter in den Gerichtssaal, wo er Bridgit Norah Rodgers einen roten Ball aufnehmen und fröhlich herumtanzen sah.

»Hm! Das ist ja nun wirklich ein schmächtiges Mädel«, meinte der Richter, ehe er seine Aufmerksamkeit wieder der Klägerin im Zeugenstand widmete.

»Haben Sie noch etwas zu sagen, Miss Clancy?«

»Mit Erlaubnis des hohen Gerichts, Euer Ehren, beantrage ich die Unterbringung sämtlicher Straßenkinder aus meiner Gegend in staatlichen Einrichtungen, wo sie zweifellos in angemessener Weise versorgt werden und auch eine Art religiöser Unterweisung und Berufsausbildung erhalten.«

Als Richter Cussens das hörte, verzogen sich die jovialen Züge seines rundlichen Gesichts wieder zu einer Grimasse, und er bemerkte: »Ob das hohe Gericht es nun erlaubt oder nicht, so scheint doch offensichtlich, dass in Bezug auf dieses Kind gewisse gerichtliche Anordnungen erlassen werden müssen. Doch bevor Sie den Zeugenstand verlassen, Miss Clancy, lassen Sie mich noch hinzufügen, dass Sie zwar gute Absichten haben mögen, Sie aber dennoch ernsthaft in Erwägung ziehen sollten, eine

Art Zufluchtsstätte in Ihrer näheren Umgebung einzurichten, in der diese ›Straßenkinder‹, wie Sie sie nennen, betreut werden können. Dann müssten Sie die Kinder nicht ständig vor dieses Gericht bringen. Das ist alles, Miss Clancy«, fügte er hinzu und schob sofort die sich auf diesen Fall beziehende Akte zur Seite, ehe er im Flüsterton einige Sätze mit dem Protokollführer wechselte.

In der Zwischenzeit reckte Miss Clancy die Nase in die Luft, stapfte vom Podium herunter und trottete unelegant in den hinteren Bereich des Gerichtssaals, um auf das Urteil zu warten. Sie hielt den Kopf hoch und lächelte trocken, als der Richter den Hammer aufnahm und ihn dreimal auf den Richtertisch niederfahren ließ.

»Das Urteil im Fall Bridgit Rodgers gegen Rose Clancy wird heute Nachmittag um fünfzehn Uhr verkündet.«

Als Rose Clancy das hörte, sprach sie noch einmal kurz mit Michael Corcoran und verließ dann den Gerichtssaal. Das Kind Bridgit Rodgers ließ sie in der Obhut des Polizeibeamten. Der nahm nur zu gern die Hand, die die Kleine ihm entgegenstreckte, und ging mit ihr in ein Café in einer Nebenstraße, wo er für sie beide Tee und Gebäck bestellte.

Um Punkt fünfzehn Uhr saß nur eine Hand voll Leute im Gerichtssaal, als der Richter hereinkam, um das abschließende Urteil zu verkünden. »Im Fall der Klägerin Miss Rose Clancy gegen die Beklagte Bridgit Norah Rodgers befindet das Gericht Folgendes für rechtens: Bridgit Rodgers, die das vierzehnte Lebensjahr noch nicht vollendet hat und die – soweit sich feststellen ließ – am 13. September 1927 geboren ist und zurzeit in Bluebell, Inchicore, in der Grafschaft Dublin wohnt, wurde am 21. Februar 1930 in der Chancery Street im gleichnamigen Verwaltungsbezirk beim Betteln angetroffen.

Der Rat besagter Grafschaft erhielt Gelegenheit, gehört zu werden, und ist von der Notwendigkeit überzeugt, besagtes Kind in staatliche Obhut zu nehmen, indem besagtes Kind in eine staatlich geprüfte Erziehungsanstalt einzuweisen sei.

Die Konfession besagten Kindes scheint römisch-katholisch zu sein.

Hiermit wird verfügt, dass besagtes Kind mit sofortiger Wirkung in die Erziehungsanstalt in Clifden in der Grafschaft Galway eingewiesen wird.

Bei besagter Anstalt handelt es sich um ein Institut, das in Übereinstimmung mit den Lehren der römisch-katholischen Kirche geleitet wird. Die Leiter der Anstalt erklären mit Datum von heute, dass sie gewillt seien, besagtes Kind mit Datum vom 5. März 1930 aufzunehmen. In der Anstalt hat besagtes Kind bis zum 12. September 1943 einschließlich zu verbleiben, aber keinen Tag darüber hinaus.

Ferner wird verfügt …«

»Herr im Himmel, Euer Ehren! Sie sind ja wohl nicht ganz dicht oder was …«, ertönte laut eine Stimme im Gerichtssaal, und Mary Harte, eine korpulente Frau mittleren Alters, schoss von ihrem Platz bei der Tür nach vorn und versuchte, das Kind zu packen, das neben dem Polizeibeamten Corcoran stand. »Der ihre Mutter dreht durch, wenn die erfährt, dass man ihr das Würmchen …«

»Ruhe im Saal! Ruhe!«, kam die laute Ermahnung von der Richterbank, als Richter Cussens auf den Holztisch einhämmerte. »Eine derartige Störung in meinem Gericht dulde ich nicht!«, fügte er hinzu, als es zu einem kleineren Handgemenge kam. Die Polizisten versuchten, Mary Harte davon abzuhalten, des Kindes habhaft zu werden, das inzwischen jämmerlich weinte und sich an Mr. Corcoran klammerte.

»Ach was, Ruhe, da scheiß ich doch drauf! Sie haben doch keinen blassen Schimmer, was Kinder angeht. Sie haben in Ihrem ganzen Leben doch noch nicht mal eine verdammte Muschi zu Gesicht gekriegt …«

»Ruhe im Saal! Ruhe! Entfernen Sie unverzüglich diese gewalttätige Person aus dem Gerichtssaal …«

Daraufhin trugen zwei oder drei kräftige Polizisten eine kreischende Mary Harte aus dem Saal, und einen Augenblick lang schien sich eine seltsame Stille über das gesamte Gericht zu senken, bis ein lauter, jammervoller Schrei von Bridgit Norah Rodgers zu vernehmen war. Sie klammerte sich an das Hosenbein des Polizeibeamten Michael Corcoran, während der aufgebrachte Richter den Hammer hob, ihn schwer niederfahren ließ und bestätigte: »Das Urteil ist rechtskräftig für die Beklagte.«

Die Würfel waren gefallen.

KAPITEL 2

Eine Zeit lang hatte das Straßenkind Mühe, sich an die neue Umgebung in der Erziehungsanstalt St. Joseph's zu gewöhnen. Das Heim war eine festungsähnliche Einrichtung. Es lag auf einem kleinen Hügel mit Blick auf das malerische Städtchen Clifden an Irlands äußerster Westküste direkt am Atlantik.

An warmen Sommersonntagen wurde Bridgit Norah Rodgers – die von den Nonnen inzwischen liebevoll Bridie Rodgers genannt wurde – gelegentlich mit einer Gruppe Gleichaltriger auf kurze Spaziergänge auf die berühmte Sky Road in Clifden geführt. Diese seltenen Ausflüge sollten eine Besonderheit ihrer Sommertage in St. Joseph's werden, wo sich der Himmel und die weite Fläche der See Meilen über Meilen zu erstrecken schienen. Aber so ganz reibungslos verlief nicht alles. Denn kaum hatte sich Bridie in St. Joseph's mit anderen Kindern angefreundet, verschwanden sie plötzlich wieder, wenn sie zu Familien in Pflege gegeben wurden. Vor allem Jungen wurden schnell wieder fortgeschickt, damit sie auf den Farmen helfen konnten, während die Mädchen oft zu älteren Ehepaaren in Pflege gegeben wurden, wo sie die Lücken füllen sollten, wenn die Verwandten nach England oder Amerika ausgewandert waren. Wenn Bridies Freunde verschwanden, verzehrte sie sich Stunden über Stunden vor Kummer, bis die Mutter Oberin sie wieder einmal davon zu überzeugen versuchte, dass noch nicht alles verloren war.

»Aber Bridie, eines Tages wirst du auch eine neue Mama und einen neuen Papa haben.«

»Und habe ich dann auch Geschwister?«

»Vielleicht. Unter Umständen hast du sogar ganz viele Geschwister«, antwortete die Mutter Oberin, die allerdings sehr wohl wusste, dass Bridie St. Joseph's aufgrund der gerichtlichen Verfügung nicht verlassen durfte. Und immer wieder fragte sie sich, was für eine Familie das wohl sein mochte, die dieses entzückende Kind mit dem kohlrabenschwarzen Haarschopf auf den Straßen von Dublin zum Betteln schicken konnte.

Wochen und Monate später fragte Bridie die Mutter Oberin wieder: »Aber wieso kann ich denn nicht jetzt eine Mama und einen Papa haben, worauf warten wir denn noch?«

»Bridie, mein Liebes, du musst Geduld haben und abwarten, bis die richtige Mama und der richtige Papa kommen. Und außerdem, bin ich denn nicht hier deine Mama? Was wäre denn, wenn du gehst und ich hier ganz allein bin und keiner mehr auf meinem Schoß sitzt, wenn ich unser schönes Weihnachtslied singe. Singst du es noch mal für mich?«

Scheu schüttelte Bridie den Kopf, sie wollte nicht.

»Ach komm schon, bitte!«

»Und wenn ich singe und die Mundharmonika spiele, besorgst du mir dann eine neue Mama und einen neuen Papa?«

»Ich tue mein Bestes, Ehrenwort.«

»Und kriege ich dann auch Geschwister und Vettern und Cousinen und Tanten und alles?«

»Das wird sehr schwer, aber ich will es versuchen.«

Und Bridie sang das Weihnachtslied vom Jesuskind in seiner Krippe, das vom Himmel herabschauen und bis zum Morgen an ihrem Bett wachen sollte.

Diesen Tauschhandel setzte Bridie Rodgers immer wieder während ihres langen Aufenthaltes in St. Joseph's ein. Und wenn es auch, als sie älter und frecher wurde, zwischen ihr und den Schwestern so manchen Streit gab, schien doch die Zeit wie im Flug zu vergehen, bis sie eines Tages überraschend ins Büro der Mutter Oberin gerufen wurde.

Sie überlegte, was sie wohl diesmal angestellt haben mochte und ob sie wieder einmal für ein geringfügiges Vergehen wie verbranntes Brot oder zu viel Salz in der Butter bestraft würde. Doch diesmal war sie erleichtert und auch ein wenig überrascht, als die neue Mutter Oberin zu ihr sagte: »Ganz bestimmt wirst du dich freuen, Bridie, wenn ich dir jetzt sage, dass ich zu deinem sechzehnten Geburtstag eine Arbeitsstelle für dich gefunden habe. Du wirst Haushälterin bei einer wunderbaren Farmerfamilie, die in einem großen Gutshaus mit Namen Conly House wohnt. Das liegt im Dörfchen Cill Conly, etwa auf halber Strecke zwischen Tuam und Galway.«

Seit Wochen schon hatten die Nonnen bestimmte Andeutungen gemacht. An ihrem sechzehnten Geburtstag sollte sie die Erziehungsanstalt verlassen können. Zuerst hatte sie den Nonnen nicht geglaubt, und als sie sich ganz unverblümt erkundigt hatte, ob sie an ihrem Geburtstag St. Joseph's für immer verlassen dürfe, hatten die Schwestern so getan, als wüssten sie von nichts.

Bridie war verblüfft, als die Mutter Oberin hinzufügte: »... Du wirst für eine sehr wohlhabende Familie arbeiten, die O'Malleys, Gerald und Beatrice O'Malley. Ein Ehepaar mittleren Alters, die beiden haben zwei Söhne, acht und zehn Jahre alt, und ein Mädchen von zwölf. Du sollst dich um die Kinder kümmern, kochen, waschen und nähen. Von Zeit zu Zeit wirst du vielleicht ein bisschen putzen müssen. Als Gegenleistung hast du Kost und Logis frei, bekommst Kleidung einschließlich Schuhe gestellt, und jeden Sonntag hast du frei. Es sind wirklich nette Leute, und ganz bestimmt werden sie dich so behandeln, als gehörtest du zur Familie. Morgen Vormittag um zehn Uhr verlässt du uns, wenn es dir recht ist.«

»Was ist denn Undlogis?«, fragte Bridie offensichtlich entzückt.

»Das Wort heißt Logis, Kind – Logis bedeutet, dass du umsonst dort wohnen kannst. Ich dachte, dass du wenigstens das inzwischen gelernt hättest. Es bedeutet, du bekommst deine Mahlzeiten umsonst und hast ein Schlafzimmer für dich allein im Gegenzug für die Arbeit, die du leistest.«

»Und bekomme ich auch Geld dafür?«, fragte Bridie, die regelrecht entzückt über die ganze Entwicklung war. Sie erinnerte sich nur zu gut an das, was die Nonnen ihnen beigebracht hatten. Kaum etwas auf dieser Welt war so mächtig wie das Geld; die Menschen kauften und verkauften und tauschten Waren ganz nach Belieben. Und alles nur mit dem Geld, das man in der Tasche hatte und das man sich im Schweiße seines Angesichts verdiente, ob als Küchenmädchen, als Arbeiter auf einer Farm, als Besitzer eines Dorfladens oder als Bankdirektor in der Stadt.

»Ach Bridie, als Erstes musst du lernen, dass ein Mädchen wie du ohne richtige Berufsausbildung und ohne anständigen familiären Hintergrund nicht in der Position ist, etwas anderes als Kost und Logis zu verlangen. Irgendwann einmal hast du vielleicht Anrecht auf einen bescheidenen Lohn, aber im Moment sicher nicht. Im Augenblick beschränken sich deine Fähigkeiten auf die Grundbegriffe des Kochens und ein paar allgemeine Pflichten im Haushalt wie Waschen und Bügeln. Als Haushälterin eines Pfarrers wärst du wohl eher geeignet, aber etwas anderes können wir dir gerade nicht bieten. Also geh jetzt und such deine persönlichen Sachen zusammen und staple sie auf dem Bett. Ich will versuchen, einen hübschen Koffer für dich aufzutreiben, und dann schauen, ob du alles hast, was du brauchst. Natürlich werde ich ein Auge auf deine Fortschritte haben, und ich stehe zur Verfügung, wenn du mir schreibst und Rat und Hilfe brauchst«, sagte die Schwester, stand auf und begleitete Bridie den Korridor hinunter.

»Deine Arbeitgeber hast du mit Mr. und Mrs. anzusprechen, und du musst immer ›Danke, Sir‹ und ›Danke, Ma'am‹ sagen«, fuhr die Mutter Oberin fort. »Du sprichst nur, wenn du etwas gefragt wirst, und wenn du etwas haben möchtest, sagst du ›bitte‹ oder ›darf ich‹. Das hast du alles schon in der Schule gelernt, und jetzt ist es Zeit, es in die Praxis umzusetzen. Ich wünsche dir alles erdenklich Gute, Bridie«, fügte die Mutter Oberin hinzu und bog am Ende des Korridors nach rechts ab, wo es direkt zum Kloster gegenüber des großen Eingangstores ging.

Erschrocken und ungläubig saß Bridie lange in ihrem Zimmer. Denkt euch, ich darf aus St. Joseph's weg, sagte sie laut zu sich selbst. Dann rannte sie aufgeregt über das Schulgelände zur Bäckerei, denn sie wusste, dass ihre Freundin Alice dort die Öfen putzte.

»Ich darf weg! Ich darf weg!«, rief sie strahlend und hüpfte dabei auf und ab. Aber als sie Alices Reaktion sah, wünschte sie, die Freundin wäre alt genug, um mitzugehen. Doch Alice musste noch ein Jahr bis zu ihrem sechzehnten Geburtstag warten, es sei denn natürlich, eine Bauernfamilie, die dringend Hilfe brauchte, käme zu ihrer Rettung.

Nach ein paar hastig ausgetauschten Worten ging Bridie sofort in ihren Schlafsaal zurück und fing an, ihre Siebensachen zusammenzupacken. Ich kann es gar nicht abwarten, es meinen anderen Freundinnen zu erzählen, seufzte sie und setzte sich wieder. Sie ahnte, dass sie so etwas Bedeutendes noch nie erlebt hatte. In wenigen Stunden sollte ihr neues Leben beginnen. Sie würde frei sein und könnte ganz allein lange Spaziergänge machen. Mit einer Familie an einem schönen großen Tisch essen, statt ab und zu ein Häppchen hier und da zu sich zu nehmen, während sie versuchte, eine große Gruppe kleiner Kinder zu beaufsichtigen. Sie würde auf einem großen eleganten Landgut leben und hätte ihr eigenes Schlafzimmer. Und nicht nur das, sie hätte einen richtigen Vater und eine richtige Mutter, dachte sie, na, jedenfalls beinahe. Aber am wichtigsten wäre, sie könnte einen Freund haben. Etwas, das man in St. Joseph's deutlich missbilligte. Doch Bridie hatte allerlei nützliche Informationen von den erfahreneren jungen Mädchen aufgeschnappt, die aus der Stadt Galway kamen, wo jedes junge Mädchen mindestens einen Freund hatte, so schien es jedenfalls. Bridie war es egal, ob es der Sohn eines Farmers war, ein Schuhmacher, ein Kesselflicker oder ein Dachdecker, Hauptsache, sie hatte einen netten Jungen zum Freund. Vielleicht fände sie ja sogar einen Ehemann und hätte dann viele, viele Kinder. Sie hüpfte auf dem Bett auf und ab und sang vor lauter Freude: »Ich bin frei! Ich bin frei!«

Schwester Rita erschien an der Tür. »Was springst du denn da mit den schmutzigen Stiefeln auf dem Bett herum? Dein Benehmen ist abscheulich, Bridie, unanständig und dumm. Jetzt reiß dich aber mal zusammen.«

»Tut mir leid, Schwester, es ist ja nur … ich bin ja so glücklich. Vielen Dank dafür, dass Sie und die Mutter Oberin eine Stelle für mich gefunden haben. Ich will alles tun, was Sie und Schwester Bernadine mir gesagt haben, Ehrenwort.«

»Ja, ja. Dann fang mal gleich damit an«, sagte die Schwester mit strengem Blick.

»Ach, und eine Sache wäre da noch, die hätte ich beinahe vergessen«, fügte die Schwester in kaum hörbarem Flüsterton hinzu. »Du musst gut auf deine Keuschheit achten. Wir wollen dich hier nicht wiedersehen, bloß weil du dumm und unachtsam gewesen bist. Du musst dich unter allen Umständen vor unreinen Gedanken und Begierden hüten, denn leider ist die Welt voll böser Männer, die nichts weiter wollen, als deinen Körper zu besitzen, um ihrer eigenen liederlichen Lust zu frönen und so ihren Untergang herbeizuführen. Hüte dich immer davor, allein mit einem Mann zu bleiben, sei es in einem Haus, auf einem Feld oder einer Landstraße. Solltest du dich je in solch einer Lage befinden, flehe Gott um Unterstützung an und suche Zuflucht im nächstgelegenen Haus. Die Reinheit des Körpers ist Gottes größtes Geschenk an dich, also hüte sie wohl, so als hinge dein Leben davon ab. Also, wo sind denn deine sauberen Unterröcke, ich will dir beim Packen helfen«, fügte Schwester Rita nachdenklich hinzu.

»Das habe ich alles schon erledigt«, erwiderte Bridie fröhlich.

Und was um Gottes willen meinte sie nur mit ›Haus, Feld oder Landstraße‹? Gott, war die blöd. Ich werde ja wohl in einem Haus arbeiten, und was sollte ich auf einer Landstraße, dachte Bridie, als sie die Schwester den Korridor hinuntergehen sah. Dann ging sie zu den anderen Mädchen, die in der Küche das Abendessen für die Kleinen vorbereiteten.

Sie beschloss, den Rest des Abends mit ihrer Freundin Alice zu verbringen, wenn die von der Arbeit kam, und dieses neue

Problem zu besprechen. Bestimmt könnte Alice etwas Licht auf diese Sache mit der ›liederlichen Lust‹ und dem ›Untergang‹ werfen. Ganz sicher.

Am nächsten Vormittag um 10.30 Uhr saß Bridie auf dem Rücksitz eines Ford und winkte ihren Freundinnen und den Schwestern zum Abschied zu, die auf dem Kiesweg vor dem Eingang zu St. Joseph's standen, um sie zu verabschieden. Von ihrem sicheren Platz am Schlafzimmerfenster hatte sie diese Szene im Lauf der Jahre schon so viele Male beobachtet, dass sie fast schon die Hoffnung aufgegeben hatte, sie selber werde eines Tages ebenfalls wie eine Lady zu einem neuen Zuhause chauffiert. Dann mischte sich eine winzige Furcht in ihre Gefühle, als sie sich ein letztes Mal zu Alice umwandte, die mit einem weißen Taschentuch winkend dastand. Einen Moment lang erinnerte sich Bridie an ihre gemeinsamen Tage der Gänseblümchenketten auf dem großen Feld und an die berühmte verlorene Münze. Ach ja, und die verbrannten Kuchen und Schwester Bernadine, die ihr ständig Strafpredigten hielt, die alte Hexe! Vielleicht meinte sie es ja gut, dachte Bridie. Aber wie schade, dass Schwester Concepta, die alte Mutter Oberin, nicht dastand. Ich hätte sie zu gern umarmt. Sie hätte mehr Verständnis für mich gehabt, aber was spielt das jetzt noch für eine Rolle. Ich habe jetzt ein ganz neues Zuhause. Ich werde in Conly House leben.

KAPITEL 3

Die sengende Sommersonne schien hell, und eine kühle Brise wehte wohltuend durch Bridies Haar, als sich das glänzende Automobil durch die Connemara-Berge wand wie die Raubvögel, die in die Lüfte aufstiegen und durch die malerischen Täler glitten.

Der Fahrer sagte, sie wollten in Galway halten und nahe beim Strand eine schöne Tasse Tee trinken, dann wären sie in drei Stunden am Ziel. Bridie überlegte, was wohl in dem Brief stehen mochte, den sie den O'Malleys übergeben sollte, vielleicht war es ein Empfehlungsschreiben. Sie brauchten womöglich eine Art Zeugnis, was ihre Kochkünste betraf – ach du lieber Himmel, noch mehr verbrannte Kuchen und klebriges Natronbrot und Murks mit Handarbeiten. Na, sei nicht blöd, reiche Leute lassen sich doch nicht die Socken stopfen, dachte sie seufzend, außerdem kann ich mich sonntags immer erholen, vielleicht kann ich ja einmal an den Strand, das wäre schön. Dann könnte ich schwimmen lernen.

Es war fast halb zwei. Und vor Erleichterung tat Bridies Magen einen Hüpfer, als der Wagen plötzlich links abbog und über einen langen, gewundenen Kiesweg auf ein großes weißes Haus zufuhr, das von unzähligen wunderschönen Bäumen, Blumen und Sträuchern umgeben war. Zu beiden Seiten der Auffahrt erstreckten sich makellos gepflegte Rasenflächen mit großen Bronzestatuen und einem Wasser speienden Brunnen, ganz zu schweigen von den grünen Weiden, die sich meilenweit hinzogen.

Bridie stieg aus dem Wagen, und der Chauffeur nahm ihren kleinen braunen Koffer und begleitete sie zur Eingangstür, wo Mr. und Mrs. O'Malley mit ausgebreiteten Armen erschienen.

»Herzlich willkommen, Bridie. Ich bin Gerald, und das ist meine Frau Beatrice, und Tom, unseren Chauffeur, hast du natürlich schon kennengelernt. Wie geht es dir?«, fragte Mr. O'Malley.

»Gut«, antwortete Bridie, machte unwillkürlich einen kleinen Knicks und schüttelte zuerst Gerald, dann Beatrice die Hand, die sie kritisch zu mustern schien. Oder bildete sie sich das nur ein?

Mrs. O'Malley empfand ihre neue Haushälterin als etwas zart und schmächtig für eine derart anstrengende Arbeit. Wenn sie sich auch eingestehen musste, dass sie eine sehr attraktive junge Frau mit dichtem, lockigem schwarzen Haar vor sich hatte. In gewisser Weise war sie enttäuscht. Sie hatte eine neue Haushälterin erwartet, die reifer und weniger hübsch war.

»Vor sieben Uhr heute Abend brauche ich Sie nicht mehr, und danke«, sagte Mrs. O'Malley zu Tom.

»Komm, ich helfe dir mit dem Gepäck«, sagte Gerald und nahm Bridie höflich den Koffer ab, den sie gerade hochheben wollte, und zusammen betraten sie das Haus.

»Also, Bridie! Gerald wird sich um dein Gepäck kümmern, inzwischen zeige ich dir alles hier unten und später dann den Rest vom Haus. Mit der Arbeit fängst du erst morgen früh um sieben Uhr an. Nach der langen Fahrt und diesen schrecklich kurvenreichen Straßen bist du doch sicher ganz erschöpft«, sagte Beatrice.

»Nein, mir geht es gut«, sagte Bridie lächelnd. »Die Landschaft war herrlich, und Tom hat mir die ›Faulenzerwand‹ in Salthill gezeigt. Kaum zu fassen, all diese Leute, die da liegen und sich sonnen. Er meinte, deshalb nennt man es ja die ›Faulenzerwand‹.«

»So, das hat er also gemacht! Hm! Na ja, typisch Tom.«

Angesichts der Größe des Hauses für gerade einmal fünf Leute war Bridie ganz verblüfft. Da waren der Wintergarten, das Lesezimmer, das Wohnzimmer, das Esszimmer, die Küche, der Hauswirtschaftsraum und das Spielzimmer, schließlich noch die Waschküche und zwei Toiletten. Oben gab es das Elternschlafzimmer und mehrere Kinderzimmer, denn Sinead, die Älteste, hatte ihr eigenes Zimmer. Bridie würde im Dienstbotenzimmer schlafen, und dann waren da noch vier weitere Räume und ein Badezimmer sowie eine Toilette.

Bald kamen die Kinder von draußen herein, wo sie geritten und mit den Ponys gesprungen waren. Sie wurden der neuen Haushälterin vorgestellt. Sofort fiel Bridie die Ähnlichkeit von Sinead mit Mrs. O'Malley auf. Sie meinte, eine zwölfjährige Beatrice vor sich zu haben. Sie hatte solch blassblaue funkelnde Augen und derart helles, feines Haar, dass man fast schon Röntgenaugen brauchte, um die wenigen Strähnen zu erkennen, die ihr ins Gesicht fielen. Die Jungen, Daniel und Darragh, konnte sie wegen ihres spitzbübischen Grinsens noch nicht so recht einschätzen.

Nach dem Tee und den Sandwiches wurde Bridie eingeladen, mit der Familie zu Abend zu essen, dann gab man ihr einen Arbeitsplan für den Rest der Woche.

Morgen, Dienstag, musste sie um sieben Uhr früh aufstehen und im Salon Feuer machen – denn Gerald las gern eine Stunde vor dem Frühstück und trank für gewöhnlich eine Tasse Tee dabei. Dann musste sie das Frühstück für die Farmarbeiter machen, und wenn die gegessen hatten, würde sie das Frühstück für die Familie vorbereiten, danach abwaschen und sich selber etwas zu essen machen müssen. Dann war die frisch gewaschene Wäsche vom Montag zu sortieren und die trockenen Sachen auf die verschiedenen Schränke zu verteilen. Sie würde alle Betten frisch beziehen, fegen und Staub wischen müssen, ehe sie das Abendessen für alle machte, die im Haus geblieben waren.

Die Nachmittage würde sie mit noch mehr Aufräumen und Putzen verbringen, danach musste das Essen für die Kinder fertig sein, wenn die aus der Schule kamen. Dann würde sie die Hausaufgaben beaufsichtigen, danach die Kinder begleiten, wenn die spielen gingen. Mittwoch und Donnerstag würden ganz ähnlich ablaufen, nur kamen noch Backen und Handarbeiten dazu. Freitag stand für alle Fisch auf dem Speiseplan, es würde keinerlei Fleisch geben, etwas, woran Bridie durchaus gewöhnt war.

Bridie hatte den Eindruck, dass es freitags bei den O'Malleys in der einen oder anderen Form nur Fisch zu essen gab, zum Frühstück, zum Mittagessen und zum Abendbrot. Der Samstag schien Bridie der schlimmste Tag der Woche zu sein. Treppen, Treppenabsätze und Flure mussten geputzt und auf Hochglanz gebracht werden, denn sonntags wurden Gäste erwartet. Mrs. O'Malley gab Bridie die strikte Anweisung, ihre Mahlzeiten zu gegebener Zeit in der Küche einzunehmen.

An jenem Abend speiste Bridie in prachtvoller, luxuriöser Umgebung, denn das Esszimmer war hell erleuchtet, und der ovale Mahagonitisch war gedeckt mit dem berühmten kobaltblauen Steingutgeschirr von Mason's Iron und dem Besteck von King's, das Bridie erkannte.

Kerzen und Rotweinflaschen vervollständigten die Szenerie, als Mrs. O'Malley erst einen Shrimp-Cocktail, dann Roastbeef und zum Abschluss einen Sherry-Trifle servierte. Während des Essens befragten Beatrice und Gerald die junge Bridie ausführlich zum Leben in St. Joseph's. Bridie war voll des Lobes für die Menschen, in deren Obhut sie gelebt hatte, denn sie spürte, dass die O'Malleys lediglich nach boshaftem Klatsch Ausschau hielten, der durchaus seinen Weg zurück zu Schwester Bernadine finden könnte. Und wenn sie auch von sich selber sehr wenig preisgaben, so wurde doch zumindest deutlich, dass Gerald ein vornehmer Gutsbesitzer mit einer Neigung zum Pferdezüchten war.

Bridie konnte es kaum abwarten, zu gern wollte sie es sich in ihrem eigenen Zimmer gemütlich machen, in dem neuen Federbett mit der handbestickten Bettdecke. Aber als es dann so weit war und sie die Lichter ausgemacht hatte, musste sie feststellen, dass sie nicht einschlafen konnte. Die Ereignisse des Tages gingen ihr wieder und wieder im Kopf herum, und dann plötzlich wurde sie von einer seltsamen Furcht gepackt. Zunächst war da die merkwürdige Ruhe und die Stille der Nacht, die so ganz anders war als in St. Joseph's. Auch in St. Joseph's war in der Nacht kein Laut zu hören gewesen, doch diese neue Stille war beängstigend und wurde nur noch schlimmer durch leise knackende Geräusche, bei denen sie sich am liebsten aufgesetzt und geschrien hätte. Sie konnte nicht heraushören, ob es ihre Zimmertür war, die langsam geöffnet wurde, oder ob jemand auf Zehenspitzen auf den Holzdielen am Fußende ihres Betts hin und her ging. Mehrfach hielt sie den Atem an; sogar vor dem Luftholen hatte sie Angst, weil sie nichts sehen konnte.

Doch es ging weiter und immer weiter, die entsetzliche Stille immer wieder durchbrochen von schwachen knackenden Geräuschen. Was, wenn nun jemand versuchte, sie umzubringen, oder sie in ihrem Bett überfiel, dachte sie. Spionierten die O'Malley-Kinder hinter ihr her? Oder schlimmer noch, hatte sich Mr. O'Malley in ihr Zimmer geschlichen? Die Schwester hatte sie gewarnt: ›Die Welt ist voll böser Männer, die nichts weiter wollen, als deinen Körper zu besitzen, um ihrer eigenen liederlichen Lust zu frönen und so ihren Untergang herbeizuführen.‹ Doch was für eine Lust könnten sie empfinden, wenn sie mich umbringen und meinen Körper in Besitz nehmen? Was, so fragte sie sich, wenn sich Mr. O'Malley ins Zimmer schliche, um ihren Körper zu nehmen? Und was würde er dann damit tun? In dem Moment hörte sie wieder das knackende Geräusch, setzte sich kerzengerade im Bett auf und rief: »Wer ist da?«

Doch es antwortete niemand, als sie ins Dunkel starrte. Schon rechnete sie damit, Hände zu spüren, die ihren Körper umklammerten. Sie hatte das Gefühl, das Zimmer wirbele im Kreis herum, als sie ausmachen wollte, wo sich die Dinge befanden. Wo war die Tür, wo die Frisierkommode und der Waschtisch? Sie machte die Augen zu, legte sich wieder hin und zog sich die Decke über den Kopf. Keuchend rang sie nach Atem. Sie dachte: So ist das also, in diesem Haus spukt es. In St. Joseph's hatte sie so viele Gespenstergeschichten gehört, dass sie jetzt ganz und gar davon überzeugt war, dies müsse eines der Spukhäuser sein, von denen sie gehört hatte. Wenn sie je wieder das Licht des Tages erblicken sollte, würde sie weglaufen und nach St. Joseph's zurückgehen. Jetzt hörte sie Schritte, die sich ihrem Zimmer näherten, und sie fing zu zittern an. Sie warf die Bettdecke zurück und wollte schon schreien, als die Tür aufging, und da stand Mr. O'Malley im Schlafanzug und hielt eine Laterne hoch. »Ist alles in Ordnung, Bridie? Ich dachte, ich hätte jemanden rufen gehört.«

Sie war so erleichtert, als sie Gerald da mit dem Nachtlicht stehen sah, dass ihr die Worte fehlten. So fragte er wieder: »Ist alles in Ordnung mit dir, Kind?«

»Ja, ja, ich glaube, ich muss wohl geträumt haben«, krächzte Bridie.

»Aha. Dann ist ja alles gut. Wir sind am anderen Ende vom Flur, falls du etwas brauchst«, erwiderte er und schloss leise hinter sich die Tür, und wieder hörte Bridie seine Schritte, die sich über den Flur entfernten. Langsam schob sie ihren gequälten Körper unter die Bettdecke, machte die Augen zu und fing mit ihrem Nachtgebet noch einmal von vorn an.

Bridie kam es vor, als sei sie gerade eben erst eingenickt, als Mrs. O'Malley an ihrem Bett stand und sie schüttelte: »Was soll denn das, Bridie, es ist gleich acht Uhr, und die Arbeiter sind unten in der Küche und warten auf ihr Frühstück. Wenn das ein Vorgeschmack auf dein Betragen hier ist, nach dem, wie wir dich gestern Abend behandelt haben, möchte ich nicht darauf wetten, dass du lange in diesem Haus bleibst.«

»Oje, tut mir leid, Mrs. O'Malley, tut mir so schrecklich leid. Ich muss wohl verschlafen haben«, sagte Bridie, sprang aus dem Bett und fing an, sich hastig anzuziehen, als Mrs. O'Malley hinausging und schwungvoll die Tür hinter sich zuwarf.

Bridie war in der Küche und bereitete das verspätete Frühstück zu. Die drei Arbeiter saßen um den großen Küchentisch herum und hatten ihr Dilemma sehr wohl mitbekommen. Sie machten sich einen Spaß daraus, sie aufzuziehen. Der junge Arbeiter mit dem schon schütteren Haar sagte: »… und hast du schon gemerkt, dass du den ganzen Tag im Bett bleiben könntest, wenn es viel zu tun gibt. Aber wenn du dann deinen freien Tag hast, bist du mit dem ersten Hahnenschrei auf, weil du nicht schlafen kannst.«

»Ich weiß ja nicht, wie es mit dir ist«, sagte darauf sein dunkelhaariger Kollege. »Aber wenn ich ein hübsches Mädchen morgens neben mir im Bett hätte, würde ich den Teufel tun und aufstehen.«

»Wenn du ein hübsches Mädchen im Bett hättest und dich nicht jeden Morgen erheben würdest, würde es nicht lange dauern, und sie käme zu mir gelaufen, denn ich komme morgens leicht hoch! Und hoch! Und hoch!«, scherzte darauf der Kahlkopf vulgär, als Bridie ihnen gerade die hartgekochten Eier in die Eierbecher legte.

»Ach, du Schmutzfink, halt doch den Mund. Du denkst doch ewig bloß an Sex! Sex! Und nochmals Sex. Ich glaube, du hast schon was von den Tieren hier auf der Farm.«

»Hör nicht auf ihn, Mädchen. Das ist kein Hirn, das er da in seinem Schädel hat, das ist eine Jauchegrube«, meinte der Dunkelhaarige, zwinkerte Bridie zu und lächelte sie an, als sie gerade noch mehr Brot aufschnitt.

Auf das Herumalbern und Gefeixe der Männer ging Bridie gar nicht erst ein, denn sie war mit ihren Gedanken ganz woanders; sie ahnte, dass Mrs. O'Malley irgendwo im Hintergrund lauerte.

Ein paar Stunden später machte sich allmählich ein gewisser Druck bemerkbar, denn da waren wirklich viele Arbeiten, die sie zu erledigen hatte. Und es war auch nicht gerade eine große Hilfe, dass sie Mrs. O'Malley ständig fragen musste, wo sie dieses und jenes finden könne, denn weder wusste sie, wo alles lag, noch kannte sie die Gepflogenheiten im Haushalt, obwohl man sie am Abend zuvor im Haus herumgeführt hatte. Schon am Morgen hatte sie entschieden, lieber aufs Frühstück zu verzichten, doch nach dem Mittagessen hatte sie immer noch zu kämpfen, um ihr Pensum zu absolvieren. Spontan beschloss sie, einige Pflichten zu vernachlässigen und sich auf die dringlicheren Arbeiten zu konzentrieren, denn bald kämen die Kinder aus der Schule, und da wollte sie vorbereitet sein. Später machte sie ihnen dann das Essen und half ihnen bei den Hausaufgaben, ehe die Kinder sie auf der Farm herumführten. Sie waren nett und höflich zu ihr, zeigten ihr all die Pferde, Schafe und Rinder und erzählten ihr, dass ihr Dad gern die Sportzeitung las, denn manchmal erschien sein Name im Zusammenhang mit einem seiner Pferde, das einen Preis gewonnen hatte.

Als sie zurückkam, fragte Gerald sie, wie ihr Tag gewesen sei.

»Gut, danke.«

»Tut mir leid wegen heute Morgen, wenn einer verschläft, dann hält sie das schon für ein Verbrechen, aber natürlich machen wir alle hin und wieder einen Fehler. Also beachte sie gar nicht, Bridie. Hunde, die bellen, beißen nicht.«

Als habe sie nur auf eine Gelegenheit zum Eingreifen gewartet, tauchte plötzlich Mrs. O'Malley auf und sagte zu ihrem Mann: »Ach, da bist du ja!« Dann verschränkte sie die Arme über der Brust und fügte hinzu: »Ich hoffe, Gerald, du hast mit Bridie wegen heute Morgen gesprochen. Weißt du, Bridie, so geht das einfach nicht.«

»Ja, ja, das sind wir eben durchgegangen, und Bridie hat sich entschuldigt«, antwortete Gerald, dann drehte er sich unvermittelt um und ging hinaus, kaum dass seine Frau hereingekommen war. Sie folgte ihm, und Bridie machte mit ihrer Arbeit weiter.

Zu gern hätte Bridie Mrs. O'Malley mit einer Nadel gestochen, damit sie endlich den Mund hielt. Was hätte ich denn machen sollen, dachte sie, als sie ihre letzten Arbeiten erledigte. Ich bin hundemüde und habe gestern Nacht kein Auge zugetan. Und was mache ich bloß heute Nacht, wenn es wieder so wird? Beim bloßen Gedanken an das Zimmer bekomme ich es mit der Angst zu tun. Was, wenn ich wieder nicht schlafen kann? Wenn ich wieder verschlafe, bin ich morgen meine Stellung los. Ach ja, ich muss ja noch auf den Plan schauen und sehen, was ich für die Arbeiter und die Kinder kochen muss. Wenigstens sind die Arbeiter nett und höflich gewesen. Wie hießen sie doch noch gleich? Der Nette, der mir zugezwinkert hat, als ich den Tee einschenkte? Der sah gar nicht mal schlecht aus. Wie alt mag er wohl sein? Zwanzig? Zweiundzwanzig? Tja, das wäre das richtige Alter. Aber woher soll ich eigentlich wissen, was der richtige Altersunterschied zwischen einem Mann und einem Mädchen ist, die zusammenkommen wollen?

Durch die explosiven Entladungen der großen Standuhr im Flur wurden Bridies Gedanken in tausend Stücke geschlagen. Sie entschied, dass sie für heute genug getan hatte. Sie war noch in der Küche geblieben und hatte sich etwas Arbeit aufbewahrt für den Fall, dass Mrs. O'Malley wieder auftauchte. Jetzt würde sie noch ein paar Spüllappen auswaschen, die Geschirrtücher zum Trocknen aufhängen und ins Bett gehen. Hoffentlich würde sie diese Nacht schlafen können und von dem Dunklen träumen, dem Netten, so wollte sie ihn nennen, bis sie seinen richtigen Namen in Erfahrung gebracht hätte. Was hatte er doch noch gesagt? ›Wenn ich ein hübsches Mädchen morgens neben mir im Bett hätte, würde ich den Teufel tun und aufstehen.‹ Hm. Wie das wohl wäre? Schön wär's und gemütlich und sicher, wie in der Nacht damals mit dem Gewitter, als ich zu Alice ins Bett sprang. Und am nächsten Tag bekam ich eine Strafpredigt von Schwester Bernadine zu hören: »Also, Bridie, so etwas in deinem Alter zu machen war sehr falsch. Eine schlechte Angewohnheit, und aus der kann nur Sünde entstehen.«

Seltsam, dass weder Alice noch ich wussten, was sie damit meinte. Na, jetzt hat sie jedenfalls keine Macht mehr über mich. Ich kann tatsächlich tun, was ich will, gehen, wohin ich will. Vielleicht gehe ich ja am Sonntag irgendwohin? Nach Tuam oder Galway, da würde ich zu gerne einmal hin. Nur was ist, wenn ich hier gar nicht wegkomme oder mich keiner irgendwohin mitnimmt? Aber bestimmt können die mich doch nicht den ganzen Tag hier allein lassen, oder?

Es wurde allmählich spät, doch die O'Malleys waren noch nicht zu Bett gegangen. Immer noch hörte sie das stetige Gebrumm ihrer Stimmen von unten. Sie lag im Bett, durchlebte die Schrecken der vergangenen Nacht und rechnete fest damit, dass jeden Moment alles wieder von vorn losgehen könnte. Sie versuchte, an den Dunklen zu denken, aber die Vorstellung von Mrs. O'Malley, die sich über ihr Bett beugte, kam ständig dazwischen. Sie konnte sich auf nichts anderes konzentrieren. Sie horchte im Dunkeln auf die knackenden Geräusche, die sie in der vergangenen Nacht gehört hatte. Alles war ruhig. Eigentlich war es viel zu ruhig, abgesehen von den Stimmen, die gelegentlich von unten zu ihr heraufdrangen. Und als sie an die nächtliche Stille dachte, schlich sich der Schrecken wieder ein, der sie in der vorigen Nacht heimgesucht hatte. Vorige Nacht hatte sie das Ganze nur deshalb überlebt, so sagte sie sich, weil sie nicht müde gewesen war. Jetzt allerdings war sie völlig erschöpft nach all den Anstrengungen des Tages.

Wie sollte sie bloß endlich einschlafen? Sie könnte jetzt aufstehen, nach unten gehen und wegen der Geräusche Bescheid sagen. Dann hörte sie, dass unten Stühle bewegt wurden: »Gute Nacht, bis morgen.« Sie mussten Besuch gehabt haben. Die O'Malleys kamen herauf. Jetzt war es zu spät, jetzt konnte sie nichts mehr sagen, dachte Bridie. Ganz abgesehen davon, dass Mrs. O'Malley wütend werden und sie nach St. Joseph's zurückschicken könnte. Würde sie nach Clifden zurückkehren, oder sollte sie weglaufen, nach Galway oder vielleicht sogar Dublin? Schwer zu entscheiden. Wenn sie nach St. Joseph's zurückging, würde man sie womöglich für immer dabehalten, oder sie müsste Nonne werden und käme in ein Kloster, wo sie sich für den Rest ihres Lebens um Kinder kümmern müsste.

Ach du lieber Himmel, da ist dieses merkwürdige Geräusch wieder, und das schwache Nachtlicht, das unter der Tür durchschien, war ausgegangen. Herrje, es ist so unheimlich in diesem Haus, seufzte sie. Sie schlang die Arme um sich, dann zog sie sich die Bettdecke bis zum Hals hinauf, um sich sicher und beschützt zu fühlen, denn die Gänsehaut auf Armen und Schultern spürte sie immer noch. Sie drehte sich um und versuchte, sich zu beruhigen. Vielleicht habe ich ja einfach Angst vor fremden Häusern. Ach, Blödsinn. Hätte ich nur ein bisschen Licht, wäre ich viel ruhiger und könnte schlafen. Könnte das knackende Geräusch eine Maus sein, oder schlimmer noch eine Ratte? Unwillkürlich ging ein nervöses Zucken durch ihren Körper, als sie sich vorstellte, wie eine Ratte aus einem der Löcher im Dielenboden hochkam, das hatte sie einmal in St. Joseph's gesehen. So schlimm das auch gewesen war, so sehnte sie sich im Moment doch nach der friedvollen Ruhe von St. Joseph's, wo all ihre Freundinnen um sie herum schliefen.

Hier in diesem Haus war sie am Ende der Welt, mutterseelenallein. Sie zwang sich, den Tatsachen in die Augen zu sehen. Die O'Malleys wohnten hier, also konnte es so schlimm nicht sein. Liebe Güte, vielleicht ist es ja das, dachte sie. Wie konnte denn dieser Ort, dieses Haus, ja sogar dieser Raum wie St. Joseph's sein? Hier habe ich mein eigenes Zimmer, mein eigenes Bett, während es in St. Joseph's immer diese schönen beruhigenden Geräusche gegeben hatte. Ständig hustete eine, schnarchte oder sprach im Schlaf. Manch eine schrie laut, weil sie in ihren Albträumen von einem betrunkenen Vater geschlagen wurde, aber immer wieder hörte man die sanfte Stimme der Nachtschwester, wenn sie die Mädchen wieder zudeckte: »Ist schon gut, Kleine, es war ja nur ein Traum. Und jetzt schlaf schön«. Und wenn ich von den Schreien aufwachte, hob ich den Kopf und sah nach, wer es war, dann drehte ich mich um und schlief wieder ein und hatte kein bisschen Angst.

Abgesehen davon gab es an den Wänden des Schlafsaals mehrere Nachtlichter, also konnte man jederzeit zur Toilette, wenn man wollte. Hier gibt es keine Nachtlichter und auch keine Freundinnen, und das Zimmer ist klein, verglichen mit dem in St. Joseph's. Kein Mucks ist zu hören, außer wenn das Knacken wieder anfängt. Vielleicht sind das die Dielen im Nebenzimmer. Ach, Blödsinn, nebenan schläft doch gar keiner. Was immer es sein mochte, jetzt konnte sie es gerade nicht hören, und der Gedanke, dass sie mit ihrer Angst umzugehen lernte, gab ihr Selbstvertrauen. Es würde von jetzt an immer so sein, sie musste sich also daran gewöhnen. Mit diesen tröstlichen Gedanken drehte sie sich um und flüsterte: »Lieber Gott, ich danke dir, dass du mich errettest hast.« Und auf einer Welle von Glück trug der Schlaf sie davon.

Es war Sonntag. Die O'Malleys bereiteten sich auf die Messe vor und boten an, sie mit dem Auto in die Kirche mitzunehmen. Sie setzte sich ins Wohnzimmer und wartete. Wenn sie zurückkäme, dürfte sie mit der Familie zu Mittag essen. Gerald hatte ihr schon von der hübschen Umgebung erzählt, für den Fall, dass sie spazieren gehen wolle. Die Kinder würden sie herumführen. Aber tief im Innern erwartete sie etwas anderes für ihren freien Tag. Wie schön es doch wäre, wenn sie einmal aus dem Haus wegkäme. Sie war erst sechs Tage hier, trotzdem würde sie unweigerlich weitere sechs Tage warten müssen, bis sie irgendwohin konnte. Hier hätte sie eigentlich frei sein sollen, aber es gab nichts, wohin sie gehen konnte. In Clifden war sie zweimal im Kino gewesen, und sie würde gerne wieder einmal einen Film sehen. Aber wie käme sie hin? Vielleicht gab es ja gar kein Kino in Tuam. Und wenn sie ins Kino ginge, wer sollte sie begleiten? Freunde hatte sie keine hier. Dann fiel ihr wieder ein, dass die Arbeiter etwas von einem Tanz heute Abend beim Kreuz erzählt hatten. Herrje, wenn ich doch nur wüsste, wer davon erzählt hat, dachte sie. Ach ja, das war Peter. Was hat er noch gleich gesagt? Die veranstalten einen irischen Abend mit Tanz und Gesang beim Kreuz. Was für ein Kreuz? Und wer waren ›die‹? Und was habe ich überhaupt mit den fünf Shilling gemacht, die mir die Mutter Oberin gegeben hat? Ich laufe mal eben schnell nach oben und nehme das Geld mit zur Messe, nur für den Fall, dass wir hinterher noch irgendwohin gehen.

Sie besuchten die Zehn-Uhr-Messe in der kleinen Dorfkirche von Cill Conly. Die Kinder wären gern nach Tuam in die Kathedrale gegangen, aber Gerald hatte Nein gesagt. Bridie war maßlos enttäuscht, weil die Kinder sie in dem Glauben gelassen hatten, dass die Familie regelmäßig die Messe in der Kathedrale besuchte. Stattdessen musste sie lächeln und so tun, als sei sie glücklich und zufrieden, als sie den diversen Tanten und Onkeln des O'Malley-Clans vorgestellt wurde, und alle schienen zu gaffen und miteinander zu tuscheln, als sie im Kreis herumging.

»Ein niedliches kleines Persönchen«, meinten die Männer.

»Hm. Aber kann sie auch ein Ei kochen?«, fragte Tante Biddy und reckte die Nase in die Luft.

Nach dem Mittagessen führten die Kinder Bridie zu der alten Burgruine auf dem Gelände eines umfriedeten Obstgartens, wo die Kinder der Gegend im Herbst die Äpfel stibitzten. Die O'Malleys hatten ihren Kindern strikt untersagt, den Obstgarten zu betreten, denn manche Turmspitze der Burg ragte gefährlich weit vor.

»Na, und überhaupt, die Äpfel sind gar nicht schön. Das sind riesige grüne Dinger, die man nur zum Backen gebrauchen kann, nicht wie die schönen in Omas Garten. Hast du auch Äpfel in deinem Garten, Bridie?«, wollte Sinead wissen, als sie von einem niedrigen Steinwall aus auf die Burgruine schauten.

»Ja natürlich, ganz viele.«

»Und hast du Burgen bei dir in der Nähe?«, fragte Daniel.

»Nicht so nah wie hier, aber ziemlich nah.«

»Können wir da mal hin?«, fragte Daniel, und seine Augen tanzten hin und her, als die drei Bridie umringten.

»Aber wo wohnst du denn überhaupt?«, fragte Darragh und kam näher.

»Oh. Das ist ganz, ganz weit weg von hier«, erklärte Bridie. »In Clifden. Habt ihr schon mal von Clifden gehört, das ist in Connemara.«

»Ist das in Dublin?«, fragte Darragh hoffnungsvoll.

»Ach, halt du bloß den Mund, ich habe zuerst mit ihr gesprochen«, fuhr Daniel seinen Bruder wütend an.

»Nein. Das liegt am Meer. Es ist ein hübsches Küstenstädtchen«, sagte Bridie schnell und hoffte, den Kindern wäre klar, dass nicht alle am Meer wohnen können.

»Ehrlich, du wohnst am Meer?«, erkundigte sich Sinead aufgeregt.

»Ja«, antwortete Bridie triumphierend, denn bis vor Kurzem hatte sie noch gefürchtet, sie würde gar nichts Interessantes von sich erzählen können.

»Oh, da will ich auch hin. Bis jetzt war ich nur in Salthill. Können wir dich mal besuchen?«

»Also … ich glaube, das wird nicht gehen«, meinte Bridie nach einer qualvoll langen Pause.

»Wieso denn nicht?«, wollte Darragh wissen. »Mögen deine Mutter und dein Vater uns nicht?«

»Halt die Klappe, Dummkopf. Ihre Mutter und ihr Vater kennen uns doch gar nicht«, unterbrach ihn Daniel und schubste seinen kleinen Bruder aus dem Weg.

»Mach ich nicht, mach ich nicht«, rief der Kleine trotzig, als sein älterer Bruder lachte und die beiden auf dem Boden anfingen zu raufen, dann jagten sie einander über das Feld.

Sinead war entzückt. Jetzt hatte sie Bridie ganz für sich. Sie betete, dass die Jungen weiter allein spielten, denn sie mochte die neue Haushälterin, die so viel jünger war als die vorige. Sinead war ganz entsetzt, als sie begriff, dass sie selber nur vier Jahre jünger war als Bridie. Hier draußen war Bridie so nett, dachte sie, während sie zu Hause so schrecklich ruhig wirkte.

»Hast du viele Geschwister?«, erkundigte sich Sinead, als sie zum Fluss gingen, der sich durchs Farmgelände schlängelte.

Das kam unerwartet für Bridie, sie hatte keine Zeit nachzudenken und antwortete hastig: »Nein, ich habe gar keine Geschwister.«

»Iiih! Das würde mir aber gar nicht gefallen! Heißt das, du hast nie einen Bruder und nie eine Schwester gehabt? Wer hat dann auf dich aufgepasst? Mit wem hast du gespielt?«

Da begriff Bridie, dass sie sich mit der Wahrheit ziemlich blamiert hatte. Und was noch schlimmer war, es schmerzte sie, dass Sinead ›iiih‹ gesagt hatte, bloß weil sie allein war. Vielleicht hätte sie lügen sollen. Aber was würde Sinead erst sagen, wenn sie erfuhr, dass sie ebenso wenig Vater und Mutter kannte. Sie müsste schnell etwas erfinden, sonst mochte Sinead sie womöglich nicht mehr und war nicht mehr ihre Freundin.

»Ich hatte mal einen kleinen Bruder, aber der ist mit drei Jahren gestorben«, sagte Bridie.

»Was ist denn mit ihm passiert?«

»Ich weiß nicht. Er ist eben einfach gestorben … Ich glaube, es waren Masern oder so was. Ist das der Fluss?«, fragte Bridie, um das Thema zu wechseln, denn sie begriff, dass sie sich mit ihren Lügen auf gefährliches Terrain begab.

»Ach, wie furchtbar. Darragh, Daniel«, rief Sinead, als die beiden Jungen wie Wildpferde über die Anhöhe galoppiert kamen. »Bridie hat einen Bruder gehabt, der an den Masern gestorben ist, und ihr habt bis jetzt weder Masern noch Mumps gehabt.«

Abrupt kamen die galoppierenden Pferde zum Stillstand und verwandelten sich wieder in neugierige Jungen.

»Was sind Masern?«, fragte Darragh.

»Was ist Mumps?«, fragte sein Bruder.

»Masern. Da hast du überall rote Flecken, an den Augen, den Ohren, der Nase, dem Mund, dem Kinn, ganz bis runter zum du weißt schon was. Außerdem, das hat Mama dir doch schon erzählt«, lachte Sinead. »Und wer dich anfasst oder in deine Nähe kommt, kriegt das sofort auch. Und Mumps … das sind große dicke Dinger; Beulen überall auf deinem Gesicht«, fügte Sinead triumphierend hinzu.

»Wieso sterben denn nur die Jungs?«, fragte Darragh besorgt.

»So viele Jungs sterben gar nicht«, ging Bridie schnell dazwischen. Es sollte ihr keiner vorwerfen, sie würde den Kindern Angst machen. »Nur ganz wenige, die sehr krank sind, zu schwach, oder die ihre Medizin nicht nehmen können«, fügte sie hinzu.

»Herrje. Masern und Mumps habe ich wohl auch noch nicht gehabt«, sagte Sinead. Sie dachte, sie könne jetzt in Gefahr sein und am Ende würde noch die ganze Familie ausgelöscht. Aber Bridie hatte es nicht umgebracht, also bliebe vielleicht auch sie verschont, wenn die Jungs das bekamen.

»Aber wieso haben denn deine Eltern nicht noch einen Jungen bekommen, als dein kleiner Bruder starb«, fragte sie.

»Ich weiß nicht«, meinte Bridie. »Vielleicht hatten sie Angst, der würde auch sterben.«

»Ach, das wäre ja furchtbar gewesen. Na jedenfalls, ich hätte lieber eine Schwester. Mit Schwestern ist es lustiger«, sagte Sinead und nahm Bridie plötzlich bei der Hand, denn sie wusste, das würde ihre Brüder ärgern, die keine Mädchen mochten.

»Hä! Und ich hätte lieber einen Bruder«, meinte Daniel und grinste seiner Schwester höhnisch ins Gesicht. »Denn Mädchen sind ja bloß Heulsusen.«

»Los, komm. Wir machen ein Wettrennen bis zum Fluss, dann werden wir ja sehen, wer hier die Heulsuse ist«, sagte Sinead, die sehr wohl wusste, dass sie jederzeit schneller als Daniel war. Aber einmal genügte nicht. Sie musste es dreimal schaffen, um Daniel davon zu überzeugen, dass sie ihn offen und ehrlich besiegen konnte, auch wenn sie ihn am Ärmel festhielt, als es so schien, er könne sie zum ersten Mal schlagen.

Als sie alle wieder zu Hause waren, dachte Bridie, es könne der richtige Zeitpunkt sein, an Alice und Schwester Bernadine in St. Joseph's zu schreiben, und ging still in ihr Zimmer hinauf.

Unterdessen wurden die Kinder gefragt, ob sie Spaß gehabt hätten am Nachmittag, und so erzählten sie ihrer Mutter, Bridie lebe in einem Haus am Meer und habe sie eingeladen, sie im nächsten Sommer dort zu besuchen. Dass es da auch viele Apfelbäume und in der Nähe eine Burg gebe und dass Bridie einen Bruder gehabt habe, der die Masern bekommen habe und gestorben sei, und dass ihr Vater und ihre Mutter beschlossen hätten, keine Kinder mehr zu bekommen, für den Fall, dass auch die sterben könnten.

»Mama, heißt das, wir müssen sterben, wenn wir Mumps oder Masern kriegen?«

»Natürlich nicht, Liebes, sei nicht albern«, sagte Mrs. O'Malley. »Hat Bridie sonst noch was gesagt?«

»Sie hat sich nach dem Tanzabend beim Kreuz erkundigt und wollte wissen, ob du und Daddy, ob ihr je ausgeht und wie alt Thomas und Peter sind und wo sie wohnen und ob sie eine Freundin haben. Sie hat gesagt, dass sie gern ins Kino geht, das hat sie in Clifden oft gemacht«, erzählte Sinead.

»Sie hat gesagt, ein Film ist wie ein riesengroßes Foto, das sich auf einer weißen Wand bewegt, und dass es einem erst ein bisschen Angst macht. Aber das ist nicht die Wirklichkeit, sondern sehr, sehr komisch«, fügte Daniel aufgeregt hinzu. »Können wir mal ins Kino gehen, Mummy?«

»Ich weiß nicht. Da müssen wir deinen Vater fragen, und wir wissen alle, dass er sich am liebsten Pferde ansieht. Na, meint ihr nicht, es ist Zeit, dass ihr euch fürs Bett fertig macht? Morgen müsst ihr in die Schule«, sagte sie, als Gerald hereinkam und nach einem angenehmen Tag auf der Jagd mit seinen Freunden sein Gewehr in einen gesicherten Schrank wegschloss. »Ach, da bist du ja. Ich muss etwas Wichtiges mit dir besprechen. Später.«

Ihre Worte gingen fast unter in der Aufregung der Kinder, die von den Ereignissen des Tages erzählten. Etwa eine Stunde später, als alles ruhig war im Haus, wandte sie sich an Gerald, der gerade Zeitung las, und meinte: »Ich glaube inzwischen kaum, dass Bridie der geeignete Umgang für unsere Kinder ist.«

Gerald legte den *Racing Chronicle* weg und sah seine Frau über den Rand seiner goldgerahmten Brille verblüfft an. »Wie kommst du denn nur darauf?«

»Du bist doch sicher genauso erstaunt über die Lügen, die sie heute Nachmittag den Kindern erzählt hat. ›Ein großes Haus‹, dass ich nicht lache! Und sie hat sie eingeladen, sie nächsten Sommer dort zu besuchen! Das hältst du doch sicher nicht für ein annehmbares Betragen, oder?«

»Vielleicht wollte sie einfach nur freundlich sein. Sie ist ja schließlich erst sechzehn.«

»Sechzehn, allerdings, ein ganz schön gefährliches Alter. Haben die Kinder dir erzählt, dass sie sich nach den Arbeitern erkundigt hat? Was sie an ihren freien Tagen machen und wann die nächste Tanzveranstaltung beim Kreuz stattfindet. Ganz davon abgesehen ist sie nicht gerade eine Leuchte im Haushalt. Sie kann nicht ordentlich backen, und andauernd muss ich ihr sagen, dass sie nach dem Kochen saubermachen soll, und du kannst dir sicher denken, wie anstrengend das ist, immer nur auf sie aufzupassen.«

Gerald nahm die Zeitung und fing wieder an zu lesen. Er wollte demonstrieren, wie sehr ihn die Kleinlichkeit seiner Frau anwiderte.

»Du hörst mir ja überhaupt nicht zu. Nie hörst du mir zu. Ich wusste ja gleich, ich hätte selber nach St. Joseph's fahren und die Mädchen persönlich in Augenschein nehmen sollen, anstatt denen zu erlauben, uns ein mangelhaft ausgebildetes Mädchen höchst zweifelhafter Herkunft hierher zu schicken.«

Allein die letzte Bemerkung reichte aus, um Gerald zu reizen. Er warf die Zeitung zur Seite und nahm die Brille ab, denn er wusste, sie würde ihm keine Ruhe lassen.

»Ich dachte, wir hätten uns geeinigt. Wir wollten doch einem netten Mädchen ohne Familie, ohne Zuhause eine Stellung geben, nachdem wir in der Zeitung von deren Misere gelesen hatten. Haben wir uns nun darauf geeinigt oder nicht?«

»Ja, doch. Aber sie ist völlig unfähig. Du hast doch gesehen, wie sie sich an dem ersten Morgen benommen hat. Beinahe hätte ich meine Verabredung mit den Tee-Damen absagen müssen, und jetzt diese Lügen. So etwas ist einfach nicht tragbar, Gerald. Ich dulde es nicht, dass die Zukunftsaussichten meiner Kinder von einer befleckt werden, deren einzige Fähigkeit darin besteht, falsche Hoffnungen bei ihnen zu wecken und sie zu belügen. Ganz abgesehen von der Todesangst vor irgendwelchen schrecklichen Krankheiten. Ich meine, wir sollten akzeptieren, dass es ein fürchterlicher Fehler war, und uns eine reifere Frau in den Dreißigern suchen.«

»So etwas akzeptiere ich aber nicht«, erwiderte Gerald verärgert. »In den vergangenen fünf Jahren hatten wir drei verschiedene Haushälterinnen. Sie konnten kochen, nähen und ausgezeichnet mit den Kindern umgehen. Aber sie sind alle gegangen, nicht? Bridie ist wenigstens jung. Sie könnte Teil der Familie werden. Ich habe den Eindruck, sie bemüht sich sehr. Und außerdem, die Kinder mögen sie, vor allem Sinead. Sie scheinen sich sehr gut zu verstehen.«

»Genau das meine ich ja, Gerald. Sie hätte einen schlechten Einfluss. Dieses Gerede vom Tanzen und von Filmen und Farmarbeitern ist nichts für die Ohren meiner Tochter. Was wir brauchen, ist ein nettes, kultiviertes Mädchen, ein ausgebildetes Kindermädchen, jemand von anständiger Herkunft. Das sind doch deine Worte: Wenn du eine Stute kaufst, muss es ein Vollblutpferd sein.«

»Ach, Beatrice, red doch nicht solch einen Unfug. Hier geht es um Menschen, und was mich betrifft, ist Bridie in Ordnung. Sie ist hübsch, hat ein angenehmes Wesen, und die Kinder mögen sie. Das ließ sich von Peggy nicht behaupten. Die gab den Kindern doch keinerlei Möglichkeit, sich irgendwie auszudrücken. Zugegeben, sie war eine gute Köchin, aber sie ist weg«, sagte Gerald, stand auf und machte Anstalten zu gehen. »Soweit es mich betrifft, gibt es an Bridie nichts auszusetzen, was ein kleiner Plausch nicht regeln könnte. Red mit ihr, wenn es denn sein muss. Aber dann lass es um Himmels willen auch gut sein.«

Am nächsten Morgen, als die Kinder auf dem Schulweg waren und die Arbeiter die Küche verlassen hatten, setzte sich Mrs. O'Malley mit Bridie an den Küchentisch.

»Bridie, meine Liebe, ich halte es für meine Pflicht, dir mitzuteilen, dass Gerald und ich von deinen Bemerkungen gestern den Kindern gegenüber einigermaßen schockiert waren. Hast du etwas dazu zu sagen?«

Dieser Einstieg ins Gespräch verblüffte Bridie. Sie hatte keine Ahnung, worüber Mrs. O'Malley sprach. Aber in ihrem Kopf ratterten die Gedanken so schnell wie ein Uhrwerk. Die Burgruine fiel ihr ein, der Obstgarten, die Masern … es konnte doch wohl nicht um diese schreckliche Unterhaltung über Mumps und Masern gehen. Schnell entschied sie, es sei wohl besser, sich völlig unwissend zu stellen.

»Was meinen Sie damit?«, fragte Bridie.

»Du, mein liebes Fräulein, hast meine Kinder in dem Glauben gelassen, du seiest jemand von vornehmer Abkunft, hättest

Eltern mit Grundbesitz am Meer. Du hast behauptet, du hättest einen kleinen Bruder gehabt, der tragischerweise an den Masern gestorben sei. Wo wir doch alle wissen, dass du als Kind ohne festes Zuhause von Dublin weggeholt worden bist. Außerdem hast du Sinead gegenüber – die weiß Gott leicht zu beeindrucken ist – zu verstehen gegeben, du hättest dich in einen der Farmarbeiter verguckt. Das, mein liebes Fräulein, finden Gerald und ich höchst verwerflich.«

»Entschuldigung«, sagte Bridie mit funkelnden Augen, »so etwas habe ich nie gesagt. Ich bin erst eine Woche hier, und ich kenne hier keine Menschenseele. Tag für Tag habe ich geschuftet, und dann habe ich mich rein freundschaftlich mit den Kindern unterhalten, weiter ist nichts passiert. Ich habe Sinead nach den Arbeitern gefragt und danach, was die in ihrer Freizeit machen. Da kann man ja wohl kaum behaupten, ich hätte mich in einen verguckt.«

»Und was ist mit diesen Lügengeschichten?«, kam es von Mrs. O'Malley, »mit deinen sogenannten Eltern, die es nicht einmal gibt, mit den Brüdern, die es nicht gibt, und einem großen Haus am Meer? Das ist doch offensichtlich eine Ausgeburt deiner bescheidenen Fantasie, und dabei gehören dir nicht mal die Lumpen, die du am Leib trägst.«

Bridie konnte kaum glauben, dass sie sich so dumm den Kindern gegenüber verhalten hatte, aber wie Mrs. O'Malley ihre Famile darstellte, war so, als stoße ihr jemand ein Messer mitten ins Herz. Sie stand vom Tisch auf und schrie: »Ja. Das sind die Lumpen, die Sie mir gegeben haben. Ich werde Schwester Bernadine erzählen, was für eine Art Mensch Sie sind«, und damit lief sie weinend aus der Küche und hinauf in ihr Zimmer.

Mrs. O'Malley konnte ihre Wut kaum im Zaum halten. Dass die unverschämte Göre so mit ihr umging! Sie wollte Bridie eine ordentliche Lehre erteilen, aber ihr, die die ganze Woche kaum den Mund aufbekommen hatte, war es gelungen, dass sie sich nun klein fühlte. So springt keiner mit mir um, keiner, sagte Mrs. O'Malley laut vor sich hin. Wenn dieses Fräulein glaubt, sie könne mir die kalte Schulter zeigen, nachdem ich ihr aus reiner Herzensgüte ein Bett zum Schlafen und eine Stellung gegeben habe, auf die sie stolz sein kann, dann soll sie sich auf etwas gefasst machen.

Bridie saß auf ihrem Bett und weinte. Was ist denn nur los mit mir? Dauernd stecke ich in Schwierigkeiten, seufzte sie. Nichts kann ich richtig machen. Wenn es nicht das Backen ist, dann habe ich nicht ordentlich hinter mir aufgeräumt. Entweder es ist das, was ich tue, oder das, was ich sage. Wieso begreift sie denn nicht, dass ich nichts Falsches gemacht habe? Es ist doch sicher keine Sünde, wenn ich so tue, als hätte ich Vater und Mutter oder einen Bruder, der gestorben ist, schluchzte sie. Außerdem, ich habe ein Zuhause, wenn ich will, du alte Hexe. Ganz bestimmt hat Gerald nie im Leben so etwas über mich gesagt, er ist doch immer so nett zu mir, wenn sie nicht dabei ist. Aber kaum betritt sie das Zimmer, geht er raus. Ganz bestimmt erträgt er ihren Anblick nicht. Ich schreibe der Mutter Oberin und erzähle ihr alles. Aber ich habe ja schon einen Brief geschrieben und die O'Malleys gelobt. Wie kann ich da wieder schreiben und sagen, dass ich sie nicht mag?

Was fange ich denn jetzt nur an, weinte sie und versuchte, sich zusammenzureißen und die ganze Sache vernünftig zu durchdenken. Ich gehe einfach nicht wieder runter. Aber dann wirft sie mich raus, und ich weiß nicht, wohin. Dann habe ich nichts zu essen. Kein Geld, nur die fünf Shilling. Vielleicht sollte ich jetzt weg und nach Tuam, wo es ein Kloster gibt. Da bekäme ich Lohn für meine Arbeit. Ich nehme an, es war falsch, den Kindern zu erzählen, ich hätte einen Bruder, aber das wollte ich eigentlich gar nicht. Und ich habe auch nie gesagt, ich hätte mich in einen von den Farmarbeitern verguckt. Wenn ich sage: ›Der Dunkle war nett‹, heißt das dann, dass ich ihn mag?

Tief im Innern wusste Bridie, dass es genau das hieß. Aber schließlich mochte sie auch Gerald und die Kinder – und Alice. Sprache und Worte und Andeutungen sind so dumm, dachte sie. Unheimlich dumm. Alles, was ich sage oder tue, wird verdreht.

Sogar Schwester Bernadine hat mir nicht geglaubt, als ich auf dem Feld der Nonnen die zwei Shilling gefunden habe, und sie hat mich verdächtigt, ich hätte sie gestohlen. Und jetzt will diese Hexe, Mrs. O'Malley, mir unterstellen, ich hätte die Kinder im Glauben gelassen, ich sei jemand von vornehmer Herkunft. Ich bin ja auch jemand von vornehmer Herkunft. Ich bin bei den Nonnen erzogen worden, in einer ordentlichen Schule. Ich habe meine Erstkommunion gehabt. Ich habe kochen gelernt und nähen und Mundharmonika spielen, also erlaube ich keinem, mich so zu demütigen, dachte Bridie. Ich bleibe einfach hier, bis dieses Biest sich entschuldigt.

Mit verschränkten Armen stand Mrs. O'Malley da und schaute angestrengt aus dem Küchenfenster. Sie sah die Arbeiter weit draußen auf den Feldern mit Geralds besten Pferden im Geschirr bei der Weizenernte. Aber Pferde waren im Moment Mrs. O'Malleys geringste Sorge. Bridie, was sollte sie mit der jetzt anfangen, fragte sie sich. Wenn die Arbeiter nicht um ihr Mittagessen gebracht werden sollten, musste es einer zubereiten, und zwar schnell. Sie als Dame des Hauses würde das ganz bestimmt nicht machen, während ›die‹ da oben saß. Aber wie sollte sie Bridie zum Herunterkommen bewegen, ohne das Gesicht zu verlieren? So wie sie es sah, hatte sie zwei Möglichkeiten. Bridie auf der Stelle entlassen und selber kochen, was ihr am liebsten wäre, oder sich unverzüglich entschuldigen und Bridie schnell wieder in die Küche herunterholen. Letzteres war eine grauenvolle Vorstellung für sie. Es hieß, sie würde sich erniedrigen müssen, um Bridie wieder ans Arbeiten zu bringen. Sie machte auf dem Absatz kehrt und beschloss, das Kochen selber zu übernehmen. Bald hatte sie einen Eimer gewaschener Kartoffeln auf dem Tisch und wollte mit dem Schälen anfangen, als ihr plötzlich aufging, dass sie das morgen wieder machen müsste, wenn sie Bridie entließ. Schlimmer noch, sie müsste die ganze Woche waschen und schälen, schrubben und nähen und backen. Und wenn ihre Freunde und Nachbarn je erfuhren, dass ihr Haushalt auf Selbstversorgung umgestellt hatte, einfach weil sie keine Haushälterin hatte, würde ihr Ansehen in der Gemeinde rapide sinken. Das durfte einfach nicht passieren. Stirnrunzelnd wusch sie sich die schmutzigen Hände. Gerald wäre natürlich sehr wütend, wenn ich dieses Fräulein ohne seine Zustimmung entlassen würde, und das wäre ja auch undenkbar, nach dem, was mit dem letzten Mädchen passiert ist. Ich weiß schon, dachte Mrs. O'Malley, ich tue einfach so, als sei alles meine Schuld und lasse es vorläufig gut sein. Und wenn ich dann so weit bin und ›die da‹ am wenigsten damit rechnet, genieße ich meine Rache.

Sie klopfte an Bridies Tür. »Darf ich reinkommen?«

Bridie machte die Tür auf und sah sich Mrs. O'Malley gegenüber.

»Ich habe nachgedacht, Bridie. Vielleicht habe ich mich ja ungeschickt ausgedrückt. Aber was ich eigentlich sagen will, ist … Ich habe etwas übereilt reagiert. Du bist erst eine Woche hier und warst wirklich tüchtig und so weiter, und wir alle mögen dich. Also lass uns einfach vergessen, was ich gesagt habe, und wieder hinuntergehen.«

Bridie schwieg. Sie stand da und starrte Mrs. O'Malley ungläubig an. Dieser plötzliche Stimmungsumschwung musste einen Grund haben, dachte sie, als ihr Blick Mrs. O'Malleys edelsteinverzierte Brosche streifte, den eleganten Ohrschmuck, den Ehering und die diversen Ringe mit Münzenfassung.

Diese Hexe, dachte Bridie, es fehlte nur noch der Sack. Du bist doch sowieso viel zu vornehm, Lady, du wäschst doch keine Kartoffeln, schnipselst Kohl oder schrubbst den Küchenfußboden. Ich habe ja wohl keine andere Wahl, oder? Nein. Aber so wahr Gott mein Zeuge ist, Mrs. O'Malley, ich harre aus, warte auf meine Gelegenheit, aber dann bin ich auf und davon. Dann ging sie schweigend um Mrs. O'Malley herum und lief die Treppe hinunter.

Bald wurde Bridie klar, dass sie sich die Qual, unter Mrs. O'Malley schuften zu müssen, so arg nicht vorgestellt hatte. Trotzdem beschloss sie, auf deren ewiges Antreiben gar nicht einzugehen. Nach intensivem Nachdenken kam sie zu dem Schluss, dass ihr gar nichts anderes übrig blieb, als sich vorläufig bedeckt zu halten und kein Wort zu sagen. In Gegenwart der Kinder, vor allem von Sinead, mit der sie sich liebend gern unterhielt, war diese Einschränkung, die sie sich auferlegt hatte, besonders schmerzlich. Bridie ahnte, sie könne ihr Herz nicht mehr auf der Zunge tragen, denn es ließ sich nicht vorhersagen, wie sich Mrs. O'Malley ihre Worte zurechtlegen würde, sollten sich die Kinder auf denkbar harmlose Weise verplappern.

Stattdessen wandte sich Bridie jetzt in Gedanken hauptsächlich den Arbeitern zu. Von Peter, Thomas und Seamus war Letzterer ihr inzwischen der liebste. Und wenn er auch bei Weitem der älteste der drei war, hatte er doch einen gewissen Charme, der ihr seine Gegenwart angenehm machte. Für gewöhnlich unterhielten Seamus und Peter sie beim Frühstück mit sensationslüsternen Geschichten über die Gemeinde. Seamus zufolge wimmelte es im Dorf von Snobs, und die Leute aus der Arbeiterschicht missgönnten einem noch den Dampf ihrer Pisse. Bridie amüsierte sich über die Mimik der beiden und die witzigen Bemerkungen, mit denen sie ihre Geschichten würzten.

Am besten gefiel ihr, als Seamus ihr erklärte: »Es ist noch nie was Gutes aus Cill Conly gekommen, denn hier ist es doch so: Wenn die Nachbarn was gegen einen haben, warten sie einfach in aller Ruhe ab. Und dann kriegst du eines Morgens, wenn du am wenigsten damit rechnest, die volle Ladung aus ihren dampfenden Pisspötten mitten in die Fresse. Und wenn du dann Glück hast, kommen sie unter Umständen angelaufen und tun ganz unschuldig, behaupten, es wäre reiner Zufall gewesen. Dabei sind sie tief im Innern ganz hin und weg vor lauter Freude, weil sie einen Treffer gelandet haben. Noch tagelang freuen die sich dann zu Hause über diese eklige Sache. Also, Mädchen, sag bloß nicht, wir hätten dich nicht gewarnt.«

Auch Gerald warnte sie davor, dass das Dorf nicht der rechte Ort sei, um sich Sonntagabend am Kreuz beim Tanzen sehen zu lassen. Jeder dort wüsste, dass sie eine Fremde war. Und sie sollte ruhig wissen, dass es dort von lüsternen Männern nur so wimmelte, die ihre besten Tage hinter sich hatten. Wenn sie also je tanzen gehen wollte, dann lieber in der angrenzenden Grafschaft Mayo.

Doch Bridie kam nie irgendwohin, außer wenn die Kinder in die Kathedrale von Tuam gefahren wurden, was höchst selten vorkam. Ihre einzige Möglichkeit, sich in Gesellschaft zu begeben, bestand darin, einmal in der Woche Tee für die Gäste des Hauses zu machen und sich die täglichen Anekdoten der Farmarbeiter anzuhören, wenn sie sich geräuschvoll einen Stuhl heranzogen und sich über das Frühstück hermachten.

Es war Donnerstag, und Bridie schrubbte auf den Knien die Treppe und träumte von einem romantischen Zwischenspiel mit Seamus, der gesagt hatte, er wolle am Sonntagabend zum Tanz gehen. Es war nur vier Meilen von hier. Vielleicht sollte sie einfach auch hingehen, überlegte sie. Höchste Zeit, dass ich ein bisschen was von der Welt zu sehen bekomme. Ach, was soll's, ich gehe einfach hin, so oder so.

Plötzlich nahm sie eine Bewegung hinter sich wahr, aber dem Griff des Handfegers, mit dem Mrs. O'Malley ihr den Rücken traktierte, konnte sie nicht mehr ausweichen.

»Was hat das zu bedeuten?« (*Klatsch!*), fing sie an. »Mit dem verdammten Bügeleisen hast du mir meine beste Bluse ruiniert. (*Klatsch!*) Weißt du denn nicht, dass man eine Seidenbluse nicht zu heiß bügeln darf?«, rief sie.

Schutz suchend rannte Bridie nach oben. »Das wusste ich nicht! Ehrlich, Mrs. O'Malley, das wusste ich nicht!«, flehte sie, doch Mrs. O'Malley hieb immer weiter auf die zurückweichende Bridie ein.

»Du taugst doch zu rein gar nichts, bist von einem Schwung Nonnen aus der Erziehungsanstalt rausgeworfen worden. Ich hätte es besser wissen müssen. So was wie dich hätte ich nie und nimmer einstellen dürfen.«

Bridie drehte sich um, ihre Augen funkelten. Sie zeigte mit dem Finger auf Mrs. O'Malley. »Wenn Sie mich noch einmal schlagen …«

Klatsch! »Wie kannst du es wagen, mit dem Finger auf mich zu zeigen«, zischte Mrs. O'Malley, als sie Bridie einen kurzen, heftigen Schlag auf die Hand gab. »Geh in dein Zimmer, sofort!«, befahl sie.

In ihr Zimmer zu gehen hielt Bridie für gefährlich, sie wusste, dass sie dort eine heftige Tracht Prügel bekommen konnte. So schoss sie rein instinktiv nach vorn, stürzte an Mrs. O'Malley vorbei und warf ihre Arbeitgeberin dabei fast die Treppe hinunter.

Einen kurzen Moment lang blieb Bridie in der relativen Sicherheit des Flurs stehen, schaute hoch und rief: »Das mache ich nicht. Auf gar keinen Fall. Sie können sich eine andere suchen, die dann die ganze Schmutzarbeit für Sie macht.«

Mrs. O'Malley gewann allmählich ihre Fassung zurück, lief die Treppe hinunter und schrie dabei Bridie an: »Wirst du wohl sofort hierher zurückkommen! Komm zurück!«

Doch Bridie war zur Hintertür hinausgeschossen und lief die lange Auffahrt hinunter, als ginge es um ihr Leben. Sie lief und lief, bis sie außer Sichtweite des Hauses war, dann kletterte sie über eine Mauer und rannte auf ein Feld, für den Fall, dass jemand sie sah. Sie rang nach Atem, setzte sich auf ein Stück Felsen und fing an zu weinen. Es folgten krampfartige Zuckungen und die Angst vor dem Unbekannten. Die Angst, ihre Hand könne gebrochen sein, denn sie war schon leicht geschwollen. Außerdem tat ihr der Rücken weh, und wenn sie sich bewegte, spürte sie Stiche.

Da blieb sie und saß eine ganze Weile auf dem großen Stein, bis sie vor Kälte fröstelte. Sie musste irgendwo Schutz suchen. Sie war nur leicht bekleidet, und sie hatte weder Kleidung noch Lebensmittel oder Geld bei sich. Sie beschloss, nie wieder in dieses Haus zurückzukehren. Aber irgendwie musste sie an ihre Kleider und ihr Geld kommen. Allmählich fiel ein leichter Regen; jetzt musste sie schnell etwas unternehmen. Von ihren

Spaziergängen mit den Kindern kannte sie die Gegend ungefähr, und so beschloss sie, auf Umwegen zurück zur Farm zu gehen. Da wollte sie sich verstecken und Schutz suchen, bis sie ins Haus gelangen und ihre Sachen holen konnte. Noch besser wäre, sie könnte Peter oder Seamus darum bitten. Sonst müsste sie sich bis morgen früh verstecken, denn abends wären die Kinder im Haus, und Mrs. O'Malley würde nicht vor morgen ihre Besuche machen.

Aus Angst vor den Tieren des Feldes hastete sie am Graben lang, kletterte über einen Stacheldrahtzaun, überquerte einen kleinen Bach und näherte sich so dem Kornspeicher, wo sie sich vorerst im Heu verstecken wollte. Schritt für Schritt ging sie langsam am nächstgelegenen Zaun entlang, dann rannte sie über den Hof und in die große Scheune, die den Kornspeicher beherbergte. Jetzt hatte sie sogar noch mehr Angst, da sie so nah beim Haus und möglicherweise so nah an der Entdeckung durch die O'Malleys war. Sie wusste, wenn das passierte, waren ihre Chancen auf Freiheit äußerst dürftig. Die O'Malleys waren in gewisser Weise für ihr Wohlergehen verantwortlich, und sie würden sie womöglich nicht gehen lassen.

Lange Zeit, so kam es Bridie jedenfalls vor, versteckte sie sich hinter der halboffenen Tür und beobachtete den Hof für den Fall, dass jemand kam. Nach einer Weile meinte sie, jemanden kommen zu hören, und schlich auf Zehenspitzen die Treppe hoch und versteckte sich im hinteren Bereich des Gebäudes. Sie stand in der hintersten Ecke, als sie einen der Arbeiter hörte, der lässig pfeifend hereinkam. Wenn sie auf Zehenspitzen bis ganz nach oben schlich und hinunterschaute, sah sie womöglich, was da unten vor sich ging. Aber am Pfeifen meinte sie, Peter zu erkennen und nicht Seamus, der ihr lieber gewesen wäre. Bald hörte das Pfeifen auf, und sie glaubte, der Mann, wer immer es auch war, habe das Gebäude verlassen. Sie wollte sich schon vorwagen, als sie plötzlich spürte, dass sie niesen musste. Schnell hob sie die Hände, um das Niesen zu unterdrücken, konnte das Geräusch aber nur etwas dämpfen. Sofort folgte ein weiteres Niesen und gleich noch eines. Da war ihr klar, dass der Mann sie gehört hatte und nachsehen würde, denn jetzt hörte sie jemanden leise die Treppe heraufkommen, und schon fiel nicht mehr so viel Licht in den Kornspeicher.

»Ist da jemand?«, hörte Bridie eine Stimme und erkannte sofort Peter. Sie seufzte vor Erleichterung, denn sie war sicher, er würde sie nicht verraten. Vorsichtig näherte sich die Stimme Bridies Versteck, und wieder hörte sie: »Ist da jemand?«

Bridie meinte, sie sollte lieber antworten, sonst hörte womöglich noch ein anderer seine Stimme. Laut flüsterte sie: »Ich bin es! Bridie!«

Bis auf etwa einen Meter kam Peter heran, ehe er sie im Heu liegen sah. Er drehte sich um und stand schräg vor ihr, um sich endgültig davon zu überzeugen, wen er vor sich hatte. »Bridie!«, rief er laut. »Was machst du denn hier?«

Bridie konnte nicht antworten. Die Worte blieben ihr in der Kehle stecken und wollten nicht heraus. Am liebsten wäre sie in Tränen ausgebrochen und hätte jemandem erzählt, dass Mrs. O'Malley sie wie einen Hund geprügelt hatte und dass der Schmerz in ihrem Herzen schlimmer war als alles, was sie bisher erlebt hatte.

Peter fragte: »Alles in Ordnung mit dir?«, und kam näher. »Hat Mrs. O'Malley irgendwas zu dir gesagt?«

Bridie nickte und fing an zu weinen, als Peter neben ihr stand. Er sah, dass sie völlig außer sich war, und legte ihr den Arm um die Schultern, um sie zu trösten. Ein paar Minuten schluchzte sie hemmungslos und presste ihren Kopf an seine Brust. Dabei erzählte sie ihm stammelnd, was passiert war. Nach einer Weile fasste sie sich wieder, und Peter zwang sich, den Arm von ihren Schultern zu nehmen und einen Schritt zurückzugehen, denn dem eigenwilligen Gefühl in seinem Körper konnte er nicht trauen. Als er zurücktrat und ihr verstörtes Gesicht, ihren flehentlichen Blick und die sanften roten Lippen sah, überkam ihn das unstillbare Verlangen, ihr Gesicht zu berühren und sie leidenschaftlich zu küssen.

Auch Bridie empfand ein seltsames Gefühl des Trostes, als sie so mit dem Kopf an seiner Brust lehnte. Deutlich hatte sie das heftige Pochen seines Herzens gehört und seinen kraftvollen tröstlichen Arm um ihre Schultern gespürt. Sie richtete sich auf, schüttelte sich das Heu aus den Haaren und vom Rock, und dabei sah Peter ihren wohlgeformten Körper. Das war dann doch zu viel. Er konnte sich nicht länger beherrschen. Plötzlich packte er ihre bleichen Wangen und drehte ihr Gesicht dem Licht entgegen, um ihre porzellangleiche Schönheit ausgiebig zu bewundern, ehe er das raue, stoppelige Kinn gegen ihre feuchten, roten Lippen presste.

Den Bruchteil einer Sekunde lang war Bridie ganz benommen und wusste nicht, wie ihr geschah. Dann strömte eine Welle der Erregung durch ihren Körper, als sie begriff, dass sie zum allerersten Mal geküsst wurde, und es war genauso, wie die Mädchen aus Galway ihr in St. Joseph's erzählt hatten. Peters starke Arme umschlangen ihre Schultern, und seine gierigen Lippen sandten wahre Stoßwellen durch ihren Körper. Ohne sich dessen bewusst zu werden, legte sie ihm die Hände auf die Schultern, um ihn wegzuschieben, aber irgendwoher kamen widersprüchliche Signale, die sie innehalten ließen. Und dann gleich wieder eine dringliche Botschaft: Hör auf! Aber sie war machtlos, während ihr Verstand wieder schrie: Hör auf! Hör auf! Aber sie konnte nicht, denn Peter schmiegte sich an ihren Hals, knabberte an ihrem Ohr und presste sie die ganze Zeit an seinen festen Körper. Sie spürte ein wohliges erregtes Zittern, das ihr eine Gänsehaut das Rückgrat hinunterschickte. »Hör auf, bitte!«, flüsterte sie nervös. »Hör auf, Peter. Bitte!«, rief sie, als sie halbherzig versuchte, ihn wegzustoßen.

Einen kurzen Moment zögerte Peter, aber als er wieder anfing, sie zu küssen, und seine Hände ihren Körper erforschten, verlor sie völlig die Kontrolle. Sie war kaum mehr bei Verstand. Sie spürte die kräftigen Muskeln seiner Schenkel und seines Oberkörpers, als er ihren Körper noch enger an seinen presste. Er hatte seine Hände überall, und ein seltsam kitzliges Gefühl übermannte sie, und wieder gab sie sich seinen hungrig suchenden Lippen hin. Sein Körper hatte für sie einen seltsamen Geruch, der ihr in die Nase stieg und sie ganz schwindlig machte. Dann überkam sie eine Welle der Scham, denn inzwischen fuhr er ihr über die nackte Haut, und sie bat ihn wieder aufzuhören. »Peter! Peter!«, flehte sie. Und als ihr bewusst wurde, dass seine kraftvollen Hände an dem dünnen Material ihrer Unterwäsche zerrten, rief sie wieder laut: »Hör auf! Hör auf!« Aber es war sinnlos, denn im nächsten Moment hob er sie einfach so hoch, und als er sie wieder leidenschaftlich auf den Mund küsste, musste sie sich verzweifelt an seine Schultern klammern, während er ihr die Beine auseinanderzwängte und sie sich um die Hüfte legte.

Was machte er da? Wollte er sie ersticken? Wieso keuchte er jetzt und atmete so schwer? Seine Beine und sein Unterkörper zitterten unkontrolliert. Irgendwie wollte sie ihren Mund wegdrehen und rufen: »Hör auf, Peter! Hör auf!« Stattdessen flehte sie um Gnade und stieß dann einen erstickten Schrei aus, als sich seine heiße, drängende Männlichkeit in ihren Unterleib zwängte: »Ah! Aaah! Peter! Peter! Hör auf!« In dem Augenblick hatte sie das Gefühl, ihr sei eine Art tödlicher Wunde zugefügt worden. Wie ein Messerstich tief in ihr Fleisch, der heiße Wellen durch ihren ganzen Körper schickte. Plötzlich ergriff sie die schreckliche Angst, der Mann, den sie kannte und dem sie vertraute, wolle sie umbringen. Auch sie japste nach Luft, denn ihr Körper fühlte sich an, als sei er von einer unvorhergesehenen Macht in Brand gesteckt worden, und da ertönte eine dünne Stimme: »Peter! Bist du das?«, und neugierig kam Sinead näher.

Beschämt drehte Peter ihr schnell den Rücken zu, kalter Schweiß hüllte plötzlich seinen Körper ein, und er befahl nachdrücklich: »Bleib unten! Bleib unten! Bleib, wo du bist, Sinead, ich bin gleich da.«

»Bist du das, Bridie?«, fragte Sinead zögerlich nach einer Weile, da sie ahnte, dass ihre Freundin Bridie irgendwie in Schwierigkeiten steckte, und deshalb blieb sie oben an der Treppe stehen und versuchte, ins Dunkel zu sehen.

»Um Gottes willen, geh wieder runter, Sinead. Ich bin gleich da«, brüllte Peter auf beängstigende Weise.

Sinead drehte sich um und stürzte nach unten und dann zurück ins Haus, als Bridie versuchte, so gut es ging ihre Sachen in Ordnung zu bringen, und sich Peter abrupt umdrehte und so unerwartet verschwand, wie er aufgetaucht war. Was sollte sie jetzt machen, wo Sinead sie da im Heu gesehen hatte, überlegte sie. Bei dem Gedanken, dass man sie mit Peter entdeckt hatte, wurde ihr körperlich übel. Schlimm genug, dass Mrs. O'Malley es bald wissen würde, aber nun fühlte sie sich nach dem, was passiert war, auch noch schuldig und schmutzig. Nach allem war sie zu entsetzt, um sich überhaupt zu bewegen, und als sie es dann doch tat, hatte sie das Gefühl, dass ihr etwas innen am Bein herunterlief. Sie nahm ihren ganzen Mut zusammen, trat ins Licht und sah nach. Erschrocken entdeckte sie, dass sie blutete. Eigentlich sollte es erst in zwei Wochen wieder so weit sein. Nach allem, was die Nonnen ihr erklärt hatten, war die Menstruation Teil des Erwachsenwerdens. Sie hatten ihr gesagt, ihr Körper werde sich drastisch verändern, von einem jungen Mädchen werde sie zur reifen Frau. Sie fühlte sich schwach und schwindlig, und so lehnte sie sich an einen riesigen Heustapel.

In ihrem Kopf drehte sich alles, und sie konnte keinen klaren Gedanken fassen. Sie sagte sich, sie müsse irgendeine schreckliche Sünde begangen haben, als sie einem Mann erlaubt hatte, sie so zu küssen. Aber ganz sicher war das alles nur Peters Schuld. Bestimmt hat er meinen Körper mit einem Zauber belegt. Schwester Rita hatte gesagt: ›Die Welt ist voll böser Männer, die nichts weiter wollen, als deinen Körper zu besitzen, um ihrer eigenen liederlichen Lust zu frönen und so ihren Untergang herbeizuführen.‹ Hieß das, ihr Körper war besessen von irgendeinem bösen Dämon? Es musste wohl so sein, dachte sie, denn ganz tief unten fühlte sich ihr Körper zerrissen, zerschlagen, verletzt und zerfetzt an. Sie hasste die O'Malleys, sie hasste die Kinder, sie hasste Peter, aber am meisten von allen hasste sie sich selbst, denn sie war so feige gewesen, anderen Leuten zu erlauben, sie so zu missbrauchen. Sie wollte sich nur noch hinlegen und sterben und nie wieder aufwachen. O Gott, vielleicht, nur vielleicht, ist ja alles bloß ein böser Traum gewesen und dieser Tag ist nie passiert.

Aber als Gerald plötzlich oben an der Treppe erschien und auf sie zukam, dachte sie, sie würde sicher vor Scham und Verlegenheit sterben, denn sie wusste, das wäre erst der Anfang.

Als sie dann später im Bett lag und sich immer noch abmühte, die schrecklichen Ereignisse des Tages aus ihrem Kopf zu verbannen, hörte sie unten viel Geschrei und Lärm. Dann ein sachtes Klopfen an ihrer Tür. Es war Gerald. Er kam herein, blieb neben ihrem Bett stehen und fragte: »Geht es dir jetzt besser?«

Bridie nickte. Es stimmte. Es ging ihr viel besser, seit sie ein heißes Bad genommen und sich etwas anderes angezogen hatte. Jetzt wollte sie sich nur noch ausruhen, ihre Gedanken sammeln und überlegen, wie es jetzt mit ihr weitergehen sollte. Gerald hatte sie ins Haus gebracht, wo Mrs. O'Malley auf einmal sehr besorgt um ihr Wohlergehen war. Sie bestand darauf, sie solle sich den Rest des Abends schonen, und meinte, sie könne den morgigen Tag freihaben. Frei? Das war nun wirklich etwas, worauf sie sich freuen konnte. Kaum hatte sie von ihrem freien Tag gehört, beschloss sie, nach Tuam zu gehen und über ihre Zukunft nachzudenken.

»Möchtest du reden?«, fragte Gerald besorgt. Bridie schüttelte den Kopf.

»Möchtest du mir nicht erzählen, was passiert ist? Fang am besten ganz von vorn an«, drängte er sie nach einer kurzen Pause.

Bridie war nicht nach Reden zumute, fragte sich aber, ob Gerald wusste, was Mrs. O'Malley getan hatte. Sie hielt es für das Beste, überhaupt nichts zu sagen. Doch die Aussicht, die Sache klarzustellen und Gerald von seiner entsetzlichen Frau zu erzählen, war allzu verlockend.

Sie lag da und sah Gerald ausdruckslos an, während er redete. »Ich verstehe ja, dass es eventuell nicht so einfach ist und du vielleicht lieber mit jemand anderem reden möchtest. Soll ich einen Arzt kommen lassen?«

Doch so schlecht fühlte sich Bridie nicht, dass sie einen Arzt brauchte, auch wenn sich ihr Rücken und ihr Arm noch ganz wund anfühlten, ganz zu schweigen vom Rest ihres Körpers. Sie zog sich die Bettdecke bis zu den Schultern hoch, lag da und starrte Gerald einen Moment lang an. Sie wusste nicht genau, ob er ein netter Mensch war oder nur Mrs. O'Malleys Ehemann, der so tat, als sei er nett. Was, wenn sie ihm alles erzählte und er ihr nicht glaubte? Dann gäbe es zwei Leute, die sie verabscheuten. Ob sie nun blieb oder nicht, sie wollte trotzdem, dass die Leute sie mochten. Und doch war da die nagende Furcht, dass sich alles gegen sie verschworen hatte. Die Nonnen, Mrs. O'Malley, Peter, und jetzt Gerald. Sie meinte, sogar die Kinder, vor allem Sinead, würden sie jetzt verabscheuen. Wie könnte sie ihr je wieder in die Augen sehen, ohne daran denken zu müssen, wie Sinead sie in diesem schrecklichen Zustand im Kornspeicher angetroffen hatte.

Gerald musterte sie. Beinahe konnte er ihre Gedanken lesen, als er sanft sagte: »Dich bedrückt so viel. Manchmal tut es gut zu reden, es beruhigt, es nimmt die Angst.« Nach einer langen Pause fuhr er fort: »Also, du bist heute aufgestanden, hast Frühstück gemacht, die Kinder sind in die Schule und ich bin nach Springfield. Was ist dann passiert? Was ist schiefgegangen?«, drängte er.

»Ihre Frau, das ist es, Gerald. Sie ist so gemein, und das sage ich nicht gern«, rief Bridie, während sich ihre Augen mit Tränen füllten und sie zu schluchzen begann. »Sie ist die grausamste Person, die mir je begegnet ist, sie behandelt mich wie eine Bettlerin. Nicht mal ein Tier würde ich so behandeln.« Sie ließ ihren Tränen freien Lauf. »Sie beschimpft mich, und heute hat sie mich mit dem Handfeger geschlagen. Ich musste weglaufen, ich wusste, ich würde mit dem Messer auf sie losgehen, wenn sie nicht aufhört. Ich will keinem wehtun, aber sie hat es auf mich abgesehen. Sehen Sie nur, was sie mit meinem Arm gemacht hat«, sagte Bridie, zog den Ärmel hoch und zeigte ihm den roten, geschwollenen Abdruck auf ihrem Arm. »Und sie hat mich auf den Rücken geschlagen … bloß weil ich eine Bluse ruiniert habe, die ich vorher noch nie bügeln musste«, schniefte sie und trocknete sich die Augen mit dem Ärmel vom Schlafanzug.

Entsetzt betrachtete Gerald ihr erhitztes Gesicht und hatte selber Mühe, seine Gefühle unter Kontrolle zu halten. Er wusste, das Mädchen sagte die Wahrheit, aufrichtig war Bridie auf jeden Fall. Er drehte den Kopf zum Schlafzimmerfenster, damit sie seinen gequälten Gesichtsausdruck nicht sah. Er musste akzeptieren, dass seine Frau die Dinge immer mehr auf die Spitze trieb und dass es Zeit war, der Wahrheit ins Auge zu sehen. Ihretwegen hatten bereits mehrere Angestellte Conly House verlassen, und jetzt wurde sie sogar gewalttätig. Und dieser letzte Ausbruch hatte nun dazu geführt, dass sich einer der Arbeiter einen Übergriff erlaubt hatte. Er drehte sich wieder um, lehnte sich an die Wand und sah Bridie an. Dann fragte er: »Und was war dann? Nachdem du weggelaufen bist?«

Bridie erzählte ihm, sie sei die Straße entlanggerannt, um vom Haus wegzukommen, habe dann aber beschlossen, umzukehren und sich im Kornspeicher zu verstecken, bis sie ihre Kleider holen könnte. Bridie wandte sich von Geralds forschendem Blick ab. Er wartete darauf, dass sie zu Ende erzählte.

»Und was war dann?«, fragte er, und über seine gequälten Züge legte sich Resignation.

Doch das konnte Bridie keinem erzählen, wie sie vor der Welt Schande auf sich geladen hatte, indem sie sich von Sinead, dem Kind, auf das sie aufpassen sollte, in der beschämendsten, undamenhaftesten Situation hatte erwischen lassen. Sie machte die Augen zu, denn es war alles so scheußlich. Gerald setzte sich auf die Bettkante und legte sacht die Hand auf ihre kleinen verkrampften Fäuste, doch Bridie zog schnell die Hand weg und sagte: »Bitte nicht.«

Es kam ihr vor, als habe seine Hand sie gestochen. Nie wieder im Leben wollte sie einen Mann so nahe bei sich spüren. Wenn sie daran dachte, was schon passiert war, bloß weil sie gemeint hatte, sie könne jemandem trauen, überfielen sie Schauer des Entsetzens.

Gerald stand auf. »Das verstehe ich«, flüsterte er, »du brauchst mir nicht alles zu erzählen. Aber ich muss eben wissen, woran ich bin. Ich habe mich um die Angestellten zu kümmern und sicherzustellen, dass alle gleich und respektvoll behandelt werden. Und ich muss wissen, ob jemand seine Grenzen überschritten hat.«

Nach einer Weile stellte er die Frage, die ihn wirklich quälte, denn Sinead hatte gesagt, dass sie gesehen hätte, wie sich Peter und Bridie im Heu geküsst haben. »Hat Peter dir etwas angetan, oder läuft da was zwischen euch?«

Bridie sagte nichts, zog nur die Bettdecke hoch, ehe sie sich wegdrehte. Gerald wusste, dass er jetzt besser gehen sollte. Als er das Zimmer verließ, wusste er die Antwort längst, aber inzwischen gingen ihm schon andere Dinge durch den Kopf.

Erschöpft ging er nach unten, die Beine waren ihm schwer wie Blei, und er betrat das Lesezimmer. Er würde nachdenken müssen. Was, wenn Bridie nun vergewaltigt worden war – und er war überzeugt, dass es so war. Schnell entschied er, dass Peter schuldig des Missbrauchs war, seine Frau schuldig der Körperverletzung und er selber schuldig der Vernachlässigung und der Tatsache, dass er sein Heim zu einem Haus von zweifelhaftem Ruf gemacht hatte, einem Haus, aus dem eine Angestellte fortlaufen musste, nur um bei ihrer Rückkehr von einem anderen Mitglied des Haushalts vergewaltigt zu werden. Gerald vergrub den Kopf in den Händen und betete, der grässliche Kopfschmerz möge nachlassen, denn er konnte einfach keinen klaren Gedanken fassen. Er war ruiniert, zerstört, oder so gut wie, sagte er sich. Wenn das herauskam, dann war er ein für alle Mal erledigt, denn kein Mann, keine Frau mit einiger Selbstachtung würde je wieder hier arbeiten wollen. Er wäre gesellschaftlich geächtet in der Gemeinde. Eine ganze Weile ging er im Zimmer hin und her, ehe er entschied, was jetzt zu tun war. Wenn er nichts unternahm, wer weiß, was dann noch alles passierte. Was auch immer für

Gerüchte im Dorf die Runde machen mochten, wenn er jetzt das Richtige tat, würde man wenigstens sagen, er habe getan, was er tun konnte.

Unter dem Vorwand, dass Bridie einen kleinen Urlaub machen sollte, wurde sie für einige Tage zu Geralds Schwester nach Tuam geschickt, während Gerald einen neuen Arbeitsplan für Conly House aufstellte. Doch zunächst hatte er eine lange und hitzige Unterredung mit Peter, der jedes unschickliche Benehmen gegenüber Bridie leugnete. Was im Kornspeicher passiert war, bezeichnete er als harmlose Balgerei. Doch Gerald blieb beharrlich. Peter würde gehen müssen, und so ging er denn. Ein junger Bursche aus einem Nachbardorf ersetzte ihn. Von dem Tag an war Conly House kein anheimelnder Ort mehr. Vorbei die Tage des herzhaften Frühstücks jeden Morgen vor Arbeitsbeginn. Vorbei die Tage von gebratenem Speck und Kohl für die Arbeiter und, schlimmer noch, vorbei die Freiheit für die Arbeiter, je wieder das Haus zu betreten oder Umgang mit anderen Hausangestellten zu haben. Stattdessen saßen die Arbeiter mit ihren Sandwiches und Kannen mit kaltem Tee auf Melkschemeln im Stall, ob es hagelte, regnete oder die Sonne schien. Von Mrs. O'Malley hieß es derweil, sie sei zu einem längeren Urlaub nach Amerika gefahren.

Nach ein paar Tagen wurde Bridie zur Rückkehr überredet, der Chauffeur holte sie ab, und Gerald fragte sie nach ihren Vorstellungen von der Neuorganisation des Haushaltes. »Wie du siehst, Bridie, ist die Situation im Moment alles andere als ideal, aber ich weiß es zu schätzen, dass du nach allem, was war, zurückgekommen bist. Trotzdem, wir müssen tun, was wir können, vor allem wegen der Kinder. Ich möchte, dass du so weiterarbeitest wie bisher. Meine Schwester Mary kommt gern und hilft an deinen freien Tagen aus. Und außerdem, die Kinder werden sich freuen, wenn sie ihre Tante öfter sehen. Wir werden also hoffentlich so bald wie möglich wieder zur Tagesordnung übergehen. Allerdings kann ich dir nicht versprechen, dass du bei uns bleibst. Ich weiß nicht genau, wie lange meine Frau weg sein wird. Aber um dir einen neuen Anfang zu ermöglichen und um dir bei deinen Plänen zu helfen, die du vielleicht machen möchtest, gebe ich dir einen Lohn von zwei Shilling und sechs Pence die Woche, dazu noch Kost und Logis. Wie hört sich das an?«

»Großartig«, antwortete Bridie, und bei der Aussicht auf ihr erstes selbstverdientes Geld überzog ein zufriedenes Lächeln ihr blasses Gesicht.

Jetzt hatte Bridie mehr Zeit für sich, und sie dachte, sie käme nun ab und zu weg von Conly House, könne Freundschaften schließen, nach Tuam oder Galway oder vielleicht sogar nach Dublin fahren. Die Nonnen im Heim hatten ihr erzählt, sie stamme aus Dublin. Sogar Mrs. O'Malley hatte ihr das vorgehalten. Wer weiß, womöglich finde ich ja meinen Vater und meine Mutter, nicht dass die jetzt noch groß was für mich tun könnten, dachte sie. Und doch, es wäre schön zu wissen, woher ich stamme. Wenn ich mir ein paar Shilling zusammenspare, könnte ich bald mit dem Zug hinfahren. Aber erst mal will ich mir was zum Anziehen leisten und mir die Haare schneiden lassen.

Ihre Pläne nahmen Gestalt an. Sie musste nicht mehr für die Arbeiter kochen, und die Kinder waren fast den ganzen Tag in der Schule. So waren nun alle Zimmer im Haus makellos sauber, und die antiken Möbel verströmten einen Geruch nach Bienenwachs, wenn sie mit ihrer morgendlich Runde fertig war.

Eines Tages hörte Bridie ein lautes Klopfen an der Tür. Gerald war bei der Pferdeausstellung in Ballinalsoe, und sie erwartete niemanden. Sie machte auf, und da stand Peter und versuchte zu lächeln. »Ach, wie geht's? Ich dachte, ich komme mal vorbei und schau nach dir …«

»Mir geht's gut«, antwortete Bridie, die überrascht war, ihn zu sehen, und sich fragte, was er wollte, denn eigentlich war es ihm verboten, das Haus je wieder zu betreten.

Sie stand da und schaute ihn eine Weile an, dann fragte er: »Kann ich reinkommen?«

»Gerald ist nicht da, willst du zu ihm?«

»Nein, nein«, sagte er hastig. »Irgendwer hat mir erzählt, er ist bei der Ausstellung, und ich dachte, ich komme mal vorbei und schaue nach dir, du weißt schon«, aber insgeheim dachte er sich, er könne die Freundschaft wieder aufwärmen, das heißt, falls sie die Sache neulich nicht allzu krumm genommen hatte.

Bridie war sich der Bedeutung seiner Körpersprache sehr wohl bewusst und drückte die Tür halb wieder zu, aus Angst, er könne sich vielleicht hineindrängen. Plötzlich hatte sie Angst vor dem Mann, als ihr mit einem Mal alles wieder einfiel: der Arm um ihre Schultern, der plötzliche Kuss, seine Erregung und die Art, wie seine Hände über ihren ganzen Körper gefahren waren. Ohne es zu merken, hatte sie sich bei dem Versuch, ihn nicht hineinzulassen, beinahe zwischen Tür und Türpfosten eingeklemmt.

»Nein, nein. Den will ich nun wirklich nicht wiedersehen. Das war eine Sache nur zwischen dir und mir. Er hätte sich da nicht einmischen sollen. Ich mag dich, und ich will wieder dein Freund sein, wir waren doch immer Freunde, nicht?«, fragte er und hoffte, dass sie aufmachen und ihn hineinlassen würde, ehe ihn noch jemand sah. Wenn sie allein im Haus war, könnte er es vielleicht einfach noch mal bei ihr versuchen, und jetzt, wo er sie leibhaftig vor sich sah, wusste er, dass er die ganze Zeit recht gehabt hatte, dass sie tatsächlich eine Schönheit war, und er würde Gott weiß was tun, um sie noch einmal in die Lage zu bringen wie neulich im Speicher. Noch eine Chance bekam er womöglich nicht, denn Mrs. O'Malley würde sie sicher rauswerfen, sobald sie wieder nach Hause kam, und wer weiß, wo Bridie dann landete. Vielleicht war sie ein bisschen böse mit ihm, dachte er, denn er wusste, er war beim letzten Mal etwas hastig zu Werke gegangen, aber dann wiederum schien es ihr ja wohl gefallen zu haben.

Bridie musterte seine unruhig wandernden Augen und spürte, dass er durchaus in der Lage wäre, ihr dasselbe noch mal anzutun. Inzwischen war sie wie gelähmt vor Angst. Anfangs hatte sie ihm vertraut und gemeint, er nähme Anteil an ihrem Problem. Aber als sie daran dachte, wie er sie behandelt, wie er ihr die

Beine gespreizt hatte, wurden ihr die Knie ganz weich. Es war beängstigend, er schien irgendeine seltsame Wirkung auf sie zu haben. Jetzt dachte sie an Gerald. Er hatte ihr eingeschärft, niemand dürfe in seiner Abwesenheit das Haus betreten. Nur die Kinder und Tante Mary, die erst heute Abend erwartet wurde. Gerald war ein netter und anständiger Mann, dachte sie. Sie würde tun, was man ihr gesagt hatte, und er hatte gesagt, niemand, absolut niemand, dürfe das Haus betreten, wenn sie allein war, vor allem keiner von den Arbeitern. Sie fasste Mut und sagte: »Ich muss jetzt gehen. Die Kinder kommen jeden Moment aus der Schule, und ich muss ihnen was zu essen machen.« Sie war selber überrascht, wie schnell ihr eine Ausrede eingefallen war.

»Pah, die kommen noch längst nicht«, lachte er und versuchte, die Sache entspannt und fröhlich anzugehen. Sein Plan war, erst einmal ins Haus zu kommen. Er wollte um ein Glas Wasser bitten. Auf die Weise müsste es klappen, dann würde er ganz lässig hineinspazieren, beiläufig plaudern, und dann …

»Ach, die haben heute früher Schluss, und Tante Mary kommt für ein paar Tage, um bei der Hausarbeit zu helfen«, log Bridie und spürte, wie ihr Selbstvertrauen allmählich zurückkehrte.

»Früher Schluss?«, fragte Peter beunruhigt und sah seine Pläne schon scheitern. »Wieso haben die denn früher Schulschluss?«

»Keine Ahnung«, antwortete Bridie und dachte, dass sie sich jetzt reingeritten hatte. »Ach, die Lehrer haben gestern Bescheid gegeben, dass sie die Kinder früher nach Hause lassen. Ich muss jetzt wieder an die Arbeit, sonst wird Gerald sauer, wenn ich nicht alles geschafft habe. Ich sage ihm, dass du da warst.«

»Lieber Himmel, nein! Sag bloß nicht, dass ich da war«, meinte Peter, der Angst bekam, weil sie offenbar so dumm war. »Ich wollte doch bloß mal nach dir sehen. Ich dachte, wir könnten uns mal ein bisschen unterhalten.« Er war enttäuscht, weil er den Zeitpunkt so schlecht gewählt hatte und weil da die allgegenwärtige Gefahr war, er könne wieder von einem der Kinder auf frischer Tat ertappt werden. Nur mit Mühe hatte er Gerald beim letzten Mal davon überzeugen können, dass nichts Unschickliches zwischen ihm und Bridie vorgefallen war, dass er nur den Arm um sie gelegt hatte, um sie zu trösten, nachdem Mrs. O'Malley sie geschlagen hatte. Wobei er sich selber eingeredet hatte, der Grund für seine Entlassung sei die Tatsache gewesen, dass er für Bridie Partei ergriffen hatte.

In dem Moment war das Rumpeln eines Pferdewagens auf dem Kiesweg zu hören, als einer der Arbeiter auf seinem Rückweg aus der Stadt von der Straße abbog und durch das Tor fuhr. Peter drehte sich um, und seine Stimme hatte auf einmal einen drängenden Unterton, als er zu dem Fahrrad lief, das an der Mauer lehnte: »Sag keinem, dass ich hier war. Bis bald mal, Bridie. Alles Gute.« Er sprang auf sein Rad und fuhr auf dem Reitweg davon, der hinter dem Haus vorbeiführte.

»Ach, Gott sei Dank«, seufzte Bridie und ging wieder in die Küche. Wenn er noch mal kommt, was mache ich dann bloß? Ich werde Gerald sagen, dass er da war und ich ihn nicht reinlassen wollte. Das wird ihn freuen.

Aber es freute Gerald nicht gerade, dass Peter so clever war, in seiner Abwesenheit ins Haus zu kommen. Immerhin bewies es, dass er ihn zu Recht entlassen hatte.

Bridie lebte weiterhin in der Angst, Peter könne wiederkommen, offen oder heimlich, und als Mrs. O'Malley überraschend zurückkehrte, kam es ihr vor, als sei ein Übel durch ein anderes ersetzt worden. Aber die Mrs. O'Malley, die sie gekannt hatte, gab es nicht mehr. Sie hatte sich sehr verändert, schien jetzt gelassener mit sich und mit anderen umzugehen. Trotzdem verbrachte sie ganze Tage in ihrem Zimmer, und Gerald wies Bridie an, wie gewohnt weiterzumachen, und erzählte ihr, Beatrice nehme Medikamente und er wolle sich selber um sie kümmern.

Allmählich, nach einigen Monaten, wurde die Dame des Hauses annähernd wieder die Alte, und dann eines Tages wandte sie sich mit einer recht seltsamen Ankündigung an Bridie: »Ach, Bridie, wir fahren morgen nach Tuam. Gerald und ich möchten, dass du mitkommst. Wir gehen zum Arzt. Du bist doch noch nie untersucht worden, seit du hier bist, oder?«

Einigermaßen überrascht antwortete Bridie: »Na gut.«

»Es war Geralds Idee, Kind. Er meint, wir sollten uns regelmäßig untersuchen lassen, wo doch die Tuberkulose im Moment so grassiert.«

Bridie dachte sich, wenn es *ihrer Ladyschaft* Freude machte, wollte sie gern mitfahren. Außerdem war es eine willkommene Gelegenheit, nach monatelanger monotoner Hausarbeit etwas Neues zu sehen. Seit sie in Conly House arbeitete, hatte sie erst einmal einen kleinen Ausflug gemacht, und zwar mit Gerald und den Kindern zu einem Springreiten nach Athenry. Sonst kam sie nur sonntags zur Messe und schrieb danach einen Brief an die Mutter Oberin.

Als sie in der Bishop Street ankamen, gingen Gerald, Beatrice und Bridie ins Wartezimmer, und nach einer ganzen Weile wurde Bridie ins Sprechzimmer gerufen und gründlich untersucht. Solch eine ärztliche Untersuchung behagte Bridie nicht unbedingt, sie empfand es als Eindringen in ihre Privatsphäre, vor allem wenn sie gar nicht krank war. Und sie verstand auch nicht, weshalb immer Männer junge Mädchen untersuchten, aber vielleicht gab es ja gar keine Ärztinnen, dachte sie. Allerdings konnten Frauen auch manchmal ganz schön grob sein, besonders damals, als die Nonnen dachten, sie hätte eine Blinddarmentzündung. Aber zum Glück war dieser Arzt viel netter, und wenn er auch nicht viel sagte, war es doch gar nicht so schlimm, nachdem nun alles vorbei war.

Anschließend bestand Gerald darauf, sie in einem nahegelegenen Hotel zum Tee und einem herrlichen Biskuitkuchen einzuladen. Und nach einer kleinen Einkaufstour fuhren sie wieder nach Hause zurück. Bridie meinte, es müsse irgendetwas mit Mrs. O'Malley nicht in Ordnung sein, denn sie und Gerald waren auf dem Nachhauseweg sehr schweigsam; beide sprachen kein Wort. Sie selbst war bei bester Gesundheit, und das war das Wichtigste, dachte Bridie, als sie nach dem aufregenden Tuam wieder in die stille Abgeschiedenheit von Conly House zurückkamen.

An dem Abend bat Gerald Bridie, eine Kanne Tee zu machen und zu ihm ins Arbeitszimmer zu kommen. Das tat sie, und als sie sich dann ihm gegenüber hinsetzte, hatte sie das Gefühl, dass irgendetwas Schreckliches passieren würde. Da war etwas an Geralds Art, wie er ihr beim Einschenken des Tees zusah, dass sie fest damit rechnete, nach St. Joseph's zurückgeschickt zu werden. Er hatte ihr schon einmal gesagt, er könne ihr nicht versprechen, dass sie bleiben dürfte. Es sah also alles danach aus, als habe Mrs. O'Malley wieder das Sagen, auch wenn sie Bridie nicht mehr belästigte, außer wenn sie nach ihrer Medizin rief.

»Ich habe schlechte Neuigkeiten für dich, Bridie«, sagte er und beugte sich vor, die Ellenbogen stützte er auf die Knie, und er rieb sich die Hände, als wolle er irgendwelche Schmerzen lindern.

Inzwischen dachte Bridie: Das ist es also nun. Ich wusste, ich hatte recht, aber er soll sich bloß nicht einbilden, dass ich je wieder nach St. Joseph's zurückgehe, das kommt gar nicht in Frage. Ich sage einfach nichts, bin eben mit allem einverstanden, was er vorschlägt. Ich habe ein paar Kleider, ein bisschen Geld und kann zum ersten Mal im Leben weglaufen.

»Ich glaube, ich weiß, worum es geht«, meinte Bridie mit resigniertem Blick, der Gerald unvorbereitet traf.

»Das weißt du?«, fragte er mit hochgezogenen Augenbrauen. Eine spürbare Welle der Erleichterung rollte über ihn hinweg und seine Mundwinkel verzogen sich zur Andeutung eines Lächelns.

»Tja«, sagte sie voller Überzeugung. »Ich muss weg. Sie schicken mich zurück nach St. Joseph's. Sie haben ja schon gesagt, dass ich womöglich nicht bleiben kann, wissen Sie noch?«

Geralds Miene verfinsterte sich, und er war schmerzlich berührt, weil er sich von Bridies Unschuld so hatte irreführen lassen und nun doch noch der Überbringer schlechter Nachrichten sein musste. Bloß schnell raus damit, dachte er sich, nur nicht um den heißen Brei herumreden.

»Du bist schwanger, Bridie. Du bekommst ein Kind. Der Arzt sagt, du bist im siebten Monat, und das bedeutet, das Kind kommt in acht Wochen.«

Schwanger? Aber wie war das möglich …? Siebter Monat! In acht Wochen! Bei den Worten lief es ihr kalt den Rücken hinunter. Ihr wurde schwindlig. Der Arzt …? Also deshalb hatte er sie befragt, als er sacht ihren Unterleib abtastete. Aber wie kann ich denn …?

Gerald sagte etwas, aber sie hörte ihn nicht, weil ihr alles wieder einfiel. Sie putzte wieder die Treppe; Mrs. O'Malley schrie und schlug sie, und sie lief die Auffahrt hinunter, kletterte über Steinmauern und fasste dann den furchtbaren Entschluss, der sie in den Kornspeicher führte. Ganz deutlich hörte sie das Zerreißen ihrer Wäsche und sah wieder Peter, der sie wie eine Stoffpuppe hochhob, und hörte dann ihren Hilfeschrei. *Hör auf, Peter. Hör auf.* Sie spürte noch den Schmerz, und jetzt die Schande. Einen Moment lang hielt sie die Augen geschlossen, um die Welt auszuschließen, denn sie wollte sich nicht schon wieder an diesen Tag erinnern. Doch jetzt stürzte alles wieder auf sie ein und zwang sie zu akzeptieren, dass tatsächlich etwas passiert war, ob es ihr nun gefiel oder nicht, denn jetzt war sie schwanger. Schwanger, dachte sie. Nur Mütter werden schwanger; wie konnte sie schwanger sein? Sie war nicht verheiratet. Nie im Leben war sie zum Tanzen gegangen, nicht einmal zu einem Tanz hier im Haus. Ein Baby? Sie starrte Gerald an. Er musterte sie und sagte: »Es tut mir so leid, dass es so gekommen ist.«

Aber sie hörte nicht zu, sah nur auf seine Lippen, als er sprach. Sie hatte sich von einem Mann küssen lassen, und jetzt war sie schwanger. Dieser Mann war Peter, und jetzt bekam sie sein Kind.

Sie war noch starr vor Schreck, als eine lächelnde Mrs. O'Malley hereinkam und sagte: »Herzlichen Glückwunsch, Bridie. Ich habe gehört, du wirst Mutter.«

Gerald sprang auf. »Beatrice! Komm. Bridie braucht ein bisschen Zeit. Wir gehen nach nebenan.« Er führte seine Frau hinaus, dabei drehte er sich um und zwinkerte Bridie zu, deren Gesichtsausdruck unverändert blieb.

Nach ein paar Minuten steckte Gerald den Kopf durch die Tür und sagte: »Ich lasse dich noch einen Moment allein, dann komme ich wieder, und wir können über alles reden, also entspann dich einfach.« Bridie schwieg, nickte nur.

Je länger sie darüber nachdachte, um so schlimmer wurde es. Wie sollte sie mit einem Baby in einem Haus leben, in dem jemand wie Mrs. O'Malley herumschlurfte? Womöglich tat sie dem Kind noch etwas an. Jetzt konnte sie auch nicht mehr weglaufen, denn kaum hätte sie sich irgendwo häuslich niedergelassen, käme auch schon bald das Baby, und keiner, nicht einmal ein Pfarrer, würde eine Haushälterin mit Kind wollen. Es sah ganz so aus, als müsse sie bei den O'Malleys bleiben, bis ans Ende ihres Lebens. Beim bloßen Gedanken daran wurde ihr schon übel. Es sei denn … sie heiratete, aber sie hatte ja nicht einmal einen Freund, höchstens vielleicht Peter? Ob der eine Freundin hatte, überlegte sie. Als sie sich diskret erkundigte, hatte ihr keiner etwas sagen können, obwohl angedeutet wurde, er sei verheiratet. Aber das glaubte Bridie nicht. Er benahm sich nicht wie ein verheirateter Mann, so wie Gerald. Und wenn er nicht verheiratet war, konnte er sie ja heiraten, dachte sie. Aber mal angenommen, er war brutal zu ihr und schlug sie, wie manche von den Vätern, deren Kinder nach St. Joseph's mussten. Unter gar keinen Umständen würde sie jemanden heiraten, der ihr so etwas antat.

Als Peter noch in Conly House gearbeitet hatte, war er immer so nett gewesen, hatte sie zum Lachen gebracht, aber dann im Kornspeicher war er auf einmal ganz anders. Im einen Moment hatte er ihr noch den Arm tröstend um die Schultern gelegt, im nächsten Moment presste er ihr schon die Lippen auf den Mund. Sie machte die Augen zu, um die Erinnerung zu vertreiben. Sie hörte ein leises Klopfen an der Tür. Es war Gerald. Er trug zwei Gläser auf einem Tablett. Eines gab er Bridie und sagte: »Ich bin ja nicht dafür, dass junge Damen trinken, aber unter den Umständen schadet dir ein kleiner Sherry nicht. Dabei entspannst du dich, während ich dir einiges erkläre.«

»Ich glaube, das sollte ich nicht«, meinte Bridie. »Ich trinke keinen Alkohol.«

»Unsinn«, unterbrach sie Gerald. »Es ist ja nur ein kleines Schlückchen, das braucht man in Momenten wie diesen.«

Bridie tat, als schockiere sie der Geschmack des Sherrys, aber sie hatte schon einmal ein kleines Schlückchen genommen, als sie allein im Haus war, und sie hatte entschieden, dass sie das nicht mochte. Aber jetzt trank sie ihn lieber, ob sie ihn nun mochte oder nicht, dachte sie, als sich Gerald auf einen Stuhl ihr gegenüber am Tisch setzte und sagte: »Du bist der Wahrheit schon ziemlich nahe gekommen, Bridie, als du sagtest, du könntest nicht bleiben. Ich will ganz offen zu dir sein, du kannst nicht ewig hier bleiben, wegen der Kinder. Einfach undenkbar, dass du hier dein Kind bekommst, und selbst wenn ich es erlauben würde, glaube ich kaum, dass Mrs. O'Malley damit einverstanden wäre.«

Bridie hustete und spuckte beinahe den Sherry aus, als sie hörte, dass sie in einem Moment wie diesem gehen sollte. Also würde sie doch nach St. Joseph's zurückmüssen.

»Alles in Ordnung?«, fragte Gerald.

»Ja, alles in Ordnung«, antwortete sie heiser, als sie ein Taschentuch von ihm annahm.

»Natürlich werden wir Vorkehrungen treffen, damit du dein Baby sicher und in Ruhe bekommen kannst, irgendwo, wo du dir um nichts Sorgen machen musst. Man wird sich gut um dich kümmern, das verspreche ich dir.«

»Muss ich zurück nach St. Joseph's?«

»Nur wenn du willst. Ich mache einen Termin mit dem Pfarrer unserer Gemeinde. Der kommt dann mal vorbei und beredet ein paar Dinge mit dir.«

»Der Pfarrer?«, fragte Bridie überrascht.

»Ja. Ich glaube, er kann dich besser beraten als ich, wenn es um die verschiedenen Möglichkeiten geht. Ich kenne ihn nicht persönlich, aber ich weiß, dass er schon anderen in ähnlicher Lage geholfen hat. Natürlich musst du nicht gleich weg, jedenfalls nicht in den nächsten Wochen.«

»Aber er schickt mich bestimmt nach St. Joseph's, und da will ich nie wieder hin«, sagte Bridie, und in ihrem blassen Gesicht spiegelte sich Verzweifelung bei dem bloßen Gedanken daran, wieder bei den Nonnen leben und sich um schreiende, jämmerlich aussehende Kinder kümmern zu müssen. Der Gedanke daran, für Dutzende von ihnen zu kochen und zu waschen, sie anziehen und füttern zu müssen – ihr eigenes Kind eingeschlossen – und keinen einzigen Moment Ruhe und Privatsphäre mehr zu haben, war beängstigend. Sie hätte weder die Freiheit noch die Gelegenheit, einen Mann zum Heiraten kennenzulernen oder selber eine Familie zu haben.

Diese Überlegungen gingen ihr wieder und wieder im Kopf herum, als Gerald sagte: »Es gibt verschiedene Einrichtungen im Land, in denen ledigen Müttern geholfen wird. Soweit ich weiß, hast du die freie Wahl. Tatsächlich gibt es eine Institution dieser Art gleich hier in Tuam, aber ich will dem Pfarrer nicht vorgreifen. Also belassen wir es doch dabei und warten ab, was er zu sagen hat. Tja, dann will ich mal wieder an die Arbeit. Du kannst ja noch hierbleiben und dich ein bisschen ausruhen.«

»Na gut«, sagte Bridie. »Ich komme dann auch gleich.« Das Schlückchen Sherry schien ihr wieder Auftrieb gegeben zu haben, und sie war froh, einen Moment lang ungestört nachdenken zu können.

Die Worte ›selber eine Familie haben‹ schienen sich in ihren Gedanken festzusetzen. Auf einmal begriff sie, dass diese Worte eine Bedeutung hatten, die weit über ihre kühnsten Träume hinausgingen. Vor lauter Freude sprang sie beinahe vom Stuhl hoch. Ich werde eine eigene Familie haben, dachte sie. Nie habe ich eine Familie gehabt, und jetzt bekomme ich eine. Ich hatte keinen Vater, keine Mutter, keinen Bruder, keine Schwester, keine Nichte und keinen Onkel. Ich hatte nicht einmal einen Vetter zweiten Grades, einen Vetter dritten Grades, ja nicht einmal einen Vetter dreiunddreißigsten Grades. Aber jetzt werde ich einen Sohn oder eine Tochter haben. Sie hob ihre Augen zum Himmel und flüsterte: »Danke, Gott, dass du mir jemanden schickst. Ich werde eine eigene Familie haben. Ob es ein Junge oder ein Mädchen wird, ist mir egal. Ich werde Mutter. Stell sich das bloß einer vor. Ich werde Mutter.« Sie lächelte, stand auf und ging in die Küche.

»Hier lang, Herr Pfarrer«, sagte Gerald, als er den Priester ins Lesezimmer führte. »Sie wird jeden Moment hier sein.«

Hochwürden konnte es kaum erwarten, die neue Haushälterin kennenzulernen. Er wusste nicht genau, ob er sie schon einmal gesehen hatte. Aber vermutlich war sie eine von denen, die log wie gedruckt.

»Das ist Vater Michael, unser Gemeindepfarrer«, sagte Gerald, als er Bridie ins Zimmer führte. »Bridie Rodgers, unsere Haushälterin«, stellte er sie dem Priester vor. »Ich lasse euch einstweilen allein. Beatrice kommt später dazu, und dann trinken wir alle eine Tasse Tee.«

»Das wäre sehr schön«, sagte Vater Michael, als er sich Bridie gegenübersetzte, dann ging Gerald und machte die Tür hinter sich zu.

Obwohl sie ungewöhnlich blass war, dachte Vater Michael, hatte Bridie doch gewisse vornehme Züge an sich. Ihr rabenschwarzes Haar betonte ihre großen Augen und die hohen Wangenknochen. Womöglich hatte sie spanische Vorfahren.

»Und wie geht es dir, Bridie? Ich glaube, ich habe dich schon einmal in der Kirche gesehen«, sagte Vater Michael, um das Gespräch zu eröffnen, und Bridie setzte sich ihm gegenüber hin.

»Sehr gut«, antwortete Bridie und setzte sich zurecht. Sie hatte beschlossen, aufmerksam zuzuhören und so wenig wie möglich zu sagen, denn sie traute Priestern im Grunde nicht. Wieso eigentlich? Das vermochte sie nicht zu sagen, aber sie meinte, die Tatsache, dass sie so viele Priester im Heim hatte kommen und gehen sehen, könnte etwas damit zu tun haben. Nach allem, was sie gesehen hatte, waren die ständig damit beschäftigt, Kinder herzubringen oder rauszuholen.

»Also. Gerald hat mir erzählt, wie tüchtig du arbeitest. Dass du kochen kannst und dich um die Kinder kümmerst.«

Bridie lächelte scheu und wartete auf seinen priesterlichen Beistand. Er sah viel älter aus, dachte sie, bei Weitem nicht so jung, wie er ihr sonntags am Altar erschienen war, wo er die Übel des Alkohols anprangerte und gelegentlich mit geballter Faust auf die Kanzel einhämmerte, um es auch dem Letzten klarzumachen. *›Alkohol, das Werk des Satans höchstpersönlich. Sein Teufelszeug aus den befleckten Wassern unseres Flusses Liffey.‹* Seine Worte waren legendär in der Gemeinde, wo die Leute allzu gern das Evangelium predigten und die Worte des Pfarrers wörtlich nahmen, vor allem wenn es sich um eine Botschaft handelte, über die sich streiten ließ.

»Und wie lange bist du jetzt schon hier?«, fragte er.

»Ich … ich bin jetzt acht Monate hier, Vater.«

»Und davor warst du in St. Joseph's?«, fragte Hochwürden und dachte: Nicht mehr lange, und du bist wieder dort.

»Ja.«

»Möchtest du gern wieder dahin?«, fragte Vater Michael lächelnd.

»Nein, Vater, dahin will ich nie wieder.«

Eine Spur arrogant, dachte der Priester, aber eine Weile sagte er nichts, saß nur da und sah sie an, wie in Gedanken versunken. Dann sagte er: »Dir ist natürlich klar, Mädchen, dass du in deiner misslichen Lage herzlich wenig Wahlmöglichkeiten hast.« Er senkte den Kopf und starrte sie an, wie um das Gesagte noch zu unterstreichen.

Bridie schwieg, starrte aber unverwandt zurück. Schließlich gab er auf und fragte: »Möchtest du mir vielleicht erzählen, wie du überhaupt in Schwierigkeiten geraten bist?« Dann lehnte er sich zurück, streckte seine langen Beine aus und wartete darauf, dass die Geschichte ihren Lauf nahm.

Bridie schaute ihn an und überlegte, wie viel er schon wissen mochte. Gerald musste ihm ja irgendetwas erzählt haben, und ihr war weiß Gott nicht danach zumute, solch eine elende Geschichte einem schwarzgekleideten Fremden zu erzählen. Also beschloss sie, ihre Antwort kurz und knapp zu halten. »In was für Schwierigkeiten?«, fragte sie und tat überrascht.

Schwer von Begriff und dumm, das kam ihm als Erstes in den Sinn, und er warf ihr einen Blick zu, der sagte: Halte mich ja nicht zum Narren, Fräulein, ich kann dir das Leben nämlich ganz schön schwer machen. »Schwanger. Wie bist du schwanger geworden, Kind?«, brummte er.

An seinem Blick erkannte Bridie, dass ihm das ganz und gar nicht imponiert hatte, und allmählich genoss sie sein Unbehagen. Schließlich ging es ihn überhaupt nichts an, also beschloss sie, ihm das Leben noch ein bisschen schwerer zu machen und auf seine Reaktion zu warten. »Wollen Sie die ganze Geschichte oder nur Auszüge?«, fragte sie frech.

»Die ganze Geschichte natürlich«, antwortete er, dann zog er seine Spinnenbeine an und setzte sich interessiert aufrecht hin, um die Einzelheiten besser zu erfassen.

Doch Bridie wusste, sie war schon zu weit gegangen und würde sich in Schwierigkeiten bringen, wenn sie alles erzählte. Tat sie es doch, dann hauptsächlich alles über ihre Behandlung durch Mrs. O'Malley. Aber ihr war auch klar, dass sie Gerald nie und nimmer hintergehen und dem Priester von seiner fürchterlicher Frau erzählen könnte. Dafür war Gerald einfach zu gut zu ihr. Außerdem, wie sollte sie von Peter erzählen? Auf keinen Fall würde sie ihm darüber alles sagen.

»Da gibt es nicht viel zu erzählen«, sagte sie und sah, wie Vater Michael die Augen verdrehte. »Einer der Arbeiter erwischte mich in einem unachtsamen Moment«, fügte sie schnell hinzu.

Hochwürden wartete, doch als weiter nichts von ihr kam, fragte er ungeduldig: »Wer war es?« Er war es leid, dass sie die ganze Sache so verzögerte.

»Peter. Peter Murtagh«, antwortete sie voller Schadenfreude. Sie nahm an, dass Gerald ihm das wahrscheinlich schon erzählt hatte.

»Peter Murtagh«, wiederholte er. »Ich kenne keinen Peter, außer … Woher kommt er?«

»Keine Ahnung. Er hat hier gearbeitet«, sagte Bridie und war überrascht, dass er das noch nicht wusste. Sie dachte, Priester wüssten alles, auch die privatesten Dinge der Leute, vor allem von denen aus der Gemeinde.

»Ist das der Peter Murtagh, der hier für Gerald arbeitet?«, fragte er.

»Ja«, erwiderte Bridie.

Vater Michael richtete sich schlagartig auf, Entsetzen spiegelte sich in seinem Gesicht, aus stechenden blauen Augen warf er einen ungläubigen Blick auf Geralds Haushälterin. »Bridie! Wie kannst du nur so etwas sagen? Es schockiert mich zutiefst, dass du den guten Namen eines Mitglieds meiner Gemeinde in den Dreck ziehst.«

Die völlig verblüffte Bridie saß einen Moment lang erschüttert da, das Blut stieg ihr ins Gesicht, und verdutzt hörte sie ihn sagen: »Ich kenne Peter Murtagh. Zufällig ist er ein grundanständiger Mann, im Übrigen ein verheirateter Mann, der sich große Mühe gibt, für seine Familie zu sorgen …«

»Tja, dann kann er ja jetzt auch für meine Familie sorgen«, sagte Bridie sarkastisch.

»Solche Lügengeschichten höre ich mir von einem Dienstmädchen wie dir nicht an«, erwiderte Hochwürden und packte die Stuhllehne. »Das ist eine furchtbare Lüge, und das weißt du. Die Wahrheit wird sein, Bridie, dass du den Vater deines Kindes nicht kennst. Und deshalb hast du dir den Erstbesten ausgesucht, und in diesem Fall war das zufällig Peter Murtagh …«

Der Angriff entsetzte Bridie, sie stand auf und rief: »Ich lüge nicht! Nein, ich lüge nicht! Fragen Sie Gerald, der wird es Ihnen bestätigen.« Dann lief sie zur Tür.

Doch Hochwürden strafte sein Alter Lügen, sprang auf wie ein Panther, um ihr den Weg zur Tür abzuschneiden, und bat: »Bitte, Bridie! Lassen wir Gerald raus aus der Sache. Das hier geht nur uns beide etwas an. Ich will dir mit Rat und Tat zur Seite stehen. Du begreifst wahrscheinlich nicht mal, was du da sagst«, fügte er hinzu und packte sie fest am Arm.

Plötzlich bekam Bridie Angst vor dem Mann und davor, wie er die Kontrolle über sie haben wollte. Sie schaffte es, die Tür einen Spalt breit zu öffnen und schrie: »Geraaald!«

Als Gerald den Tumult hörte, kam er die Treppe heruntergelaufen, die Kinder traten aus der Küche, gefolgt von Mrs. O'Malley.

Bridie reckte den Kopf vor und wollte schreien: Er behauptet, ich lüge. Doch die Worte blieben ihr im Hals stecken, als sie die Kinder und Mrs. O'Malley sah, die abrupt stehen blieben und sie anstarrten.

Gerald spürte, dass hier etwas ernsthaft schieflief, und schickte den Rest der Familie wieder in die Küche.

Vater Michael, der unter dem unbequemen engen Kragen allmählich zu schwitzen anfing, war so rot wie eine überreife Erdbeere, als er alles zu erklären versuchte. »Das tut mir wirklich leid, Gerald. Es ist so …«

»Er hat behauptet, ich lüge. Er glaubt mir einfach nicht, dass …«, unterbrach Bridie ihn.

»Moment, Moment«, sagte Gerald bestimmt. »Lassen Sie uns das doch vernünftig besprechen.« Er machte die Tür hinter sich zu, stemmte die Hände in die Hüften und fragte: »Also was ist hier los?«

Schnell ergriff Hochwürden das Wort: »Wie es scheint, stellt Bridie die abwegige Behauptung auf, eines meiner anständigsten Gemeindemitglieder sei der Vater ihres Kindes.«

»Ach, tatsächlich?«, erwiderte Gerald offensichtlich verärgert. »Und um wen handelt es sich da?«

»Sag ihm, was du behauptest«, sagte Vater Michael und gab Bridie mit einem Kopfnicken zu verstehen, dass sie vor Gerald wiederholen sollte, was sie gerade gesagt hatte.

»Ich habe ihm gesagt, es war Peter Murtagh. Und Sie wissen das auch. Aber er glaubt mir nicht … er denkt, ich weiß es gar nicht«, fügte Bridie hinzu.

»Ruhig, ruhig, wir wollen uns hier nicht bekämpfen. Die Sache ist nun mal passiert. Und wir wollen jetzt einen Ausweg aus dieser verfahrenen Situation finden, es geht doch nicht darum zu entscheiden, wer recht und wer unrecht hat«, sagte Gerald höchst gefasst.

»Da bin ich ganz Ihrer Meinung, Gerald, und deshalb dürfen wir auch den Namen eines anständigen Menschen nicht in den Schmutz ziehen. Peter ist ein ehrenwerter Mann, Sie wissen das selbst«, sagte der Priester und sah Gerald in die Augen.

»Ich weiß verdammt viel, mehr als mir lieb ist«, erwiderte Gerald, verärgert darüber, dass ein seelsorgerischer Besuch zu einem Akt gegenseitiger Schuldzuweisung wurde. Und wenn er etwas verabscheute, dann waren es Politiker oder Geistliche, die sich weigerten, die Tatsachen zur Kenntnis zu nehmen oder gerecht zu handeln. »Also lassen Sie uns das einmal klarstellen. Ich habe Sie hergebeten, Hochwürden, damit Sie nach einer geeigneten Unterbringungsmöglichkeit für diese junge Dame suchen, damit sie ganz in Ruhe ihr Kind zur Welt bringen kann …«

»Gewiss, gewiss. Das tue ich nur zu gern«, unterbrach Hochwürden.

»Augenblick bitte, ich bin noch nicht fertig, Hochwürden, gleich sind Sie wieder an der Reihe«, sagte ein sichtlich erregter Gerald mit nach oben gereckten Händen und gerunzelter Stirn. »Als ich Sie herbat, Herr Pfarrer, deutete ich lediglich an, eine junge Dame sei in Schwierigkeiten. Wer der Kindsvater ist, erwähnte ich nicht, außer dass ich einen meiner Männer im Verdacht hatte. Es war nicht meine Absicht, den Namen des Betreffenden zu verbreiten. Und wenn wir schon dabei sind, Herr Pfarrer, es gibt so manches im Leben, das wir als Tatsache hinnehmen müssen, ob es uns passt oder nicht. Einiges schmeckt uns womöglich nicht. Und wie Sie richtig betonten, Peter Murtagh ist äußerst beliebt, er scheint ein regelmäßiger Kirchgänger zu sein und so weiter. Aber er ist der Vater des Kindes, das Bridie erwartet, und nicht nur das, es heißt, er ist außerdem auch der Vater von zwei weiteren Kindern in der Gemeinde. Das ist Ihnen doch sicher bekannt, oder haben Sie beschlossen, das zu ignorieren?«

Als Bridie Gerald so bestimmt reden hörte, konnte sie ihre Schadenfreude kaum verbergen, trotzdem stand sie still mitten im Zimmer und zupfte an den Falten in ihrem Rock. Und als sie Gerald sagen hörte: ›von zwei weiteren Kindern‹, musste sie einfach von der Seite einen Blick auf den Herrn Pfarrer werfen. Der stand mit feierlicher Miene und vor dem Bauch verschränkten Händen da, den Kopf hielt er trotzig hochgereckt, dann holte er ein Taschentuch hervor und tupfte sich die Stirn ab, ehe er Geralds Worten widersprach.

Vater Michael glaubte, er würde die O'Malleys gut kennen, aber wie sie dachten, war ihm nicht bekannt, und er war entsetzt, dass auch sie Peter Murtagh einer solch schändlichen Tat verdächtigten, und dabei erwartete Peters Frau bereits das fünfte Kind.

»Das muss ein Irrtum sein, Bridie, eine Art Missverständnis«, fing der Pfarrer an. »Schließlich, wenn ein Mädchen jung und flügge ist, entwickelt es natürlicherweise ein Interesse am anderen Geschlecht, sei es beim Spazierengehen, bei Besuchen oder einer Tanzveranstaltung. Und wo viele Menschen zusammenkommen, wie bei solch einem Tanzabend, wer kann da schon mit Sicherheit sagen, wer der Vater eines ungeborenen Kindes ist. Sie wissen nur zu gut, Gerald, wie oft ich am Altar in meiner Predigt davon gesprochen habe, dass ich junge Paare auseinanderzerren musste, die ich am Wegesrand in kompromittierender Stellung antraf.«

Hier hielt nun der Herr Pfarrer inne und holte tief Luft. Das Ganze hatte ihn so unerwartet getroffen, dass er kaum wusste, was er sagen sollte. Er war eher daran gewöhnt, dass die Leute an seinen Lippen hingen und mit dem denkbar größten Respekt zu ihm aufsahen. Schließlich, so dachte er, soll ich mich doch um die Gemeinde kümmern. Ich bin der, der darüber befindet, wer recht und wer unrecht hat. Es sieht also wieder einmal ganz danach aus, als müsste ich den Ernst der Lage unmissverständlich hervorheben. »Wie ich bereits sagte, ich musste sie vom Straßenrand weg mit der Krücke meines Schwarzdornstabs nach Hause treiben, und es wurde mir noch nicht einmal gedankt …«

Gerald hatte genug gehört. Heftig fuhr er dazwischen: »Danke, Hochwürden. Tut mir leid, dass ich Sie hergebeten habe. Ich denke, Sie gehen jetzt lieber nach Hause, denn in dieser Sache ist nun weiter nichts zu sagen. Danke für Ihren Besuch. Ach ja, was Bridie angeht, werden wir unsere eigenen Vorkehrungen treffen.« Und damit drehte er sich weg, um Vater Michael die Tür zu öffnen und ihn hinauszubegleiten.

»Aber das macht mir doch keine Mühe! Überhaupt keine Mühe! Ich arrangiere für Sie, was immer Sie wollen! Ich helfe nur zu gern …«, erwiderte Vater Michael und trat zögerlich vor.

»Danke«, sagte Gerald.

»Danke«, fügte Bridie hinzu, die einfach nicht widerstehen konnte; sie musste ein Abschiedswort sagen und Vater Michael an der Tür ein mattes Lächeln schenken.

»Aber … aber wieso wurde denn die Polizei nicht informiert?«, fragte er in dem Versuch, verlorenen Boden wiedergutzumachen. »Wo es doch ein solch schändliches Verbrechen ist.«

»*Ich* wurde informiert. Und wir haben Zeugen«, erwiderte Gerald mit offensichtlicher Genugtuung, dabei stand er an der Tür und winkte Vater Michael höflich hinaus.

Zwei Wochen nach dem gescheiterten Versuch des Pfarrers, Bridie seine Unterstützung angedeihen zu lassen, traf Gerald Vorkehrungen, sie nach St. Mary's, einem Heim für ledige Mütter in Tuam, bringen zu lassen. Das Haus wurde vom Orden Bon Secour betrieben und von Schwester Hortense geleitet, die für ihre humanitäre Haltung und ihr Eintreten für die Armen berühmt war.

Doch Bridie konnte sich kaum für die Idee erwärmen, dass diejenigen, die künftig auf sie aufpassen sollten, so sein würden wie die Nonnen von St. Joseph's in Clifden. Und ihr ungutes Gefühl wurde eher noch verstärkt durch die Tatsache, dass sie es als Kränkung empfand, unter solch einer düsteren Wolke Conly House verlassen zu müssen. Seit jenem denkwürdigen Spaziergang über die Farm bei ihrer Ankunft hatte sich alles verändert. Als Mrs. O'Malley sie beschuldigt hatte, den Kindern Lügenmärchen erzählt zu haben, fühlte sich Bridie nur noch Gerald nahe.

Daher war sie erleichtert, als sie an ihrem letzten Morgen in dem großen Haus aufwachte. Vereinbart war, dass sie in aller Stille abfahren sollte, wenn die Kinder in der Schule waren. Bei ihrer Rückkehr würde man ihnen erklären, Bridie habe nach Dublin fahren müssen, um sich um eine ältliche Verwandte zu kümmern. Als Gerald ins Wohnzimmer kam, um zu sehen, ob Bridie fertig war, stellte er gerührt fest, dass sie auf einem Teppich kniete und Pferde auf den Pferderennsport-Seiten in der Zeitung ankreuzte.

»Also, Bridie«, sagte er, »du sollst wissen, dass du uns hier eine große Hilfe gewesen bist. Ich persönlich war mit deiner Arbeit sehr zufrieden. Aber leider war das Schicksal – oder wie immer du es nennen willst – nicht sehr gnädig mit dir. Wer weiß? Vielleicht hat es ja auch sein Gutes.« Er lächelte schwach, als er seine Brieftasche hervorzog.

Bridie war es peinlich, dass er sie an ihrem letzten Morgen untätig erlebt hatte, also stand sie schnell auf und antwortete, obwohl es eine Lüge war: »Danke. Ich habe auch gern hier gearbeitet.« Sie wusste nicht, was sie sonst sagen sollte.

Dann kam Gerald auf sie zu, nahm sie bei der Hand und sagte etwas sehr Seltsames: »Hier ist ein bisschen was für dich, für schlechte Tage.« Er schob ihr eine brandneue Pfundnote in die Hand. »An eines sollst du immer denken, Bridie, im Leben muss man immer ein gewisses Risiko eingehen …« Fest umklammerte er ihre kleine Hand und sah ihr in die Augen. »Eines sage ich dir jetzt schon, reich wirst du sicher nie. Aber andererseits wirst du auch nie arm sein, denn eines Tages, vielleicht erst in ein paar Jahren, wenn du es am wenigsten erwartest und es am meisten brauchst, wirst du gewinnen.« Dann sah er auf die Uhr und meinte: »Also, hast du alles beisammen? Ich glaube, wir müssen jetzt los.«

»Ja, danke«, sagte Bridie, und beide verließen das Zimmer.

Sie stieg ins Auto neben Tom, drehte sich um und winkte Mr. und Mrs. O'Malley zum Abschied zu, als der Wagen langsam über den langen Kiesweg davonfuhr. Sie waren auf dem Weg zum Heim für ledige Mütter in Tuam.

KAPITEL 4

Etwas Seltsames, Unheimliches schien aus den bröckelnden Mauern zu dringen, als sie geduldig auf Schwester Hortense, die Mutter Oberin von St. Mary's, wartete. Was genau diesen Eindruck auslöste, konnte sie nicht sagen, doch die ältlichen Nonnen, die mit gesenktem Kopf schadhafte schmiedeeiserne Bettgestelle und eingesunkene viktorianische Sofas mit grobem Plüschbezug durch die staubigen Flure trugen, nahmen ihr nicht gerade ihre Ängste. Einerseits war es wohl die Tatsache, dass jetzt die Kirche Ablauf und Art ihres künftigen Lebens bestimmen würde, gerade als sie gedacht hatte, sie hätte das alles in St. Joseph's hinter sich gelassen. Andererseits war es das Gefühl, sie könne die Anwesenheit tausender uralter Geister spüren, die durch das Gebäude spukten. Ängstlich versuchte Bridie, die Gedanken an Gespenster zu verbannen, aber sie wollten ihr nicht aus dem Kopf. Erschrocken sah sie sich um, ganz deutlich hatte sie gespürt, dass irgendetwas von hinten an ihr Haar gefasst hatte, aber es war niemand da.

»Himmel!«, rief sie laut, sprang auf und sah sich in der weitläufigen Halle um, die in den schmalen, langen Flur mündete. »Was ist denn nur los mit mir? Werde ich jetzt etwa verrückt?« Sie setzte sich und schlang die Arme um ihren Leib. Sie betete inständig, die Mutter Oberin möge bald kommen. Stattdessen spürte sie, wie eine seltsame Macht durch ihre Fußsohlen in den Körper drang, so wie eine warme Flutwelle, die erst abebbte, als sie durch ihren ganzen Körper gefahren war, als habe sie sich in einem dampfend heißen Bad ausgestreckt. Jetzt war sie regelrecht gelähmt vor Angst, sie stand auf und wollte fortlaufen, da schlugen wundersame Klänge sie in Bann. Es waren die friedlichsten Klänge, die sie je gehört hatte. Es war wunderschöner Gesang von einem Kirchenchor, der von irgendwoher aus dem Gebäude ertönte. Die Musik war so lieblich und melodisch, dass Bridie einen Moment lang die Augen schloss. Dann hob sie die Augen zum Himmel und dankte Gott und schwelgte in der spirituellen Heilkraft. Als das Kirchenlied endete, spürte sie, dass ein kleines Wunder geschehen war, denn sie hatte keine Angst mehr. Es war ihr Lieblingskirchenlied gewesen, als sie noch in St. Joseph's gewesen war; was für ein Zufall, dass es ihr ausgerechnet jetzt zu Hilfe kommen sollte.

Hab keine Angst, ich bin stets bei dir,
Komm und folge mir, und ich gebe dir Frieden.

Als Bridie aus dem Fenster schaute und über die Worte nachdachte, hörte sie jemanden sagen: »Du musst Bridie sein.«

Sie wirbelte herum und sah eine mild lächelnde Schwester, die ihr die Hand zur Begrüßung entgegenstreckte. »Wie geht es dir, mein liebes Kind? Es tut mir sehr leid, dass du warten musstest. Ich bin Schwester Hortense, die Mutter Oberin.«

»Danke, gut«, sagte Bridie und nahm die Hand der Schwester.

»Sollen wir in mein Büro gehen?«

»Mir recht«, antwortete eine erleichterte Bridie und folgte der Mutter Oberin über den langen Flur in ein kleines, spärlich eingerichtetes Büro, das einen stark renovierungsbedürftigen Eindruck machte.

»Bitte setz dich«, sagte Schwester Hortense und deutete auf einen kleinen Stuhl mit löffelförmigem Rücken, »ich lasse dir eine Tasse Tee kommen.«

Die Schwester ging zur Tür, und einem Dienstmädchen, das den Flur herunterkam, rief sie zu: »Annie, sagst du bitte Mary Wade Bescheid, dass sie mir eine frische Kanne Tee bringt, ja?«

Dann kam sie zurück, öffnete ein großes rotes Buch, das auf ihrem Schreibtisch lag, und fuhr mit dem Zeigefinger die Seite lang, ehe sie einige wichtige Einzelheiten zur Kenntnis nahm.

»Ich sehe, du hast den größten Teil deines Lebens in St. Joseph's verbracht.« Dann schaute sie Bridie an und fragte: »Gab es dafür irgendeinen besonderen Grund?«

»Nein, ich glaube nicht.«

»Und dann hast du in Conly House angefangen zu arbeiten?«, sagte die Schwester, klappte das Buch zu und zog einen Stuhl hinter dem Schreibtisch vor, um Bridie direkt gegenüberzusitzen. »Merkwürdig, dass dich nie eine Pflegefamilie aus dem Heim geholt hat«, sagte sie und schaute Bridie intensiv an.

Bridie, der darauf keine Antwort einfiel, erwiderte den Blick von Schwester Hortense. Sie hoffte, sie würde ihr nicht zum Vorwurf machen, dass sie nicht zu den wenigen Glücklichen gehört hatte.

»Vielleicht war das ja deine freie Entscheidung. Warst du gern in St. Joseph's?«, fragte die Schwester nachdenklich.

»Nein, ich wäre gern von dort weggegangen … aber es schien mich nie einer rausholen zu wollen«, erwiderte Bridie voller Selbstmitleid. Dann begriff sie, dass sie womöglich das Falsche gesagt hatte, es hatte schrecklich geklungen, so wie ›keiner wollte mich‹. »Es ergab sich eben nie«, fügte sie schnell hinzu und hoffte, dass die Schwester nicht zu der angedeuteten Schlussfolgerung kam.

»Und du kommst gut mit Menschen zurecht?«

»Ja, ich glaube schon«, antwortete sie und freute sich über die Gelegenheit, sich in ein besseres Licht zu rücken.

»Oh doch, ganz bestimmt«, sagte darauf die Mutter Oberin, wie um noch verbliebene Zweifel ausräumen zu wollen, die sie womöglich hegte. »Mr. O'Malley hat dich in den höchsten Tönen gelobt. Er meinte, du bist sehr gut mit den Kindern zurechtgekommen.«

Bridie erlaubte sich ein kleines Lächeln, wie um zu bestätigen, dass sie tatsächlich zu etwas gut war. Wenigstens einer hatte sie gewollt.

»Der Ärmste, ich habe gehört, seine Frau hat gewisse Probleme?«

»Ich glaube, ja«, entgegnete Bridie zögerlich.

»Na, was soll's«, meinte Schwester Hortense, wie um ihr zu versichern, dass alles in Ordnung sei. »Dir wird es hier gut gehen. Also, wann kommt denn das Baby?«

»Ich weiß nicht genau, etwa in fünf Wochen, denke ich.«

»Wie schön, dann hast du ja bald alles hinter dir. Dr. Waldron ist der Arzt hier bei uns im Heim, und er macht jeden Tag die Runde, nur für alle Fälle. Du musst dir also keine Sorgen wegen der Niederkunft machen. Hast du denn schon einen Namen ausgesucht?«

»Ich habe mich noch nicht entschieden«, sagte Bridie ganz überrascht von der Fürsorglichkeit der Mutter Oberin.

»Natürlich nicht. Das hat ja auch noch keine Eile. Übrigens, wir haben hier ein kleines Namensbüchlein mit reichlich Auswahl. Ich werde einem der Mädchen sagen, sie soll es dir geben.«

»Danke«, sagte Bridie, die froh und erleichtert darüber war, dass es hier trotz ihrer anfänglichen Befürchtungen wirkliche menschliche Wesen gab.

»Nun sag mir mal, hast du denn überhaupt noch Verwandte?«, fragte die Nonne mit tiefer Besorgnis in der Stimme.

»Nein«, antwortete Bridie leicht beunruhigt. »Vielleicht doch, aber ich weiß von keinen.«

»Das ist in Ordnung. Ich wollte nur wissen, ob du Verwandte hast, die möglicherweise dein Baby adoptieren könnten. Andererseits, wenn du Verwandte hättest, wärst du wahrscheinlich nicht die ganzen Jahre in St. Joseph's gewesen. Aber dann wiederum bist du ohne Verwandte womöglich besser dran, denn die Leute kommen nicht immer gut miteinander aus.«

Diese Frage ließ bei Bridie sämtliche Alarmglocken schrillen. Wieso sollten Verwandte mein Kind adoptieren, wenn ich es doch selber großziehen kann?

Schwester Hortense, die sofort Bridies Gedanken las, versuchte, ihre neueste Schutzbefohlene zu beruhigen: »Wenn sich jemand aus deiner Familie um das Kind kümmern könnte, hättest du bessere Aussichten auf eine Arbeitsstelle und weit größere

Chancen, einen netten jungen Mann kennenzulernen. Es gibt nicht viele Männer, die gewillt wären, eine Mutter mit Kind zu nehmen, weißt du.«

»Aber kann ich denn mein Kind nicht behalten? Ich will nicht, dass andere Leute mein Kind großziehen«, erwiderte Bridie, und in ihrer Stimme schwang eine gewisse Verzweiflung mit.

»Natürlich kannst du das. Aber zuerst müssen wir einmal darum beten, dass alles bei der Niederkunft gut geht. Um Zukunftspläne zu schmieden, ist immer noch Zeit genug, wenn das Baby da ist. Jetzt müssen wir uns erst einmal um dich kümmern. Ich vereinbare mit Dr. Waldron, dass er morgen früh gleich als Erstes nach dir sieht. Er ist sehr geschickt und erfahren, weißt du, und er kann fast auf die Stunde genau vorhersagen, wann das Baby kommt.«

Sie stand auf und nahm den Tee von Mary Wade in Empfang, die zögernd mit dem Tablett bei der Tür stand. »Danke, Mary. Das ist Bridie Rodgers; ihr werdet vermutlich ab und zu gemeinsam in der Küche arbeiten. Wenn Bridie ihren Tee getrunken hat, könntest du sie vielleicht ein bisschen herumführen, ja? Und ich sage Annie Kelly Bescheid, dass sie dir mit den Essensvorbereitungen hilft.«

Die Mädchen nickten, ehe Mary den Raum verließ und die Schwester sich wieder Bridie zuwandte. »Wie du wahrscheinlich noch aus deiner Zeit in St. Joseph's weißt, haben wir hier einen ziemlich straffen Zeitplan, Bridie. Und zwar vor allem zum Nutzen der Mütter und ihrer Kinder. Du musst jeden Morgen um sieben Uhr aufstehen und dich um dein eigenes Kind kümmern, bevor du einen Morgenspaziergang auf dem Gelände machst. Du besuchst jeden Tag die Messe und hilfst dann beim Füttern und Baden der Kinder. In den ersten drei Monaten hat die Beschäftigung mit deinem eigenen Kind Vorrang, auch wenn du es tagsüber auf der Säuglingsstation lässt und nur zum Stillen wieder hingehst. In der übrigen Zeit wirst du im Haus helfen als Gegenleistung für kostenlose Versorgung. Wie hört sich das an?«

»Prima, ich arbeite gern mit Kindern, darauf freue ich mich schon«, antwortete Bridie voller Stolz und freute sich, weil die Mutter Oberin es offenbar zu schätzen wusste, jemanden mit Erfahrung in der Kinderbetreuung im Haus zu haben.

»Na schön. Belassen wir es also vorläufig dabei?«

»Ja, Schwester.«

Schwester Hortense wies Bridie an, auf Mary Wade zu warten, die sie herumführen würde, sie selber eilte den Flur hinunter.

Am späten Nachmittag, als Bridie mit der leichten Arbeit anfing, wurde sie wieder deutlich nervöser, denn es war lautes Jammern von den trauernden Müttern zu hören. Entsetzt sah sie mit an, wie zwei Nonnen eine Mutter mit Gewalt in einen anderen Flügel des Gebäudes brachten.

Bald war Essenszeit, und sie alle knieten im Ruheraum und beteten den Rosenkranz.

Ein Spaziergang im Garten war Pflicht für alle, die dazu in der Lage waren, und dann ging es zu Bett. Bridie fand sich in der Mitte des Schlafsaals wieder und hörte einer Frau mittleren Alters mit wildem Blick zu. Bridie überlegte, ob mit der Frau alles in Ordnung war. Sie sah eine Gruppe junger Mädchen dicht aneinandergedrängt in einer Ecke. Sie schienen ein junges Mädchen zu trösten, das weinte. Die Frau im Bett neben Bridie schien sie zu mustern, als sie sich zum Schlafengehen auszog. Sie war entsetzt, dass eine völlig Fremde sie beobachtete, und versuchte, sie zu ignorieren, indem sie sich zur Wand drehte.

»Na, wie geht's denn so?«

Bridie drehte sich halb um, und die Frau fragte: »Dein erster Tag hier?«

»Ja.«

»Ich bin Margaret, aber alle nennen mich Madge. Alles in Ordnung mit dir, Kindchen?«

»Ja«, antwortete Bridie einigermaßen erleichtert und legte sich auf das tief eingesunkene alte Eisenbett, das sich anfühlte, als wolle es jeden Moment zusammenbrechen.

»Du musst das Bett dichter an die Wand schieben, sonst klappt das noch zusammen, Kindchen.« Und schnell wie der Blitz war sie aufgesprungen und gab Bridies Bett solch einen Stoß, dass Bridie dachte, es würde direkt durch die Wand gehen.

»Die Betten hier haben mehr Geburten und Todesfälle erlebt als Methusalem. Besser jetzt?«

»Ja«, sagte Bridie und wand sich hin und her, als wolle sie es ausprobieren.

Die Frau stolperte in ihr eigenes Bett und sagte laut zu allen im Schlafsaal: »Und vergesst nicht, Mädchen, wir sind hier im Arbeitshaus, hier gibt es kein Vornehmgetue und Geziere. Und auch, wenn wir es uns noch so schönreden, ändern wird sich nichts. Wir sind, was wir sind, Kinder: Arbeitshausinsassen.«

Bridie sah, dass alle im Raum den Kopf wegdrehten und schmunzelten, als Madge sich wieder an Bridie wandte: »Wir sind hier im Arbeitshaus, haben sie dir das nicht gesagt, als du angekommen bist?«

Bridie sah sie an, schwieg aber und überlegte, ob es mit dieser Frau im selben Schlafsaal, ganz zu schweigen vom Nachbarbett, auch wirklich sicher war.

»An einem übleren Platz kann eine Frau in Irland gar nicht landen. Es ist schlimmer als im Gefängnis. Ins Gefängnis kommst du, Kindchen, wenn du deinem Nachbarn ein Huhn gestohlen hast oder ein neues Fahrrad, und nach sechs Monaten bist du wieder draußen. Aber das hier ist lebenslänglich, denn wir sind geistesgestört. Das Arbeitshaus«, seufzte sie und sah Bridie an. »Das weißt du doch bestimmt?«

Aber Bridie schwieg, stattdessen tat sie, als sehe sie sich im Schlafsaal um.

»Tja, glaub es nur. Tiefer können wir nicht mehr sinken. Wie war noch mal dein Name?«

Wieder sah Bridie die Frau an und musste schmunzeln bei dem Gedanken, dass sie nicht mehr tiefer sinken konnte. Ihre Bettfedern berührten fast schon den Boden. Sie antwortete: »Bridie. Bridie Rodgers.«

»Du meinst wohl Bridgit. Nenn immer deinen richtigen Namen. Das ist respektabler, Kindchen. Nicht, dass das hier nötig wäre, denn wie gesagt, wir sind hier alle geistesgestört. Deshalb sind wir ja hier. Wir sind gefallene Frauen, und gefallene Frauen sperrt man lebenslänglich weg.«

Der Ausdruck verstörte Bridie, und zögerlich fragte sie: »Was sind gefallene Frauen?«

»Gefallene Frauen? Was ist denn los mit dir, Kindchen?«, fragte Madge, setzte sich im Bett auf und musterte Bridie, als habe sie eine Idiotin vor sich. »Bist du blöd oder was?«, sagte sie laut, sodass alle es hören konnten, die es hören wollten.

Das Mädchen gegenüber von Madge rief: »Lass sie in Ruhe, Madge, sie ist doch bloß ein junges Ding, lass gut sein«, und zu Bridie sagte sie: »Hör nicht auf die, das ist doch bloß der alte Name für diesen Ort … und beachte sie gar nicht«, fügte sie hinzu.

»Ist aber die Wahrheit«, sagte Madge wütend. »Mit der Wahrheit fährt man immer am besten. Ich lüge nicht.«

Doch Bridie hatte allmählich das Gefühl, sie hatte genug gehört. Allerdings war wohl ein Körnchen Wahrheit an dem, was Madge gesagt hatte. ›Wir sind alle hier im Arbeitshaus, *denn wir sind geistesgestört*‹. Bridie entschied, dass Madge bis zu einem gewissen Grad tatsächlich gestört war, aber was war mit ihr? War auch sie geistesgestört, da man sie doch in ein Haus wie dieses gesteckt hatte? Nein, entschied sie. Sie war hier, weil sie ein Baby erwartete. Peter Murtaghs Baby. Das ist also eine gefallene Frau.

»Eine Frau mit einem Baby«, sagte Bridie schnell zu Madge, aus Angst, es könne zu einer weiteren peinlichen Situation kommen.

»Stimmt genau, Fräuleinchen. Eine gefallene Frau ist eine Person mit schlechter Moral, die hinter irgendeiner Hecke so lange die Beine breit macht, bis sie schwanger ist. Dann steckt man sie ins Arbeitshaus, um sie bis ans Ende ihres Lebens von der Straße fernzuhalten. Tja, so sieht's aus, Fräuleinchen.«

Madges üppiger Busen wogte unter dem Bettzeug auf und ab, und sie schaute zu der rissigen Decke voller Schimmelflecken hoch. »Wir sind vom selben Schlag, Kindchen«, fuhr sie fort und drehte sich zu Bridie um. »Allerdings hab ich mich ja aus Liebe verschenkt, mein alter Herr wollte nämlich nicht, dass ich mich mit dem armen John Joe treffe. Also bin ich raus aus dem Fenster … wie war's doch noch gleich, Biddy, Bridie oder Bridgit?«

»Bridie.«

»In Ordnung, Bridie … also ich bin mitten in der Nacht raus aus dem Fenster und bin zu meinem Liebsten. Aber am Ende waren wir dann obdachlos und mussten draußen kampieren, denn seine Mutter mit dem Schweinsgesicht, Gott hab sie selig, wollte uns nicht heiraten lassen. Am Ende ging der arme John Joe nach England. Die Sterne wollte er mir vom Himmel holen, Kindchen, aber ich hab seitdem nichts mehr von ihm zu sehen gekriegt. Aber das muss schon mit dem Teufel zugehen, wenn die mich nicht bald hier rauslassen zu meiner Tochter, die ist nämlich adoptiert …«

»Verbreitest du schon wieder deine Märchen, Madge Courtney?«, fuhr Schwester Hortense dazwischen, als sie leise den Gang herunterkam. »Wieso seid ihr denn nicht im Bett, Mädchen?« Sie klatschte in die Hände und machte die Öllampen an den Wänden aus.

»Das sind keine Märchen, Schwester, und das wissen Sie ganz genau.« Madge kuschelte sich unter viel Geknarre und Geknacke der Sprungfedern in ihr Bett. »Ich kenne die Geschichte dieses Hauses von Anfang an. Mein Ururgroßvater hat dieses Armenhaus gebaut, Zimmermann ist er gewesen, ein Meister seines Fachs, wie schon sein Vater vor ihm und dessen Vater auch und immer weiter und weiter und weiter zurück bis … ja bis zum heiligen Josef …«

»Jetzt reicht es aber, Madge!«, Schwester Hortense blickte sie streng an, blieb am Fußende ihres Bettes stehen und hielt ihre Öllampe hoch, um ihr Missfallen deutlich zu zeigen.

Madge hob etwas den Kopf und ließ ihre wahnsinnigen Augen über der Bettdecke sehen. »Tschuldigung, Schwester, ich habe Bridgit, also Bridie, nur gerade erzählt, dass ich nicht weiß, wo wir alle wären, wenn es die Schwestern von Bon Secour nicht geben würde.« Damit drehte sie sich um. »Stimmt's, Bridie?«

»Schluss jetzt, jetzt wird geschlafen«, sagte die Schwester, drehte sich um und verließ den Schlafsaal.

Doch Bridie hatte die Augen schon zugemacht, als die Schwester hereingekommen war, und so getan, als schlafe sie tief und fest. Innerlich lachte sie, wie sie nie vorher gelacht hatte, und freute sich im Schlaf schon auf den nächsten Tag, als der ferne Klang der Rathausuhr von Tuam die letzten Stunden ihres ersten Tages einläutete.

Sie war erst fünf Wochen im Heim und schon voller Angst, was ihre Zukunft betraf. So viele Gedanken gingen ihr durch den Kopf. Das merkte Mary Wade, als sie beide die Betten im Frauenschlafsaal frisch bezogen, weit weg von den Tränen und dem Kummer, der beinahe täglich im Tagesraum herrschte.

»Wann ist es denn bei dir so weit?«, fragte Mary, als sie beide die sauberen weißen Laken über die Matratzen zogen und sie ordentlich an den Ecken einsteckten.

»Der Doktor sagt, es kann jetzt jeden Moment losgehen, und ich glaube, er hat recht. Ich habe so ein Gefühl... Aber natürlich kann ich mich auch irren.«

»Wenn der Doktor sagt, es ist bald so weit, dann hat er auf jeden Fall recht. Seine Voraussagen stimmen immer. Und weißt du schon, was du mit dem Kind machst?«

»Nein, keine Ahnung. Von den Mädchen sagen manche, ich soll es zur Adoption freigeben. Andere finden es besser, dass man das Kind irgendwo im Westen in Pflege gibt, wenn es fünf oder sechs ist. Aber um ehrlich zu sein, Mary, und ich hoffe, du erzählst es nicht weiter, will ich mich von meinem Baby überhaupt nicht trennen. Ich will es ganz für mich behalten. Ich freue mich schon so darauf, ein eigenes Kind zu haben.«

»Na ja, ich spreche aus Erfahrung. Ich habe meinen Patrick zur Adoption freigegeben, damit er ein ordentliches Zuhause bekommt. So musste ich ihn auch nicht weggeben, nachdem ich mich schon zu sehr an ihn gewöhnt hatte. Dazu habe ich mich lange vor seiner Geburt entschlossen. Ich habe ja gesehen, was das mit den Müttern hier anstellt, wenn die ihre Kinder nach einem Jahr weggeben müssen«, sagte Mary, als sie sich gegenüberstanden.

»Und wo ist er jetzt?«, fragte Bridie und dachte, das müsste inzwischen schon Jahre her sein, denn ihrem Aussehen nach war Mary Wade nicht mehr ganz jung.

»Eine Zeit lang war er in Sligo. Ein reizendes älteres Paar, das keine eigenen Kinder bekommen konnte, hat ihn adoptiert. Da war er gerade drei Monate alt. Zuerst fand ich es ziemlich schlimm, aber darüber bin ich zum Glück hinweg, und hier kann ich arbeiten, solange ich will. Außerdem gefällt es mir hier.«

Als Bridie das hörte, wusste sie, es war das genaue Gegenteil von dem, was sie empfand. Seit diesem scheußlichen Gefühl bei ihrer Ankunft in St. Mary's hatte sie die Überzeugung nicht abschütteln können, dass irgendetwas zutiefst Böses in diesem Haus existierte, das ihr in den denkbar unpassendsten Momenten die Haare zu Berge stehen ließ.

»Wo war ich?«, Bridie schreckte aus ihren Gedanken hoch. Sie hatte den Faden verloren.

»Wir sprachen gerade über dein Baby«, sagte Mary und ärgerte sich, dass ihr eigenes Kind als Gesprächsgegenstand nicht wichtig genug war. Wütend bückte sie sich und hob die schmutzigen Laken auf. »Ruh dich doch ein bisschen aus oder geh mal an die frische Luft, Bridie. Ich mache das hier schon fertig.«

»Na gut, vielleicht gehe ich ein bisschen spazieren, es scheint schön draußen zu sein. Aber ist das auch wirklich in Ordnung?«

»Ja, sicher, sicher«, antwortete Mary hastig, klopfte ein paar Kissen in Form und sah dann Bridie hinterher, als sie den langen Korridor hinunter verschwand. Sie setzte sich auf das Bett in unmittelbarer Nähe des Korridors, damit sie gleich hörte, wenn jemand kam, und holte den Stummel einer Woodbine-Zigarette vor. Sie hatte nur noch zwei und befürchtete, Bridie hätte womöglich eine haben wollen, wäre sie hiergeblieben. Dann hätte sie keine mehr für die Nacht gehabt.

Bridie spazierte an der Umgrenzungsmauer entlang und ging dann zu einigen Frauen, die auf einer niedrigen Steinmauer saßen und sich sonnten. Bei ihnen war auch Madge Courtney. Zeitweise hatte Bridie den Eindruck, dass Madge weit mehr zu bieten hatte, als man auf den ersten Blick sah. Madge hatte Bridie schon erzählt, dass ihre Tochter Sarah vor wenigen Monaten im Alter von fünf Jahren adoptiert worden war und wahrscheinlich irgendwo in der Grafschaft Galway aufwuchs. Aber die Nonnen wollten der verrückten Madge den Aufenthaltsort ihres Kindes nicht verraten. Alles, was sie ihr sagten, war, dass es der Kleinen gut ging. Sie waren nämlich per Gesetz dazu verpflichtet, derart wichtige Informationen zurückzuhalten.

»Hallo! Du wirst noch ein Paar neue Stiefel kriegen, Bridgit, und kein Baby, wenn du nicht bald mit dem Spazierengehen aufhörst«, sagte Madge, als Bridie lächelnd näher kam.

»Gegen ein neues Paar hätte ich nichts einzuwenden, aber die alten trage ich ganz gern, die sind nämlich bequem.«

»Rückt rüber, Mädchen, und zeigt ein bisschen Respekt vor der, die euch aufgezogen hat«, sagte Madge, und die Mädchen drängten sich auf der Mauer aneinander und kicherten, als eine beinahe herunterfiel, als Bridie sich setzte. Einige Mädchen erschienen Bridie noch sehr jung, bestimmt nicht älter als vierzehn oder fünfzehn.

»Sieht denn der Efeu da nicht zauberhaft aus«, sagte Bridie wie zu sich selbst.

»Tja, es heißt, die Geister von sechs irischen Soldaten spuken hier herum, seit sie genau an der Mauer da hingerichtet wurden. Du erkennst noch, wo der Efeu nicht mehr gewachsen ist und auch nie mehr wachsen wird. Und ich muss das wissen, Bridie, weil ich ihre Geister gesehen habe, wie sie bei Tagesanbruch zu den Klängen von Trommeln marschiert sind.«

»Geister! Geister! Hör doch endlich damit auf, Madge. Dauernd willst du uns Angst machen«, sagte eines der beiden jungen Mädchen, die aufstanden und hineinliefen.

Auch aus Bridies Wangen wich das Blut, und sie fühlte sich ganz zittrig, als Madge das sagte. Sie wollte nichts davon hören, denn tief in ihrem Innern hielt sie es für wahr, und so sagte sie zu Madge: »Wieso scheint alle Welt hier ständig von Geistern zu reden?«

Doch Madge drehte sich schnell weg und sagte: »Weil es wahr ist, Kindchen. Hab ich dich je angelogen?«

Bridie sah ihr in die durchdringenden blauen Augen, sagte aber nichts, weil sie Angst hatte, die Frau könne gewalttätig werden. Ihr war immer noch nicht klar, ob Madge ganz richtig im Kopf war oder nicht.

»Na was? Hab ich dich je angelogen?«, fragte Madge, diesmal mit mehr Nachdruck.

»Nein. Nein. Du hast mich noch nie angelogen«, antwortete Bridie verschüchtert und wünschte, Madge würde ihre monotone Stimme senken, denn die ging ihr allmählich auf die Nerven.

»Nein, Kindchen, hab ich nicht, denn wir beide sind vom selben Schlag. Gefallene Frauen. Wir sollen ja geistesgestört sein. Ja, glaub das ruhig. Es ist alles arrangiert«, seufzte sie. »Alles arrangiert, damit die Wahrheit nicht ans Licht kommt. Wenn ich an all die armen Kinder denke, die damals während der großen Hungersnot hier gestorben sind«, fügte sie hinzu, schüttelte den Kopf und verschränkte die Arme über ihrem üppigen Busen, als versinke sie in Trance. »Stell dir bloß mal vor, die stecken einen ins Arbeitshaus, ins Armenhaus, und dann sterben die einfach. Ach, das waren düstere, düstere Zeiten. Oje, oje, oje, wenn ich an all die Geschichten denke, die mein Großvater mir erzählt hat. Überall am Straßenrand sind welche gestorben. Und dann sind die anderen geschwächt hier angekommen und mussten feststellen, dass es hier hundertmal schlimmer war als bei ihnen zu Hause. In den Arbeitshäusern grassierten Cholera und Pocken. Sie konnten die Toten gar nicht schnell genug beerdigen.«

Bridie machte es nichts aus, Madge zuzuhören, wenn sie nicht ganz so überdreht war, aber allmählich wünschte sie sich, sie würde den Mund halten. Irgendwie war sie einfach nicht in der Stimmung dafür. Bei ihrem Spaziergang hatte sie gedacht, sie würde Krämpfe bekommen, aber sie war sich nicht sicher. Jetzt wurde es allmählich schlimmer, aber vielleicht bildete sie sich das ja auch nur ein. Die große Hungersnot war ein Thema, das sie sehr interessierte, denn in St. Joseph's hatte sie auch schon davon gehört. Also saß sie ruhig da und hörte Madge zu, die immer weiterschwatzte.

»... An dem Abend damals, als der Bursche die Leichen in die Särge warf, hörte er einen Mann stöhnen: ›Warte! Warte! Ich bin noch nicht tot.‹

›Ein verdammter Lügner bist du‹, sagte der Totengräber, ›der Doktor muss es ja schließlich wissen.‹

Und was hat er da wohl gemacht, Kindchen? Er schmiss die arme Kreatur in die Holzkiste und sang: *›Über die Steine schleift den Mann, ist bloß ein Bettler, gehört keinem an!‹*«

Plötzlich sprang Bridie mit verzerrtem Gesicht auf, hielt sich den Bauch und beugte sich nach vorn. »Um Gottes willen, Madge. Hör auf. Hör auf ... Oh! Der Schmerz! Halt meine Hand. Schnell. Schnell. O Gott.«

Zwölf Stunden später halfen die Nonnen einem sieben Pfund schweren Jungen auf die Welt. Bridie schrie vor Schmerzen und dann vor Freude, als man ihr den winzigen Säugling in den Arm legte.

»Danke, Schwester. Ich hätte nie gedacht, dass ich das schaffen würde. Ist er nicht süß?«, flüsterte sie, und Freudentränen traten ihr in die Augen. Sie hatte nach all dem Kummer solch ein wunderschönes Kind zustande gebracht.

»Und wie willst du ihn denn nennen?«, fragte die Schwester und zeigte ihr, wie man das Kind an die Brust anlegte.

»Entweder Patrick oder John. Ich weiß noch nicht genau.«

»Wieso nennst du ihn nicht John Paschal – nach dem Osterfest? Übrigens, Paschal ist ein französischer Name, und da doch die Schwestern von Bon Secour ursprünglich aus Frankreich kommen, wäre das doch ein schöner Name.«

Bridie nahm den Ratschlag an und ließ ihren Sohn knapp zwei Wochen nach der Geburt auf den Namen John Paschal taufen. Drei Monate blieben sie zusammen auf der Säuglingsstation, wo Bridie dabei half, all die anderen Kinder zu füttern und zu baden. Kurz bevor sie wieder ins Haupthaus zurück sollte, wo die Kleinkinder und ihre Mütter getrennt von den anderen Frauen wohnten, befahl Schwester Hortense Bridie in ihr Büro.

»Ich glaube, es ist an der Zeit, Bridie, dass wir uns über die Zukunft deines Kindes unterhalten, natürlich auch über deine eigene.«

Vor dieser Unterredung hatte sich Bridie gefürchtet, sie hatte keine Ahnung, was das Richtige war. Sie wusste nur, dass sie ihren Sohn nie wiedersehen würde, wenn sie ihn jetzt zur Adoption freigab.»Ich will das Baby behalten«, platzte es aus ihr heraus.

»Tja. Nun ja, in einer perfekten Welt wäre das wunderbar, aber in deiner Situation ist es meiner Meinung nach nicht machbar, und zwar ganz einfach deshalb, weil du kein Zuhause hast. Außerdem hast du keine Aussicht auf ein Einkommen, und schließlich, was wohl das Wichtigste ist, du nimmst dir jede Chance auf etwaiges künftiges Glück, weil du dann nicht mehr die Möglichkeit hast, dir frei und ungebunden einen Ehemann zu suchen und zu heiraten. Darüber musst du doch schon nachgedacht haben«, sagte Schwester Hortense beunruhigt.

Natürlich hatte Bridie darüber schon nachgedacht, tatsächlich hatte sie über vieles nachgedacht, aber Antworten hatte sie nicht gefunden. Wenn sie das Baby behielt und von St. Mary's wegkam, wohin sollte sie dann gehen? Wie sollte sie eine Stellung finden und sich gleichzeitig um das Kind kümmern? Schwester Hortense sah sie an und fragte: »Na, Bridie, was willst du also tun?«

»Ich bleibe hier und arbeite … und behalte mein Baby«, antwortete Bridie zögerlich.

»Ich weiß, dass dir das am liebsten wäre, aber das wird auch nicht klappen. Wir haben hier schon einhundertzwanzig Mädchen, davon allein schon fünfunddreißig auf der Wöchnerinnenstation. Mehr als vier oder fünf Vollzeitkräfte können wir uns nicht leisten, und die müssen dann ja auch ausgebildet werden, und selbst wenn wir dich hier anstellen, Bridie, dürftest du dein Kind nicht behalten. Das ist eine Vollzeitbeschäftigung – zwölf Stunden täglich –, und sich gleichzeitig um ein Kind kümmern geht nun mal nicht. Ich weiß aber von ein paar Leuten, die liebend gern einen kleinen Jungen adoptieren würden, und ich meine, du solltest dir das überlegen …«

»Ich gebe ihn nicht weg«, sagte Bridie, und ihre Stimme klang entschlossen.

»Na schön«, sagte die Schwester, die Bridies Haltung kein bisschen überraschte. Auf gewisse Weise bewunderte sie insgeheim solche Mütter, denn derartige Entschlossenheit hielt sie für ein Zeichen moralisch überlegener Mutterschaft. Manche Mütter gingen bis zum Äußersten, um ihre Kinder zu beschützen, und sie von ihren Kindern zu trennen war für diese Mütter das Schlimmste. Aber was konnte sie schon machen, wenn diese Frauen nirgendwohin konnten? »Dann bist du also fest entschlossen? Ganz sicher?«

»Ja, das bin ich«, antwortete Bridie erleichtert.

Als sie wieder auf die Säuglingsstation gegangen war, kam Schwester Hortense eine Idee, und sie meinte, es könne sich lohnen, einen Brief zu schreiben. Wer weiß, vielleicht gab es ja doch noch eine Chance für die Mutter, den Jungen und die Adoptiveltern, dachte sie.

Eine Woche später wurde Bridie wieder ins Büro der Mutter Oberin gerufen und fand dort zu ihrer Überraschung Gerald O'Malley vor, der ihr zur Begrüßung eine Schachtel Pralinen überreichte, sie auf die Wange küsste und sie fragte: »Wie geht es dem Baby?«

Schwester Hortense entschuldigte sich für ein paar Minuten und verließ das Büro. Als die Höflichkeitsfloskeln ausgetauscht waren, fragte Mr. O'Malley: »Was hältst du davon, Bridie, wenn du wieder bei uns arbeitest?«

Die vollkommen überrumpelte Bridie wusste nicht, was sie dazu sagen sollte. Sie sah Mr. O'Malley einfach mit offenem Mund an und erwiderte schließlich: »Ich weiß nicht so recht.«

»Na ja, auf jeden Fall bist du herzlich willkommen, wir hätten dich sehr gern wieder bei uns. Eine ältere Frau kommt jetzt jeden Tag und hilft im Haus, aber die Kinder vermissen dich sehr, und wir müssen jemanden finden, der bereit ist, im Haus zu wohnen.«

»Aber was ist mit dem Baby? Womöglich gefällt es den Kindern nicht, wenn ich John Paschal mitbringe«, sagte Bridie – und vielleicht hätte Mrs. O'Malley nach allem, was passiert war, nicht mehr viel Achtung vor ihr.

Enttäuschung zeigte sich in Mr. O'Malleys Gesicht, als er ernst erklärte, er habe gehofft, sie würde ihr Baby zur Adoption freigeben: »Gleichzeitig ein Kind großziehen würde nun mal nicht gehen … so wie die Dinge derzeit liegen.«

John Paschal wäre in Conly House also nicht willkommen. Und wenn sie das Baby nicht mitbringen durfte, würde sie ganz bestimmt nicht hingehen. Dass Mr. O'Malley so etwas nur denken konnte, hätte sie beinahe zum Weinen gebracht.

»Es tut mir leid, Mr. O'Malley, aber ich muss bei dem Baby bleiben«, sagte Bridie, und aus irgendeinem Grund stand sie plötzlich auf, als wolle sie davonlaufen.

Ihr Instinkt befahl Bridie, den Korridor hinunter und auf die Säuglingsstation zu laufen, wo John Paschal lag und vor sich hin brabbelte. Sie hob ihn hoch und drückte ihn fest an ihre Brust, während ihr die Tränen die Wangen hinunterliefen. Sie umarmte und herzte ihn, ging lange, lange den Korridor auf und ab und flüsterte leise: »Wie kann nur einer verlangen, dass ich dich hergebe, mein Liebling? Solange ich lebe, werde ich mich nicht von dir trennen. Nie und nimmer.« Sie küsste ihn mitten auf den zarten, unebenen Kopf, und er fing an zu weinen.

Die Mütter auf der Station, die ihre Kinder stillten, drehten sich um und sahen zu, als Annie Kelly auf Bridie zuging und sagte: »Alles in Ordnung mit dir? Ist irgendwas passiert?« Unter Tränen schüttelte Bridie den Kopf. Dann kam Mary Wade, legte ihr zum Trost die Hand auf die Schulter und fragte: »Ist irgendwas mit dir, Bridie? Wieso weinst du denn?« Aber sie konnte es ihnen nicht sagen. Sie würde wohl nie in der Lage sein, jemandem von dem furchtbaren Schmerz zu erzählen, der an ihrem Herzen nagte. Davon, dass sie selber nie die Liebe einer Mutter gekannt hatte, sich nie auch nur flüchtig daran erinnern konnte, dass ein Vater oder eine Mutter sie je umarmt oder geküsst hätten, und jetzt, da sie zum ersten Mal in ihrem Leben jemanden zum Liebhaben hatte, wollten die Leute ihr diese Freude nehmen.

Sie drehte sich um, setzte sich hin und stillte das schreiende Baby, dabei seufzte sie tief vor Erleichterung. Sie ahnte, dass sie beinahe ihr Kind für immer verloren hätte. Im Moment wollte sie mit niemandem reden. Sie wollte einfach nur, dass man sie und ihren Sohn in Ruhe ließ. Doch sie spürte, dass sich gewisse Kräfte gegen sie formierten und dass früher oder später etwas Schlimmes passieren würde. Schon als sie zum ersten Mal den Fuß in dieses Haus setzte, hatte sie das gespürt. Und jetzt würde sie ständig auf der Hut sein müssen.

KAPITEL 5

Das erste Jahr mit John Paschal ging vorüber. In den Tagen und Wochen vor seinem erstem Geburtstag versuchte Bridie, möglichst viel Zeit mit ihm zu verbringen. Es gab ständig Streit zwischen ihr und den Schwestern auf der Säuglingsstation, weil sie die ihr zustehende Zeit auf der Station überschritt. Die Regeln besagten, die Säuglinge durften nur gestillt werden, wenn nötig, höchstens dreimal am Tag und dann auch nur jeweils eine halbe Stunde. Doch Bridie hatte Freude daran, John Paschal zu stillen und sich um ihn zu kümmern, und sie blieb oft länger, indem sie so tat, als helfe sie dem überlasteten Personal. So konnte sie in seiner Nähe sein, zu ihm hinlaufen, seinen kleinen Haarschopf kämmen und ihn lächeln sehen.

In diesen kostbaren Momenten kämmte sie sein Haar zu einer niedlichen Tolle, und dabei war ihr einmal aufgefallen, dass er eine goldfarbene Strähne im Haar hatte. Ganz selten schaffte sie es, den ganzen Tag mit ihm zu verbringen, wenn sie so tat, als ginge es ihm nicht gut und als brauche er ihre Aufmerksamkeit. Doch die Schwestern auf der Station durchschauten ihre mütterlichen Tricks bald und schoben dem Ganzen einen Riegel vor.

Inzwischen waren die Tage lang und sonnig, und ganz früh, noch im Morgentau, sangen die Vögel, wenn die Insassinnen zur Frühmesse gingen und mit dem Kirchenchor sangen, der laut und klar erschallte. Es war der einzige Moment in einem ansonsten kalten, harten Leben, als sowohl Personal als auch Insassinnen im Frieden miteinander waren. Dann ging es zurück zu den schreienden Säuglingen, zum Putzen und Nähen.

Bridie arbeitete in der Küche, wo sie Mary Wade zur Hand ging, und sie hatte beschlossen, ihr bei passender Gelegenheit ein paar Fragen zu stellen. Weil es einen ständigen Strom werdender Mütter gab, die zu der einen Tür hereinkamen und durch die andere Tür weiß Gott wohin geschickt wurden, gingen allerlei Gerüchte um. Und wenn nur die Hälfte davon stimmte, hatten die Mütter und ihre Kinder in St. Mary's keine Chance. Es galt als ausgemacht, dass Kinder an reiche, kinderlose Paare in Irland, England und Amerika verkauft wurden. Es hieß, dass man die Mütter zur Arbeit nach Dublin, Cork und Galway schickte. Man erzählte sich sogar, dass manche Mütter in psychiatrische Anstalten gesteckt wurden, weil sie den Verlust ihrer Kinder nicht verkrafteten. Die meisten aber sollten in großen Häusern auf dem Land arbeiten, und viele Kinder würden nicht kurz nach der Geburt adoptiert, sondern im Alter zwischen drei und neun Jahren in Pflegefamilien gegeben. Die Mütter erfuhren nie den Aufenthaltsort und hatten keinen Kontakt mehr zu den Kindern.

Unter den Müttern selbst jedenfalls war die Meinung verbreitet, es sei am besten, die Kinder in Pflegefamilien zu geben. Es sah so aus, als ob sie meist in der Grafschaft Galway lebten, sodass wenigstens theoretisch die Chance bestand – so gering sie auch sein mochte –, dass man sein Kind wiedersah.

Lohnende Informationen aus verlässlicher Quelle zu erhalten war Bridies größtes Problem. Wer ihrer Meinung nach etwas wusste, schien gar nichts zu wissen. Und wer etwas wissen könnte, hatte entweder zu große Angst, etwas zu sagen, oder schwieg aus Eifersucht. Und wer alles über die Funktionsweise des Systems hätte erzählen können, dem war nicht zu trauen, denn diese Mädchen waren oft die Lieblinge der Nonnen und damit diejenigen, die man im Heim am meisten verabscheute. Jede winzige, auch noch so unbedeutende Einzelheit fand für gewöhnlich ihren Weg zu den Nonnen, vor allem zur Mutter Oberin. Bridie wusste, dass Mary Wade Schwester Hortenses Liebling war, also versuchte sie, ihr Informationen zu entlocken, als sie beide bis zu den Ellenbogen im Teig steckten.

»Hörst du überhaupt noch von Patrick? Wie geht es ihm?«, fragte Bridie unschuldig.

Überrascht sah Mary Bridie an, doch die hielt die Augen auf die Teigschüssel geheftet. Mary wurde nicht gern an ihren Sohn erinnert, vor allem nicht von einer, die das Heim in den nächsten Wochen verlassen würde, wie sie sehr wohl wusste, und die sich im Grunde gar nicht dafür interessierte, wie es ihrem Sohn ging. »Nein, ich höre nichts. Wieso fragst du?«.

»Ach, ich dachte nur so«, meinte Bridie. »Haben dir seine Pflegeeltern je erzählt, wie er sich so macht? Wenn ja, würde mir das vielleicht helfen, bei meinem Sohn eine Entscheidung zu treffen«, sagte sie, hob den Kopf und sah Mary bittend an.

»Du musst tun, was wir alle tun mussten, das heißt, du gibst dein Baby weg und bezahlst für deine Sünden.«

Diese Antwort entsetzte Bridie so sehr, dass sie kurz davor war, die Teigschüssel zu nehmen und auf den Boden zu werfen. Doch sie besann sich: »Tja, tut mir leid, aber ich weigere mich, für eine Sünde zu bezahlen, die ich nicht begangen habe. Ich bin hier, weil mir einer *etwas angetan* hat. Wieso finden sich denn hier alle damit ab, dass man sein eigenes Kind nicht behalten kann? Es ist mein Baby, und ich bin diejenige, die über seine Zukunft entscheiden sollte …«

»Kein Grund, so aus der Haut zu fahren«, sagte Mary. »Denk dran, du bist nicht besser und nicht schlechter als die anderen Mädchen hier. Wir hatten alle irgendwie ein bisschen Pech, sonst wären wir nicht hier, oder?«

Sofort begriff Bridie, dass ihr Plan nicht aufzugehen schien und dass sie dabei war, alles zu verderben, also wollte sie ein bisschen zurückrudern, denn Mary Wade auf dem falschen Fuß zu erwischen war so gut wie Selbstmord. Dennoch blieb ihr eine Trumpfkarte: »Weißt du, ich bewundere dich und Schwester Hortense. Ihr seid so gut zu all den Müttern. Ich bin sicher, wenn ihr könntet, wie ihr wolltet, würdet ihr die Bestimmungen ändern. Ich dachte, du wärst die Richtige, du könntest mir einen Rat geben, denn um ehrlich zu sein, ich weiß nicht, was hier eigentlich so vor sich geht. Aber das eine weiß ich: Ein Kind abzugeben ist eine wichtige Entscheidung, und ich glaube, du weißt inzwischen, was richtig und was falsch ist.«

Mit dem stumpfen Messer kratzte sich Mary den schweren Teig zwischen den Fingern ab und sah dann nachdenklich zu Bridie hin. Allmählich glaubte sie, dass diese Bridie cleverer war, als sie ursprünglich gedacht hatte. Wer sie mit der irren Madge rumhängen sah, hielt sie doch eigentlich für wahnsinnig. »Willst du vielleicht eine Tasse Tee?«, flüsterte sie plötzlich und schaute zu den anderen Mädchen hinüber, die in der riesigen Küche arbeiteten.

»Oh ja, sehr gern«, antwortete Bridie, die sich vorkam, als habe sie einen wichtigen Treffer erzielt. Sie wusste, dass Mary ihr jetzt etwas anvertrauen würde, aber die arbeitete geschäftig weiter.

»Mädchen«, sagte sie und drehte sich um. »Die könnt ihr jetzt in den Ofen schieben.« Dann winkte sie Bridie in eine Nische, in der sie normalerweise Mehl und Hafer abwogen.

Als Mary Wade Bridie eine Tasse mit lauwarmem Tee zuschob, sagte sie: »Du hast recht, es ist wahrscheinlich die wichtigste Entscheidung, die du in deinem Leben treffen wirst, und gerade im Moment beneide ich dich.«

»Wieso?«, fragte Bridie.

»Weil du Mut hast. Hätte ich damals doch nur so gedacht, dann hätte ich meinen Sohn jetzt vielleicht immer noch bei mir. Wenigstens wüsste ich, wo er ist. Aber nein, ich war ja so blöd. Ich habe gemacht, was mir die Schwestern gesagt haben, und jetzt ist es zu spät, jetzt kann ich daran nichts mehr ändern.« Sie seufzte.

Da hatte Bridie auf einmal ein schlechtes Gewissen, weil sie Mary an ihre Vergangenheit erinnert und ihr solchen Kummer bereitet hatte. »Nein. So darfst du gar nicht erst denken. Du hast gemacht, was damals das Beste war. Konnte Schwester Hortense dir nicht helfen?«, fragte sie und begriff, dass sie die Frage nicht ganz uneigennützig stellte.

»Nein. Leider war sie zu der Zeit weg, zu Exerzitien, als ich das Baby weggab, außerdem hat es mir damals nicht so viel ausgemacht. Aber seitdem verfolgt mich das: wie ich meinen wunderhübschen kleinen Jungen einfach kampflos aufgab. Schwester Hortense war gut zu mir und hat erst letztes Jahr wieder versucht, das Ehepaar aufzuspüren. Aber die sind irgendwo in Amerika, es weiß bloß keiner, wo. Deshalb lass dir eines sagen, Bridie: Gib dein Kind nicht zur Adoption frei, sonst siehst du es nie wieder. Ich weiß nicht, wie das Adoptionssystem funktioniert, weil ich nie außerhalb dieser Mauern gewesen bin, außer einmal. Aber von den älteren Müttern, die ein- oder zweimal hier gewesen sind, sagen manche, sie wissen von vielen Kindern in Tuam, die hier in St. Mary's aufwuchsen und dann zu Wildfremden in Pflege gegeben wurden. Einige werden nach England oder Amerika geschickt, bloß damit sie aus dem Weg sind, denn der Vater – oft irgend so ein hohes Tier – wäre ruiniert, wenn das je herauskäme. Also geben sie den Nonnen eine größere Summe, um alles geheim zu halten.«

»Davon habe ich auch schon gehört«, sagte Bridie erleichtert, denn sie wusste, wie nahe sie daran gewesen war, John Paschal wegzugeben, damit sie wieder für die O'Malleys arbeiten konnte. »Könnte Schwester Hortense mir vielleicht irgendwie helfen, was meinst du?«, fragte sie und befürchtete fast, sie könne zu weit gehen, wenn sie sich auf eine allzu persönliche Beziehung mit der anderen einließ.

»Keine Ahnung«, antwortete Mary, drehte sich um, lehnte sich an den kleinen Tisch und verschränkte die Arme über ihrer weißen Kattunschürze. »Ich weiß aber, dass sie die Einzige ist, die hier irgendwas verändern kann. Als sie aus Glenamaddy hierherkam, weißt du, da war das hier die reinste Müllhalde, und sie hat alles hergerichtet, so gut sie konnte. Die anderen Schwestern dagegen! Fehlt bloß noch, dass sie mit dem Messer auf dich losgehen, so ein perverses Vergnügen haben die daran, die Mütter leiden zu sehen.«

»Wie meinst du das?«, fragte Bridie überrascht.

»Muss ich dir das noch groß erklären?«, flüsterte Mary. »Wenn Schwester Imelda oder eine von den anderen dich nicht leiden können, zwingen sie dich dazu, das Kind bei der Adoption selber zu übergeben, und dann sehen sie zu, wie du langsam verrückt wirst.«

»Aber das ist ja schrecklich«, sagte Bridie weinerlich.

»Ich weiß, aber wir befinden uns nun mal an einem furchtbaren Ort. Oh! Wo hast du denn die her?«, fragte Mary entzückt, als Bridie ihr den Stummel einer Woodbine-Zigarette gab. Sie hatte schon Angst gehabt, Mary würde ablehnen, nachdem sie die Kippe einer der Mütter speziell für diesen Zweck abgebettelt hatte.

Mary Wade griff nach dem Zigarettenstummel, zündete ihn an und stieß eine Rauchwolke in Richtung der schimmelfleckigen Decke aus, dann sagte sie: »Wenn sie eine Mutter dazu zwingen, können sie hinterher immer sagen: ›Tja, Sie haben das Baby ja selbst zur Adoption weggegeben, dann geben Sie uns bitte nicht die Schuld, wenn Sie plötzlich vor Selbstmitleid zerfließen.‹ Und sie haben natürlich recht, die Mutter hat das Kind ja wirklich eigenhändig weggegeben.«

»Und was passiert dann mit der Mutter? Was meinst du, was werden sie mit mir machen?«, fragte Bridie besorgt.

»Tja, für dich haben sie das Irrenhaus vorgesehen, du bist eine Kandidatin für die Klapsmühle«, sagte Mary und genoss die Gelegenheit, Bridie Angst zu machen. »Und vergiss bloß nicht, ein Seil mitzubringen, damit du dich aufhängen kannst«, fügte sie voller Schadenfreude hinzu.

»Mary! Was macht ihr denn hier? Seid ihr immer noch nicht mit dem Brot fertig?«, fragte Schwester Imelda, die leise in die Küche kam und sie beinahe überrascht hätte.

Sofort ließ Mary die Kippe fallen und trat sie auf dem Fußboden aus, dann schob sie den Stummel unter den Tisch. »Wir sind gerade fertig geworden«, antworteten Mary und Bridie gleichzeitig. »Wir räumen nur noch auf«.

Da wandte sich Schwester Imelda den anderen Mädchen zu, die an langen Tischen das Essen vorbereiteten, und überprüfte das Brot in den Öfen.

›Für dich haben sie das Irrenhaus vorgesehen‹, klang es in Bridie nach, ihr war schwindlig, und sie ging zur Toilette auf dem Korridor. Wenn sie auch wusste, dass Mary nur Spaß gemacht hatte, glaubte Bridie doch, dass diese Art Spaß unter gewissen Umständen Wirklichkeit wurde und dass in diesem Moment ein Fluch sich ihrer zu bemächtigen versuchte. Sie schloss sich auf der Toilette ein, setzte sich hin, und da brach ihr der kalte Schweiß aus. Sie erschrak. Es war, als habe sie auf einmal telepathische Kräfte und als wüsste sie, dass John Paschal jeden Augenblick weggebracht würde. Wenn sie nicht bald etwas unternahm, dachte sie, würde sie unter einer unsichtbaren Macht zu leiden haben, die sie für immer auf ihren Pfad des Bösen mitreißen würde. Sie spürte schon, wie sie ihr nach dem Herzen griff und versuchte, ihr Innerstes herauszureißen. Ich muss von irgendeinem bösen Dämon besessen sein, dachte sie, als sie nach Atem rang und ihre Spucke zu schlucken versuchte. Genau in diesem Moment beschloss sie, dass man sie und John Paschal vielleicht körperlich trennen könnte, doch im Geist wären sie immer vereint. Und um das auch wirklich zu erreichen, wusste sie, dass sie bis zum Ende ihres Aufenthalts hier vierundzwanzig Stunden am Tag auf der Hut sein musste.

Die ganze nächste Woche verbrachte Bridie jede nur denkbare Minute mit John Paschal, denn sie wusste, die Zeit war gekommen. Sie und John Paschal waren jetzt dreizehn Monate zusammen – nach dreizehn Monaten trennte man die Mütter von ihren Babys.

Am Sonntagabend wurde Bridie in Schwester Imeldas Büro gerufen. Schon am Vormittag hatte Mary Bridie mitgeteilt, dass Schwester Hortense für ein paar Tage nach Dublin gefahren sei. Es gefiel Bridie daher gar nicht, dass sie jetzt Schwester Imelda in deren Büro gegenüberstand.

»Ich habe gute Neuigkeiten für dich, Bridie«, fing sie an. »Morgen früh fährst du nach Galway. Da wartet eine wunderbare Stellung auf dich.«

Lange sah Bridie Schwester Imelda an, dann fragte sie: »Heißt das, ich gehe für immer?«

»Aber natürlich. Du wirst ein freier Mensch sein. Das wolltest du doch, oder?«, fragte die Schwester sarkastisch.

»Und was ist mit John Paschal?«, fragte Bridie leise und presste die Worte aus ihrem trockenen Hals hervor.

»Was soll denn mit John Paschal sein?«, wiederholte Schwester Imelda.

Als Bridie diese heuchlerische Frage hörte, wäre sie am liebsten aufgesprungen und hätte Schwester Imelda bei den Haaren gepackt, aber sie zwang sich zu absoluter Selbstbeherrschung. Sie wollte Schwester Imelda nicht erlauben, sie aus der Fassung zu bringen. »Kommt er mit mir?«, fragte sie und wusste dabei ganz genau, dass das nicht der Fall sein würde.

»Also wirklich, Bridie, so dumm kannst du doch nun wirklich nicht sein. Du weißt doch ganz genau, dass du ganz allein da draußen keine Chance hättest. Innerhalb eines Jahres wärst du wieder hier – mit dem nächsten Kind«, erwiderte sie pikiert und fügte dann bestimmt hinzu: »Nein. John Paschal bleibt hier, bis er alt genug für eine Pflegefamilie ist oder bis wir ein geeignetes Zuhause für ihn finden. Du musst dir also keine Sorgen machen, man wird sich gut um ihn kümmern.«

»Oh, vielen Dank, Schwester. Sie wissen, wie viel er mir bedeutet. Und ich weiß es zu schätzen, wie viel Sie für uns beide getan haben«, sagte Bridie und nahm ihren ganzen Mut zusammen, um das Unmögliche zu erbitten. »Ich möchte Sie um einen besonderen Gefallen bitten, Schwester. Nur weil ich weiß, dass Sie mir gern helfen würden«, sagte sie dreist und sah, dass Schwester Imelda missmutig die Augenbrauen hochzog. »Ich möchte Sie bitten, mir John Paschals neue Adresse zuzusenden, wohin auch immer man ihn schickt, wenn es so weit ist.«

Die Schwester stand auf und starrte Bridie eine halbe Ewigkeit lang an. Bridies Dreistigkeit und ihre scheinbare Ungerührtheit angesichts ihrer plötzlichen Abreise nach Galway verblüfften sie. Aber Regeln waren nun einmal Regeln. Und sie hatte nicht das Bedürfnis, sie zu brechen, jetzt, da Schwester Hortense allmählich an Pensionierung dachte und bei ihr selber eine Beförderung anstand. »So gern ich dir auch helfen würde, Bridie, du weißt ganz genau, dass ich deiner Bitte nicht stattgeben kann. Wenn ich ja sage, kommen alle anderen Mütter in Tuam und wollen dieselbe Behandlung. Übrigens ist jeder Kontakt zwischen Mutter und Kind strengstens untersagt, wenn erst einmal eine Pflege- oder Adoptivfamilie gefunden wurde. Und mit deiner Erlaubnis würde ich jetzt gern in meinem Brevier lesen. Ich hatte einen langen Tag in Schwester Hortenses Abwesenheit.«

Bridie stand auf und wollte der Schwester aus dem Büro folgen. Aber als sie das Nein hörte, musste sie unbedingt noch eine verzweifelte Bitte anbringen. »Kann ich heute Nacht auf der Säuglingsstation bleiben, Schwester? Bitte«, bettelte sie.

Die Schwester sah Bridie an, als sei sie wahnsinnig geworden, und sagte: »Also wirklich, Bridie! Du stellst die Geduld unseres Herrgotts auf eine harte Probe – von meiner Geduld ganz zu schweigen. Weg mit dir, Kind, geh mir aus den Augen.« Mit dem Handrücken winkte sie Bridie fort. »Mir ist egal, wo du schläfst, mach das mit der Nachtschwester aus.«

Wie eine Wahnsinnige flog Bridie durch die Flure und trug ihre flehentliche Bitte der Säuglingsschwester vor, die ihr erlaubte, John Paschal mit in ihr Bett zu nehmen.

Eine halbe Ewigkeit saß Bridie in ihrem Bett und wiegte John Paschal in den Armen, herzte und küsste ihn und gab sich alle Mühe, ihre eigenen aufbrandenden Gefühle unter Kontrolle zu halten, da sie wusste, dass dies ihre letzten gemeinsamen Stunden waren. Sie wollte nicht, dass er seine strahlend blauen Augen zumachte, sie wollte dasitzen und ihn die ganze Nacht lang anschauen. Aber schließlich wurde er müde und quengelig und weinte vor Hunger, woraufhin sie ihn stillte, und dann schlief er tief und fest ein. Ein letztes Mal kämmte Bridie seinen goldenen Haarschopf, dann legte sie ihn sacht neben sich aufs Bett, als die Nachtschwester mit der Lampe die Runde machte. »Zeit zum

Schlafen, Bridie«, flüsterte sie. »Morgen ist auch noch ein Tag, und vergiss nicht zu beten.«

Doch Bridie konnte nur an eines denken, dass morgen früh John Paschal für immer aus ihrem Leben verschwinden sollte. Der bloße Gedanke daran, dass sie ihn vielleicht für immer verlor, machte ihr mehr Kummer, als sie sich je hätte vorstellen können. Sie sah seine wenigen Sachen durch. Ein kleines Strampelhöschen, ein Teddybär, den Schwester Hortense ihm geschenkt hatte, und der Strampelanzug, den sie selber gestrickt hatte. Aber nichts davon schien ihr geeignet, um es als Erinnerung mitzunehmen. Schließlich fielen ihr die tränenschweren Augen zu, und sie sank in einen ruhelosen Schlaf.

Sie schreckte hoch, als Schwester Anunciata, die Stationsschwester, das Kind fortnahm und zu Bridie sagte, es sei Zeit, aufzustehen und sich für Galway fertig zu machen. Den Bruchteil einer Sekunde lang war Bridie in Panik, als sie schützend nach John Paschal griff, denn sie war gerade mitten aus dem fürchterlichsten Traum aufgeschreckt. Sie hatte geträumt, sie hätte dem Kind das Ohr abgeschnitten, weil ein Geist ihr versprochen hatte, das Kind käme zurück, wenn sie das täte. Erleichtert sah Bridie, dass sein Ohr heil war, und zugleich war sie erschüttert von der Traumbotschaft. Es musste wahr sein.

Als die Schwester das schlaftrunkene Kind aufnahm, sagte sie: »Du musst dich jetzt anziehen. Der Wagen fährt bald ab, und du musst noch frühstücken.«

Es entwickelte sich ein regelrechtes Tauziehen, Bridie versuchte, der Nachtschwester das schreiende Kind abzuringen und bettelte: »Bitte! Bitte! Geben Sie ihn mir noch einmal, nur fünf Minuten«, während nervöse Mütter in Nachthemden mit ihren Säuglingen an der Brust in der Mitte des Raums zusammenkamen und erbärmlich zu weinen anfingen, denn jede hatte eine Vorahnung ihrer eigenen bald kommenden schlimmen Tage.

Dann kam ein vereinzelter verzweifelter Schrei: »Ach bitte, Schwester!«

Dadurch ermutigt hörte man eine weitere Stimme: »Na los, geben Sie ihr noch eine Chance.«

»Es verursacht doch keine Unruhe, wenn ich ihn bloß halte, nur fünf Minuten«, bettelte Bridie verzweifelt, während sie noch heftiger mit der Schwester um das Kindes zu rangeln begann.

Schwester Anunciata schaffte es, sich umzudrehen und Bridie auszuweichen, das Kind hielt sie sicher im Arm. Sie ging zu dem kleinen Schwesternzimmer in der Ecke der Säuglingsstation, und die jammernden Mütter kamen wieder näher. Auf dem kleinen Medizintischchen entdeckte Bridie eine glitzernde Chromschere. Schnell wie der Blitz ließ sie die Schere in ihren Morgenmantel gleiten, als sich Schwester Anunciata zu ihnen umdrehte und alle aggressiv anfuhr: »Ich habe gesagt, zurück in die Betten mit euch, und zwar sofort, und seid nicht so neugierig. Und Bridie, du gehst jetzt bitte und ziehst dich an, und hör auf, dich zum Narren zu machen. Wenn du jetzt gehorchst, lasse ich dich ihn vielleicht noch einen Moment halten.«

Schnell zog sich Bridie an.

Schwester Imelda kam herein und sah sich um. »Bist du immer noch nicht fertig, Bridie? Dein Porridge wartet auf dich.«

Bridie beachtete Schwester Imelda gar nicht, sie zog sich fertig an und bürstete sich das Haar. Voller Panik dachte sie die ganze Zeit an das, was sie gleich tun wollte.

Als sie fertig angezogen war, ging sie zu den Schwestern, die das Kind umgezogen hatten und die jede ihrer Bewegungen beobachteten. Mit ausgestreckten Armen, zitternd bat Bridie: »Kann ich ihn jetzt halten?«

Skeptisch musterte Schwester Anunciata sie und versuchte, das wimmernde Kind auf dem Arm festzuhalten. »Nur unter der Bedingung, dass du ihn sofort zurückgibst und keine Szene machst.«

Bridie nickte, sprechen konnte sie nicht, denn die Tränen waren ihr in die Augen gestiegen. Ein letztes Mal nahm sie fest ihren Sohn in den Arm, ging ans andere Ende des Raums, auf ihr Bett zu, und alle Mütter auf der Säuglingsstation klammerten sich verzweifelt an ihre Sprösslinge, hilflos beobachteten sie Bridies und John Paschals Abschied.

Sie legte den kleinen Jungen aufs Bett, die Tränen liefen ihr über die Wangen. Dann griff sie nach der Schere unter dem Kissen. Gerade als den Schwestern der Verdacht kam, sie könne etwas im Schilde führen, nahm sie die Schere und schnitt eine Locke aus dem Haarschopf des Kindes, den sie monatelang so liebevoll gepflegt hatte. Schnell küsste sie ihn auf Wange und Stirn und schluchzte hastig: »Auf Wiedersehen, John Paschal. Auf Wiedersehen. Eines Tages, bitte, lieber Gott, sehen wir uns wieder.«

Als Imelda und Anunciata die Schere glitzern sahen, kamen sie hektisch angerannt und packten Bridie, die sich losriss und den Korridor hinunterlief. Die jungen Mütter, die um einen letzten Abschiedsgruß gebracht worden waren, riefen: »Wir geben für dich Acht auf ihn, Bridie. Wir werden uns gut um ihn kümmern.«

Dann gingen alle gleichzeitig hinein, wie um ihr Versprechen zu bekräftigen, während Bridie, die es nicht fertigbrachte, sich umzudrehen, am Ende des Korridors verschwand. Sie musste sich nun, und das vielleicht für immer, von der einzigen wahren Liebe trennen, die sie je erfahren hatte.

KAPITEL 6

Majestätisch erhob sich die frühe Morgensonne hinauf in den tiefblauen Himmel und verscheuchte allmählich den Morgennebel, der wie ein altes Leichentuch über der Kreisstadt hing. Der letzte Rest von Morgenröte verblasste und gab den Blick frei auf eine nun hell leuchtende Stadt, die neue Besucher an ihrer malerischen Küste erwartete, und ein schwarzer Austin Baujahr 1937 kam eine Straße entlang.

Sie waren in Galway, wo die Busse der öffentlichen Verkehrsbetriebe um das Recht wetteiferten, Ausflügler an den berühmten Strand von Salthill transportieren zu dürfen. Der schwarze Wagen jedoch brachte keine Feriengäste. Abrupt hielt er an jenem Ende der College Road, das mitten in der City lag, und parkte neben einer hohen Steinmauer. Die drei Passagiere auf dem Rücksitz sahen sich fragend an, sagten aber nichts. Sie wussten nicht, wo sie waren, und sie trauten sich auch nicht zu fragen.

Das ist es dann also, dachte Bridie, als die beiden Nonnen, die vorn gesessen hatten, ausstiegen und die Türen hinten aufhielten, um die drei Mädchen an ihren neuen Arbeitsplatz zu geleiten. *Da wartet eine wunderbare Stellung auf dich*, der Satz ging ihnen allen im Kopf herum, seit sie vor knapp einer Stunde aus Tuam weggefahren waren.

Nun standen sie am Fußende einer steil ansteigenden Straße, vor sich eine ordentliche Reihe Backsteinhäuser. Bridie bemerkte das grün-weiße Schild aus Metall, das am letzten Haus angebracht war und auf dem der Name Mary Magdalene Terrace stand.

Ängstlich sahen die Mädchen zu der eindrucksvollen hohen Mauer auf, die den Anschein erweckte, als könne sie jeden Moment über ihnen zusammenbrechen. Voller Nervosität zitterten sie, trotz der warmen Sommersonne, während sie geduldig darauf warteten, der Reihe nach ihre kleinen braunen Koffer ausgehändigt zu bekommen.

Die ›Stellung‹, dachte Bridie, müsste sie wohl in einem dieser Häuser antreten, denn hier gab es keine Läden, keine Hotels, keine Krankenhäuser. Nichts. Dann durchzuckte sie der Gedanke, dass sie davonlaufen sollte, solange es ihr noch möglich war. Weshalb sollte sie für die Nonnen arbeiten? Könnte sie sich nicht selber irgendwo in Tuam eine Stellung suchen und in der Nähe von John Paschal bleiben? Aber eventuell fand sie allein gar keine Stellung in Tuam oder Galway, und dann wäre sie obdachlos, weil sie nirgendwohin konnte. Außerdem glaubte sie kaum, dass sie noch die Kraft zum Davonlaufen hatte nach solch einer ruhelosen Nacht und dem Kampf, den sie heute Morgen durchstehen musste, nur um sich von ihrem Sohn verabschieden zu dürfen. Sie schaute zur Seite auf die anderen beiden Mädchen in ihrer Begleitung und dachte, wenn die neue Stellung gut genug für sie ist, dann ist sie wahrscheinlich auch gut genug für mich.

Sie folgte den beiden Nonnen, die nach wenigen Schritten ein kleines Schloss in einer massiven Eichentür öffneten, die solide das Geheimnis dessen hütete, was hinter der hohen Steinmauer liegen mochte. Die Mädchen traten ein und bestaunten ehrfurchtsvoll den malerischen Anblick, der sich ihnen bot. Ein imposantes zweigeschossiges Gebäude aus massivem Stein erhob sich knapp dreißig Meter vor ihnen, und zu dessen rechter Seite führte ein verschlungener Pfad über Steinstufen zu einer wunderschönen Felsnische mit einer Statue der Heiligen Jungfrau. Und noch weiter rechts lag ein von einem schmiedeeisernen Zaun umgebener Friedhof mit etlichen schwarz gestrichenen Eisenkreuzen.

Ein Friedhof! Was in Gottes Namen hatte denn ein Friedhof hier zu suchen? Das muss hier eine Art Kirche sein, dachten die Mädchen.

Doch die Wäscherei des Magdalene-Heims in Galway war so etwas Ähnliches wie die Erziehungsanstalt St. Joseph's in Clifden. Ein religiös durchdrungener Ort mit seltenen sakralen Kunstgegenständen in allen Räumen, ein Ort, an dem man sich um die zeremoniellen Gewänder aus der ganzen Provinz sowie um die schmutzige Wäsche der Urlaubsunterkünfte, Hotels und Fremdenpensionen der Gegend kümmerte.

Kaum waren die Mädchen im Hauptgebäude, wurden sie in ein kleines Büro geführt, wo sie warten sollten. Nur wenige Augenblicke später betrat eine kräftig gebaute Nonne mit rötlicher Gesichtsfarbe den Raum: »Guten Morgen, Mädchen.«

»Guten Morgen«, erwiderten diese fügsam.

»Den ganzen Weg von Tuam seid ihr gekommen. Hattet ihr eine gute Fahrt?«, fragte die Nonne, musterte die Mädchen und rieb sich die großen blaugefrorenen Hände, wie um ihnen lebenswichtiges Blut zuzuführen.

»Ja, Schwester«, antworteten sie ohne große Begeisterung.

»Also, jetzt möchte ich mit eurer Erlaubnis eure genauen Angaben aufnehmen. Ich bin Schwester Antonia, die Mutter Oberin. Solltet ihr bei Gelegenheit einmal irgendwelche Probleme haben, dann kommt ihr direkt zu mir«, sagte sie streng, ging hinter ihren Schreibtisch und öffnete ein großes Buch, das zwischen einem Berg von Quittungsbüchern hervorragte.

Dann schaute sie Bridie an, zog zur Unterstützung ihres üppigen Hinterteils einen Stuhl hervor, der wie ein wuchtiger Königsthron wirkte, und sagte: »Also, mein Fräulein, wie heißt du?«

»Bridie Rodgers.«

»Bridie Rodgers«, wiederholte sie und trug den Namen in das große Buch ein. »Wie alt bist du, Bridie?«

»Siebzehn.«

»Siebzehn, und deine Anschrift?«

Nervös sah Bridie die Mutter Oberin an, schwieg aber. Sie wusste nicht, was sie sagen sollte.

»Deine Anschrift, Liebes? Wir möchten uns deine Anschrift und die Namen deiner nächsten Angehörigen notieren, nur für den Fall, dass dich hier jemand rausholen will. Wenn ich auch sehr bezweifle, dass sich jemand diese Mühe macht.«

»Dublin«, erwiderte Bridie zweifelnd. Sie hatte keine Ahnung, ob sie überhaupt noch eine Anschrift hatte. Und St. Joseph's wollte sie nicht sagen. Auch die O'Malleys wollte sie nicht erwähnen, und sie wusste nicht, ob sie Tuam sagen sollte, da es den Anschein hatte, als wohne sie dort nicht mehr.

»Dublin«, wiederholte die rotgesichtige Nonne. »Ist es das? Kein Haus, keine Straße, kein Vorort?«

»Nein, Schwester«, antwortete Bridie.

»Ich nehme an, du bist irgendwo in den Slums geboren. Hast du Kinder?«, fragte sie.

»Ich habe einen Sohn, ein Jahr alt, John Paschal.«

»Und ich kann davon ausgehen, dass er noch in Tuam ist?«

»Ja, Schwester. Werde ich ihn mal besuchen können?«, fragte Bridie, ohne groß nachzudenken.

Die Mutter Oberin steckte den Füllfederhalter mit Goldprägung in seine Halterung zurück, und ihr ohnehin bereits gerötetes Gesicht flammte nun feuerrot auf vor Wut über Bridies unverschämte Frage. Dann faltete sie die Hände wie zum Gebet, lehnte sich in ihrem gewaltigen Stuhl zurück und sagte: »Liebes Kind! Ich will dir so deutlich wie irgend möglich einmal etwas erklären. Ihr seid jetzt in der Wäscherei im Magdalene-Heim, einem Asyl, wenn ihr so wollt, einer Zuflucht für die Ungeliebten, die Unverheirateten und die Herrenlosen. Das ist hier kein Drei-Sterne-Hotel, in dem die Gäste nach Belieben kommen und gehen können. Ihr seid hier, weil keiner euch will oder wegen eurer Sünden in der Vergangenheit. Hier helfen wir euch, Buße zu tun für die Sünden eures früheren Lebens, damit ihr in den Augen Gottes nicht für alle Zeiten ewiger Verdammnis anheimfallt. Hier bekommt ihr Gelegenheit, euren Frieden mit Gott zu schließen. Ihr seid seine Dienerinnen, und in den Augen Gottes seid ihr von diesem Tag an Büßerinnen und müsst euch seinem Willen unterwerfen. Darüber hinaus befindet ihr euch an dem wunderbarsten Ort in ganz Irland; hier seid ihr sicher und geschützt vor den Übeln der Außenwelt – die ihr inzwischen alle nur zu gut kennt.«

Dann holte sie tief Luft und fuhr fort: »Bridie Rodgers, die nun vor dir liegende Aufgabe ist gewaltig. Aber ich als Dienerin Gottes habe sicherzustellen, dass du aus deiner Vergangenheit lernst und künftig ein besseres Leben führst. Und was etwaige Kinder betrifft, die du zur Welt gebracht hast, hege ich keinen Zweifel, dass man sich gut um sie kümmern wird. Familienbesuche wären ohne jeden Sinn und Nutzen. Ganz im Gegenteil, solche Besuche säen nur den Samen der Zwietracht, des Zweifels und der Zersetzung.«

Dann lächelte sie halbherzig und fügte hinzu: »Ich denke, wir können nun also fortfahren. Und bitte denkt daran, je schneller ihr euch in euer neues Leben einfügt, desto leichter wird es für alle Beteiligten sein.«

Sie sah das Mädchen neben Bridie an und fragte: »Und wie heißt du?«

»Noreen Donnellan.«

»Anschrift?«

»Kilbeg, Winnamstown.«

»Wo liegt das denn?«, fragte die Mutter Oberin stirnrunzelnd.

»In der Grafschaft Galway … bei Castlerea.«

»Du meinst wohl Williamstown?«

»Ja«, antwortete Noreen, der es bei dieser Befragung allmählich unwohl wurde.

»Ja, was?«, brummte die Mutter Oberin.

»Ja, ich meine Winnamstown.«

»Es heißt, ja, Schwester! Du hast mich stets mit ›Schwester‹ anzureden! Ist das klar?«, fuhr die Mutter Oberin sie an.

»Ja, Schwester«, erwiderte Noreen ängstlich.

»Und es wird Will-jems-taun ausgesprochen. Soweit ich weiß, gibt es keinen Ort namens Winnamstown. Also merk dir das gefälligst!« Dann wandte sie sich wieder ihrem Buch zu und fragte: »Und wie alt bist du – Fräulein aus Will-jems-taun?«

»Vierzehn.«

»Vierzehn, Schwester!«, brüllte die Nonne. »Wenn es sein muss, bleiben wir den ganzen Tag hier. Also reiß dich zusammen. Habe ich mich klar und deutlich ausgedrückt?«

»Ja, Schwester«, sagte Miss Donnellan und wechselte unbehaglich von einem Fuß auf den anderen.

»Und was, wenn ich fragen darf, hat dich nach Tuam geführt?«

»Der Gemeinde…pfarrer … hat mich hingebracht, Schwester.«

»Weshalb hat er dich hingebracht?«

»Ich weiß nicht … Schwester, wirklich nicht.«

»Bist du in Williamstown von deinen Eltern geschlagen worden?«

»Doch, ein bisschen. Ich meine, ja.«

»Ein bisschen«, wiederholte die Mutter Oberin. »Vielleicht hast du ja nicht genug Schläge bekommen. Womöglich war das das Problem. Wenn du mit Vater und Mutter so geredet hast wie hier mit mir, hätte ich dich mehr als nur ein bisschen geschlagen.«

Dann wandte sie sich an das dritte Mädchen und fragte: »Und wie heißt du, bitte?«

»Josephine Finn, Schwester.«

»Alter?«

»Einundzwanzig, Schwester.«

»Und deine Anschrift?«

»Lisnagerra, Dunmore.«

»Lis-na-gerra«, wiederholte sie und notierte den Ort in ihrem großen Buch. *»An bhfuil Gaeilge agat?«*

»*Níl.* Ich spreche nur ein wenig Irisch, Schwester.«

»Aber du hast ein Baby?«, fragte die Schwester mit einem Hauch Sarkasmus in der Stimme.

»Nein, Schwester«, antwortete Josephine und betonte das Wort Nein.

»Und weshalb warst du dann in Tuam?«

»Man hat mir gesagt, es sei nur für eine Weile – und man würde mir eine ordentliche Stellung irgendwo besorgen.«

»Aber wieso hat man dich denn überhaupt nach Tuam geschickt? Das ist ein Heim für ledige Mütter, oder bist du auch misshandelt worden?«, erkundigte sich die Schwester, denn sie hatte einen rebellischen Unterton an Josephine entdeckt, der ihren Blutdruck in die Höhe trieb.

»Nein, Schwester«, erwiderte Miss Finn, der die Mutter Oberin mehr und mehr missfiel. Josephine verabscheute alle Nonnen und Priester, weil sie solch ein vollkommenes Leben zu führen schienen. Hatte sie je die Hoffnung gehegt, im bürgerlichen Leben eine Heilige zu werden, so wurde diese Hoffnung an dem Tag zerstört, als sie Cathal Swanick kennenlernte. Ihre ganze Welt geriet in Aufruhr, als man ihr verbot, ihn weiterhin zu treffen – bloß weil er Protestant war –, und sie sich an dieses Verbot nicht hielt. Und je nachdrücklicher ihre Eltern von ihr verlangten, ihn aufzugeben, um so entschlossener hielt sie an ihm fest. Also wandten sich ihre Eltern Hilfe suchend an den Gemeindepfarrer, der sie unter Zwang von zu Hause fortholte und sie nach Tuam schickte. Sie war fest entschlossen, Schwester Antonia davon nichts zu erzählen. Die sah sie jetzt an und wartete auf eine Erklärung. Als nichts weiter von ihr kam, sagte die Schwester: »Darf ich annehmen, dass du von zu Hause weggeholt wurdest, weil du eine Art Rebellin bist? Eine Nervensäge vielleicht, oder weil du am Ende Männerbekanntschaften hattest?«

»Nein, so war es nicht«, antwortete Josephine auf eine Weise, die ihren verletzten Stolz erkennen ließ. Sie wollte keinem etwas davon erzählen, es ging niemanden etwas an, es war allein ihre Sache. Die Nonnen und die anderen Mädchen sollten nicht wissen, was in der Vergangenheit geschehen war, denn sehr bald schon würden Cathal und sie nach England durchbrennen und heiraten. Bestimmt würde Cathal sie bald retten, dachte sie, obwohl er sich nicht hatte sehen lassen, als ihre Eltern sie im Haus hielten und ihr verboten hatten, sich mit ihm zu treffen. Aber das hier war etwas anderes. Nun wusste die ganze Gemeinde, dass der Pfarrer sie von zu Hause hatte wegholen und einsperren lassen. Da sie nun in Galway war, würde sie ihm vielleicht schreiben und sehen, was dann passierte. Doch dann bekam eventuell Cathals Vater den Brief zu sehen und untersagte ihm jeden Kontakt zu ihr. Nein. Nein. Cathal würde sie nicht im Stich lassen, daran hatte sie keinen Zweifel. Früher oder später würde er auftauchen und sie nach England entführen, und keiner zu Hause würde je wissen, wo sie abgeblieben war, und sie würde glücklich sein bis ans Ende ihrer Tage.

»Ungehorsam«, seufzte die Mutter Oberin, der das Blut ins Gesicht gestiegen war, lehnte sich in ihren wuchtigen Eichenthron zurück und musterte die drei Mädchen, die da vor ihr standen. »Lasst es mich euch sagen, Mädchen, die Welt ist voller Ungehorsam, der durch diese Tür hereinkommt. Doch ich kann euch versichern, er wird der Fügsamkeit gewichen sein, wenn es hier wieder hinausgeht.« Dann kam sie hinter dem Schreibtisch vor, sah sie böse an und rief laut durch die Bürotür: »Schwester Philomena.«

Wie durch Zauberei erschien Schwester Philomena an der Tür, und die Mutter Oberin sagte: »Wollen Sie bitte dafür sorgen, dass diese Mädchen so schnell wie möglich eingewiesen werden. Vielleicht finden sie ja in der Küche Arbeit für sie, lassen Sie Lilly MacAlastair und Peggy Neary zurück an die Wäschemangel.«

Das Wort ›Wäschemangel‹ war Bridie sofort vertraut. Sie wusste, es war eine Vorrichtung in der Wäscherei zum Glätten von Laken und Bettdecken. Es war hier also offenbar genauso wie in St. Joseph's und St. Mary's. Doch die Mutter Oberin hatte gesagt, dies sei ein Asyl, eine Zuflucht für die Unverheirateten, Ungeliebten und Herrenlosen. Ich sollte lieber nicht mehr grübeln, sondern den Mund halten und abwarten, was passiert, dachte Bridie, als sie alle drei Schwester Philomena den Korridor hinunter zum Ende des Gebäudes und in einen weiteren Raum folgten.

Sie reichte jeder von ihnen eine weiße Uniform und eine dazu passende Haube, ein kleines Handtuch, ein Stück Karbolseife und zwei Leinentücher: »Für die Monatsblutung«, flüsterte sie.

»Passt gut darauf auf, sie werden nur einmal im Jahr ausgegeben. Und wenn ihr sie verliert, gibt es keinen Ersatz. Und achtet darauf, dass ihr eure persönlichen Dinge jederzeit in euren Nachttischchen habt. Außerdem muss ich euch darauf hinweisen, dass Rauchen strikt verboten ist. Bitte legt jetzt eure Kleidung ab und zieht eure Uniform an. Ihr müsst nicht alles ausziehen, nur die Oberbekleidung. Den Rest könnt ihr heute Abend nach einem heißen Bad wechseln.«

Dann steckte man all ihre gute Kleidung und die persönlichen Gegenstände in die kleinen braunen Koffer und nahm sie fort. Doch von der Haarsträhne ihres Sohnes trennte sich Bridie nicht. Sie hatte sie inzwischen in ein Stück Papier gewickelt und sicher in ihrem BH verstaut, bis sie einen geeigneteren Platz dafür fände.

Unten in der Küche waren die Bewohnerinnen des Heims damit beschäftigt, Töpfe zu schrubben und Kartoffeln zu schälen. Zwei der Mädchen rief Schwester Philomena zu sich. »Lilly! Peggy! Geht doch bitte wieder in die Wäscherei und helft beim Sortieren der Körbe für Tuam und Ballinalsoe. Diese beiden neuen Mädchen übernehmen hier für euch.« Dann wandte sie sich an Bridie: »Komm bitte mit, ich zeige dir, was du zu tun hast. Ich bin gleich wieder da, Mädchen.« Schwester Philomena führte Bridie in den Dampfraum und zeigte ihr, welche Kleidung sie zu bügeln hatte, und eine halbe Stunde später zeigte Schwester Stanislaus, die Stationsschwester, den drei neuen Heimbewohnerinnen, wo sie schlafen würden.

Im Obergeschoss gab es drei große Schlafsäle: ›St. Teresa‹, ›Unsere liebe Frau‹ und das ›Heilige Herz‹. Bridie und Josephine waren im Saal ›Unsere liebe Frau‹ untergebracht, Noreen Donnellan sollte gegenüber im ›Heiligen Herz‹ schlafen.

Als sie herunterkamen, tranken sie Tee und aßen Brot in der Küche, und anschließend führte Schwester Philomena sie durch die Wäscherei. Sie sahen die großen industriellen Wäschemangeln, Reihen von Zink-Spülbecken an der Wand für die Handwäsche, außerdem den Dampfraum, das Bügelzimmer, den Aufenthaltsraum oben, die Kirche, die sich ans rückwärtige Ende des Hauptgebäudes schmiegte, und das Kloster.

In der Pause gingen alle Mädchen aus der Wäscherei nach draußen an die frische Luft und in die Sonne. Verblüfft nahm Bridie die vielen Mädchen zur Kenntnis, die in kleinen Gruppen zusammenstanden und ein Schwätzchen hielten, alle in langen weißen Kattunkitteln und albern wirkenden weißen Hauben. Offensichtlich waren es neue Uniformen, das jedenfalls hatten die Mädchen Bridie erzählt. Manche gingen zu zweit oder zu dritt untergehakt an der Außenmauer spazieren, einige Nonnen mit Rosenkranz in der Hand gingen hinter ihnen oder knieten in der Nische mit der Madonnenstatue und beteten. Zwei oder drei ältere Büßerinnen kümmerten sich um die Gräber der Nonnen und die Blumen auf und an den Spazierwegen. Doch Bridie hielt nur Ausschau nach ihren neuen Kameradinnen. Verzweifelt sehnte sie sich nach Austausch, vor allem aber danach, sich mit den beiden neuen Mädchen anzufreunden. Josephine Finn winkte heftig, als sie Bridie entdeckte, und kam zu ihr gelaufen, im Schlepptau die vierzehnjährige Noreen.

»O Gott, Bridie, was hältst du davon? Die Küche ist furchtbar. Da bleibe ich nicht. Was musst du denn machen?«, fragte Josephine aufgewühlt.

»Ich bin im Bügelzimmer und bügle Hemden. Das Bügeln an sich macht mir nichts aus, aber das Mädchen, mit dem ich arbeite, ist schon zehn Jahre hier und nie rausgekommen. Nicht mal einen Tag lang, und sie hat erzählt, dass manche noch viel länger hier sind«, antwortete Bridie noch aufgewühlter.

»Wir arbeiten mit zwei Älteren. Die sprechen kaum mit uns. Stimmt's, Noreen?«, sagte Josephine und wandte sich ihrer neuen Freundin zu.

»Ja, stimmt. Die kriechen und schlurfen bloß herum. Vor lauter Angst habe ich gar nicht gefragt, wie lange sie schon hier sind. Für mich sehen die aus wie Scheintote. Ehrlich gesagt, ich glaube, die haben einen kleinen Dachschaden.«

»Und die eine vergisst andauernd, wo sie was gelassen hat«, fügte Josephine hinzu.

»Wieso fragt ihr denn nicht, ob ihr zu mir ins Bügelzimmer könnt?«, schlug Bridie vor.

»Meinst du, das würde gehen? Die lassen uns beide doch nie wieder aus der Küche raus«, sagte Josephine skeptisch.

»Na, versuchen könnt ihr es ja immerhin«, meinte Bridie. »Sagt ihnen doch, dass ihr mit mir in Tuam gearbeitet habt.«

»Hab ich aber nicht, und ich kann auch nicht gut bügeln.«

Dann entdeckte Bridie das Mädchen, das mit ihr arbeitete, und rief: »Julie, das sind meine Freundinnen, von denen ich dir erzählt habe: Josephine und Noreen. Die sind heute Morgen mit mir angekommen.«

Plötzlich kam eine ganze Gruppe Mädchen zu ihnen gelaufen. Aufgeregt fragten sie: »Seid ihr die Neuen? Wo kommt ihr her?«

Sie wollten wissen, ob sie diesen oder jenen kannten, einen Bruder, eine Schwester oder einen Vetter. Kannten sie jenes Dorf? Wie weit weg von da haben sie gewohnt? Doch als es Bridie versehentlich herausrutschte, dass sie im Grunde kein einziges der genannten Dörfer kannte, weil sie nur wenige Monate draußen gewesen war, schauten sie alle schweigend weg und ließen dann die Köpfe hängen. Diese seit Langem vergessenen Heimbewohnerinnen sehnten sich nach Neuigkeiten aus der Welt dort draußen. Wussten ihre Eltern wirklich, wo sie waren? Wo war der Vater ihres Kindes, der schuld daran war, dass man sie hier hereingesteckt hatte? Und noch wichtiger die Frage: Wo war das Kind, das man ihnen, wie Bridies Sohn, im Morgengrauen von der Brust gerissen hatte und das jetzt Gott weiß wo lebte? Manche Mädchen, die man als Teenager mit Gewalt von ihren Geschwistern getrennt hatte, hungerten nach Nachricht über ihre Verwandten. Waren sie verheiratet, lebten sie überhaupt noch? Wussten denn die neuen Mädchen überhaupt irgendetwas?

Nein. Bridie und ihre Gefährtinnen wussten nichts. Als Bridie das Meer verstörter Gesichter sah, kam sie sich vor, als habe sie jedes einzelne Mädchen hintergangen. Wenn sie doch nur jemanden in Gort, Mountbellew, Boyle, Strokestown, Belclare oder auch Tuam kannte. Aber nein, sie kam sich so nutzlos vor. Da war sie nun von draußen an diesen seltsamen Ort gekommen und konnte nicht die simpelste Frage beantworten.

»Bridie! Kennst du meinen Bruder Billy? Billy Reilly aus Tuam? Er ist ziemlich groß, sieht gut aus, hat blondes Haar. Billy Reilly! Alle Welt kennt Billy! Jeden Sonntag geht er mittags zur Messe in die Kathedrale …«

»Nein. Ich glaube nicht …«

»Aber das gibt es nicht. Du musst ihn doch kennen. Hast du nicht gesagt, du kommst aus Tuam?«

»Doch … ich meine … ich war kurz da. Ich war da bloß in St. Mary's, dem Heim für ledige Mütter, und davor war ich in der Erziehungsanstalt St. Joseph's in Clifden.«

»Oh! Dann bist du ja … dann bist du ja … eine von uns!«

Eine kleine Nonne mit Brille näherte sich langsam mit gesenktem Kopf und läutete eine kleine bronzefarbene Glocke, um ihre Schäfchen zusammenzutrommeln und an die Arbeit zurückzuholen. Zu viert stellten sie sich auf und strömten durch den schmalen Eingang, jede für sich eingeschlossen in einem Meer aus Selbstzweifeln, Selbsthass und Selbstmitleid. Dann verteilten sie sich über den Korridor und betraten die Waschräume, den Dampfraum, das Bügelzimmer, die Schlafsäle, die Poststelle, die Bäckerei und die Küche.

Wenigstens einige von ihnen hatten ihren ersten Arbeitstag in der wunderbaren neuen Stellung in Galway halb hinter sich.

Fast zwei Wochen später, auf ihrem Rückweg in den Schlafsaal ›Unsere liebe Frau‹, verspürte Bridie zum ersten Mal nagende Einsamkeit. Sie stand hinter Schwester Stanislaus, als diese den Schlafsaal aufschloss, der fünfzig bußfertige Heiminsassinnen beherbergte. Und dann ging Bridie langsam zu ihrem Bett neben dem mit Eisen vergitterten, zudem mit Farbe blickdicht gestrichenen Fenster und fiel vor schierer Erschöpfung um. Seit sieben Uhr morgens war sie auf den Beinen. Jetzt war es halb neun an einem herrlichen Juli-Abend, und alle lagen entweder schon im Bett oder zogen sich gerade aus. Bridie war eine der Letzten, Dutzende von Hemden hatte sie gebügelt, ganz zu schweigen von etlichen anderen Kleidungsstücken. So lange sie lebte, wollte sie nie wieder ein Hemd sehen, dachte sie. Sogar zum Denken war sie zu müde, und wenn sie es doch tat, konnte sie nur an eines denken: Wie ging es John Paschal? Ihr wurde klar, dass sie dreizehn Monate damit zugebracht hatte, ihren einzigen Sohn zu stillen, und jetzt fühlte sie sich, als habe ihr jemand einen Teil ihres Körpers weggeschnitten. Ihren Sohn, ihr eigen Fleisch und Blut hatte man ihr entrissen – trotz verzweifelter Gegenwehr. Jetzt wusste sie nicht einmal, ob sie ihn je wiedersehen würde. Als sie sich seinen lächelnden, heiteren Gesichtsausdruck ins Gedächtnis rief und seine kleine Haartolle, die sie so liebevoll gepflegt hatte, griff sie in ihre Bluse und holte ein kleines Beutelchen hervor, das sie an die kleine Tasche mit dem Herz-Jesu-Andachtsbild geheftet hatte und das die kostbare Strähne goldenen Haars enthielt. Sie gab der Haarsträhne einen Gutenachtkuss, wie sie es seit einer Woche jeden Abend tat.

Bald näherten sich leise Schritte ihrem Bett, und als sie sich umdrehte, sah sie, dass es Josephine war, die zu einem kleinen Schwätzchen herüberkam. Jeden anderen Abend, bloß nicht heute, dachte Bridie, aber das wollte sie zu Josephine nicht sagen, die jetzt am Fußende ihres Bettes saß. Vom anderen Ende des Schlafsaals ertönte ein lauter Pfiff, aber Bridie und Josephine beschlossen, den Spott zu ignorieren, denn hätten sie reagiert, hätte es nur Chaos gegeben, wie sie es in der vergangenen Woche schon erlebt hatten.

»Wie bist du klargekommen heute?«, fragte Josephine.

»Oje, es war entsetzlich«, gähnte Bridie. »Den ganzen Tag habe ich wie eine Statue still dagestanden. Bügeln! Bügeln! Und dafür bringen meine Füße mich jetzt um.«

»Aber du hast wenigstens jemanden da, mit dem du reden kannst. Ich werde in dieser Küche noch verrückt. Ganz bestimmt, Ehrenwort! Ich werde verrückt, wenn ich nicht bald da rauskomme. Dreimal habe ich Schwester Philomena schon gefragt, ob ich nicht bei dir arbeiten kann, und was antwortet sie mir wohl mit ihrem quietschigen, ach so unschuldigen Stimmchen? ›Geduld, liebes Kind, Geduld.‹«

Bridie musterte mittlerweile Josephine und dachte, wie schön sie doch war mit ihren paar Sommersprossen im Gesicht und der Krone aus üppigem blonden Haar, das ihr jetzt in Löckchen auf die Schultern fiel. Sie stellte sich vor, wie sie wohl als Kind ausgesehen haben mochte, und dabei fiel ihr sofort etwas ganz anderes ein, wie sie nämlich mit John Paschal auf der Säuglingsstation in St. Mary's gespielt hatte. Aber als sie dachte, Josephine habe gerade etwas darüber gesagt, dass sie in diesem Haus festsäßen, richtete sie sich im Bett auf, denn sie wusste, sie würde keine Ruhe finden, ehe sie beide vom vielen Reden nicht völlig erschöpft waren.

Josephine sagte: »Du hörst mir ja gar nicht zu, Bridie. Was soll ich denn bloß machen? Ich will hier nicht ewig festsitzen.«

»Ich weiß nicht«, antwortete Bridie, »aber mir kommt da gerade ein Gedanke. Wenn du nun anfängst, in der Küche ziemliches Chaos anzurichten, denken die womöglich, du taugst nicht für die Arbeit da, und setzen dich woanders ein.«

Josephines Augen fingen an zu strahlen, laut rief sie: »Ja, ja! Das ist es! Das ist es!« Und sie stand auf und ging in die Mitte des Raums, wo sie wie eine Ballerina immer wieder herumwirbelte und Judy Garlands *Somewhere Over the Rainbow* sang.

Aber da wachte eine nörgelige ältere Frau auf und bereitete Josephines Lied ein Ende: »Willst du jetzt endlich die Klappe halten und mich schlafen lassen?«

Augenblicklich wurde sie von einem ganzen Chor von Stimmen niedergeschrien: »Ach, Nörgeltrine, lass die Kleine in Ruhe. Du bist ja übler als eine Beule auf einem Bärenarsch. Lass das Mädchen singen, ja?«

Da fingen alle an zu lachen, und zwei oder drei noch mutigere sprangen aus den Betten und zogen der kauzigen Alten die Bettdecke weg.

»Beachte den Aufstand gar nicht«, sagte Molly aus Dublin, die häkelnd auf dem Bett saß. »Wenn du singen willst, Kleines, dann sing.«

Eine Zeit lang schien es, als herrsche ein einziges Chaos, alle riefen durcheinander, warfen mit Kissen oder zogen anderen die Bettdecke weg. Schließlich bereitete das Erscheinen von Schwester Stanislaus, die durch die Tür stürmte und kraftvoll ihre Glocke läutete, allem ein Ende. »Mädchen!«, rief sie. »Ich schäme mich für euch. Ihr benehmt euch wie eine Bande Halbstarker.«

Die Stille war lähmend, bis sich Molly bemerkbar machte. »Und was machen die so, Schwester?«

Erneut brach der gesamte Saal in schallendes Gelächter aus, und zwei oder drei waghalsige Mädchen versuchten, Schwester Stanislaus einzuschüchtern. Aber die war zu wachsam und schloss bald die Schlafsaaltür zur Nacht.

Bridie war ganz begeistert von der schönen Stimme ihrer Freundin Josephine, und gemeinsam mit den anderen Mädchen versuchte sie, sie noch einmal zum Singen zu bewegen. Aber sie reagierte nicht auf ihre Bitten und sagte nur: »Gute Nacht.«

Die Lichter gingen aus, und die Mädchen kreischten, klammerten sich aneinander und versuchten, im Halbdunkel ihre Betten zu finden.

Bald schliefen alle tief und fest, nur Bridie nicht. Sie wusste, dass sie einen schlechten Tag gehabt hatte, und nach dem, was die anderen auf der Arbeit erzählten, standen ihr wohl noch viele ähnliche bevor. Sie wusste auch, dass sie so, ohne Hoffnung, ohne Plan, ohne Zukunft, ohne etwas, auf das sie sich freuen durfte, nicht lange weitermachen konnte. Die Geschichten, die sie über das Leben im Magdalene-Heim hörte, waren zu beängstigend, als dass sie sich das vorstellen wollte. Sie drehte und wälzte sich im Bett hin und her, wollte die Geschichten aus ihren Gedanken verbannen und sich einen großen Plan ausdenken. Egal, wie die anderen darüber dachten, sie wollte versuchen, sich von jetzt an um sich selber zu kümmern, beschloss sie. Und je früher sie eine Entscheidung traf, um so besser.

Die kleine bronzene Glocke gab einen dröhnenden Lärm von sich, als Schwester Stanislaus sie kräftig hin und her schwang. Herrje!, dachte Bridie. Diese Glocke gibt das nervtötendste Geräusch von sich, das mir je untergekommen ist. Ich wette, diese Hexe Stanislaus hat ihren Spaß daran, so früh am Morgen alle aufzuwecken.

Als Schwester Stanislaus den Raum verlassen hatte, drehte sich Bridie um und rollte sich unter der Bettdecke zusammen. Sie war so müde und erschöpft, dass sie nie wieder aufstehen wollte. Es war erst halb acht, und schon machten sich alle für die Arbeit fertig. Sie war einigermaßen nervös bei dem Gedanken, ihren Plan so schnell schon umzusetzen, doch sie beschloss, es sei besser aufzustehen. Als Josephine an ihr Bett trat und fragte, ob sie so weit sei, sprang sie auf und nahm Seife und Waschlappen aus dem Nachttisch.

Als die beiden den Schlafsaal verließen, hörten und sahen sie die anderen Mädchen auf dem Flur um die Handtücher kämpfen. Dieses Ritual wiederholte sich fast täglich, wenn die Insassinnen versuchten, sich von überallher frische Handtücher zu besorgen. Ein paar Mädchen waren von den Nonnen schon grün und blau geschlagen worden, als herauskam, dass sie Handtücher beiseitegeschafft hatten, die zur Reinigung hergeschickt worden waren, sodass inzwischen alle Angst davor hatten, selbst das kleinste Seidentaschentuch für ihren persönlichen Gebrauch auf die Seite zu legen.

Im Waschraum fielen Bridie wieder die erschöpft wirkenden älteren Büßerinnen auf, die sich still und mechanisch ihren Waschungen widmeten. Ihre grauen, ausgemergelten Gesichter ohne jedes Lächeln waren eine Mahnung an alle, dass früher oder später das Leben im Magdalene-Heim seinen Tribut forderte. Eine Weile stand Bridie in der Schlange und musterte zwei Frauen aus ihrem Schlafsaal, die sich gleichzeitig von den Waschbecken wegdrehten, ein Handtuch an die dünnen, bleichen Lippen pressten und dann aus dem Waschraum spazierten, ohne auf die anderen zu achten. Bridie überlegte, ob sie je geküsst worden waren, konnte sich das aber kaum vorstellen. Inzwischen wusste sie, die zwei würden jetzt in ihren Schlafsaal zurückschlurfen und sich langsam anziehen, dann in die Messe gehen und die heilige Kommunion empfangen und anschließend frühstücken, ohne auch nur ein einziges Wort mit irgendjemandem zu reden. Von einigen anderen hatte Bridie erfahren, dass diese Frauen erst in den Vierzigern waren, und manchmal machte es ihr sogar Angst, sie anzusehen, ehe sie ihr eigenes Spiegelbild im Waschraum betrachtete, da sie von allen immer wieder hörte, wie bleich und erschöpft sie aussah. Die Gewissheit, dass sie sich an diesem Morgen einen Schlachtplan überlegt hatte, um die Freiheit zu erlangen, erleichterte sie.

Als Josephine und Bridie mit dem Waschen fertig waren, gingen sie in ihren Schlafsaal zurück und zogen sich für die Arbeit an, ehe sie die Betten machten. Dann drehte sich Bridie zu Josephine um und sagte: »Geh du schon runter, ich bleibe hier.«

»Aber wieso denn? Bist du krank oder so was?«, fragte Josephine verblüfft.

»Nein, nein. Ich will was erledigen. Ich komme später.«

»Aber Schwester Stanislaus wird das merken, und vielleicht bestrafen sie dich dann«, meinte Josephine.

»Das ist mir egal«, erwiderte Bridie. »Ich will einfach nur eine Weile in Ruhe gelassen werden. Ich komme später nach, versprochen. Aber sag keinem was.«

Als Josephine gegangen war und Bridie allein zurückblieb, sah sie sich in dem großen Schlafsaal um und dachte, dass eine unwirkliche Atmosphäre in dem Raum herrschte, trotz der Tatsache, dass es eine große Statue des ›Heiligen Herzens‹ in der einen Ecke gab. Einen Moment lang dachte sie, der Raum mit seinen etwa fünfzig Betten könne als Krankensaal durchgehen, aber bei näherer Betrachtung hielt sie ihn mit seinen vergitterten

Fenstern eher für ein Gefängnis. Und als sich Bridie Schwester Stanislaus mit ihren vielen, am Gürtel baumelnden Schlüsseln vorstellte, wie sie alle Schlafsaal- und Verbindungstüren absperrte, bekam sie plötzlich Angst. Zögernd ging sie zur Tür, um zu sehen, ob sie abgeschlossen war. Sie war offen. Eine halbe Ewigkeit, so schien es ihr, stand sie herum und horchte auf näher kommende Geräusche, und als sie hörte, wie die Verbindungstür unten auf dem Flur aufgeschlossen wurde, und sie das mäuschenleise Rascheln des Nonnengewands wahrnahm, lief sie schnell zu ihrem Bett zurück.

Schwester Stanislaus kam herein und fragte: »Ja was ist das denn, Bridie? Du bist spät… und die heilige Kommunion heute Morgen hast du auch nicht empfangen. Stimmt irgendetwas nicht?«

Als Bridie diese milden Worte hörte, dachte sie, dass sie ihren Plan vielleicht lieber aufgeben sollte. Womöglich war sie ja töricht, und es würde ohnehin nichts daraus werden. Aber wie sollte sie dann ihre Abwesenheit erklären? Jetzt sollte sie lieber etwas sagen.

»Nein, Schwester. Es ist alles in Ordnung … bloß …«

»Bloß was?«, erkundigte sich Schwester Stanislaus.

»Ich weiß nicht, ob ich mein Baby je wiedersehe.«

»Ach, komm schon, Bridie, sei nicht albern. Das ist doch alles längst vergangen. Du tätest gut daran, das hinter dir zu lassen. Hier fängt für dich ein ganz neues Leben an, und es gibt so vieles, worauf du dich freuen kannst. Bedenk doch nur, was für viele wunderbare neue Freunde du hast. Freunde, auf die alle stolz wären. Also komm jetzt runter und iss dein Frühstück. Ich sage auch keinem was.«

Als Bridie das hörte, tat es ihr tief im Herzen weh, dass John Paschals Existenz ihr nur noch eine Sorge und einen Gedanken wert war. Da wusste sie, dass ihr ein regelrechter Kampf bevorstand. »Tut mir leid, Schwester, aber ich verweigere die Arbeit, bis ich erfahre, wann ich John Paschal besuchen darf«, sagte sie und sah der Schwester direkt in die Augen.

»Das ist ja alles gut und schön, Bridie, aber wenn die Mutter Oberin davon hört, wird sie ganz und gar nicht erfreut sein. Ist dir klar, dass du deine Privilegien einbüßen könntest? In einem Schlafsaal deiner Wahl zu schlafen und nicht den ganzen Tag die Wäsche mit der Hand auf dem Waschbrett zu rubbeln sind Vergünstigungen, die ich an deiner Stelle nur ungern verlieren würde«, sagte die Schwester mit Nachdruck und schob ihre bleichen weißen Hände in die tiefen Falten ihrer langen schwarzen Ärmel.

Lange starrte Bridie auf den Boden, ehe sie Schwester Stanislaus wortlos wieder in die Augen sah.

»Also, kommst du nun mit runter oder nicht?«

»Nein, Schwester«, antwortete Bridie, die begriff, dass sie ihren Plan nun durchführen musste.

»Na schön. In dem Fall lässt du mir keine andere Wahl, ich muss deinen Ungehorsam der Mutter Oberin melden«, sagte Schwester Stanislaus, drehte sich schnell um und verließ den Raum.

Kurz darauf kam sie zurück und teilte Bridie mit, dass die Mutter Oberin sie in ihrem Büro zu sehen wünsche, und zwar sofort. Bridie folgte Schwester Stanislaus den langen Korridor hinunter und empfand fast so etwas wie freudige Erregung, weil sie endlich eine klare Entscheidung getroffen hatte.

Als sie das Büro der Mutter Oberin betrat, sah diese sie mit versteinertem Gesicht und voller Verachtung an, Schwester Stanislaus blieb neben Bridie stehen wie eine Gefängniswärterin. Als die Mutter Oberin das Wort ergriff, klang ihre Stimme schroff. »Ich höre, Sie haben ein Problem, Miss Rodgers.«

»Ich …also ein Problem habe ich eigentlich nicht.«

»Also, was machen Sie dann hier?«, brummte sie. »Ich dachte, Sie hätten gesagt, sie würde die Arbeit verweigern?«, meinte die Mutter Oberin und sah Schwester Stanislaus an.

Sofort setzte Bridie zum Sprechen an: »Ich verweigere so lange die Arbeit, ehrwürdige Mutter Oberin, bis ich weiß, wann ich meinen Sohn John Paschal sehen darf oder wann ich hier herauskomme.«

»Aha«, meinte die Mutter Oberin und fing an, ihren Schreibtisch aufzuräumen, wobei sie Bridie ignorierte. »Also haben wir nicht eine Anfrage von dir, Bridie Rodgers, sondern gleich zwei. Ist das so?«

»Ich will wissen, wie es meinem Sohn geht«, beharrte Bridie.

Sofort hörte die Mutter Oberin mit der Arbeit auf und sah Bridie an. Sie wusste, dass sie es mit einem Neuling zu tun hatte, also ergriff sie die Gelegenheit, die volle Zahl der Arbeitskräfte wieder einsatzbereit zu haben. »Aber wieso hast du das denn nicht gleich gesagt? Dann hätte ich dir antworten können: Deinem Sohn geht es gut. Erst gestern habe ich mit Schwester Hortense gesprochen, und sie teilte mir mit, dass dein Sohn wächst und gedeiht. Es geht ihm prächtig. Du hast rein gar nichts zu befürchten«, log sie. »So, und jetzt sei ein gutes Mädchen und geh bitte wieder an die Arbeit, denn ich fürchte, wir sind heute Morgen arg unterbesetzt, da die Nonnen sich zu Exerzitien zurückgezogen haben.«

Bridie wusste instinktiv, dass sie das Falsche gesagt hatte. Nach dem, was die Mutter Oberin erwidert hatte, konnte sie nun keine Forderungen mehr stellen. Ihrem Sohn ging es gut, und nur das zählte.

»Danke«, sagte sie einigermaßen zahm, stand auf und wurde von Schwester Stanislaus, die kein einziges Wort sprach, wieder den ganzen Korridor und zurück an die Arbeit geführt.

Im Bügelzimmer herrschte einige Aufregung, alle wollten wissen, wo Bridie gewesen war und was mit ihr passiert sein mochte. Als sie zurückkam und ihnen erzählte, was sie gemacht hatte, sagte Julie Murray: »Die Mühe hättest du dir sparen können, Kindchen. Die kümmert sich doch einen Dreck um das, was andere sagen. Der alte Stockfisch. Du hättest uns sagen sollen, was du vorhast. Dann hätten wir dir schon gesagt, was zu tun ist.«

»Aber was hätte ich denn sonst machen können?«, fragte Bridie einigermaßen verblüfft.

»Na ja, wenn wir Bescheid gewusst hätten, wären wir mitgekommen und hätten dich unterstützt und … und …«

»Ja, klar«, warf Lilly ein. »Du hast noch Glück gehabt, dass die alte Obernonne dich nicht auf Hungerkur gesetzt hat. Wir hätten mit dabei sein sollen, uns alle kann sie nicht aushungern. Dann würde hier nämlich die Arbeit liegen bleiben. Mr. Hehir, der Lastwagenfahrer, hat gesagt, wenn die Nonnen eines hassen, dann die Aussicht auf Streik. Die müssen unbedingt die Wäsche von den Geistlichen fertigkriegen, egal wie …«

»Übrigens hätten sie sonst kein Geld für den Bischof«, fügte Julie hinzu.

»Geld? Für was für einen Bischof denn?«, fragte Bridie und ärgerte sich darüber, dass sie so gar nichts wusste und dass sich niemand die Mühe gemacht hatte, ihr etwas zu erklären.

»Das Geld, das sie den Hotels in Ennis, Gort, Kilrush und sonst überall berechnen«, antwortete Julie. »Die verdienen ein Vermögen, das ist mal sicher«, fuhr sie fort, »und geben alles Bischof Frown. Dann kommt er Weihnachten her, und wir müssen uns hinknien und seinen blöden Ring küssen … ach, soll den Kerl doch der Teufel holen.«

»Ja«, stimmte Lilly zu. »Und wir sind bloß ein Idiotenhaufen und polieren seine Schuhe und waschen das ganze Jahr seine blöde stinkende Unterwäsche.«

»Ruhm dem Herrn, dem Allmächtigen und so weiter, Bridie, aber wo ist da der Sinn? Er sollte auf seine zwei Knie runter und uns die … die Füße küssen«, fuhr Julie gut gelaunt fort.

»Oder lieber die Ärsche«, meinte Lilly.

»O lieber Gott, wollt ihr wohl damit aufhören!«, rief Peggy Neary verärgert und ließ das schwere Dampfbügeleisen niedersausen. »Ihr wisst ganz genau, das ist alles zum Wohl der katholischen Kirche. Und eines Tages, so Gott will, erhalten wir unsere Belohnung im Himmel.«

»Belohnung«, kam es wie ein Echo von Julie, »das ist ja wohl nicht dein Ernst? Wenn du mich fragst, wir leben doch schon in der Hölle, und wir kommen alle nie wieder hier raus«, kicherte sie.

»Möge Gott dir vergeben, Julie«, fuhr Peggy Neary sie an.

»Du pass lieber auf, mit wem du hier redest, Bridie, hier wimmelt es nämlich von Spionen«, sagte Lilly und zwinkerte Bridie zu.

»Und was willst du damit sagen?«, polterte Peggy, die plötzlich herumwirbelte, weil sie sich bedroht fühlte.

»Ach Peggy, wir haben dich nicht einen Moment im Verdacht, aber es ist schon sonderbar, wie die Nonnen beim letzten Mal, als wir streiken wollten, mehr darüber wussten als wir«, sagte Lilly sachlich.

»Aber das hatte doch nichts mit mir zu tun, Lilly, das schwöre ich bei Gott, großes Ehrenwort«, sagte Peggy und machte ein flüchtiges Kreuzzeichen über ihrem Herzen.

»Und wieso geben die Nonnen dir dann immer schöne Kleider und alles, und uns lassen sie bloß in alten Lumpen herumlaufen?«, fragte Julie boshaft.

»Das war ein verdammtes Paket! Von zu Hause! Das habe ich dir doch schon gesagt …«, schrie Peggy trotzig, als der Klang der Mittagsglocke durch die Wäscherei hallte. »… Schon tausendmal habe ich dir das gesagt. Es war ein Paket!« Als ihre lachenden Kolleginnen schon zur Tür hinausgingen, fluchte sie immer noch, faltete ein weiteres frisch gebügeltes Hemd zu Ende und legte es weg. »Wartet nur, bis ich alles der Mutter Oberin erzähle, wartet es nur ab«, brummte sie.

Nach noch einem langen Tag bei der Arbeit fühlte sich Bridie niedergeschlagen und wünschte sich verzweifelt, mit ihren Gedanken allein zu sein. Zuerst hatte sie die Kapelle als ruhiges Refugium in Erwägung gezogen, doch dann wählte sie als Versteck den Platz in der Nähe der Wäscherei hinter der Felsnische mit der Madonna. Da ist abends um diese Zeit sicher keiner, dachte sie. Ich will ja nur ein bisschen Ruhe weitab von allen und eine Zigarette rauchen.

Langsam spazierte sie zunächst an der Mauer lang, die das Gelände umgab, und schaute durch das schwere, mit Stacheldraht gesicherte eiserne Tor, das zum Klosterfeld führte, wo zwei der jungen Büßerinnen und eine Nonne gerade die Kühe hintrieben, nachdem man sie gemolken hatte. Dann schlich sie hinter die Felsnische und lehnte sich an die Steinmauer, weit weg von den neugierigen Augen der Nonnen im Kloster, und holte den Stummel einer Woodbine-Zigarette heraus, den sie in einer Hemdtasche gefunden hatte. Nach ein paar wohltuenden Zügen wurde sie von Julie Murray überrascht, die unerwartet aufgetaucht war.

»Ach, da bist du! Und ich suche überall nach dir. Ich habe mich schon gefragt, wo du wohl abgeblieben bist«, sagte Julie. »Was zum Teufel machst du hier? Und wo zum Teufel hast du die Kippe her?«

»Ach, die habe ich irgendwo gefunden«, antwortete Bridie und ärgerte sich, dass sie entdeckt worden war.

»Na komm, wir gehen vor die Nische, denn aus ihren Fenstern können die Nonnen alles sehen, und wenn sie sehen, dass wir uns hinter ›Unserer lieben Frau‹ verstecken, denken die noch, wir führen was im Schilde. Reden können wir am besten auf dem Friedhof der Nonnen. Dann denken die, wir beten für sie, die blöden Kühe«, kicherte sie, und sie machten sich auf den Weg.

Schon am Vormittag war Bridie eine kleine Gruppe von Büßerinnen aufgefallen. Unter Aufsicht der Mutter Oberin hatten sie die ordentlichen Grasflächen, die sich zwischen den Gräbern erstreckten, von Unkraut befreit. Jetzt konnten sie also weiter nichts tun als beten, beten und nochmals beten. Aber nach Beten war Bridie gar nicht zumute. Jetzt jedenfalls nicht. Bridie und Julie standen vor einem der Gräber. Wer also aus einem der Abteifenster sah, würde sie für zwei Frauen mit großem religiösen Eifer halten. Bridie bewunderte Julies Schlauheit und bedauerte, dass sie nicht selber auf die Idee gekommen war.

»Ach, Bridie, weißt du, ich halte das nicht mehr aus hier. Jetzt knie dich hin«, befahl sie, »bis du meine Beichte gehört hast.«

»Tja, du hast es schon zehn Jahre ausgehalten«, sagte Bridie, kniete sich hin und legte die Hände wie zum eifrigen Gebet zusammen. »Sieh mich doch an, ich bin erst ein paar Wochen hier. Glaubst du, wir können je weglaufen?«

»Keine Ahnung! Aber man muss schon ziemlich verrückt sein, um hierbleiben zu wollen, Kindchen. Und noch verrückter, glaube ich, um abhauen zu wollen. Nur ein ganz junges Mädchen ist offiziell rausgekommen. Und eine erstickte in einem Wäschekorb. Ja klar, Dutzende von Mädchen haben es versucht, aber die Nonnen, diese alten Hexen, haben ihnen die Haare abgeschnitten und sie grün und blau geschlagen. Gott sei mir gnädig, Bridie, aber ich hoffe, diese blöden Nonnen schmoren in der Hölle. Oooh! Und stell dir vor, ein paar von den Mädchen waren wirklich schön«, jammerte sie. Dann drehte sie sich zu Bridie um und fuhr fort: »Weißt du, Bridie, ich glaube, ich werde verrückt. Ja, wirklich, das glaube ich.«

Diese Bemerkung erschütterte Bridie so sehr, dass sie darauf nichts sagen konnte.

»Zehn Jahre! Das reicht doch sicher, um jeden in den Wahnsinn zu treiben«, meinte Julie.

»Aber du bist nicht wahnsinnig, nein«, sagte Bridie in dem Versuch, Julie zu trösten. »Du bist einfach nur aufgeregt, das ist alles, und das ist auch dein gutes Recht. Du bist schon so lange hier. Aber wieso hat man dich überhaupt hier eingewiesen? Das hast du mir nie erzählt, und ich wollte nicht fragen«, fügte sie zögerlich hinzu, denn sie glaubte, sie könne jetzt, da sie nun Freundinnen waren, offener mit Julie reden.

»Wir gehen lieber weiter, die Nonnen können es nicht ausstehen, wenn zwei Freundinnen zusammen sind«, sagte Julie.

Als sie vom Friedhof kamen und schweigsam an der Umgebungsmauer entlanggingen, blieb Julie unvermittelt stehen, sah sich um und flüsterte: »Ich muss dir was ganz Schreckliches erzählen, Bridie. Versprich mir, dass du es keiner Menschenseele verrätst, denn wenn die Nonnen davon wissen, komme ich hier nie, nie wieder raus.«

Bei dem Gedanken, dass man ihr jetzt irgendein furchtbares Geheimnis anvertraute, fühlte sich Bridie geehrt. »Du kannst mir vertrauen, Julie. Ehrenwort.«

»Ach, was war ich doch für ein dummes Mädchen! Ein dummes, dummes Mädchen! Ich hatte keinen Funken Verstand, ehrlich!«, flüsterte Julie aufgewühlt, als sie langsam im Gleichschritt, mit verschränkten Armen und tief geneigtem Kopf dem kleinen Pfad folgten, der das Klostergelände umgab. »Wir waren zwölf bei uns zu Hause, und dann starb mein Vater. Da war ich noch sehr jung, etwa dreizehn oder vierzehn, hatte weder Mantel noch Jacke auf dem Leib.«

Während sie sprach, zog sie ein wunderschönes Seidentaschentuch aus dem Ärmel, mit roter Spitze eingefasst und mit einem großen J in eine Ecke gestickt – ihre eigene Kreation – und fing an, sich die Augen damit zu betupfen.

»Und dann habe ich diesen herrlichen roten Mantel in einem Schaufenster hängen sehen, und weißt du, Bridie, von dem Mantel habe ich geträumt, Tag und Nacht.«

Plötzlich blieb sie stehen, drehte sich zu Bridie um und schluchzte herzzerreißend: »Ich bin in den Laden gelaufen und habe den Mantel geklaut. Ich bin eine Diebin, Bridie! Ich bin eine Diebin! Jetzt komme ich hier nie mehr raus. Ach, was soll ich bloß machen!«

Bridie sah sich peinlich berührt um, aus Angst, jemand könne sie sehen, aber die Einzigen in der Nähe waren zwei Nonnen, die am anderen Ende des Geländes in einem Gebetbuch lasen. Von dem Schuldbekenntnis überrascht, hakte sie ihre Freundin unter und sagte: »Ist ja schon gut! Ist ja schon gut! Das weiß doch keiner, und außerdem bist du keine Diebin. Du hast den Mantel ja nur genommen, weil du arm warst. Ich hätte genau dasselbe gemacht, ehrlich. Und überhaupt, das ist schon lange her. Wie bist du denn nun hierhergekommen?«, fragte Bridie, um das Thema zu wechseln.

Julie trocknete ihre Tränen und murmelte: »Da sind Polizisten gekommen und haben gesagt, ich muss ins Gefängnis. Aber der Priester hat sich eingemischt. Er hat gesagt, ich sei zu jung, und zu meiner Mutter hat er gesagt, dass sie besser dran ist ohne mich und dass er von einem Haus in Galway weiß, wo ich schon lernen würde, mich am Riemen zu reißen. Also hat er mich hier hereingesteckt. Vier Jahre, hat er gesagt, und seitdem bin ich hier. Bestimmt haben die vor, mich für immer hierzubehalten. Ich komme nie mehr raus. Nie, nie mehr«, und wieder fing sie an zu weinen.

Zum allerersten Mal erkannte Bridie das Ausmaß ihrer eigenen Zwangslage, eingesperrt in der Wäscherei des Magdalene-Heims, und das stürzte sie nun in ein längeres Schweigen.

Mittlerweile wünschte sich Julie, sie hätte Bridie nichts erzählt, denn die beachtete sie nicht weiter und hatte auch kein Wort mehr gesagt.

Als sie schließlich in den Schlafsaal zurückgingen und für die Nacht eingesperrt wurden, lag Bridie noch viele Stunden wach. Sie konnte nicht schlafen, weil sich ihr bisheriges Leben langsam vor ihr zu entfalten begann wie eine lange vergessene Schreckensgeschichte. Die Erinnerung an ihre Kindheit in Connemara, die Schläge durch Mrs. O'Malley in Conly House, die erzwungene Trennung von John Paschal und ihre Einweisung in dieses Haus der Zuflucht, aus dem es keine Fluchtmöglichkeit gab. Sie war entsetzt über die Gestalt, die ihre Zukunft anzunehmen schien. Wie die Dinge lagen, hatte sie gar keine Zukunft, dachte sie. Aber dann schoss ihr wie ein Blitz aus heiterem Himmel der furchtbarste Gedanke von allen durch den Kopf: an die Sprüche von Madge Courtney, oder der ›verrückten Madge‹, wie man sie damals in Tuam gern genannt hatte. Bei dem Gedanken daran, dass die Worte von Madge eine Prophezeiung gewesen waren, kroch ihr eine beängstigende Kälte durch den Körper. ›Wir sind gefallene Frauen‹, hatte sie gesagt, ›und gefallene Frauen sperrt man lebenslänglich weg. An einem übleren Platz kann eine Frau in Irland gar nicht landen. Ins Gefängnis kommst du, Kindchen, wenn du deinem Nachbarn ein Huhn gestohlen hast oder ein neues Fahrrad, und nach sechs Monaten bist du wieder draußen.‹ Wenn die Polizei Julie Murray damals ins Gefängnis gesperrt hätte, wäre sie inzwischen wieder draußen, dachte Bridie. ›Aber das hier ist lebenslänglich, denn wir sind alle geistesgestört.‹

O Gott, dachte Bridie, das ist bestimmt mit Julie los! Hat sie nicht genau das heute Abend gesagt? ›Ich glaube, ich werde verrückt!‹ Gott, vielleicht hat sie überhaupt keinen Mantel gestohlen! Vielleicht hat sie sich das bloß eingebildet! Bridie, die ohnehin schon völlig übermüdet und erschöpft war, brach der kalte Schweiß aus, als ihr die Worte ›Wir sind alle geistesgestört‹ wieder und immer wieder im Kopf herumgingen.

Herrje, wir müssen alle wahnsinnig sein, deshalb versperren sie die Türen und verriegeln die Fenster und malen sie an. Damit keine von uns nach draußen schauen und von draußen keiner hereinschauen kann. Wenn ich jetzt krank werde, würden die mich rauslassen? Ich glaube, ich sterbe jeden Moment. Ja, wirklich. Ich muss Fieber haben. Wieso ist mir denn so heiß? Und wenn hier Feuer ausbricht, verbrennen wir alle bei lebendigem Leib, weil keiner rauskommt. Julie? Die ist schon zehn Jahre hier. Zehn Jahre? O Gott! Was soll ich bloß machen? Worauf kann ich denn noch hoffen? Und die alten Frauen, die sind bis ans Ende ihres Lebens hier. Die schicken sie nicht einmal nach Hause, wenn sie sterben. Die begraben sie hier. Das bedeutet, dass ich hier im Magdalene-Heim sterben werden. O Gott! Jesus, Maria und heiliger Sankt Josef, bitte kommt mir heute Nacht zu Hilfe, weinte sie leise, als sie sich aus dem Bett tastete und sich ihren Weg durch den Schlafsaal vorbei an schlafenden, schnarchenden Mädchen bahnte, um Trost und Zuspruch bei Julie zu suchen. Aber als sie an Julies Bett kam, musste sie zu ihrem Entsetzen feststellen, dass schon eine andere neben Julie schlief, und ein seltsames Gefühl von Übelkeit überkam sie. Doch irgendwie schaffte sie es, ihre puddingweichen Beine daran zu hindern, unter ihr wegzusacken. Mit Josephine Finn, die ganz in der Nähe ihr Bett hatte – und die ohnehin schlief –, wollte sie nicht reden, weil sie dachte, die würde sie nicht verstehen.

Langsam ging sie zu ihrem Bett zurück und legte sich wieder hin. Sie überlegte, ob das alles womöglich ein Albtraum war. Sie hatte gedacht, schon in St. Joseph's sei es schlimm gewesen, als sie weder Vater noch Mutter, weder Bruder noch Schwester hatte. Sie hatte gedacht, bei den O'Malleys sei es schlimm gewesen, als sie die Schläge mit dem Handfeger auf dem Rücken gespürt hatte. Und sie würde niemals den Schmerz tief in ihrem Herzen an dem Tag vergessen, als man ihr, kaum dass sie aufgewacht war, den Sohn von der Brust gerissen hatte. Doch hier war sie nun, an dem übelsten Platz, an dem eine Frau in Irland landen konnte.

Verzweifelt umklammerte sie den Rosenkranz und versuchte, ihre Gebete zu sprechen. Doch so viel Mühe sie sich auch gab, immer wieder spukten ihr die Worte im Kopf herum: ›der übelste Platz, an dem eine Frau in Irland landen kann‹. Also schloss sie einen Pakt mit Gott; sie wollte ein Vaterunser, ein Ave Maria, und einmal *Ehre sei Gott in der Höhe* aufsagen, dann würde es ihr morgen besser gehen. Und mit dem Gedanken an diese inständige Bitte sank sie in einen tiefen, tiefen Schlaf.

Eilig kam Schwester Philomena durch die Drehtür des Bügelzimmers und verlangte von Julie und Bridie, sie sollten ihr in den Vorratsraum folgen.

»Die neuen Mädchen müssen die Sachen irgendwie verwechselt haben, denn es fehlen wertvolle Altargewänder aus der Bischofsresidenz und dazu einige Laken aus Ennis«, erklärte sie, als sie zwischen den Stapeln aus Leinentüchern stand. »Und deshalb müsst ihr jetzt die ganzen Nummerierungen prüfen und sehen, ob ihr die Sachen findet. Dann legt ihr sie in einen Korb und bringt alles rüber in die Auslieferung.«

»Ja, Schwester«, erwiderten Julie und Bridie und waren entzückt, von den anderen wegzukommen. Eine willkommene Abwechslung von der üblichen Tagesroutine. Das ist der ideale Zeitpunkt, dachte Bridie, um herauszufinden, wer bei Julie geschlafen hat. Der Gedanke, dass es für Julie eine andere enge Freundin gab, hatte Bridie den ganzen Vormittag zu schaffen gemacht. Sie musste auf der Stelle herausfinden, wer das war, ehe ihr der Kopf explodierte.

»Weißt du, Julie, ich habe die ganze Nacht kein Auge zugemacht«, sagte Bridie, als sie sich beide daranmachten, die Berge zusammengefalteter Altargewänder und frisch gewaschener Laken durchzusehen; sauber mit der Hand genäht hatte jedes Stück einen Zahlenschlüssel und Initialen in der oberen Ecke.

»Na, ich habe Gott sei Dank wie ein Stein geschlafen.«

»Also wollte ich letzte Nacht zu einem kleinen Schwätzchen zu dir rüberkommen, aber da war schon eine andere bei dir«, meinte Bridie.

»Was soll das heißen, da war schon eine andere bei mir?«, erwiderte Julie und suchte weiter in den Falten der aufeinandergestapelten Stoffe nach den Initialen.

An Julies Gesichtsausdruck erkannte Bridie, dass die Freundin genauso verwirrt war wie sie selbst, und allmählich fragte sie sich, ob sie sich das alles vielleicht nur eingebildet hatte. »Ich bin rüber und wollte mit dir reden, ich hatte nämlich einen Albtraum von dem Heim hier … aber als ich zu deinem Bett kam …«, Bridie zögerte.

»Ja, verdammt, wovon redest du denn eigentlich?«, sagte Julie und zog schwungvoll eines der fehlenden Tücher hervor.

»Da schlief eine in deinem Bett. Also habe ich nichts weiter gesagt«, meinte Bridie und freute sich, dass sie den Mut gehabt hatte, Julie darauf anzusprechen.

»Herrje, du bist wohl wahnsinnig!«, sagte Julie und stapelte weiter eine Lage Wäsche auf die andere.

»Ich bin nicht wahnsinnig! Ganz bestimmt nicht!«, erwiderte Bridie nachdrücklich. »Im Dunkeln konnte ich nicht erkennen, wer es war, aber es lagen ganz bestimmt zwei Leute in deinem Bett.«

»Da war ganz sicher niemand bei mir im Bett. Und außerdem ist es ja wohl meine Sache, mit wem ich schlafe«, sagte Julie stirnrunzelnd. Nach kurzer Besinnung erklärte sie freudestrahlend: »Herrje, das muss Harry gewesen sein! Gestern Abend habe ich mir Harry zurückgeholt.«

»Harry? Harry wer?«, fragte Bridie entsetzt darüber, dass Julie womöglich einen der Lieferwagenfahrer eingeschmuggelt hatte, obwohl sie nicht verstand, wie das hätte gehen sollen, wo man noch nicht einmal ein Päckchen Zigaretten heimlich in die Wäscherei mitbringen konnte, ohne dass die Nonnen Bescheid wussten.

»Harry! Mein Teddybär! Der ist genauso groß wie ich. Ich habe ihn nach einem Typen benannt, den ich mal kannte. Vor Wochen haben mich ein paar Mädchen gefragt, ob sie ihn sich nicht mal über Nacht ausleihen können, und seitdem macht er in einem fort die Runde. Ich musste ihn mir aus dem anderen Schlafsaal, aus St. Teresa, zurückholen, weil Margaret Sherry ihn einfach behalten wollte. Und jetzt ist der arme Kerl vom vielen Hin und Her ganz abgenutzt, aber ich habe ihn wieder und gebe ihn auch nicht mehr her.« Sie kicherte.

»Herrje«, Bridie lachte vor Erleichterung. »Und ich habe schon gedacht, es wäre Noreen oder Josephine gewesen. Ich war schon ganz krank, so viel habe ich hin und her überlegt.«

»Nein, Kindchen, es war bloß der alte Harry. Mensch, wenn der echt wäre, wäre das nicht toll?«, meinte sie verträumt. »Ich würde ihn ans Bett fesseln und nie mehr hergeben. Aber das ist ja so verdammt sinnlos, über so was zu reden. Jetzt bin ich bald elf Jahre hier, und keinen kümmert das!«

Bridie sah Julie zur Tür der Vorratskammer gehen, wo sie einen Moment lang aufmerksam horchte, ehe sie sich wieder zu Bridie umdrehte. »Wenn ich dir ein Geheimnis verrate, versprichst du dann, den Mund zu halten?«, flüsterte sie.

»Natürlich! Wieso sollte ich irgendwem was sagen?«, versprach Bridie und überlegte, was Julie noch angestellt haben mochte und ob sie mit all den Geheimnissen der Freundin noch zurechtkäme.

»Ich will versuchen, hier abzuhauen, ich glaube nämlich, ich halte es hier keine Minute länger aus. Ja, ich will weglaufen. Über die Mauer klettern oder irgend so was. Egal, Hauptsache, ich komme raus.«

Vor Aufregung röteten sich Bridies Wangen. Endlich würde etwas geschehen, und sie selbst war vielleicht mit von der Partie. »Wann gehst du?«, fragte sie und nahm schnell ein Priestergewand hoch, für den Fall, dass die Schwester unverhofft hereinkäme und sie beim Reden ertappte.

»Ich habe nicht die geringste Ahnung, aber ich weiß noch, einmal, es ist schon ein paar Monate her, ging ich den Flur runter und schaute den Korridor bei den Nonnen lang, und was habe ich da wohl gesehen? Das große Tor am Eingang zum Gelände stand weit offen. Bis auf die Straße konntest du sehen. Also, ich nehme an, ich hätte damals schon abhauen sollen, ich habe nämlich ziemliche Angst, es über die Mauer zu versuchen. Auf der anderen Seite ist es schrecklich tief bis zum Boden, und wer weiß, vielleicht sterbe ich ja.«

»Oh, ich weiß«, sagte Bridie, die sich noch gut daran erinnerte, wie sie sich an ihrem ersten Tag im Magdalene-Heim gefürchtet hatte, die Mauer könne über ihr zusammenstürzen. »Wäre es nicht einfacher, nach hinten raus über das Nonnenfeld zu flüchten? Vielleicht erwischen wir ja dann einen Zug oder so was.«

»Na ja, bloß wenn wir dort draußen sind in der Pause, gehen die Nonnen immer neben uns her, beten den Rosenkranz und so. Und wenn wir uns bloß ein Wörtchen zuflüstern, kriegen wir von diesen feinen Damen einen Schlag auf den Hinterkopf, der einen umhaut. Einmal haben die mich fast umgebracht, weil ich angefangen hatte zu kichern. Irgend so ein Idiot stand am Bahndamm und hat zu uns rübergerufen: ›Ach, Herr im Himmel, jetzt seht euch die Seemöwen an und die alten Pinguine.‹ Wir haben uns natürlich alle schiefgelacht, und ehe ich es mich versehe, kriege ich solch einen Schlag auf … den …«

Das Geräusch auf dem Boden, das von Füßen in Sandalen herrührte, versetzte die Mädchen in Alarmbereitschaft. Schwester Stanislaus kam herein und erklärte: »Da, Bridie, ein Brief für dich«, und sie reichte ihr einen kleinen weißen Umschlag. »Steck ihn weg und mach ihn erst auf, wenn du mit der Arbeit fertig bist.«

»Oh, danke, Schwester. Was für eine schöne Überraschung«, sagte Bridie und musterte einen Moment lang den Brief, ehe sie ihn in ihre Tasche steckte. Sie fragte sich, wer ihr den wohl geschickt haben mochte. Es kann nur eine ganz kurze Notiz sein, so leicht fühlt er sich an, dachte sie.

Als Julie sah, wie Bridie den Brief in Empfang nahm, obwohl sie doch erst wenige Wochen hier war, war sie verzweifelt, denn ihr schrieb nie jemand, mit Ausnahme ihrer Schwester Kay, ansonsten bekannt als Schwester Rosario, die jetzt Nonne in Amerika war und Julie nur einmal im Jahr zu Weihnachten schrieb. »Schwester Stanislaus! Sind Sie sicher, dass kein Brief für mich dabei ist? Irgendwie scheine ich nie irgendwas zu bekommen.«

»Aber Julie, Liebes, du weißt, du bekommst doch nie Post. Also wieso fragst du andauernd? Wenn ein Brief für dich käme, wärst du die Erste, die davon erfährt«, sagte die Schwester und schwebte mit einer Hand voller Briefe, die sie fest an die Brust presste, zur Tür hinaus, die Perlen ihres Rosenkranzes klimperten an ihrer Hüfte.

Nach einer Weile drehte sich Julie zu Bridie um und flüsterte: »Machst du ihn denn nicht auf?«

»Meinst du, ich soll?«

»Klar, ist doch dein Brief, Bridie. Den können sie dir nicht wegnehmen.«

Bridie nahm den Brief und riss ihn schnell auf, während Julie an der Tür Wache stand. Sie zog ein kleines quadratisches Foto vor, das ein Kind im Gras sitzend zeigte. Im selben Moment küsste Bridie das Bild ihres Sohnes.

»Ach, Julie! Meine Gebete wurden erhört«, seufzte sie und drückte das Foto einen Moment lang an ihre Brust, hob die Augen zum Himmel und war voller Dankbarkeit für die Macht und den Ruhm des Allmächtigen.

Sie sah noch einmal im Umschlag nach, ob nicht noch eine Mitteilung dabei war, aber da war nichts. Kein einziges Wort. Dann drehte sie das Foto um und las laut vor: »Für Bridie, mit den besten Wünschen von allen in St. Mary's.«

Die Freude darüber, jetzt ein Bild von John Paschal zu besitzen, konnte sie kaum verbergen, aber gleichzeitig wunderte sie sich über das Fehlen jeglicher Botschaft, und als sie sich zu Julie umdrehte, um ihr das Foto zu zeigen, sah sie, dass die sich von ihr abgewandt hatte und so tat, als nehme das Zusammenfalten von Kleidung sie ganz in Anspruch. Bridie wusste, es war nicht der ideale Zeitpunkt, denn sie spürte, es zerriss Julie fast das Herz, dass sie keinen Brief bekommen hatte.

Nach einer Weile sagte Bridie: »Was sagst du, sollen wir heute Abend spazieren gehen? Dann können wir über deine Pläne reden.«

»Pläne, ach Scheiße. Ich bin diese ewigen Pläne so leid. Die gelingen doch nie«, sagte Julie und verwarf Bridies Vorschlag. Dann ging sie noch einmal zur Tür, um hinauszuspähen.

Als sie zurückkam, sagte sie: »Wenn dich je die Bullen erwischen, schlagen sie dich grün und blau, und dann geben dir die Nonnen den Rest, wenn die Polizei dich wieder hier abliefert. Die schneiden einem die Haare ab und alles. Da sehe ich doch aus wie so ein Kuttensträfling, und alle lachen mich aus.«

Bei dem Wort ›Kuttensträfling‹ musste auch Bridie lachen, sie wusste, Julie hatte Kettensträfling sagen wollen, und die Vorstellung von Julie mit kurzgeschorenem Haar und Eisenkugel und Kette am Fußgelenk traf ganz ihren Sinn für Humor.

»Na ja, und überhaupt, wo verdammt noch mal soll ich denn hin? Meine Mutter will mich nicht. Nicht nur einmal, ach was, ein Dutzend Mal habe ich ihr geschrieben, und was den Rest der Familie angeht …«, seufzte sie, »Gott allein weiß, wo die jetzt alle sind. Das Pläneschmieden bringt also nichts, Kindchen. Völlig sinnlos das Ganze. Denn … wir haben uns alle mit dem Teufel an einen Tisch gesetzt.«

Ein paar Tage später wurde Julie vom Dampfraum in die Küche geschickt, um dort auszuhelfen, und zufällig warf sie einen Blick in den kurzen Flur, der vom Eingangsbereich wegführte, und sah zu ihrer großen Bestürzung, dass der wuchtige Wäschereilieferwagen gerade auf die College Road abbog und die schwere Eichentür weit offen stand. Den Bruchteil einer Sekunde lang hüpfte ihr das Herz in der Brust bei der Aussicht, dass die Möglichkeit zur Flucht so verführerisch nah war. Abrupt blieb sie stehen und schaute sich vorsichtig um. Sie wollte sehen, ob jemand sie beobachtete. Die Luft war rein. Flink wie eine streunende Katze schoss sie den kurzen Flur hoch, der zum Büro der Mutter Oberin führte, ging bei der Tür mit dem Glaseinsatz in die Hocke und huschte auf den Hof. Sie lief über die Auffahrt zum Haupteingang, und im nächsten Moment stand sie auf der College Road, wo sie einen Augenblick lang wie gelähmt stehen blieb, ehe sie entschied, nach rechts zu gehen, mitten in die Stadt. Sie lief so schnell sie konnte und meinte, sie müsse jeden Moment ersticken, keuchend holte sie Luft, lief weiter und weiter, mitten auf die Rasenfläche am Eyre Square. Hastig sah sie sich um, aber es folgte ihr niemand. Sie blieb stehen und konnte kaum fassen, was sie da getan hatte. »Ich bin frei! Ich bin *frei*! Endlich frei«, keuchte sie, als sie Richtung Innenstadt sah, nachdem sie beinahe elf Jahre als Heiminsassin in der Wäscherei des Magdalene-Heims abgebüßt hatte.

KAPITEL 7

Die Mutter Oberin war in ihrem Büro mit Telefonaten und Briefeschreiben beschäftigt, als sie zufällig den Kopf hob, um einen Umschlag zuzukleben, und dachte, sie hätte am Fenster ihrer Bürotür etwas vorbeihuschen sehen, was wie ein leuchtender weißer Punkt aussah. In der Hoffnung, eine der Nonnen zu überraschen, die sie belauschte oder ihr nachspionierte, ging sie schnell zur Tür. Aber als sie die Tür aufmachte, war niemand da. Dann glaubte sie, ganz flüchtig ein weißes Kattunkleid zu ihrer Linken auf der College Road verschwinden zu sehen. Sie wusste nicht, wer das war oder ob sie sich das vielleicht nur eingebildet hatte, aber die Geschwindigkeit, mit der das Wesen sich bewegte, sagte ihr, es müsse eines der Mädchen aus der Wäscherei sein – auf der Flucht. Sie lief hinaus und war schon halb die Auffahrt hinuntergekommen, als der Fahrer plötzlich auftauchte und die schwere Eichentür wieder schließen wollte. Doch zunächst musste er sich Fragen und Vorwürfe von der Mutter Oberin anhören.

»Aber ich war vorn am Lieferwagen und habe die Laufzettel kontrolliert. Ich habe niemanden gesehen«, sagte er.

»Wenn ich feststellen sollte, Seamus, dass eines meiner Mädchen verschwunden ist, dann ruht Ihre Karriere als Lieferwagenfahrer allein in den Händen Gottes. Wenn Sie zurückkommen, melden Sie sich sofort in meinem Büro. Haben wir uns verstanden?«

»Ja, Schwester«, sagte der verwirrte Seamus.

Schwester Antonia konnte kaum glauben, dass eines ihrer Mädchen zum Tor hinausgelaufen sein sollte. Dazu haben sie weder den Verstand noch den Mumm, dachte sie, nicht, nach dem, was ich beim letzten Mal mit ihnen gemacht habe. Das muss jetzt ein gutes Jahr her sein, aber jetzt ist zweifellos wieder jemand ausgerissen, vielleicht auch gleich zwei oder drei. Mein Gott, was wird bloß der Bischof sagen, wenn er davon erfährt? Schnell ging sie in die Wäscherei zurück, wo sie sofortiges Durchzählen anordnete, und nach beträchtlicher Verzögerung stellte sich heraus, dass Julie Murray fehlte. Also rief Schwester Antonia beim Polizeirevier in der Eglington Street an. »Kann ich bitte mit Sergeant Ruane sprechen, es ist dringend.«

Der diensthabende Wachtmeister rief Sergeant Ruane zurück, der gerade durch die Tür wollte. »… Sie sagt, es ist dringend, Sergeant.«

»Weiber!«, brummte der, als er nach dem Hörer griff. »Sergeant Ruane am Apparat.«

»Guten Morgen, Sergeant. Ich bin ja so froh, dass ich Sie noch erwischt habe. Ich hoffe, ich störe gerade nicht allzu sehr. Aber leider ist eines meiner Mädchen verschwunden. Ich glaube, sie ist direkt in die Stadt gelaufen …«

»Schwester Antonia! Was für eine Überraschung. Von Ihnen habe ich ja schon ewig nichts mehr gehört und gesehen … Wirklich wahr … Wirklich wahr … Also was sagten Sie, was war mit diesem Mädchen? … Was? … Verschwunden? Sind Sie sicher?«

»Ja, Sergeant, ich bin sicher. Und bedenken Sie, die lässt sich nicht so leicht handhaben; sie ist eine ziemliche Wilde. Sie heißt Julie Murray, stammt aus Kilmaine und wird wahrscheinlich versuchen, nach Hause zu kommen … Etwa fünfundzwanzig, würde ich sagen, ziemlich stämmig gebaut, schulterlanges blondes Haar, aber das hat sie vielleicht unter ihrer Haube hochgesteckt.«

»Überlassen Sie das nur getrost uns, Schwester, wir kümmern uns darum. Die kommt nicht weit.«

»Sie sind ein Engel, Sergeant. Ich rufe Sie später noch einmal an und erkundige mich nach Ihren Fortschritten.«

Als Bridie hörte, dass eine der Insassinnen verschwunden war, konnte sie sich in partout nicht vorstellen, dass Julie Murray ausgerissen war, trotz der Tatsache, dass sie nur wenige Tage zuvor darüber geredet hatten. Aber nachdem man eine gründliche Suche durchgeführt hatte, bestätigte sich tatsächlich, dass Julie fehlte. Bridie war niedergeschlagen, dass ihre Freundin Julie Murray so etwas getan hatte, ohne ihr Gelegenheit zu geben, mit ihr zu fliehen. Sie wusste nicht, ob sie traurig sein oder sich darüber freuen sollte, dass der Freundin die Flucht gelungen war. Irgendwie meinte sie, Julie habe sie betrogen: Dass sie vor längerer Zeit schon einen wohldurchdachten Plan ausgeheckt hatte und allein gehen wollte oder mit der Hilfe von jemandem draußen. Aber wer würde ihr helfen?

Zum wer weiß wie vielten Mal bog Julie Murray wieder auf die Shop Street ab. Wo sie war, wusste sie nicht genau, meinte aber, dass die Gebäude irgendwie vertraut schienen. Zuerst dachte sie, der Moon-Laden sei auf der rechten Straßenseite, jetzt schien er auf der linken zu sein, und da war schon wieder Lydon, dieses herrliche Restaurant. Es musste mehrere davon geben, dachte sie. Und der Geruch nach frisch gebackenen Scones und der Anblick der Erdbeerkuchen im Schaufenster ließen sie fast verrückt werden vor Hunger.

Sie ging weiter die Straße hinunter, sah sich aber immer wieder um. Ständig musste sie in Geschäftseingänge ausweichen, wenn sie Nonnen vom Orden der Barmherzigen Schwestern sah, die auf der Straße Geld sammelten. Am meisten fürchtete sie, von einer der Nonnen entdeckt zu werden, also beschloss sie, lieber auf kleinen Nebenstraßen weiterzugehen. Immer wieder überlegte sie, wo sie hin sollte, denn in der Stadt konnte sie nicht bleiben. Irgendwer würde sie bestimmt entdecken. Wenn sie doch nur wegkäme. Geld hatte sie keines, nur eine halbe Crown, aber die war in ihrem Spind im Schlafsaal versteckt und nützte ihr jetzt nichts. Noch schlimmer war, dass sie nichts zu essen und keine Kleidung hatte. Wenn sie doch nur dieses weiße Kleid ablegen und etwas anderes anziehen könnte, vielleicht erkannte sie dann niemand. Sie nahm ihre Haube ab, und nach intensivem

Nachdenken beschloss sie, den Bus nach Kilmaine zu nehmen. Aber alle Busse, die sie sah, schienen vollgestopft mit Touristen auf dem Weg nach Salthill oder Mervue zu sein. Wenn sie den richtigen Bus fand, könnte sie dem Fahrer erzählen, dass sie ihre Handtasche verloren hatte, oder besser noch, dass ihre Mutter sie an der Bushaltestelle abholen würde, und wenn sie dann fast zu Hause war, könnte sie vom Bus abspringen und sich verstecken. Das war ihre einzige Hoffnung. Zu der Bushaltestelle hier konnte sie nicht, die war zu nah am Magdalene-Heim, und keine zehn Pferde würden sie in die Richtung bringen. Sie würde weiter und weiter gehen, bis sie den richtigen Bus fand.

Sergeant Ruane beschloss endgültig, dass er eine Kleinigkeit essen würde. Seit Dienstantritt hatte es nur eine hastig getrunkene Tasse Tee nach der anderen gegeben. Zwischendurch hatte er einen weiteren Namen auf die ständig wachsende Vermisstenliste der Stadt gesetzt. Die jüngste Personenbeschreibung, die von Julie Murray, hatte er schon an seine Leute auf Streife weitergegeben. Seltsam, dachte er, dass sie nicht an Busbahnhöfen oder am Hauptbahnhof gesehen wurde. Vier Stunden war es jetzt her, seit man sie als vermisst gemeldet hatte. Aber er würde jetzt etwas essen gehen, komme, was da wolle.

Er wollte gerade über die Straße in sein Lieblingslokal, als ihm etwas Interessantes auffiel. Es sah so aus, als ginge eine Krankenschwester direkt am Polizeirevier vorbei. Sofort blieb er stehen und starrte ihr hinterher, als sie sich ihren Weg durch die Menge bahnte. Ganz schön stämmig, die Kleine, dachte er. Aber so gar nicht wie die gestärkten Uniformen der ›Marsch-marsch-ab-ins-Bett‹-Schwestern, die er so gut aus dem Regional Hospital kannte. Krankenschwester war die nicht, also musste sie Apothekerin sein oder Bäckereiverkäuferin. Nein. Er war noch immer nicht überzeugt. Aber sie hatte solch einen wohlgeformten Hintern, dass er gern einen etwas näheren Blick auf sie geworfen hätte, um zu sehen, ob er sie attraktiv fand.

Wie er sie so die Straße entlanggehen sah, dachte er, dass sie wohl kein bestimmtes Ziel hatte, sondern einfach nur spazieren ging. Vielleicht hatte sie ja gerade Mittagspause. Aber wie sie sich die Häuser betrachtete, sah es so aus, als sei sie nie vorher in der Stadt gewesen. Er überlegte noch, ob er sie verfolgen sollte oder nicht, vielleicht erwies sie sich ja als attraktiv, dann könnte er sich mit ihr verabreden. Doch das plötzliche ohrenbetäubende Geklingel eines Fahrradfahrers zwang ihn, zur Seite zu springen. Die Fahrradklingel beförderte ihn wieder in die Wirklichkeit. Es könnte ja vielleicht die aus dem Magdalene-Heim sein, die verschwundene ›Mag‹.

Er entschied sich, ihr zu folgen. Der ausgefranste Saum ihres langen weißen Kleides und das schulterlange blonde Haar bestätigten praktisch seinen Verdacht. Bei der Aussicht, dass er es sein würde, der sie wieder einfing, setzte sein Herz einen Schlag lang aus. Wenn ihm das gelänge, könnte er stolz auf sich sein. Er beschloss, es mit derselben Taktik zu versuchen, die er immer anwandte, wenn er eine Frau ansprach. Aber der Anblick der Polizeiuniform wirkte bei Frauen auch so. »Entschuldigung«, rief er. »Entschuldigung.«

Julie Murray wirbelte herum, als sie die Männerstimme direkt hinter sich hörte. Wie gelähmt blieb sie stehen und starrte ihn an. Ein Polizist! Ein verdammter Polizist!, dachte sie. Sie wollte schon anfangen zu jammern: *Ich habe doch gar nichts getan, ich habe doch gar nichts getan*, als der Polizist sagte: »Haben wir uns nicht schon mal irgendwo gesehen? Sind Sie nicht Julie Murray aus Kilmaine?«

Als Julie sein feixendes Gesicht sah und ihn Kilmaine erwähnen hörte, war wie aus heiterem Himmel wieder der furchtbare Albtraum des verhängnisvollen Tages da, an dem sie den Mantel gestohlen hatte. Jetzt würde er sie verhaften und ins Gefängnis werfen. Bei dem Gedanken daran drehte sie sich um und rannte um ihr Leben.

Einen Moment lang starrte Sergeant Ruane ihr verblüfft nach, dann schaltete sein Verstand auf höchste Alarmstufe, und er rannte ihr hinterher. »Herrje, das ist sie! Das ist sie! Das ist diese entlaufene ›Mag‹«, brummte er aufgeregt vor sich hin.

Als er sie eingeholt hatte, streckte er die Hand aus, packte sie am Kragen und sagte: »Nicht so schnell, ›Maggie‹, nicht so schnell!«

Aus Angst, ins Gefängnis gesteckt zu werden, reagierte Julie Murray instinktiv und grub ihre Zähne in die langen knochigen Finger des Polizisten.

»Miststück! Du elendes Miststück!«, schrie Ruane und versetzte ihr mit voller Wucht einen Hieb ans Kinn. »So soll das Spiel also laufen, ›Maggie‹. Na, das kannst du haben«, brüllte er und packte sie grob am Kragen, als sie beinahe gestolpert wäre.

Im nächsten Moment hatte er ihr den einen Arm auf den Rücken gedreht und trat sie kräftig in den Hintern, als sie vor Schmerz aufschrie. Dann führte er sie zum Polizeirevier zurück. Julie war nicht in der Lage, um Gnade zu bitten, konnte einfach nur vor Schmerz schreien, während mehrere Passanten verblüfft das Schauspiel betrachteten, wie ein Vertreter der städtischen Ordnungsmacht sich erfolgreich seines Opfers bemächtigte.

Als Julie begriff, dass sie jetzt auf einem Polizeirevier war, gab sie sich die größte Mühe zu fliehen. Der Gedanke, dass sie jetzt als Diebin ins Gefängnis käme, war zu viel für sie. Mehrfach versuchte sie, sich loszureißen, und jedes Mal bezog sie dafür einen Hieb mit einem schweren Schlagstock.

Immer wenn Sergeant Ruane dachte, sie habe sich hinreichend beruhigt, lockerte er seinen Griff, nur um feststellen zu müssen, dass sie wieder versuchte, sich loszureißen. Doch einige weitere Hiebe in die Seite machten sie gefügig. Bald hatte sich eine kleinere Gruppe frisch rekrutierter Polizeibeamter um die beiden versammelt und musterte Julie, während ihr Vorgesetzter mit seinem Erfolgsrezept prahlte: »Wie Sie sehen, ist dies ein gelungenes Beispiel für die ideale Vorgehensweise von Mitgliedern der Polizeitruppe. Halten Sie die Augen offen! Halten Sie Ihren Verstand beisammen! Und dann, das garantiere ich Ihnen, werden Sie dem Verbrechen immer einen Schritt voraus sein!«

Als die Mutter Oberin einen Anruf von Sergeant Ruane erhielt, der ihr mitteilte, er habe Julie Murray dingfest gemacht, war sie überglücklich. Jetzt musste sie dem Bischof nicht Bescheid geben, dass eine ihrer Schutzbefohlenen entlaufen war. Doch sie war leicht enttäuscht, als der Sergeant sie darüber informierte, dass er selber derzeit sehr beschäftigt sei und einer seiner Leute Julie Murray in einem Polizeiwagen ins Magdalene-Heim zurückbringen werde. Sie dachte wieder an seinen letzten Besuch in ihrem Büro, als ihr angesichts seiner attraktiven Erscheinung vor Erregung die Röte ins Gesicht gestiegen war. Als sie sich kurz in ihrem bequemen Eichensessel zurücklehnte, wünschte sie sich nichts sehnlicher, als noch einmal sein markantes Gesicht zu sehen. Das war jetzt wie lange her, sechs Monate? Sie erinnerte sich noch lebhaft daran, wie er direkt neben ihr gestanden hatte, in seiner tadellosen Uniform mit den schimmernden Silberknöpfen. Seine bloße Nähe versetzte sie in eine Erregung, die sie sich in ihren kühnsten Fantasien nicht hatte vorstellen können. Und als er vorsichtig seine spitz zulaufende Mütze mit dem glitzernden Polizeiabzeichen auf ihren Schreibtisch legte und ihr Angebot annahm, eine schöne Tasse Tee mit ihr zu trinken, war ihr, als seien sie beide Teil einer wundersamen Kraft. Es musste etwas mit dem Zusammenkommen von Kirche und Staat zu tun haben, dachte sie: die Kombination ihrer Uniformen, ein Polizist und eine Nonne. Wir waren uns so nah, seufzte sie. Es heißt, Gegensätze ziehen sich an, Mann und Frau, die eine weich und nachgiebig, der andere groß und stark … hart wie …

Das Telefon klingelte. Machte ihrem Traum ein Ende. Einen Moment lang ließ sie es klingeln und betete, es möge aufhören. Aber der unermüdliche Klingelton erstickte auf der Stelle ihre Leidenschaft. Voller Abscheu griff sie nach dem Anstoß erregenden Gegenstand. »Büro der Mutter Oberin.«

»Der Lieferwagenfahrer ist ohne die Hemden für Ennis gefahren, was soll ich jetzt machen?«, fragte eine Stimme.

Sie schwieg kurz. Dann: »Moment, ich bin gleich unten.« Fahrer, seufzte sie, blöde Fahrer.

Als Julie in Handschellen mit dem Streifenwagen in die Obhut des Magdalene-Heims zurückgebracht und nicht etwa ins Gefängnis gesteckt wurde, konnte sie ihr Glück kaum fassen. Gefügig ließ sie sich von der Mutter Oberin, von Schwester Stanislaus und Schwester Philomena den langen Korridor hinunterbegleiten. Man führte sie in ein Zimmerchen, das üblicherweise als Vorratskammer diente, und befahl ihr, sich auf einen Stuhl zu setzen. Sie wusste schon, was für eine schreckliche Strafe sie erwartete, also beschloss sie, die Schläge, egal wie schmerzhaft, wie ein Mann zu ertragen; der Mutter Oberin, die Schwester Stanislaus anwies, ihr den Kopf zu scheren, gönnte sie die Genugtuung nicht.

Wenn es etwas gab, das die Mutter Oberin genoss, dann die Macht, die sie über ihre Schäfchen hatte. Schon vor langer Zeit hatte sie gelernt, dass Autorität der einzige Weg war, Ruhe und Ordnung im Haus zu garantieren, und sie war stolz darauf, dass sie diesen Wesenszug von ihrem Vater geerbt hatte, der zu Hause mit eiserner Faust regierte. Viele Male hatte sie mit angesehen, wie ihre Mutter auf die Knie ging und um Gnade gefleht hatte, wenn sein Lieblingshemd nicht gebügelt oder sein Essen nicht auf dem Tisch war, wenn er nach dem Viehmarkt, nach ein paar wohlverdienten Gläsern Bier nach Hause kam. Wenn einer seiner Ausbrüche bevorstand, versteckte sie sich immer in der Besenkammer unter der Treppe und sah zu, wie ihr Vater seinen breiten Gürtel abnahm und ihre Mutter verprügelte. Innerhalb kürzester Zeit tanzten alle nach seiner Pfeife. Und wenn sie später wie ein Mäuschen aus ihrem Versteck auftauchte, zerzauste ihr der Vater das blonde Haar und schenkte ihr ein paar Bonbons aus seiner Manteltasche als Belohnung für ihre Unterstützung.

Ihr war es nun gelungen, das Magdalene-Heim in eine regelrechte Festung zu verwandeln. Und sie beschloss, dass es so bleiben würde.

Als Julie schließlich aus der Folterkammer wieder auftauchte, war es nicht die Tatsache, dass sie – trotz der Fürsprache von Schwester Philomena – halb tot geschlagen worden war, die sie am meisten schmerzte, sondern die Demütigung, dass man ihr das Haar kurz geschoren hatte. Und als wäre das noch nicht schlimm genug gewesen, musste sie anschließend niederknien und mit den Nonnen beten, fünfmal den Rosenkranz, zu ihrem eigenen Besten, auf dass Gott ihr die Weisheit schenke, das Irrige ihrer Handlungen einzusehen.

Spät an diesem milden Augustabend kamen Bridie, Josephine und die anderen jungen Frauen in ihre Schlafsäle zurück, und da trafen sie auf Julie Murray, die angeblich Entflohene, die weinend auf ihrem Bett saß.

»Julie! Wir dachten, du bist geflohen«, riefen sie.

Doch Julie bekam kein Wort heraus. Sie wusste nicht, ob sie ihnen je wieder in die Augen sehen konnte, denn ihr war klar, sie hatte alle enttäuscht, indem sie das behagliche kleine Arrangement ihres gemeinsamen Lebens und Arbeitens gestört hatte. Schlimmer noch war, dass sie sich wie ein abscheuliches Ungeheuer vorkam, als die Mädchen sich alle um sie versammelten und einige angesichts ihres grotesken Aussehens kicherten. Sie wusste, dass sie furchtbar aussah, denn sie hatte im Spiegel einen flüchtigen Blick auf ihr zerschlagenes Gesicht werfen können. Das Kinn war böse geschwollen, sie hatte ein blaues Auge, dazu der kahl geschorene Kopf, ganz zu schweigen von einer Vielzahl anderer Spuren an ihrem Körper, die keiner je zu sehen bekommen würde. Es kam ihr so vor, als habe man ihr einen Teil ihres innersten Wesens, ihres Selbstwertgefühls entrissen. Und am schlimmsten war, dass sie ihre Hände nicht ruhig halten konnte, die erforschten nämlich unaufhörlich die flachen Konturen ihres knochigen Schädels, während ihre Unterlippe unkontrolliert zitterte.

Lange saßen Bridie und Josephine neben Julie und versuchten, die vielen Neugierigen abzuwehren, die um ihr Bett herumstanden, und als schließlich die Abenddämmerung hereinbrach und bis auf einige wenige alle ins Bett gegangen waren, nahm Bridie Julies Hand. »Denk immer daran, Julie, wir sind deine

Freundinnen! Wir werden immer bei dir sein. Es spielt überhaupt keine Rolle, was die Polizisten oder die Nonnen mit dir machen, deine Freundinnen können sie dir jedenfalls nicht nehmen.«

»Ach, verdammt, wieso … wieso muss ich denn solches Pech haben?«, stammelte Julie.

»Scht, Liebes«, sagte Bridie und drückte Julie sanft die Hand. »Eines Tages, so Gott will, werden wir frei sein. Vergiss das nie. Ich habe mal einen Mann getroffen, der mir gesagt hat, dass ich am Ende gewinnen und viel Glück haben werde. Und weißt du was, Julie?«

»Was?«

»Ich glaube ihm, denn er ist der netteste Mensch gewesen, den ich je getroffen habe. Er hieß Gerald. Ich werde ihn nie vergessen, und ich weiß, dass eines Tages in Erfüllung gehen wird, was er vorausgesagt hat.«

Die ganze Zeit über saß Josephine dabei, hörte zu und dachte, dass da etwas Besonderes an Bridie Rodgers war. Aber was, wusste sie nicht. Und als Julie plötzlich Bridies Hand nahm und den Handrücken küsste, ergriff ein kraftvolles Gefühl Josephine, das ihren eigenen sinkenden Mut wiederbelebte. Wenn sie selber je herausfinden sollte, was in ihr steckte, dann jetzt, sagte sie sich, kam sich aber gleichzeitig so nutzlos vor, weil sie Julie nicht auf die Art trösten konnte, wie Bridie das getan hatte. Nach allem, was sie gerade gesehen hatte, wusste sie, dass sie selber mehr Trost brauchte als sonst jemand, und die einzige Art, diesen Trost zu bekommen, bestand darin, ihre Stimme einzusetzen und im Gegenzug die Bewunderung der Frauen um sie herum zu empfangen. Außerdem brauchte ja nicht nur sie deren Unterstützung und Freundschaft, die anderen brauchten das auch von ihr.

»Hört mal«, sagte sie, stand auf und wandte sich an die wenigen Freundinnen, die noch nicht zu Bett gegangen waren. »Hier herrscht viel zu viel Trübsal. Verdammt noch mal, vergesst doch die blöden Nonnen und die blöde Wäscherei! Wir sollten zusammenhalten und uns von den Nonnen nicht unterkriegen lassen.

Wir dürfen die Hoffnung nicht aufgeben. Lächeln! Immer lächeln! Wie Judy Garland gesungen hätte … *Smile though your heart is breaking.*«

»Oh, Josephine! Bitte! Du musst singen«, rief Bridie.

»Oh, bitte, bitte! *Somewhere Over the Rainbow*«, bettelte Lilly, die sich den Bitten der anderen anschloss, die sich nach Aufmunterung sehnten. Sie hätten wer weiß was darum gegeben, Josephine mit einer bewegenden Interpretation ihres Lieblingsliedes zu hören.

Josephine konnte ihren Freundinnen nicht in die Augen schauen. Hätte sie das getan, wäre sie für immer im glitzernden Meer von deren Traurigkeit versunken. Stattdessen drehte sie sich um und entfernte sich langsam, während die zitternden, stockenden Töne ihres Lieblingsliedes die Luft zerrissen.

Stunden später lag Josephine immer noch wach in ihrem Bett, ganz beglückt von dem Wissen, dass sie ihr Publikum verzaubert hatte. Zum ersten Mal, dachte sie, war sie wirklich glücklich, seit man sie ins Magdalene-Heim eingewiesen hatte. Allmählich hatte sie schon die Hoffnung aufgegeben, je herauszukommen und ihren Traum von der großen Karriere als Sängerin in die Tat umzusetzen. Doch jetzt durfte sie endlich an die Worte ihres eigenen Liedes glauben. Eines Tages, irgendwo, werde ich wieder bei dir sein, Cathal, du meine einzige, wahre Liebe.

KAPITEL 8

Es war am Vormittag, kurz vor zehn, und Schwester Stanislaus wollte gerade in den Heilig-Herz-Schlafsaal gehen, um dort das Aufräumen und Putzen zu überwachen, als sie meinte, hinter sich das Rascheln von Kleidung und das Geräusch von Sandalen zu hören. Als sie sich umdrehte, stand sie einer atemlosen Mutter Oberin gegenüber. »Ich bin ja so froh, Schwester, dass ich Sie noch eingeholt habe. Ich muss dringend mit Ihnen sprechen.«

Schwester Stanislaus spürte, dass die ehrwürdige Mutter Oberin entweder eine ihrer Launen hatte oder dass etwas ganz und gar nicht in Ordnung war. »Ja?«

»Können Sie bitte in zehn Minuten in meinem Büro sein?«

»Wie Sie wünschen, ehrwürdige Mutter. Ich zeige den Mädchen noch, was sie zu tun haben, dann bin ich gleich bei Ihnen.«

»Danke, Schwester«, sagte die Mutter Oberin und lief eilig den Korridor hinunter.

Ärger, dachte Schwester Stanislaus, ich rieche Ärger. Entweder ist sie in Schwierigkeiten, oder ich bin es. Mit hochmütigem Blick sah sie der Mutter Oberin hinterher, die gerade um die Ecke verschwand.

Als sie sich im Büro gegenübersaßen, sagte die Mutter Oberin: »Ich brauche morgen womöglich Ihre Unterstützung, Schwester. Dieses Murray-Mädchen, die Entlaufene – wussten Sie, dass die eine Schwester hat, die Nonne in Kalifornien ist? Tja, wie es scheint, ist sie zu Hause auf Urlaub. Weiter kein Problem, aber gestern Abend rief diese Schwester Rosario mich an und teilte mir mit, sie wolle Julie morgen besuchen.«

»Eine Schwester, die Nonne ist?« Schwester Stanislaus heuchelte Erstaunen. Natürlich wusste sie all das, schließlich redete

Julie dauernd von ihr, erzählte, dass sie ihr nie schrieb, außer vielleicht zu Weihnachten. Das war für Schwester Stanislaus sehr reizvoll, denn sie dachte, dass sie deutlich mehr über die jungen Sünderinnen wusste als die Mutter Oberin. Aber als sie sah, dass sich die Mutter Oberin über den Schreibtisch vorbeugte, die Hände wie zum Gebet zusammengelegt, regte sich allmählich ihr Gewissen. »Und jetzt will ihre Schwester sie besuchen! Morgen!«, rief sie. »Was sollen wir denn da bloß machen?«

»Was sollen wir da machen?«, kam es als Echo von der Mutter Oberin, die das Wort ›wir‹ betonte. »Den ganzen Vormittag habe ich um eine Eingebung gebetet. Ich dachte, Sie hätten vielleicht eine Idee, wie wir die Dame hinhalten können.«

»Sie könnten sagen, ihre Schwester hätte einen Unfall gehabt – bei der Arbeit in der Wäscherei«, schlug Schwester Stanislaus vor und genoss die Vorstellung, dass die Mutter Oberin womöglich in Teufels Küche geraten war.

»Wollen Sie etwa andeuten, wir sollten das achte Gebot brechen?«, fragte diese mit der Andeutung eines Lächelns, und ihre dicken Finger tanzten auf der Tischplatte. »Vergessen Sie nicht: ›Du sollst kein falsch Zeugnis reden wider deinen Nächsten.‹ Wenn wir das bedenken, muss die Ausrede, was auch immer mir da einfällt, in den Augen Gottes und der Menschen Bestand haben.«

»Ja«, stimmte Schwester Stanislaus zu und gab sich alle Mühe, die unzweifelhafte Weisheit ihrer Vorgesetzten anzuerkennen. »Aber was können wir dann tun? Wir könnten den Besuch verschieben.«

Nachdem die Mutter Oberin die Idee ein paar Sekunden lang wohlwollend erwogen hatte, sagte sie: »Nein! Damit verschieben wir nur das Unvermeidliche.«

Nach sorgfältiger Überlegung fügte sie hinzu: »Ich denke, wir belassen es dabei«, und stand unvermittelt auf, die Besprechung war beendet. »Womöglich fällt mir noch etwas ein. Aber ich muss die Gewissheit haben, Schwester, dass ich auf Ihre Unterstützung morgen zählen kann, ganz gleich, was ich beschlossen habe. Es ist Ihnen ja wohl klar, dass Schwester Rosario unter gar keinen Umständen Julie in ihrem gegenwärtigen Zustand zu Gesicht bekommen darf.«

»Natürlich«, erwiderte Schwester Stanislaus gefügig, denn sie wusste, wenn sie der Mutter Oberin widersprach, könnte das zu ihrer Versetzung in einen von der Außenwelt abgeschiedenen Orden führen, wo die Gebete um vier Uhr morgens begannen und die Aussichten auf Beförderung gleich null waren. Man muss sich den Regeln beugen, und auch mein eigener persönlicher Wille muss geopfert werden, denn es ist Gottes Wille, dass ich meinen Vorgesetzten zu gehorchen habe, dachte sie. Wenigstens war sie hier im Magdalene-Heim eine Stationsschwester, die sich um das Wohl von einhundertfünfzig Sünderinnen in drei großen Schlafsälen kümmerte. Hinzu kam, dass sie Nacht für Nacht in ihrem Brevier lesen konnte, während sie leise die Korridore abschritt, und dabei trotzdem Zeugin der Vorgänge in den Frauenschlafsälen wurde. Auf die Weise sammelte sie viele kleine Mosaiksteinchen von Informationen, die dabei halfen, Streiks zu verhindern, und direkt die Sicherheit im Magdalene-Heim erhöhten. Also alles in allem, dachte sie, war es am besten, dem Boss zuzustimmen. Und obwohl sie nicht immer zustimmte, wenn die Arbeiterinnen schlecht behandelt wurden, hatte sie doch das Gefühl, einverstanden sein zu müssen.

In Anbetracht von Julies körperlicher Verfassung war Bridie klar, dass ihre Freundin sie bei dem üblichen Abendspaziergang auf dem eingezäunten Gelände nicht begleiten würde, also beschloss sie, stattdessen leise in die Kapelle zu gehen, wo sie allein und in aller Ruhe würde nachdenken können. Wie üblich knieten drei oder vier Nonnen aus dem Kloster in stillem Gebet vor dem Altar. Als Bridie auf Zehenspitzen in die vorletzte Reihe schlich, erhoben sie sich alle und gingen, den Kopf hielten sie im Vorbeigehen immer noch in andächtigem Gebet gesenkt. Bridie überlegte, wie um alles in der Welt sie ihr ganzes Leben bloß dem ständigen Gebet widmen konnten, ohne sich auf etwas freuen zu können: einen Ehemann, Kinder, Freiheit. Doch andererseits, dachte sie, war die Kirche ein solch friedlicher Ort der Andacht, und das tat der Seele doch bestimmt gut, weshalb sie selbst ja auch hier war.

Doch als sie in den roten Schimmer des Ewigen Lichts schaute, begriff sie, dass das nicht der eigentliche Grund dafür war, dass sie sich hierhergeschlichen hatte. Das Foto von John Paschal, dachte sie. Wer hat mir das denn nur geschickt? Schwester Hortense? Die verrückte Madge oder die anderen Mädchen? Ich muss ihnen schreiben und mich bedanken. Aber bei wem bedanke ich mich? Wenn ich Madge schreibe oder einer von den anderen, könnten sie durch mich in Schwierigkeiten geraten – es sei denn, Schwester Hortense selbst hat mir den Brief geschickt. Und nach dem, was die Mädchen hier mir erzählt haben, wissen die Nonnen immer ganz genau Bescheid über den Inhalt von Briefen und Päckchen, die ankommen oder von hier weggeschickt werden. Und was ihnen nicht gefällt, landet im Mülleimer. Komisch, irgendwie fand ich es doch seltsam, dass da kein Brief bei dem Foto war, nicht einmal ein paar Zeilen. Lilly hat gesagt, dass deshalb auf der Rückseite des Fotos *Mit den besten Wünschen von allen in St. Mary's* stand, so fände die Mutter Oberin den Absender nicht heraus. Da gehe ich jede Wette ein, dass das Schwester Hortense war, dachte Bridie. Hat die Mutter Oberin – die alte Obernonne, wie man sie hier nennt – nicht zu mir gesagt: ›Deinem Sohn geht es gut?‹ Wie hatte sie sich doch ausgedrückt: ›Erst gestern habe ich mit Schwester Hortense gesprochen, und sie teilte mir mit, dass dein Sohn wächst und gedeiht.‹

Wie merkwürdig, dass Schwester Hortense so was über mich und John Paschal am Telefon gesagt haben soll, wenn man das denn glauben kann. Herrje, ich muss jetzt unbedingt schreiben und mich bei ihr für das Foto bedanken. Ja, das mache ich. Ich schreibe und bedanke mich bei Schwester Hortense und unterschreibe mit *von allen* … Nein, ich schreibe: *Die besten Wünsche*. Nein, nein … ich schreibe: *An alle, die dort arbeiten* …

Nein, nein, nein. Wieso mache ich es mir denn bloß so schwer? Ich schreibe einfach: *Vielen Dank für das wunderschöne Foto vom Baby*. So wird keiner wissen, von wem der Brief ist. Außer Schwester Hortense. Dann schreibe ich noch: *Bitte meldet euch bald mal wieder. Mit den besten Wünschen von allen hier im Magdalene-Heim*. Ja, so mache ich das. Denn wenn es tatsächlich Schwester Hortense war, wird nur sie Bescheid wissen und bald wieder schreiben.

Und wenn ich vielleicht auch an Gerald in Conly House schreibe, wo ich schon mal dabei bin? An Mr. und Mrs. O'Malley kann ich den Brief schlecht adressieren, und außerdem, der alten Hexe will ich gar nicht schreiben. Gott möge mir vergeben. Und wenn ich an Gerald schreibe, und sie findet das heraus, dann steckt er in Schwierigkeiten. Und wenn die Mutter Oberin hier entdeckt, dass ich einem Mann schreibe – noch dazu einem verheirateten –, dann kriege ich wirklich Probleme. Allmächtiger! Gibt es denn gar keinen Ausweg?

Während sie sich das alles zurechtlegte, blieb ihr vor Schreck beinahe das Herz stehen, als eine der Schwestern plötzlich wie aus dem Nichts erschien und ihr ins Ohr flüsterte: »Tut mir leid, aber wir müssen die Kapelle jetzt abschließen.«

Bridie nickte und lächelte. Herrje, jetzt gehe ich aber lieber schnell, solange es noch einen Ausweg gibt.

Am Mittag war von der Kathedrale das Angelusläuten zu hören, als Schwester Rosario, Julie Murrays Schwester, am Eingangstor des Magdalene-Heims ankam. Sie war klein und zierlich und immer noch von Kopf bis Fuß in das kühle Weiß gekleidet, das ihr half, die Gluthitze der sengenden kalifornischen Sonne zu ertragen. Eine der Nonnen führte sie in den aufwändig eingerichteten Salon, in dem sie sich mit Schwester Antonia, der Mutter Oberin des Magdalene-Heims, treffen sollte.

Die Mutter Oberin streckte eine schlaffe, fleischige Hand aus, lächelte gnädig und sagte: »Liebe Schwester Rosario, ich freue mich so, Sie kennenzulernen. Sie müssen ja ganz erschöpft sein nach der langen Reise. Setzen Sie sich doch, und ich sage einer der Schwestern, dass sie uns eine schöne Tasse Tee bringen soll.«

»Danke, Schwester«, erwiderte Schwester Rosario mit einer kleinen Verbeugung.

Die Mutter Oberin trat auf den Korridor und gab einer jungen Novizin im Flüsterton ihre Anweisungen, ehe sie wieder zu Schwester Rosario in den Salon zurückging.

»Und wie war Ihr Flug? Hatten Sie eine angenehme Reise?«

»Es war herrlich. Am Montag bin ich in Dublin gelandet, und dann ging es weiter mit dem Bus nach Arklow, wo ich mit einer alten Freundin verabredet war, die früher einmal bei den Franziskanerinnen gearbeitet hat. Wir hatten damals so viel Freude miteinander«, sagte Schwester Rosario und lächelte. »Dann fuhr mich meine Freundin nach Howth, wo wir bei gemeinsamen Freundinnen übernachteten. Und heute Vormittag bin ich nach Galway gefahren.«

»Wie schön. Sind Sie mit dem Zug gekommen?«

»Ja. Um 8.30 Uhr bin ich vom Bahnhof Westland Row abgefahren, und wäre da nicht dieser nette Herr gewesen, hätte ich fast den ganzen Weg stehen müssen, so überfüllt war der Zug. Und natürlich hatte er Verspätung.«

Sie waren richtig nett miteinander ins Gespräch gekommen und redeten gerade über das aktuelle Tagesgeschehen, als es an der Tür klopfte.

»Ah, Schwester, wie freundlich«, sagte die Mutter Oberin, als die junge Novizin das Silbertablett auf den großen Mahagonitisch stellte.

Die ehrwürdige Mutter Oberin schenkte den Tee ein und fragte: »Und was, wenn ich das fragen darf, Schwester Rosario, ist Ihre besondere Berufung dort in Kalifornien?«

»Unser Orden, das sind die Schwestern vom heiligen Rosenkranz, kümmert sich um vernachlässigte Kinder, vor allem um die aus den Ghettos, in denen der größte Teil der Bevölkerung, wie Sie sicher wissen, ethnischen Minderheiten angehört.«

Nachdem die Mutter Oberin Schwester Rosario eine Weile zugehört hatte, schob sie ihre leere Tasse zur Seite und wartete auf eine Gelegenheit, das heikle Thema zur Sprache zu bringen.

»Wie interessant, dass wir beide ein ganz ähnliches Leben führen. Und natürlich haben Sie völlig recht, es ist keine leichte Aufgabe, bei all der Verantwortung und so weiter. Und glauben Sie mir, Schwester Rosario, einige der Erwachsenen, die sich gegenwärtig in meiner Obhut befinden, können anstrengender sein als irgendeine Gruppe Kinder. Vor allem, da es offenbar keinerlei Verwandte gibt, denen ihr Wohlergehen am Herzen liegt, abgesehen von Ihnen und ein oder zwei anderen.«

»Ach ja, das ist ja wirklich traurig. Und wie entwickelt sich denn nun meine Schwester Julie? Ich hoffe, sie macht Ihnen keine Schwierigkeiten. Ich freue mich schon so darauf, sie nach der langen Zeit endlich wiederzusehen.«

»Hm, das glaube ich gern, und das verstehe ich auch nur zu gut. Aber wissen Sie, Ihre Schwester hat viel durchgemacht. Aber Julie ist eine Kämpfernatur, und bei ausreichend Zeit und mit Gottes Hilfe wird sie es schon schaffen«, sagte die Mutter Oberin, und ihr heftiges Stirnrunzeln hatte bereits dafür gesorgt, dass Schwester Rosario unruhig auf ihrem Stuhl hin und her rutschte.

»Wollen Sie etwa sagen, ihre Gesundheit ist angegriffen?«, fragte Schwester Rosario, denn sie fürchtete, sie könne die ehrwürdige Mutter Oberin womöglich falsch verstanden haben.

»Oh. Das tut mir so leid. Verzeihen Sie mir meine Ungeschicklichkeit. Wie hätten Sie das auch wissen sollen? Wie hätten Sie von ihrer Krankheit wissen können? Vielleicht hätte ich Sie am Telefon vorwarnen sollen. Aber es ist mir einfach zuwider, jemandem schlechte Nachrichten zu überbringen. Ich fürchte, Ihre Schwester Julie hat eine schlimme Zeit durchgemacht und ist im Moment nicht in der Lage, Besuch zu empfangen.«

Als Schwester Rosario das hörte, wurde sie sichtlich blass, dann lehnte sie sich auf ihrem Stuhl zurück, als schreckliche Erinnerungen an die Vergangenheit in ihr wach wurden. Vor etlichen

Jahren hatte sie ans Magdalene-Heim geschrieben und sich nach dem Wohlergehen ihrer Schwester erkundigt, denn sie spielte mit dem Gedanken, sie als Laienschwester zu sich nach Südafrika zu holen. Aber laut der Mutter Oberin war sie damals eine richtige Rebellin, die ständiger Fürsorge und Aufmerksamkeit bedurfte, was im Nachhinein wohl Julies lange, abschweifende Briefe an sie erklärte, die keinerlei Sinn zu ergeben schienen. Und jetzt sah es so aus, als habe sich seitdem nichts geändert, gar nichts.

»Aber wieso hat mir denn keiner etwas gesagt?«, fragte Schwester Rosario, erschüttert angesichts der Neuigkeit, dass ihre Schwester nach all diesen Jahren immer noch ein Problemfall war.

»Leider haben Sie keine Nachsendeadresse hinterlassen, meine Liebe. Und wenn ich mich recht erinnere, waren Sie damals in Südafrika tätig«, sagte die Mutter Oberin und konnte ihre Schadenfreude kaum verbergen. »Sie wissen doch, dass sie an Schizophrenie leidet, nicht wahr? Und das heißt natürlich, dass sie zu sehr widersprüchlichen Gedanken und Gefühlen neigt.«

In dem Augenblick kam es Schwester Rosario so vor, als sei sie betrogen worden. Betrogen von der Mutter Oberin. Betrogen von ihrer eigenen Schwester und von der Welt im Allgemeinen. Sie griff nach dem Kruzifix an dem langen Rosenkranz aus Quarz, den sie um die Taille hängen hatte, machte das Kreuzzeichen und flüsterte: »Herr, bewahre uns vor allem Übel.«

»Amen«, antwortete die Mutter Oberin auf Schwester Rosarios rituelle Formel.

Als Schwester Rosario sich wieder gefasst hatte, fügte sie hinzu: »Es tut mir leid, ehrwürdige Mutter. Wie hätte ich wissen sollen, dass Julie Ihnen so viel Kummer und Sorgen bereitet? Bitte nehmen Sie meine untertänigste Entschuldigung an und übermitteln Sie meine tief empfundene Dankbarkeit an Ihren Orden der Barmherzigen Schwestern für die sorgfältige Pflege und die Hingabe, mit der sie sich um sie kümmern. Ach, wenn ich bedenke … ich hatte vor, sie hier herauszunehmen und zu mir in die Staaten zu holen. Aber ich nehme an, das kann ich jetzt endgültig vergessen. Besteht die Möglichkeit, dass ich sie sehe ... wenigstens für ein paar Augenblicke?«

Die Mutter Oberin, die schon angenommen hatte, sie habe das Schlimmste hinter sich, hörte eine direkte Infragestellung ihrer Autorität heraus, als sie diese Frage vernahm. Um nicht noch mehr an Boden zu verlieren, sagte sie sich, sie müsse ruhig und gefasst bleiben.

»Ach, meine Liebe. Wie gütig von Ihnen, ihr auf die Art behilflich sein zu wollen. Ich bin sicher, sie wäre liebend gern mit Ihnen in die Vereinigten Staaten gegangen, um dort ein neues Leben zu beginnen. Aber zu meinem Bedauern muss ich sagen, Schwester, dass sie nicht mehr in der Lage ist, Besuch zu empfangen. Im Übrigen – und bitte glauben Sie mir das – wäre es für eine Verwandte, eine liebevoll sich kümmernde leibliche Schwester, wie Sie es sind, zu aufwühlend, sie jetzt zu sehen. Ich muss Sie sicher nicht daran erinnern, dass Julie einmal bildhübsch gewesen ist, und vielleicht ist es Gottes Wunsch, dass Sie sie so im Gedächtnis behalten. Wenn ich Ihnen jetzt gestatte, zu ihr zu gehen, würden Sie, das weiß ich nur zu gut, tieftraurig von hier fortreisen, und wie ich ja bereits sagte, überbringe ich nur höchst ungern schlechte Nachrichten.«

Dann senkte sie die Stimme und fuhr im Flüsterton fort: »Der Doktor hat vorgeschlagen, sie zu ihrem eigenen Besten in eine Anstalt zu überweisen. Doch nach reiflicher Überlegung suchte ich stattdessen den Rat eines äußerst versierten Facharztes in Dublin, und der ließ mich wissen, dass sie im Lauf der Zeit nach sorgfältiger medizinischer Pflege wieder vollständig genesen könne, vor allem, wenn man sie in der ihr vertrauten Umgebung belässt. Und wenn ich Ihnen jetzt erlaube, sie zu besuchen, bedenken Sie doch, was das für Auswirkungen auf ihre ohnehin schon angegriffene geistige Verfassung haben könnte.«

Schwester Rosario erhob sich mit äußerster Langsamkeit aus ihrem Stuhl. Sie hatte genug gehört. Den Tränen nahe reichte sie der ehrwürdigen Mutter Oberin ihre schmächtige, zerbrechliche Hand. »Was kann ich dazu sagen? Mir fehlen die Worte, außer dass ich Sie in all meine Gebete einschließen werde. Sobald ich wieder in den Staaten bin, schreibe ich Ihnen, und dann können Sie mich über Julies Zustand auf dem Laufenden halten.«

Bevor Schwester Rosario das Heim durch die kleine Pforte verließ, drehte sie sich noch einmal zur Mutter Oberin um. Dann nahm sie deren Hand, neigte anmutig ihren Kopf und sagte: »Danke für alles, was Sie getan haben, möge Gott Sie segnen.«

Dann verschmolz sie unauffällig mit der Stadt und gelobte, nie wieder in das Heim zurückzukehren. Ihre Mutter schien von Anfang an recht gehabt zu haben, Julie hatte nichts als Schande über die gesamte Familie gebracht, und Schwester Rosarios lang gehegte Überzeugung, ihre Mutter habe Julie ungerecht behandelt, löste sich durch diese letzte Enthüllung in Rauch auf. Sie konnte jetzt nichts mehr für ihre Schwester tun, konnte nur noch für sie beten. Tatsächlich hielt sie es nur für richtig, für all die Sünderinnen im Heim zu beten. Denn ihr schien, sie alle hätten das Eingreifen Gottes nötig.

KAPITEL 9

Es war Sonntag, und eine spürbare Atmosphäre von Erfüllung breitete sich in den marmornen Fluren des Magdalene-Heims aus. Die Gesichter schienen fröhlicher, während die jungen Frauen oben am Treppenabsatz der großen Holztreppe oder in einem der riesigen Schlafsäle in dicht aneinandergedrängten Gruppen zusammenstanden. Sie schwelgten in Erinnerungen, sie erzählten sich Witze, und man hörte munteres Lachen.

Julie war glücklich, weil sie stolze Besitzerin einer brandneuen halben Crown war, die ihr vor wenigen Tagen von Schwester Stanislaus im Namen der Mutter Oberin mit der Bemerkung überreicht wurde, dass die Heimleiterin sie für eine großartige Arbeitskraft halte, was besonderer Anerkennung wert sei. Als Julie hörte, wie über den langen Korridor hinweg ihr Name gerufen wurde, hatte sie sofort gefürchtet, dass sie irgendetwas falsch gemacht haben musste. Aber als ihr Schwester Stanislaus sacht die große Silbermünze in die Hand gedrückt und geflüstert hatte: »Die Mutter Oberin will dir das als Belohnung für deine harte Arbeit und deinen Fleiß geben«, hatte sie die Schwester einen Moment lang angestarrt, und dann platzte es aus ihr heraus: »Bekommen alle … Bekommen wir alle so was?«

»Ach was! Sei doch nicht albern. Das ist für dich, Liebes, für dich ganz allein, weil du es dir verdient hast. Und denk daran, du darfst keinem davon etwas sagen. Versprich mir, dass du keinem etwas sagst.«

»Ja, versprochen.«

Aber natürlich erzählte es Julie schließlich jedem, und bald sahen sich alle an, als wollten sie fragen: Und was ist mit uns? Doch trotz allem freuten sie sich, denn es machte das Gerücht die Runde, dass zum Weihnachtsfest, das kurz bevorstand, ein Film gezeigt werden sollte.

Auch Bridie war zufrieden, umso mehr, als alle glücklich schienen. Trotz allen Jammerns und Klagens war solch eine gute Stimmung ansteckend.

Etwas früher an diesem Abend war Bridie von einem einsamen Abendspaziergang auf dem malerischen Gelände zurückgekommen. Vor einiger Zeit hatte sie sich angewöhnt, ohne Begleitung vor sich hin zu marschieren, weil sie Frieden und Einsamkeit suchte. Aber allein war sie nicht. Vor ihr spazierten andere Büßerinnen, die ihre Schritte beschleunigten, um wenigstens den Anschein von Privatsphäre zu wahren. Immer wieder kreuzten andere Mädchen Bridies Pfad, denn es gab keinen anderen Weg. Von morgens bis spätabends arbeiteten sie, aßen und schliefen zusammen, sieben Tage die Woche, dreihundertfünfundsechzig Tage im Jahre. Nachts sperrte man sie in überfüllte Schlafsäle, sodass sie einander kaum ansehen konnten, ohne dass sie krank wurden. Könnten sie doch nur mit ihren Gedanken allein sein, dann sähen sie womöglich einen Ausweg aus ihrem Dilemma. Außerdem kämpfte Bridie ständig mit ihrer Unentschlossenheit und fragte sich, ob sie die Nonnen nun auf ihren Sohn John Paschal ansprechen sollte. Mehrmals hatte sie an Schwester Hortense in Tuam geschrieben und sich nach ihm erkundigt, doch es war nie eine Antwort gekommen. Sie machte sich Vorwürfe, weil sie die Dinge falsch angegangen war. Vielleicht hatte sie ihre Briefe ja auch falsch adressiert. Aber die würden doch ganz bestimmt trotzdem ankommen – das heißt, wenn sie das Magdalene-Heim überhaupt verlassen hatten. Wer weiß. Aber eines wusste sie ganz bestimmt, dass sie es nämlich gründlich leid war, Kindermädchen für Julie, Josephine und etliche andere Mädchen in ähnlicher Lage zu spielen. Aus irgendeinem merkwürdigen Grund meinte vor allem Josephine Finn, Bridie könne einen Zauberstab über ihr und ihrem Cathal Swanick schwingen. Aber nein, das konnte sie nicht. Sie konnte nicht alle Leiden der anderen heilen.

Also allein schon aus diesem Grund und um sich ihre geistige Gesundheit bewahren zu können, beschloss sie ein für alle Mal, am morgigen Tag in aller Frühe die Mutter Oberin anzusprechen und ihre Freiheit einzufordern. Die ehrwürdige Mutter Oberin, so dachte sie, könnte ihr doch wohl wenigstens einen kurzen Besuch bei ihrem Sohn John Paschal erlauben. Sie fand, sie hatte das autoritäre Verhalten der Nonnen lange genug erduldet. Außerdem war sie es endgültig leid, an die Schwestern in St. Mary's zu schreiben und nie eine Antwort zu bekommen. Es war höchste Zeit, dass sie es auf eine andere Art und Weise versuchte. Nur diesmal beschloss sie, sie wollte es etwas schlauer anstellen und weniger offiziell vorgehen als beim letzten Mal. Gleich morgen früh wollte sie in der Kirche zurückbleiben, bis alle anderen Insassinnen gegangen waren, und dann wollte sie die Mutter Oberin zur Rede stellen und sie hoffentlich in Gegenwart der anderen Schwestern so sehr beschämen, dass sie ihr einen Besuch bei John Paschal erlaubte. Lang und intensiv hatte sie darüber nachgedacht, ob sie ihre engen Freundinnen einweihen sollte, hatte aber entschieden, es sei eine zu persönliche Angelegenheit und es könne nur von Nachteil sein, ihre Unterstützung zu fordern.

Als jetzt ein paar Freundinnen im Schlafsaal ›Unsere liebe Frau‹ kurz vor dem Schlafengehen um ihr Bett herum saßen und schwatzten, verbannte sie jeden Gedanken an Freiheit aus ihrem Kopf, denn eines der Mädchen rief aufgeregt, sie höre Musik von weither. Instinktiv schwiegen alle und liefen dann an eines der großen Fenster. Nur Sekunden später standen vier der Mädchen dicht aneinandergedrängt auf dem schmalen Fensterbrett und versuchten, durch eine der winzigen freien Stellen zu spähen, die sie im Lauf der Zeit in die angemalten Scheiben der verriegelten Fenster gekratzt hatten, wodurch sie einen Ausblick auf die Dächer der Stadt hatten. Aufmerksam horchten sie und versuchten, die Quelle der Musik ausfindig zu machen. Manche meinten, es sei bloß der Jahrmarkt von Duffy's oder Fossett's Zirkus auf dem Eyre Square. Andere bestanden darauf, die Musik komme nicht vom Rummelplatz der Stadt, sondern von Hangar oder Seapoint, einem der Ballsäle draußen in Salthill, da die Musik nur so schwach zu hören war.

»Es muss vom Ballsaal Hangar kommen«, sagte Josephine, »denn das hört sich für mich nach einem Walzer an ... Oh! Ich weiß, was das ist. Es muss irgendwo Tanz sein. Solche Musik würden die doch nie auf dem Rummel oder in einem Zirkus spielen, dafür wäre die zu langsam.«

»Ich glaube, du hast recht«, sagte Bridie und mühte sich, auf dem schmalen Fensterbrett weiterhin Halt zu finden, während sie sich an Josephines Schulter klammerte, um einen flüchtigen Blick auf die blinkenden Lichter der Stadt werfen zu können. »Oh, jetzt weiß ich, was das für Musik ist. Das ist *Danny Boy*, das habe ich oft auf der Mundharmonika gespielt, als ich noch in Clifden wohnte.«

»Ich wusste gar nicht, dass du Mundharmonika spielst«, unterbrach sie Lilly erfreut. »Spielst du gleich mal für uns? Ich gehe nur schnell die Mundharmonika holen, dann machen wir unser eigenes kleines Fest.« Sie sprang vom Fensterbrett und lief zu ihrem Nachtschränkchen, wo sie irgendwo ganz hinten eine verstaubte Mundharmonika hatte.

In der Zwischenzeit löste sich Josephine aus Bridies Umklammerung und ließ sich sacht vom Fensterbrett gleiten, denn an *Danny Boy* wollte sie nun wirklich nicht erinnert werden. Der Titel allein reichte schon, um sie an ihren eigenen *Danny Boy* Cathal denken zu lassen. Sie wusste noch genau, wie man ihr eines Abends erlaubt hatte, beim Dorffest die Nacht durchzutanzen, und sie Cathal Swanick kennengelernt hatte. Diese harmlose Sache reichte schon, um Gerüchte in die Welt zu setzen, die sich wie ein Lauffeuer durch die ganze Gemeinde verbreiteten, und bald wussten alle, dass sie mit dem jungen Swanick ging, einem direkten Nachfahren der wohlhabenden protestantischen Grundbesitzer, die Josephines Vorfahren drei Generationen zuvor wegen Nichtbezahlens der Pacht von ihrem Land vertrieben hatten. Anfangs hatte Josephine nicht einmal gewusst, wer der gut aussehende junge Mann war, den sie beim Tanz sah, doch mit geziemendem Anstand nahm sie sein Angebot an, ihr nach mehreren schnellen Tänzen ein Mineralwasser zu kaufen. Sie erinnerte sich noch ganz genau an die lebhafte Schilderung ihres Großvaters von der schmerzlichen Vertreibung. Doch weil es – was ihre Mutter anging – solch ein heikles Thema war, hielt man es für besser, alles unter den Teppich zu kehren und Vergangenes ruhen zu lassen. Außerdem war das alles viele Jahre her.

Woher hätte sie also wissen sollen, dass der tolle Typ, den sie beim Tanzen kennengelernt hatte, mit den tyrannischen Grundbesitzern verwandt war? Soweit es Josephine betraf, war er ein vollendeter Gentleman. Aber als sie Cathal dann heimlich weiterhin traf, drohten ihr der jähzornige Vater und vor allem auch der Großvater damit, sie nach Australien zu schicken, wo sie bei ihrer ebenfalls jähzornigen Tante leben müsste. »Bist du wahnsinnig«, brüllte er wieder und wieder. »Die haben sich unser Vieh und unser Land unter den Nagel gerissen und unsere Leute an den Rand der völligen Vernichtung gebracht. Und so wie es aussieht, Josephine, wollen die sich jetzt dich unter den Nagel reißen, dich, unsere einzige Tochter. Ich schwöre bei Gott, Josephine, guckst du auch nur noch ein einziges Mal in die Richtung von dem Mann, lasse ich dich für den Rest deines Lebens wegsperren.«

Josephine hielt ihr Versprechen und ging vier Wochen lang kaum aus dem Haus. Doch als sie den hinreißenden Cathal aus purem Zufall beim Einkaufen in Tuam traf, zogen sie einander an wie ein Magnet. Heimlich schlichen sie unter dem Vorwand, ihre Fahrräder abstellen zu wollen, in ein kleines Gässchen, wo sie in aller Eile schnelle Worte tauschten, wie sie sich wiedertreffen könnten. Doch ehe sie sich auf einen halbwegs vielversprechenden Plan einigen konnten, wurden sie durch das unerwartete Auftauchen ihres Dorfbriefträgers gestört, der bald an jedermann die Nachricht weitergab, dass Josephine Finn und Cathal Swanick immer noch zusammen waren. Als dann die Nachricht schließlich bis zu ihrem Vater vorgedrungen war, hatte sie alle vernünftigen Dimensionen gesprengt, und man warf ihr weit mehr Dinge vor, als sie sich hatte zuschulden kommen lassen. Die Konsequenz war, dass ihre Eltern unverzüglich handelten, und mit dem Segen und der Unterstützung des Gemeindepfarrers wurde sie ins Mädchenheim nach Tuam geschickt und von dort schnell ins Magdalene-Heim nach Galway gesteckt, das als noch sicherer galt.

Inzwischen hatte Josephine allmählich erhebliche Zweifel, was ›ihren Cathal‹ anging. Wieso war er ihr denn immer noch nicht zu Hilfe geeilt? Oder war auch er von seiner Familie gezwungen worden, eine Katholikin, alle Katholiken, zu meiden?

»Ach, Josephine, Herzchen, lass doch deine blöde Tagträumerei, sing uns lieber was vor, solange Bridie noch nicht fertig ist. Auf die muss man ja so lange warten wie aufs Weihnachtsfest«, sagte Julie Murray, die ein bisschen für Unterhaltung sorgen wollte.

Josephine schüttelte den Kopf, lächelte zaghaft und sagte: »Ich bin nicht in der Stimmung, ein andermal.«

Stattdessen kniete sie sich mit den anderen Mädchen, die sich ums Bett versammelt hatten, auf den Boden, während sich Bridie auf der Mundharmonika versuchte. Eine ganze Weile mühte sie sich mit der Melodie zu *Danny Boy*, aber irgendwie schien sie sich nicht konzentrieren zu können, ein seltsames Gefühl nagte mehr und mehr an ihrem Bewusstsein und bahnte sich langsam einen Weg durch ihren ganzen Körper. Es hatte in dem Moment von ihr Besitz ergriffen, als sie Josephine den Arm um die Schulter gelegt hatte, um aus dem Fenster zu schauen. Sie verspürte den überwältigenden Wunsch, ihren schlimmsten Moment mit Peter noch einmal zu erleben, als er sie im Heu überwältigt hatte. Und als ihre Lippen rhythmisch über das metallische Instrument glitten, wünschte sie sich von ganzem Herzen, dass sie stattdessen auf seine drängenden, leidenschaftlichen Küsse reagieren könnte, indem sie mit den Lippen über sein stoppeliges Kinn fuhr. Eine einzige Sekunde nur schloss sie die Augen und dachte: O Gott, was gäbe ich darum, dieses schreckliche Drängen seines Körpers noch einmal zu spüren.

»Bridie! Bridie!«, unterbrach Julie sie. »Was zum Teufel machst du denn da? Das ist ja wirklich gar nichts. Ich dachte, du hättest gesagt, du könntest auf dem Ding spielen.«

»Kann ich auch. Ja, wirklich … lass mir nur ein bisschen Zeit. Ach, da, spiel doch selber. Ich unterhalte mich lieber«, antwortete Bridie verärgert und warf die Mundharmonika aufs Bett.

»Ach komm. Mach schon. Spiel doch. Spiel einfach irgendwas. Muss ja nicht *Danny Boy* sein«, bettelten die Mädchen.

»Nein, ich mag nicht«, antwortete Bridie nachdrücklich.

Eine Weile herrschte angestrengtes Schweigen. Julie überlegte.

»Wie das wohl ist, in diesem Ballsaal tanzen zu gehen? Ob das vielleicht wie so ein Dorffest ist oder ein Rummel oder wie Zirkus mit lauter erotischen Darbietungen?«

»Du meinst wohl exotisch …?«, verbesserte Bridie sie schnell. Sie wollte unbedingt zeigen, was sie so alles wusste, und es Julie heimzahlen.

»Ach verdammt, das habe ich doch gesagt«, maulte Julie.

»Nein, hast du nicht, du hast erotisch gesagt. Es heißt aber nicht erotisch, sondern e-x-o-tisch.«

»Ach verdammt, das ist doch wohl egal, oder? Erotisch oder extotisch«, erwiderte Julie, die rot wurde und verzweifelt versuchte, das Wort richtig auszusprechen.

»Nein, nein, ich glaube nicht, dass es dasselbe ist«, sagte Lilly, die sich einmischte, um einen Streit zwischen ihren Freundinnen zu verhindern. »Nein, ich sag es euch«, fuhr sie fort, »diese Ballsäle, Hangar und Seapoint, sind so was wie riesige Tanzböden, und exotische oder extotische Darbietungen«, sagte sie lachend, »finden in riesigen Zirkuszelten statt, die auf dem Land für Leute vom Land aufgebaut werden. Aber ich weiß nicht genau, ob ich je so was Exotisches gesehen habe.«

»Tja, aber ich war oft tanzen auf so einem Tanzboden«, sagte Julie und freute sich, alle aufklären zu können. »Meine ältere Schwester, die ist jedes Jahr hin, wenn so eine Tanzveranstaltung in unserem Dorf stattfand. Sie hat immer in der Damengarderobe gearbeitet, und einmal hat sie mich mitgenommen, da war ich vierzehn. Das war wirklich mächtig aufregend und so.«

Mittlerweile saß Josephine Finn auf der anderen Seite vom Bett auf dem Boden, den Kopf hatte sie in die Hände gestützt. Sie musterte Julie ganz genau, lauschte jedem Wort, das sie sagte. Aber als sie Julie auf ihre überdrehte Art die Musik, die im Rhythmus herumwirbelnden Tänzer beschreiben hörte, und als Julie erklärte, ein paar ältere Mädchen seien so keck gewesen, den Männern bei den langsamen Tänzen liebevoll die Arme auf die Schultern zu legen, stand sie leise auf und ging hinaus, um sich auf der Toilette zu verstecken. Julie so anschaulich reden zu hören war wie ein Schlag mit dem Hammer auf ihre Brust, wie ein Hieb mit dem Meißel in ihr Herz. Sie wusste nur zu gut, wie das war, wenn jemand einen romantisch zum Tanz führte, einen wieder und wieder herumwirbelte, bis einem davon ganz schwindlig wurde.

Als sie den Schlafsaal durchquerte und dabei niedergeschlagen den Kopf hängen ließ und die Arme fest verschränkt vor der Brust hielt, geriet sie ins Grübeln. Was, wenn nun Cathal Swanick in eben diesem Augenblick zu Hause war und sich fertig machte, weil er tanzen gehen wollte, wenn er vor irgendeinem goldgerahmten Spiegel auf diesem großen Landsitz stand und sich vornehm herausputzte? Was dann? Und was, wenn er, wo sie nun nicht mehr da war, sich mit einem anderen Mädchen zum Tanz verabredet hatte? Was, wenn er nach dem Tanz das Mädchen einlud, etwas mit ihm zu trinken, und wenn sie sich dann in eine diskrete Ecke zurückzogen, um Händchen zu halten und Orangenlimonade aus Flaschen zu trinken? Was dann?

Als Josephine die Abgeschiedenheit des Waschraums erreichte, stürzte sie sich in eine der Toiletten und warf mit voller Wucht die Tür zu, setzte sich auf den harten Holzdeckel und vergrub den Kopf in den Händen, dabei schrie sie laut: »Nein! Nein! Und nochmals nein! So was würde er nie tun.«

Doch trotz größter Anstrengungen, ihre Gefühle unter Kontrolle zu halten, zitterten ihre rubinroten Lippen unaufhörlich, und Ströme von Tränen liefen ihr über die bleichen Wangen, als sie Cathal anflehte, sie von hier fortzuholen, sie von diesem Ort des Grauens zu retten, der erfüllt war von Banden lüstern aussehender Frauen und von düsteren, gespenstischen Gestalten der Nacht, die sich als Schwestern der Barmherzigkeit verkleideten.

Bridie versuchte, die lüsternen Gedanken aus ihrem Kopf zu vertreiben, und deshalb fragte sie Lilly, weil die doch aus der Stadt kam und älter war als die übrigen Mädchen, was man tun oder sagen sollte, wenn man einen netten Mann beim Tanz kennenlernte. Doch kaum hatte sie die Frage gestellt, war ihr auch schon klar, dass sie das eigentlich gar nicht interessierte. Sie wollte einfach irgendetwas sagen, um ein für alle Mal die Gedanken an Männer aus ihrem Kopf zu verjagen und vor allem die Gedanken an Peter. Doch irgendwie schaffte sie es nicht, sich von dem Thema zu lösen.

Lillys Augen strahlten bei der Aussicht darauf, ihre Freundinnen unterweisen zu können, die alle um sie herum lagen und begierig auf ihre Antwort warteten. »Tja, das hängt ganz davon ab, Bridie. Manchmal ist es ganz leicht, und manchmal ist es ganz schwer, den Richtigen kennenzulernen. Meistens sind die Männer betrunken und besabbern einen. Das sind die Schlimmsten, denn die fangen an, einen zu beschimpfen, weil man sich geweigert hat, mit ihnen zu tanzen. Und der Gestank von dem Fusel, der haut einen manchmal um. Aber dann entdeckst du vielleicht auch mal einen richtig gutaussehenden, und der fordert alle zum Tanzen auf, bloß dich nicht – und du, nachdem du die halbe Nation abgewiesen und nur auf ihn gewartet hast, musst dir von irgend so einem Klugscheißer anhören, dass du eine richtig hübsche Statue abgibst, es würde dir bloß noch ein Rosenkranz fehlen.«

Die Mädchen, die bewundernd an ihren Lippen hingen, kicherten wissend und rekelten sich wie die Katzen am warmen Kaminfeuer, während Lilly fortfuhr: »… Nein, ich habe herausgefunden, am besten ist, du stellst dich ganz nach vorn, vor alle anderen. So kannst du den Typen im Auge behalten, hinter dem du her bist, und er kann dich sehen. Aber was du auch machst, rühr dich bloß nicht vom Fleck – auch wenn du dann tüchtig die Beine zusammenklemmen musst –, denn sonst hat er keine Ahnung, wohin du entschwunden bist.«

Die anderen lachten, als sie sich mehr und mehr für Lillys Lieblingsthema erwärmten. »Und wenn du dann einen abgekriegt hast«, fragte Julie vorwitzig, »gehst du dann gleich am ersten Abend mit ihm nach draußen, oder sagst du ihm, dass ihr euch ja ein andermal treffen könnt?«

»Oh, du musst wenigstens mit ihm nach draußen vor die Tür gehen, denn wenn du das nicht machst, kannst du deinen Kopf drauf wetten, dass irgend so ein billiges Flittchen daherkommt und ihn sich dir vor der Nase wegschnappt. Die goldene Regel ist die: Wenn so ein armer Irrer anbietet, dir einen Sprudel zu kaufen, heißt das, er würde dich gern nach Hause begleiten – bloß weil er denkt, du bist ein nettes, anständiges Mädchen. Aber was du auch tust, lass ihn bloß nicht aus den Augen, nicht mal, um aufs Klo zu gehen. Machst du das doch und steht dein Typ dann allein da rum, kommt garantiert zufällig eine andere auf dem Weg zur Bar an ihm vorbei, und ehe du es dich versiehst, mustert dein Macker sie, und sie mustert ihn, und ehe du auch nur Piep sagen kannst, sind die zwei schon auf dem Weg ans andere Ende vom Saal, und im nächsten Moment sitzt sie auch schon stolz wie ein Pfau auf der Stange von seinem Fahrrad, und die beiden sausen aus der Stadt und klettern dann bald schon in den nächsten Heuschober …«

Bei dem Gedanken an einen Heuschober und an einen Mann, der sie leidenschaftlich küsst und dann an ihrem Ohrläppchen knabbert, bis ihr die Knie weich werden, schlug Bridies Herz beträchtlich schneller. Sie spürte, wie sie nur bei dem Gedanken daran rot wurde, und hoffte inständig, die anderen Mädchen würden das nicht merken.

Auch Julie erinnerte sich inzwischen an ihre wenigen romantischen Spielereien am Sonntagnachmittag am Dorfkreuz in Kilmaine, wo sich die jungen Mädchen versammelten und auf die

Jungs warteten, die normalerweise von meilenweit her kamen, in rasantem Tempo auf dem Fahrrad über die staubigen Straßen sausten, herumprahlten und verzweifelt versuchten, Eindruck zu schinden.

»Da, wo ich herkomme, trafen wir uns jeden Sonntag bei der Brücke …«, fing Julie an zu erzählen.

»Ja, stimmt«, fiel eine der Jüngeren ein. »Wir haben das auch gemacht, und manche von den Jungs haben uns über die Felder gejagt …«

»Wart mal, Herzchen, lass mich erst meine Geschichte über diesen Typen erzählen«, fuhr Julie fort, die jetzt unbedingt pikante Einzelheiten enthüllen wollte. »Da war dieser Typ, den ich kannte, der gab den Mädchen Süßigkeiten und so, wenn sie den Rock für ihn hoben und ihn mal gucken ließen. Das war so ein bisschen ein Wilder. Aber natürlich waren alle Mädchen verrückt nach ihm. Der Herr möge mir vergeben, aber ich betete beinahe schon, dass er mich mal fragen würde, denn er sah einfach zum Niederknien aus. Und dann eines Tages, als er mich mal allein erwischte und die anderen irgendwo auf der Straße waren, hat er mich tatsächlich gefragt, aber als ich nein sagte, hat er was ganz Schreckliches gesagt …«

»Was hat er denn genau gefragt?«, unterbrach sie Lilly, die sich Mühe gab, die schlüpfrigsten Einzelheiten aufzunehmen.

»Na, was meinst du wohl?«, sagte Bridie schnippisch und lachte über Lillys zur Schau gestellte Naivität. »Er hat natürlich gefragt, ob sie mal den Rock hochhebt!«

»Stimmt! Ziemlich furchtbar, was?«, räumte Julie ein und wurde rot bei dem Gedanken, dass sie gerade ihre intimsten Geheimnisse preisgab. »Na jedenfalls, als er mich fragte und ich nein sagte, wisst ihr, was er da zu mir gesagt hat? Er hat gesagt, gleich zieht er mir das Höschen aus. Da habe ich es mit der Angst gekriegt und bin gerannt, als wäre es um Leben und Tod gegangen, über die Straße, und er mir nach, wie ein … wie ein wild gewordener Esel. Ich bin über ein großes Feld gerannt, und er mir immer hinterher. Aber dann denke ich, er muss irgendwas gesehen haben, denn er bleibt plötzlich stehen. Herrje! Hätte ich mich doch nur ins hohe Gras fallen lassen.« Sie kicherte hemmungslos, ehe sie hinzufügte: »Also ich denke, ich hätte mich von ihm einfangen lassen sollen, denn von den Mädchen hielten ihn manche für ziemlich gut im Küssen. Gott, ich hätte wer weiß was drum gegeben zu sehen, wie er so war.«

»Lieber Himmel! Der hätte dir womöglich mehr gegeben, als du gewollt hättest. Männer! Ach, die sind doch alle gleich!«, lachte Lilly. Als sie sich wieder gefasst hatte, fuhr sie fort: »Aber wisst ihr, was die Leute sagen? Und ich glaube, das stimmt: dass Frauen schlimmer sind als Männer! Ich hatte mal eine Freundin, damals, auf dem Land. Sie war etwa achtzehn, und sie erzählte mir, dass ihre Freundin Mary total verrückt nach diesem Typen war, der in der Nähe von der Brücke immer angeln ging, jeden Sonntag. Anscheinend waren alle Mädchen verrückt nach ihm, und sie haben ihm schmutzige kleine Botschaften auf Zigarettenschachteln geschrieben, die haben sie dann zu ihm runtergeworfen, ihm direkt auf den Kopf und so. Und wisst ihr was? Er hat all diese Briefchen gelesen. Aber er hat nie eine um ein Rendezvous gebeten oder sich mit einer zum Tanzen verabredet oder so. Dann eines Sonntags hat diese Mary gewartet, bis alle anderen gegangen waren. Und wisst ihr, was er zu ihr gesagt hat, während er ihr direkt unter den Rock gucken konnte? Er hat gesagt: ›Ich gehe mit dir tanzen, wenn du dein Höschen ausziehst und es mir jetzt gleich hier runterwirfst.‹ Und ich schwöre jeden Eid drauf, sie hob den Rock, zog das Höschen aus und warf es zu ihm runter. Und er hat danach kein einziges Wort mehr mit ihr geredet. Also, da könnt ihr mal sehen, was alles so passieren kann.«

»Herrje! Das glaube ich einfach nicht. Sie hat diesem Typen tatsächlich ihr Höschen runtergeworfen?«, wollte Peggy Neary ungläubig und angewidert wissen. »Die sollte man in eine Anstalt stecken. Die kann doch nicht richtig im Kopf sein.«

»Blödsinn, was redest du denn da? Bei der funktioniert im Oberstübchen wahrscheinlich alles besser als bei dir und mir.

Die ist nämlich immer noch da draußen, und wir sind doch die, die hier eingesperrt sind«, erwiderte Lilly aufgebracht.

»Ich hoffe, die Unterhose ist ihm auf der Nase gelandet, dann hat er sie wenigstens als Taschentuch benutzen können«, fügte Julie boshaft hinzu, denn sie wusste, das würde Peggy entsetzen.

»Oh Julie, das ist widerlich. Wie kannst du so was sagen?«, wand sich Peggy, sprang auf und bekreuzigte sich, ehe sie davonlief und ihren vulgären Gefährtinnen den Rücken kehrte.

»Hat wer noch Hunger?«, fragte Lilly, sprang aus dem Bett und fischte unter dem Bett nach ihren Hausschuhen.

»Ach, weißt du … eine Scheibe Brot hätte ich schon gern. Meinst du, es ist schon zu spät, um noch mal nach unten zu schleichen?«, fragte Bridie. Aber kaum hatte sie das gesagt, da war auch schon die Schlafenszeitglocke von den Gängen zu hören. Das bedeutete, es blieben ihnen gerade einmal fünfzehn Minuten, sich fertig zu machen, ehe das Licht ausging und die Schlafsaaltüren für die Nacht zugesperrt wurden. Die Zeit reichte nicht. Sie hätten es nicht mehr geschafft, auf der Suche nach etwas Essbarem nach unten in die Küche oder an der Rückseite vom Kloster vorbeizuschleichen.

»Na ja, dann müssen wir eben ohne auskommen«, seufzte Lilly, als sie mit nackten Füßen in ein Paar schmuddeliger Hausschuhe schlüpfte. Und auch die übrigen Mädchen zerstreuten sich, machten sich auf den Weg in ihren jeweiligen Schlafsaal und sagten: »Gute Nacht, Mädels.«

»Gute Nacht.«

»Oje, oje«, gähnte Lilly. »Ich bin müde wie ein junges Hündchen.« Als sie dann fest die hellrote Strickjacke um sich wickelte, um sich gegen die spätabendliche Kühle zu wappnen, sagte sie: »Wieder eine lange Woche rum. Und wie üblich schert sich keiner um das, was wir denken, Bridie. Wir schuften für den Bischof und zahlen ein Leben lang für unsere Sünden.«

Bridie schwieg, denn jetzt erinnerte sie sich wieder. Erinnerte sich daran, dass sie am nächsten Morgen ein Rendezvous mit dem Schicksal hatte. Und sie betete inständig, dass sie sich mit dem, was sie zu sagen hatte, die Freiheit verschaffen könnte. Jetzt hieß es, alles oder nichts.

Sie stand in der Mitte der langen Reihe, als der Priester die heilige Kommunion zelebrierte, den Kopf hatte sie gebeugt, die Hände ehrfürchtig gefaltet wie zum Gebet. Doch Beten war das Letzte, was sie im Sinn hatte. Bridie gab sich Mühe, voller Ehrfurcht das Morgengebet zu sprechen.

O Gott, mein Herr, ich bringe dir all meine Gedanken, Worte, Taten, Kümmernisse dieses Tages dar, zu deiner Ehre und deinem größeren Ruhm, durch Jesus Christus, unseren Herrn. Amen.

Gedanken? Worte? Taten? Kümmernisse? Das war weiter nichts als ein zusammengewürfelter Haufen Worte, die ihr im Kopf herumwirbelten, dachte sie. Wie kann ich dir denn all meine Kümmernisse darbringen? Das würde ich ja, dachte sie, und von Herzen gerne, wenn ich nur hier herauskäme. All meine Gedanken, wie kann ich meine Gedanken unter Kontrolle halten? Worte. Ist das dasselbe: schmutzige Worte? Unreine Taten? Das ist das Werk von Satan selbst, der uns anstachelt, eine Sünde zu begehen. Das wenigstens sagt mir der Priester dauernd bei der Beichte.

Bridie hob den Kopf, um die Anzahl der anstehenden Mädchen abzuschätzen. Nur noch drei, dann war sie an der Reihe, die heilige Kommunion zu empfangen, dann würde sie zurückgehen und sich hinknien und den Segen des Priesters erwarten. Und dann würden sie alle auf dem Weg nach draußen an ihr vorbeigehen und würden sie entweder dem Erfolg oder Misserfolg ihrer Mission überlassen, der Mission, vom Magdalene-Heim fortzukommen, für immer.

Sie sah auf und bemerkte, dass der Priester ihr intensiv in die Augen schaute, als er die Hostie hochhielt und voller Inbrunst erklärte: »Corpus Christi.«

»Amen.«

Sie machte ihren großen Mund auf, empfing die kostbare Hostie, und ihr ausgetrockneter Mund versuchte verzweifelt, den Leib Unseres Herrn zu schlucken. Aber er blieb ihr wie Kleber am Gaumen haften, wie sehr sie auch leckte oder mit List ihn zu bewegen versuchte, bis er langsam in tausend winzige Stückchen zerfiel und ihre ausgetrocknete Kehle hinunter verschwand.

Die Frühmesse war nun vorüber, die Mädchen gingen in ordentlicher Reihe an Bridie vorbei, während Bridie Rodgers immer noch so tat, als sei sie auf einmal ganz fromm geworden, den Kopf hatte sie in den Händen vergraben.

Die ist doch nicht ganz richtig, dachte Julie. Spielerisch versetzte sie Bridie einen ordentlichen Stoß, als sie an ihr vorbeikam, und flüsterte: »Na los, steh schon auf, du Herzchen, und hör auf, so auf Schau zu machen.«

Doch Bridie schwieg und blieb, wo sie war, und als sie meinte, das letzte Mädchen sei gegangen, drehte sie den Kopf, warf einen flüchtigen Blick Richtung Kirchentür und sah Julie, die sie anstarrte.

Eine halbe Ewigkeit schienen die sieben Nonnen vor dem Altar zu beten. Sogar der Priester war schon aus der Sakristei getreten, die Kirchengewänder hatte er abgelegt und die Kerzen auf dem Altar gelöscht. Trotz der langen Wartezeit hatte Bridie das Gefühl, für die Umsetzung ihres wohldurchdachten Plans noch nicht bereit zu sein, und dachte das auch noch, als die Nonnen aus ihren Kirchenbänken traten und vor dem glänzenden Tabernakel niederknieten und sich verneigten. Nun schwebten sie den Mittelgang hinunter, als seien sie nur Schatten. Und wie immer führte sie Schwester Philomena an, die stehen blieb und Bridie fragte, ob alles in Ordnung sei.

Bridie nickte, dann stand sie rasch auf und folgte den Nonnen nach draußen.

Die Nonnen gingen den Kiesweg so schnell hinunter, dass Bridie ihnen beinahe hinterhertraben musste, ehe sie rufen konnte: »Mutter Oberin … ich meine, ehrwürdige Schwester.«

Die davoneilenden, engelsgleich wirkenden Schwestern blieben wie angewurzelt stehen, ehe sie die verschleierten Köpfe verrenkten und sich nach Bridie umschauten. Doch ehe sich Bridie noch zurechtlegen konnte, was sie sagen wollte, gab die Mutter Oberin den übrigen Nonnen mit einem Handzeichen zu verstehen, dass sie wieder an die Arbeit gehen sollten. Dann drehte sie sich um, sah Bridie mit griesgrämiger, verzerrter Miene an: »Was gibt es?«

»Bitte, ehrwürdige Mutter Oberin, ich will fort aus dem Heim … für immer. Ich muss doch bei meinem Sohn sein, bei John Paschal.«

Aufgrund der frühmorgendlichen Kühle zitterten die Schultern der Mutter Oberin leicht, und sie vergrub die Hände noch tiefer in den schwarzen Falten ihrer Ärmel, ehe sie erwiderte: »Weshalb bist du nicht in der Wäscherei? Inzwischen solltest du längst arbeiten, statt dich hier herumzutreiben. Weiß Schwester Philomena Bescheid?«

»Nein, Schwester, ich dachte …«

»Das ist jetzt nicht die rechte Zeit und auch nicht der rechte Ort. Also bitte, geh jetzt an deine Arbeit. Ich kümmere mich später um dich.«

Damit drehte sich die alternde Mutter Oberin um und war verschwunden. Einen Augenblick lang stand Bridie verwirrt da, mehr und mehr wütend darüber, dass sie wieder einmal in ihrer Mission gescheitert war. Und nicht nur das, sie fühlte sich außerdem auch noch gedemütigt durch die Antwort der Nonne: ›Ich kümmere mich später um dich.‹

War das eine Drohung, oder wollte sie sagen, sie würde die ganze Angelegenheit zu einer passenderen Zeit besprechen? Und wäre das heute oder morgen, überlegte sie, als sie sich umdrehte und zur Wäscherei zurücktrottete, um einen weiteren langen Tag zu beginnen. Ich schwöre, diese Frau muss mit dem Satan im Bund stehen, der sie anstachelt, mir fürchterliche Angst zu machen, seufzte sie, als sie begleitet vom schweren Dröhnen der Waschmaschinen und von den hin und her rumpelnden Wäschekörben durch die Hintertür den riesigen Waschraum betrat.

Es war zwölf Uhr mittags, und Schwester Stanislaus ließ Bridie wissen, dass die Mutter Oberin sie zu sehen wünsche, und zwar sofort. Ängstlich machte sich Bridie auf den Weg über den langen Korridor. Zögerlich klopfte sie an die Tür mit dem Glaseinsatz. Die Mutter Oberin hinter dem Schreibtisch zog die buschigen Augenbrauen in die Höhe und winkte sie herein. Bridie stieß die frisch gestrichene grüne Tür auf, und auf ein weiteres Zeichen hin setzte sie sich unbeholfen und wartete ab, bis die Nonne ihre Briefe zu Ende geschrieben hatte.

Die Mutter Oberin versah ihre bedeutende Arbeit mit dem Siegel ihrer Zustimmung, indem sie sofort den großen Umschlag mit ihrer noch größeren grotesken Zunge ableckte, ehe sie ihn kraft ihrer Autorität mit ihrer dicken Faust abstempelte. Dann drehte sie sich zu Bridie um und sagte: »Nun denn, Fräulein, um auf heute Morgen zurückzukommen, was gedachtest du zu erreichen, als du mich in meiner Andacht und in meinen Gebeten zu Gott, unserem Herrn, störtest?«

Nach langem, angestrengtem Schweigen, in dem beide einander intensiv musterten, wiederholte die Nonne: »Was gedachtest du zu erreichen?«

»Ich wollte Sie darum bitten, das Heim verlassen zu dürfen«, sagte Bridie.

Die Mutter Oberin tat, als habe sie die Antwort nicht gehört, und fuhr Bridie scharf an: »Wage ja nicht, mich noch einmal in meiner Andacht zu stören, ob nun morgens, mittags oder abends. Dies ist eine religiöse …«

»Es tut mir leid, Schwester«, flüsterte Bridie und unterbrach damit die Mutter Oberin.

»Ich bin noch nicht fertig«, sagte die Mutter Oberin, warf Bridie einen boshaften Blick zu, setzte sich kerzengerade hin und rang die großen bläulichen Hände.

»Mein liebes Fräulein, du hast nur zu sprechen, wenn du etwas gefragt wirst. Also, wie gesagt«, fuhr die Mutter Oberin nach kurzer Pause fort, »dies ist eine religiöse Einrichtung, wo wir, die Schwestern der Barmherzigkeit, unaufhörlich für alle Sünder dieser Welt beten. Wir haben hier ein Kloster und eine Kirche, die als Zufluchtsorte für Mädchen wie dich gedacht sind, solche, die vom rechten Weg abgekommen sind. Wir können Gott in unseren Gebeten nicht um Hilfe bitten, wenn wir uns nicht an die Regeln dieser Kirche halten. Zwei davon hast du im Übrigen heute Morgen gebrochen und damit eine schwere Sünde begangen. Du hast mich veranlasst, mein ewiges Schweigegelöbnis für die Zeit des Aufenthalts in der Kirche zu brechen. Und zum Zweiten hast du dich der Sünde des Ungehorsams schuldig gemacht, indem du ohne Erlaubnis von deinem Arbeitsplatz ferngeblieben bist, während einer Zeit, in der du unter Aufsicht von Schwester Philomena standest.«

Sie bemerkte Bridies offenkundiges Entsetzen und ihre Verwirrung: »Soll ich fortfahren?«

»Nein, Schwester«, antwortete Bridie verstört und schaute der Mutter Oberin auf der Suche nach einem Hoffnungsschimmer tief in die Augen, vergeblich.

»Es tut mir leid, Schwester, mir war nicht klar …«, fuhr Bridie fort, und es tat ihr augenblicklich leid, dass sie sich überhaupt entschuldigt hatte, denn das hatte sie gar nicht gewollt, aber irgendwie waren ihr die Worte herausgerutscht. Wenn hier jemand eine Entschuldigung verdient, dachte sie, dann ja wohl ich.

»Das ist ja das Problem, Bridie. Ihr jungen Dinger scheint euch nie klar über etwas zu sein … bis es zu spät ist … Also, worüber wolltest du mit mir sprechen?«

Bridie war etwas eingefallen, was sie liebend gern getan hätte, wäre nur eine Schere zur Hand gewesen. Sie hätte Schwester Antonia den schneeweißen Schleier und das schwarze Habit von Kopf und Oberkörper geschnitten und ihre Brüste entblößt, sodass alle Büßerinnen im Heim beim Anblick der halbnackten Mutter Oberin etwas zu lachen gehabt hätten. Aber jetzt zwang sie die Mutter Oberin zu einer Antwort.

Sie schluckte schwer und versuchte, sich nach dem Vorgefallenen wieder Mut zu machen. Und so sagte sie: »Ich will fort aus dem Heim … und zwar für immer, damit ich mir eine

Arbeit suchen und mich um meinen Sohn kümmern kann.« Von der letzten Bemerkung hoffte sie, sie würde die Mutter Oberin beeindrucken.

»Ach, liebes Kind«, fing die Mutter Oberin resigniert an, als habe sie diese Bitte schon tausendmal gehört. »Du hast bereits eine Arbeit, und zwar eine, auf die du stolz sein kannst. Übrigens weißt du sehr wohl, dass es nicht nur falsch, sondern auch eine Sünde ist, sich das zu wünschen, was man nicht haben kann. Gerade du solltest das wissen. Darauf kommen wir immer und immer wieder in unseren Schulen zurück, von denen du ja wohl auch eine besucht hast. Haben wir es dir nicht immer und immer wieder in aller Deutlichkeit erklärt, dass jeglicher Kontakt zwischen Mutter und Kind strengstens untersagt ist, wenn die Trennung erst einmal vollzogen wurde?«

Bridie konnte nichts sagen, starrte nur mit offenem Mund die Mutter Oberin an. Zum ersten Mal wurde sie sich bewusst, dass es keinen Ausweg gab.

Als die Mutter Oberin alle Anzeichen von Niedergeschlagenheit in Bridies bleichem Gesicht ausmachen konnte, beugte sie sich vor, um den springenden Punkt ein für alle Mal klarzumachen. »Früher oder später wirst du, Bridie Rodgers, die Tatsache akzeptieren müssen, dass du dein Kind niemals im Leben wiedersehen wirst. Es ist Gottes Wille, dass dein Sohn dir fortgenommen und in eine sichere, anständige Umgebung verbracht wurde. Es ist ebenfalls Gottes Wille, dass du den Rest deines Lebens hier im Dienste Gottes verbringst, denn du hast das Potenzial, eine geweihte Büßerin zu werden, die sich für den Rest ihres Leben in aller Zufriedenheit damit bescheidet, anderen zu helfen. Und so tust du Buße für die schrecklichen Sünden, die du in der Vergangenheit auf dich geladen hast.«

Als Bridie die Mutter Oberin sagen hörte, dass sie ihr Kind niemals im Leben wiedersehen würde, meinte sie, ihr Herz müsse stehen bleiben und entzweibrechen. Die Worte durchdrangen ihren Körper wie Giftpfeile. Und als die Mutter Oberin dann auch noch hinzufügte, dass sie Buße für ihre schrecklichen Sünden tun müsse, ertrug sie das alles nicht länger. Eine stärkere Kraft als alles, was sie seit ihrem Fortgang aus St. Mary's erlebt hatte, umschloss ihr die Brust und schnürte ihr das Blut im ganzen Körper ab. Wie eine Wahnsinnige sprang sie von dem Stuhl hoch und schrie: »Nein! Nein! Und nochmals nein! Das sind doch alles Lügen.« Sie drehte sich um, rannte zur Tür und riss sie auf, bevor sie der Mutter Oberin, die gerade aufstand, einen bösartigen Blick zuwarf. »Ich gehe zu meinem Sohn … jetzt … so oder so, und NIEMAND wird mich davon abhalten.«

Sie schlug die Tür hinter sich zu und rannte den Korridor hinunter, wollte auf den Hof und zur Vorderfront des Gebäudes laufen und über die Mauer klettern. Aber im Laufen verlangsamte sie den Schritt und überlegte es sich anders. Es war so sinnlos, wie Julie Murray zu enden. Sie durfte der Mutter Oberin nicht die Genugtuung geben, sie windelweich zu schlagen, sollte ihre Flucht scheitern, dachte sie, und die Art Strafe, die Sergeant Ruane ihrer Freundin Julie verabreicht hatte, wollte sie auf gar keinen Fall hinnehmen.

Die anfängliche Reaktion der Mutter Oberin auf Bridies Sturz zur Tür war Erleichterung. Jeden Wunsch Bridies, mit ihrem kleinen Sohn vereint zu werden, hatte sie im Keim erstickt, das wusste sie. Sie war außerordentlich stolz auf ihre Fähigkeit, die verstockteste Büßerin gefügig zu machen. Und sie fand, es gäbe nur einen Weg, das zu erreichen, und das war der richtige Weg – solange sie noch jung und noch neu im Heim waren. Doch als sich Bridie von der relativen Sicherheit der Zimmertür her umdrehte und ihr diesen durchdringenden Blick zuwarf, meinte sie, eine nie gekannte Regung zu spüren, fast wie ein ängstliches Zittern. Und nicht nur das, sie hatte das Gefühl, als habe dieser Blick Gottes die Rüstung durchdrungen, die ihr Nonnenkleid, ihr heiliger Schleier, ihr Schutz war. Sie wollte unverzüglich eine Entschuldigung von Bridie für ihr Benehmen verlangen, doch irgendwie fehlte ihr die Kraft dazu. Stattdessen sank sie auf ihren wuchtigen Eichenthron zurück und gelangte zu der Schlussfolgerung, dass diese Bridie Rodgers ein durch und durch verzogenes Balg war, ein unverschämtes kleines Luder. Die Quittung dafür würde sie in den nächsten Tagen bekommen. Nach näherer Überlegung befand die Mutter Oberin, dass Bridie möglicherweise wahnsinnig war. In dem Fall musste man korrigierend eingreifen. Der Fall bedarf der Kontrolle, dachte sie und machte sich unverzüglich auf in die Wäscherei.

Bridie hatte ihren Freundinnen nicht gegenübertreten wollen und war direkt in den Waschraum gegangen, wo sie sich ein paar Minuten verstecken und ihre Gedanken sammeln konnte. Sie vergrub den Kopf in den Händen und versuchte, das Bild der Mutter Oberin aus ihren Gedanken zu verbannen: ›Früher oder später wirst du die Tatsache akzeptieren müssen, dass du dein Kind *niemals im Leben* wiedersehen wirst.‹ Mit den Fäusten hämmerte Bridie gegen die Tür der Toilette, laut sagte sie: »Diese Frau ist das pure Böse. Ich schwöre bei Gott, sie ist das pure Böse. Sie ist der Teufel.« Sie flehte zu Gott: »Bring mich jetzt hier raus, und ich schwöre, ich bitte dich nie wieder um etwas. Alles, was ich mir im Leben wünsche, ist, mit meinem Sohn wiedervereint zu werden. Er ist alles, was ich auf der Welt habe. Bitte nimm ihn mir jetzt nicht fort, denn tief im Herzen weiß ich, dass ich nichts Unrechtes getan habe. Bitte erhöre meine Gebete, und ich verspreche, ich werde eine bessere Christin sein. Ich werde hinter dem Rücken der Nonnen nie wieder was Böses über sie sagen …«

Ein sanftes Klopfen an der Toilettentür unterbrach Bridies Gebete. Sie reagierte nicht, sondern verhielt sich still wie ein Mäuschen. Es musste Schwester Stanislaus sein, die sie in den Waschraum hatte gehen sehen. Oder schlimmer, es könnte die Mutter Oberin höchstpersönlich sein. Ein zweites Klopfen war zu hören, diesmal etwas heftiger.

»Bist du das, Bridie?«

Bridie stand auf. Die Stimme war unverkennbar. Sie war erleichtert, dass es nicht Schwester Stanislaus war, aber gleichzeitig ärgerte sie sich darüber, dass Julie und die anderen Mädchen ihr nicht ein einziges Mal ein bisschen Privatsphäre lassen konnten. Es gab einfach kein Erbarmen.

Sie machte die Tür auf und tat so, als richte sie ihre Kleidung, während Julie dastand und sie mit offenem Mund anstarrte. »Bist du krank?«

Bridie trat aus der Toilette, ging an Julie vorbei und brummte säuerlich: »Nein! Ich bin nicht krank, krank sind nur die anderen.«

Sie ging direkt ins Bügelzimmer und setzte sich auf den nächstbesten Wäschekorb. Julie kam hinter ihr her, blieb neben ihr stehen und fragte: »Ja verdammt noch mal, was ist denn bloß los mit dir? Sind deine Tage vielleicht ausgeblieben oder was?«

»Gar nichts ist mit mir los, also halt jetzt den Mund, lass mich doch endlich in Ruhe und verschwinde, ja?«, sagte Bridie und sprach so laut, dass die anderen Mädchen im Raum mit der Arbeit aufhörten und neugierig herüberschauten.

»Sag du mir nicht, dass ich den Mund halten soll. Ich sehe doch, dass irgendwas los ist. Aber das musst du ja nicht an mir auslassen. Das ist doch ganz klar, dass irgendwas los ist, du siehst ja aus wie ein Gespenst.«

»Oh, verdammt, ich kann das nicht mehr hören, dass du mir dauernd sagst, wie ich aussehe«, antwortete Bridie heftig, sprang von dem Wäschekorb auf und fing an, hin und her zu gehen, die Arme hatte sie fest vor der Brust verschränkt. »Ich bin so blass! Ich bin krank! Ich bin mager! Und jetzt bin ich wie ein Gespenst«, jammerte sie und riss die Arme hoch. »Also du würdest auch wie ein Gespenst aussehen, wenn ›Ihre königliche Hoheit‹ dir gesagt hätte, dass du deinen Sohn nie mehr wiedersehen wirst.«

»Meinst du die Mutter Oberin?«, fragte Julie und senkte die Stimme, während sich Bridie wieder setzte und versuchte, einen klaren Kopf zu bekommen. Sie wünschte nur, sie könnte weglaufen oder sich in irgendeinem Erdloch verkriechen und müsste nicht so viele dumme Fragen beantworten.

»Wen denn sonst! Natürlich meine ich diese Hexe, die Mutter Oberin.«

»Aber, Kindchen, du hättest mir erzählen müssen, was du vorhast ...«, meinte Julie zögerlich, »hättest kein Geheimnis draus machen dürfen.«

»Ach, sei doch still, ein Geheimnis war das nicht, und ich hatte auch nichts Bestimmtes vor. Außerdem, du hast gut reden. Du bist doch selber weggelaufen und hast keinem was davon gesagt«, fauchte Bridie ärgerlich.

Inzwischen hatten sich immer mehr Mädchen um sie versammelt, weil sie hören und sehen wollten, was da vor sich ging. Sie wussten, es musste etwas Schwerwiegendes vorgefallen sein, dass Bridie so aufgebracht war, denn normalerweise war sie so ruhig – viel zu ruhig und höflich, dachten sie oft, als gut für sie gewesen wäre.

»Was ist denn los?« Lilly gesellte sich zu der kleinen Gruppe dazu.

»Die haben ihr gerade gesagt, dass sie ihren Sohn nie mehr wiedersehen wird. Diese gefühllosen Weiber«, sagte Julie und gab sich alle Mühe, mitfühlend zu klingen. »Waschen, waschen, waschen, bis uns die Hände abfallen, mehr haben diese Hexen doch nicht im Sinn.«

»Und noch mehr Geld für den Arsch von einem Bischof«, meinte Josephine Finn.

»Ich weiß«, sagte Lilly nachdenklich, »das ist furchtbar. Die lassen keine von uns raus zu ihrem Kind, und auch die Kinder dürfen nicht hier rein, um ihre Mütter zu besuchen. Weißt du, ich glaube, ich wäre lieber im Gefängnis, als in dieser Bude bis ans Ende meines Lebens zu versauern. Wenn wir im Gefängnis wären, wüssten wir wenigstens, wie lange wir drin bleiben müssen.«

Kaum hatte Lilly zu Ende gesprochen, da erschienen die Mutter Oberin und Schwester Philomena an der Tür. Sofort drehten sich die Mädchen um und zerstreuten sich, gingen zurück an ihren Arbeitsplatz, außer Bridie, die trotzig auf einem Wäschekorb sitzen blieb.

»Mädchen! Was soll denn das? Was geht denn hier vor?«

Doch die Mädchen hatten sich schon eifrig über ihre Bügelbretter gebeugt.

»Mädchen!«, rief die Mutter Oberin. »Kommt sofort hierher!«

Die Mädchen sahen sich an, ehe sie kollektiv entschieden, es sei besser, nach vorn zu kommen.

»Also, was soll das hier? Was kann so wichtig sein, dass ihr euch alle um Bridie Rodgers scharen müsst, die ganz offensichtlich die Rädelsführerin dieses Affentheaters ist? Also, was ist los?«, fragte die Mutter Oberin, als die Mädchen vor ihr standen, den Kopf beschämt gesenkt, da man sie überrascht hatte.

»Mädchen! Seht mich an, wenn ich mit euch spreche! Erweist mir ein wenig Respekt.«

Langsam schauten sie hoch, während ein paar andere von nebenan hinter der relativen Sicherheit eines Vorhangs voller Schadenfreude zusahen.

»Also, welche von euch prachtvollen jungen Frauen hat eben gesagt, sie wäre lieber im Gefängnis als hier?«

Die Mädchen waren vollkommen verblüfft angesichts des ausgezeichneten Gehörs der Mutter Oberin. Sogar Bridie, die stumm blieb, staunte darüber, dass die Mutter Oberin jedes einzelne Wort genau gehört hatte.

»Also, Mädchen?«, wiederholte die Mutter Oberin, diesmal in etwas gemäßigterem Ton, aber doch mit einer Spur Boshaftigkeit in der Stimme.

Die jungen Frauen schwiegen, keine traute sich, es zuzugeben, denn sie wussten, die Strafe würde auf dem Fuße folgen. Wenn man dagegen der Mutter Oberin verriet, wer die Anstoß erregende Bemerkung gemacht hatte, könnte man sich eine erheblich mildere Strafe sichern als die übrigen Schuldigen. Doch in der Hierarchie der Frauen im Magdalene-Heim wäre man tief nach unten gerutscht. Eine Freundin oder Kollegin zu verpfeifen galt als das Übelste überhaupt und zog für gewöhnlich die Konsequenz nach sich, dass die Betreffende dauerhaft ausgeschlossen und wie eine Aussätzige behandelt wurde. Wie Peggy Neary, die alle verabscheuten, weil sie der Liebling der Nonnen war und alle verpetzte.

»So ist das, ihr habt also offenbar alle beschlossen, mustergültige junge Damen zu werden und ein Schweigegelübde abzulegen, wie interessant«, sagte die Mutter Oberin sarkastisch. »Na, wir werden ja sehen, wie lange das anhält. Vielleicht wollt ihr euer Schweigen ja gern als Buße für eure Sünden darbringen. Von diesem Augenblick an bekommt ihr weder zu essen noch zu trinken. Schwester Philomena wird das Fasten überwachen, und wenn ihr reden wollt, wird sie mich nur zu gern von eurer Bußwilligkeit unterrichten.«

Als Schwester Philomena ihren Namen hörte und begriff, dass sie diese Regel in Kraft setzen sollte, zuckte sie verlegen zusammen. Als Novizin hatte sie Jahre damit zugebracht, im Seminar auf ihre Vorgesetzten zu hören, die Gottes Wort predigten, hatte gelernt, sich als Gottes Ebenbild zu sehen, während sie die Sprache von Respekt und allgemeinem Anstand verinnerlichte. Sie hatte gelernt, sich jederzeit würdevoll und sittsam zu betragen, nur um schließlich im Magdalene-Heim zu landen und zu sehen, dass die Mutter Oberin selbst sich wie ein wahrer Tyrann verhielt. Nur allzu deutlich erinnerte sie sich noch an ihren ersten Tag. Sie war schockiert über die unmenschliche Art und Weise, in der die Insassinnen behandelt wurden. Sie alle hatten diesen übellaunigen Blick der Verzweiflung, dachte sie, und in ihren Schlafsälen hing ihr muffiger Körpergeruch.

Und nun bat ihre Vorgesetzte sie, an der Bestrafung der Mädchen teilzunehmen. Sie durfte sich auf diese Weise nicht benutzen lassen, dachte sie. Sie sollte jetzt lieber etwas sagen, sonst vermuteten die Mädchen noch, sie sei mit dem Ganzen einverstanden. Sie brauchte Zeit zum Nachdenken, wagte aber nicht, der Mutter Oberin zu widersprechen, denn die hatte sie in der Vergangenheit bereits einmal dafür getadelt, dass sie gewisse Anweisungen nicht haargenau so ausgeführt hatte, wie erteilt.

»Wie Sie wünschen, ehrwürdige Mutter. Ich sperre sie dann jetzt in ihre Schlafsäle«, erwiderte Schwester Philomena, denn sie wusste, dass sie es so den Mädchen wenigstens ersparen würde, wieder an die Arbeit zu müssen, und dass sie außerdem Gelegenheit hätte, ihnen später etwas zu essen hineinzuschmuggeln.

»Aber mitnichten, Schwester Philomena! Sie sollen für ihren Ungehorsam bezahlen, indem sie genau hier in der Wäscherei weiterarbeiten, wo ich sie im Auge behalten kann«, entgegnete die Mutter Oberin.

Als Bridie hörte, dass ihre Freundinnen bestraft werden sollten, weil sie es gewagt hatten, sich nach ihrem Wohlergehen zu erkundigen, sprang sie vom Wäschekorb und trat vor. In diesem Moment waren ihr sämtliche Nonnen der Grafschaft Galway egal, also rief sie dreist: »Ehrwürdige Mutter. Ich glaube kaum, dass es eine Rolle spielt, wer was gesagt hat, denn ich weigere mich weiterzuarbeiten, bis man mir sagt, wann ich John Paschal sehen kann.«

Die beiden Nonnen, die sich bereits umgedreht hatten und dabei waren, den Raum zu verlassen, blieben stehen, drehten sich um und sahen sie verblüfft an, während Julie ebenfalls zögerlich ein paar Schritte vortrat und krächzte: »Ja … ich finde, sie sollte ihren Sohn sehen dürfen … und zwar wann immer sie will.«

Auch Lilly rief: »Jawohl! Sie sollte ihren Sohn sehen dürfen.«

Schnell trat die Mutter Oberin vor und versetzte Julie Murray eine derbe Ohrfeige. »Wie kannst du es wagen, meine Autorität in Frage zu stellen!«

Klatsch! Klatsch! Und wieder holte sie aus, doch Josephine trat vor, um ihre Freundin zu unterstützen. Mit der Hand holte sie aus und schlug zu, doch sie erwischte nur den Schleier, während sie schrie: »Wie können Sie es wagen, meine Freundin so zu schlagen … Sie Hexe!«, und wieder und wieder schlug sie mit ihren kleinen Fäusten zu.

»Und wie können Sie es wagen, mir zu verbieten, meinen Sohn zu sehen«, brüllte Bridie, als sie Josephine zu Hilfe eilte.

Die Mutter Oberin sah das Feuer in Bridies Augen lodern und wusste, sie würde jetzt keine Ruhe geben. Bridie war weitaus gefährlicher, als sie angenommen hatte, eine Unruhestifterin, sie erkannte die Anzeichen deutlich. Bridie war in der Lage, einen Streik zu organisieren, wie es andere vor ihr im Lauf der Jahre immer wieder versucht hatten. Zum Glück hatte sie die Mädchen bei jenen seltenen Gelegenheiten stets austricksen können, indem sie ein oder zwei Informanten in ihre Mitte gesetzt hatte. Jetzt würde sie einstweilen nachgeben müssen und zu ihrer bevorzugten Taktik des ›Teile und Herrsche‹ Zuflucht nehmen.

Sie warf Schwester Philomena einen Blick zu und sah, dass sie vollkommen ruhig dagestanden hatte, die Hände hatte sie in die ordentlichen Falten ihrer langen Ärmel geschoben, so als sei nichts passiert. Wie in Gottes Namen, so fragte sich die Mutter Oberin, hatte dieses naive Ding nur ihre ewigen Gelübde ablegen können? Sie war zu nichts zu gebrauchen. Zu überhaupt nichts zu gebrauchen. Da sie sich sehnlichst ihre Unterstützung wünschte, die allerdings nicht kam, schaffte die Mutter Oberin es, sich ein wenig zu fassen, ehe sie Bridie und den übrigen Mädchen antwortete: »Nun gut, ihr wollt es also nicht anders. Schwester Philomena und ich werden die Angelegenheit fürs Erste auf sich beruhen lassen, aber macht euch darauf gefasst, Mädchen, dass ich mich später um die Sache kümmern werde. Einstweilen zurück mit euch an die Arbeit.«

Schnell drehte sie sich um und verließ gefolgt von Schwester Philomena den Raum. Sie wusste nur zu gut, dass die Mädchen es als Triumph für sich verbuchen konnten, ihr derartig begegnet zu sein, ganz zu schweigen von dem körperlichen Angriff auf ihre Person. Aber noch können sie nicht ahnen, dachte sie, dass sie alle einen wahrhaft hohen Preis zahlen würden. Vor allem diese Rodgers-Göre.

Als Schwester Philomena begriff, dass die Mädchen sie davor bewahrt hatten, zur Vollstreckerin des Urteils der Mutter Oberin zu werden, empfand sie Erleichterung. Noch konnte sie nicht ahnen, dass die Mutter Oberin ganz andere Dinge im Sinn hatte, als sie sie später am Nachmittag auf eine Tasse Tee in ihr Büro bat.

»Danke, dass Sie gekommen sind, Schwester. Setzen Sie sich doch«, sagte die Mutter Oberin, ehe sie sich bekreuzigte und den Kopf neigte, als die beiden die Hände zum Gebet falteten: »Gesegnet seist du, o Herr, und all deine Gaben, die wir durch Christus, unseren Herrn, empfangen werden. Amen.«

»Amen.«

»Ich musste gerade daran denken, Schwester«, fing die Mutter Oberin an, während sie Tee in ihre hellen Lieblingstassen mit dem Goldrand einschenkte, »dass Sie inzwischen schon eine ganze Weile bei uns sind. Ich weiß, das hier ist etwas ganz anderes, als das, was Sie bisher gewöhnt waren. Kinder zu unterrichten ist weit einfacher, nehme ich an. Aber ich wünschte, Sie könnten diesen ungebärdigen Mädchen ein wenig mehr Unterstützung angedeihen lassen, etwas mehr Interesse an ihrem Wohlergehen im Allgemeinen zeigen.«

»Es tut mir leid, ehrwürdige Mutter, wenn ich in meinen Pflichten versagt habe«, antwortete Schwester Philomena, legte die Hände in den Schoß und ließ den Kopf ein wenig hängen, während sie darauf wartete, zum Trinken aufgefordert zu werden.

»Du meine Güte, meine Liebe, Sie haben durchaus nicht versagt. Sie sind vielleicht ein wenig lax gewesen, aber versagt? Nein. Hier, bitte, nehmen Sie ein Plätzchen«, fügte die Mutter Oberin hinzu und schob den kleinen, dekorativen Teller in Schwester Philomenas Richtung. »Versagen ist etwas, das wir, die Schwestern der Barmherzigkeit, im Magdalene-Heim nicht dulden werden. Es ist meine Pflicht als Ihre Vorgesetzte, Ihnen den Unterschied zwischen Richtig und Falsch beizubringen. Und nun sagen Sie mir, Schwester, was halten Sie von Bridie Rodgers?«

Die Frage kam so unerwartet, dass Schwester Philomena kurz innehielt, ehe sie den Kopf senkte und antwortete. »Tut mir leid, ich kenne sie nicht sehr gut«, sagte sie aufs Geratewohl, für den Fall, dass man sie bezichtigen wollte, allzu vertraut mit den Mädchen zu sein.

»Das mag ja sein, aber Sie haben ihr Benehmen heute gesehen.«

»Ich dachte, es ging ihr vielleicht nicht gut, womöglich hat sie Depressionen«, antwortete Schwester Philomena in der Annahme, dass die Mutter Oberin das hören wollte, weshalb sie ihr beim Sprechen auch direkt in die Augen sah.

»Was für eine gute Beobachtungsgabe, Schwester. Sehen Sie mal an! Sie haben das Potenzial zu einer guten Analytikerin und Therapeutin. Ganz bestimmt geht es Bridie Rodgers nicht gut. Um Depressionen handelt es sich dabei allerdings nicht, sondern um *Wahnsinn*«, meinte die Mutter Oberin vertraulich, während sie sich vorbeugte, um ihren Worten Nachdruck zu verleihen, »und *Wahnsinn* in den Mauern einer Zufluchtsstätte wie der unseren ist höchst ansteckend und muss unverzüglich ausgemerzt werden. Das heute war ein sehr gutes Beispiel dafür, wie eine Gruppe bemitleidenswerter Büßerinnen die Kontrolle über die gesamte Einrichtung erlangen kann, über die Kirche, das Kloster, die Wäscherei, und alles in ein einziges Irrenhaus verwandelt – ein reiner Witz, das Ganze. Deshalb müssen wir ständig auf der Hut sein und auf die eigentlichen Motive der Mädchen achten. Es ist Gottes Wille, dass Büßerinnen wie Bridie Rodgers in den sicheren Gewahrsam einer psychiatrischen Anstalt verbracht werden, und ganz genau dasselbe gilt für diejenigen unter ihren Freundinnen, die ihr bei ihren unvernünftigen Forderungen Beistand geleistet haben. Daher möchte ich, dass Sie vor allem Bridie Rodgers gut im Auge behalten, und sollte sie weiterhin darauf bestehen, ihren Sohn sehen zu dürfen, bleibt mir keine andere Wahl, als sie unverzüglich nach Ballinalsoe einweisen zu lassen.«

Bestürzt weiteten sich Schwester Philomenas Augen, als sie das hörte. Schwester Philomena war einfach zu sanft und zu milde für den Umgang mit ihren Schutzbefohlenen. Und deshalb würde sie Bridie auch darüber informieren, dass sie bis an ihr Lebensende in eine Anstalt eingewiesen werden sollte. Diese Nachricht würde Miss Rodgers sicherlich den Wind aus den Segeln nehmen, denn sie war nicht dumm, oh nein, dumm war sie nicht, dachte die Mutter Oberin.

Schwester Philomena verließ das Büro der Mutter Oberin, fest entschlossen, Bridie zu warnen. Bridie konnte nicht wissen, dass ihre Chancen auf ein Wiedersehen mit ihrem Sohn gleich null waren, hatte man die Mutter erst einmal in eine Anstalt eingewiesen.

Die Mädchen waren ganz außer sich vor Aufregung über ihren Erfolg. Und zwar so sehr, dass sie kaum noch arbeiteten. Stattdessen wählten sie alle paar Minuten einen neuen Beobachtungsposten zur Bewachung der Tür, um in Ruhe Josephines Gesangs- und Tanzdarbietung zu genießen und in aller Offenheit über ihre Pläne zur Erlangung der Freiheit zu sprechen. Wenn sie weiterhin in diesem Tempo handelten, würden sie alle im Nu freikommen, dachten sie, denn jetzt hätten die Nonnen Angst vor ihnen. Alle hundertfünfzig Mädchen würden sich zusammentun, und wenn man ihnen nicht unverzüglich die Freiheit gewährte, wollten sie in Streik treten. Aber vorerst waren sie mehr an Josephine Finns Witzen interessiert, denn lauthals sang sie ein Lied darüber, dass sie ungeachtet aller Widrigkeiten ihren Weg gehen wollte, während sie ein Paar lange Unterhosen hin und her schwenkte. Die Mädchen packten einander und wirbelten zur Melodie von Josephines Lied im Raum herum.

Dann sprang Josephine auf einen Wäschekorb und fing an, die Mutter Oberin nachzumachen. »So ist das, ihr habt also offenbar alle beschlossen, mustergültige junge Damen zu werden und ein Schweigegelübde abzulegen, vielleicht wollt ihr euer Schweigen ja gern als Buße für eure Sünden darbringen. Besonders du, Bridie Rodgers, so weiß wie Schnee. Oder du, Mac Alastair, denk an Mick in jener Nacht, in der du ihn zum Narren gemacht. Oh, was für ein Bild für die Götter im Himmel, du machst ihm den Hosenstall auf, und heraus hüpft sein kleiner Pimmel.«

Mitten in dem johlenden Gelächter rief auf einmal der Posten: »Die Schwester! Schnell!«

»Die kann mich mal am Arsch lecken«, sagte darauf Josephine laut, während sie die Hände faltete und den Kopf neigte wie im Gebet.

»Ich glaube, es ist die Mutter Oberin!«, zischte der Posten. Aber es war falscher Alarm, das Mädchen war nervös durch das viele Herumgejohle und Herumgehüpfe und hatte Angst vor Strafe, wenn man sie wieder ertappte. Nicht alle hatten Vertrauen in den neuen Freiheitsdrang der Büßerinnen.

KAPITEL 10

Die Ankündigung der Mutter Oberin, dass Bridie ihren Sohn nie im Leben wiedersehen würde, hatte sie anfangs schockiert, doch allmählich wandten sich ihre Gedanken mehr und mehr der Flucht zu. Im Bügelzimmer ließ sie sorgsam das Dampfbügeleisen über den Ärmel eines Hemds gleiten und dachte, sie könne vielleicht einfach wegrennen oder über die Mauer klettern. Der Gedanke erregte und ängstigte sie zugleich, denn tief in ihrem Innern glaubte sie nicht, die Mutter Oberin würde ihrer Bitte entsprechen. Sie musste also fliehen. Doch Flüchten war die eine Sache, draußen bleiben eine ganz andere.

Tja, und wenn ich nun morgen oder nächste Woche rauskomme, dachte sie, was dann? Wohin soll ich denn? Im Ganzen habe ich acht Pfund, genug, um mir eine Weile etwas zum Essen und zum Anziehen zu kaufen. Aber wenn ich nach Dublin oder nach England gehe, was ja offensichtlich alle so gern wollen, dann kostet mich das ein Vermögen. Und außerdem wäre ich da viel zu weit weg von John Paschal.

Sie musste immer wieder an ihn denken. Sie griff in ihre Bluse und holte das kleine Täschchen heraus, das um ihren Hals hing und in dem sie die goldene Haarsträhne und das einzige Foto aufbewahrte, das sie von ihrem Sohn hatte. Eine ganze Weile betrachtete sie seine freundlichen Gesichtszüge und die Locke, die sie jetzt in der Hand hielt. Sie wusste immer noch nicht, wer das Foto geschickt hatte, denn in St. Mary's hatte nie jemand auf ihre Briefe geantwortet.

Sie bügelte weiter und versuchte verzweifelt, ihre Flucht zu planen, als unerwartet Schwester Philomena den Raum betrat. Sie kam direkt zu Bridies Tisch und fing an, ihre Arbeit zu überprüfen. Währenddessen schaute sie sich flüchtig um, ehe sie Bridie zuflüsterte: »Ich will dich warnen. Wegen dem, was gestern passiert ist, bist du in großer Gefahr.«

Sie inspizierte weiter Bridies Arbeit und warf wieder einen prüfenden Blick in die Runde, um sicherzustellen, dass von den anderen Arbeiterinnen keine sie hörte, ehe sie hinzufügte: »Möglicherweise bringt man dich ohne Vorwarnung weg von hier und weist dich an einem weit schlimmeren Ort ein, wenn du nicht sofort Abstand nimmst von deinen Forderungen. Du darfst unter keinen Umständen noch einmal darum bitten, deinen Sohn zu sehen, und du darfst dich auch nicht auf einen Streik einlassen.«

Diese Worte klangen in Bridies Ohren nach, als Schwester Philomena genauso geheimnisvoll wieder verschwand, wie sie aufgetaucht war. Ehe sie noch erfassen konnte, was ›ein weit schlimmerer Ort‹ bedeuten mochte, war schon alles Blut aus ihrem Gesicht gewichen, und sie dachte, sie würde jeden Moment in Ohnmacht fallen. Sie gab sich alle Mühe, ihr Gleichgewicht zu halten, ging zu ihrer Freundin am anderen Ende des Raums und bat: »In Gottes Namen, Lilly, hast du eine Kippe für mich? Ich habe gerade etwas Furchtbares erfahren.«

Überrascht sah Lilly auf. »Was ist denn los mit dir? Siehst aus wie ein Gespenst«, sagte sie und fischte in ihren Taschen nach einer Zigarette.

»O Gott, ich weiß auch nicht, ich glaube, ich bin in Schwierigkeiten. Versprichst du mir, dass du nach der Arbeit gleich zu mir kommst und ich dir dann alles erzählen kann?«

»Ja, sicher! Sicher! Das mache ich doch immer, oder?«, erwiderte Lilly, als sie Bridie den verknitterten, schwärzlichen Stummel einer Woodbine-Zigarette gab. »Da! Und rauch nicht gleich die ganze. Das ist meine letzte«, fügte sie hinzu, als Bridie davoneilte.

Lilly sah auf die Uhr und dachte: Wozu will dieses Herzchen um diese Zeit eine Zigarette? In einer halben Stunde haben wir ja wohl Schluss, oder?

Als sie mit der Arbeit fertig war, ging sie in den Schlafsaal und fragte Bridie: »Na, was hast du mir zu erzählen? Was gibt es denn für ein tolles Geheimnis?«, als Bridie und sie die Kattunkleider ablegten.

»Die Nonnen drohen damit, dass sie mich wegsperren wollen. Schwester Philomena hat mich heute Nachmittag gewarnt. Sie hat gesagt, die schicken mich womöglich an einen weit schlimmeren Ort, wenn ich noch mal Ärger mache oder darum bitte, John Paschal sehen zu dürfen.«

»Ist das dein Ernst?«, sagte Lilly und sah Bridie ungläubig an.

»So wahr Gott mein Zeuge ist! Das hat sie wirklich gesagt. Und ich habe solche Angst, dass das stimmen könnte. Was fange ich denn bloß an, wenn sie mich nach Ballinalsoe schicken?«

»Nach Ballinalsoe! Lieber Himmel, das werden sie nicht tun, oder? Ist Schwester Philomena nicht eine von denen? Wieso sollte sie dich warnen? Wieso sollte ihr das was ausmachen?«

»Ich weiß, dass Schwester Philomena eine von denen ist, aber vielleicht tun wir ihr ja leid. Ist dir nicht aufgefallen, dass sie gestern keinen Finger gerührt hat, um die Mutter Oberin zu unterstützen? Also muss sie auf unserer Seite sein. Weshalb sonst sollte sie mich warnen?«

»Ach, Bridie, die schicken dich schon nicht weg! Das können die gar nicht!«, sagte Lilly nachdenklich und setzte sich auf Bridies Bett. Bei dem bloßen Gedanken daran, dass die Nonnen eine derartige Macht über sie alle hatten, schlich sich ein verzweifelter Unterton in ihre Stimme.

»Ich weiß nicht. Herrje, die schicken mich doch nicht nach Ballinalsoe, oder?«, sagte Bridie flehentlich, da sie allmählich Angst bekam.

Lilly versuchte, sie zu trösten. »Nein. Nein! Ich glaube nicht, dass die das machen, nur, weil du gebeten hast, dein Kind sehen zu dürfen. Jeder weiß doch, dass Ballinalsoe nur was für die echt Irren ist.«

Doch kaum hatte Lilly das gesagt, begriff sie, dass sie damit angedeutet hatte, Bridie könne solch eine Irre sein. Und gleichzeitig dachte sie, dass die Nonnen und Priester einfach alles fertigbrachten. Hatten sie nicht die arme Julie ins Heim gesteckt, weil sie ein bisschen wild war oder so? Und Josephine Finn, weil sie sich in einen Protestanten verliebt hatte? Und sie selber, weil sie gern den Jungs hinterherguckte? Und wenn die Priester einen einfach so, wegen nichts, wegsperren konnten, dann brachten sie alles fertig, dachte sie.

Josephine und Julie kamen von ihrer Arbeit zurück und freuten sich, dass sie wieder einmal einen langen Tag hinter sich gebracht hatten. Kaum waren sie zur Tür herein, da belagerten Bridie und Lilly die beiden auch schon und unterrichteten sie über die jüngste Entwicklung. Und als Julie gefragt wurde, wie man damit am besten umgehen sollte, wusste sie nichts zu sagen. Sie sei im Grunde nicht für einen Streik, erklärte sie, denn womöglich fänden die Nonnen raus, dass sie Bridie geholfen habe, und dann würden die sie selbst einweisen. Sie war schon einmal geflohen und hatte einen hohen Preis dafür bezahlt. Außerdem betrachte die Mutter Oberin sie inzwischen als wertvolle Arbeitskraft und belohne sie von Zeit zu Zeit mit einer halben Crown. »Wie sollen wir denn streiken?«, kicherte sie nervös. »Was können wir denn schon anderes tun als weiterarbeiten und zum Herrgott beten, dass irgendein alter Esel uns hier rausholt.«

»Hier kommen wir nur in einer elenden Kiste raus, anders nicht«, sagte Josephine resigniert.

»Herrgott im Himmel«, sagte Bridie und sah Josephine verblüfft an. »Das ist es! Unsere Flucht! Wir verstecken uns in einem der Wäschekörbe.«

»Ja, das ist eine tolle Idee«, sagte Josephine. »Dann können wir alle zusammen raus.«

»Ach, ihr Herzchen, wir wären nicht die Ersten, die das versuchen. Und überhaupt, wir würden doch bestimmt ersticken. Ein junges Mädchen ist gestorben. Die hat versucht, so rauszukommen. Die haben alle Kleider auf sie draufgeworfen. Und genau deshalb werde ich verdammt noch mal nicht versuchen, auf die Art zu fliehen«, sagte Julie bestimmt. »Und überhaupt, wir wären zu schwer. Die Jungs würden das merken, sobald sie versuchen, die Körbe anzuheben. Und die Nonnen passen immer gut auf, seit ein Mädchen einmal erwischt wurde, wie sie einen der Fahrer küsste. Die haben die ganz bestimmt nach Ballinalsoe geschickt, denn kein Mensch hat mehr was von der gesehen. Herrje, ich hätte nichts dagegen, einen von den Männern zu küssen, wenn ich so nur rauskäme«, fügte sie nachdenklich hinzu. »Für dich, Bridie, und für Josephine wäre das ja in Ordnung, aber ich hätte doch keine Chance. Es braucht drei Männer, um mich hochzuheben.« Bei dem Gedanken daran musste Julie lachen.

»Was ist denn hier los? Was ist das denn für eine Aufregung?«, wollte die neugierige Peggy Neary wissen, als sie sich ihnen leise näherte.

»Kümmere dich um deine eigenen Angelegenheiten. Mach, dass du wegkommst!«, fauchte Lilly sie an, die sich darüber ärgerte, dass Peggy immer zu den unpassendsten Zeiten ihre Gespräche zu belauschen schien.

Doch Peggy blieb hartnäckig. »Tja, lasst euch durch mich nicht stören.« Und damit machte sie Lilly nun wirklich wütend.

»Na los. Hau ab! Wir wollen dich hier nicht haben.«

»Ja, verschwinde!«, pflichtete Julie Lilly bei, von der sie wusste, dass sie Peggy mehr als sonst jemanden auf der Welt verabscheute.

»Nein, ich denke ja gar nicht dran! Ich kann hingehen, wohin ich will. Das ist ein freies Land«, sagte Peggy trotzig, während sie versuchte, sich auf die andere Seite von Bridies Bett zu setzen, denn sie wusste, Bridie würde sich da nicht einmischen.

Plötzlich packte Lilly Peggy an den Haaren, brüllte und zog sie auf den Boden, und im nächsten Moment traten und prügelten sie aufeinander ein. In einem Chor von Pfiffen und Buhrufen klammerten sich die beiden aneinander, zogen sich an den Haaren und beschimpften sich.

Bridie, Julie und Josephine sprangen auf. Die beiden schlugen sich immer noch, und nach und nach versammelte sich eine wahre Menschentraube um sie, als Schwester Stanislaus an der Tür zum Schlafsaal erschien und ihre schwere Bronzeglocke ertönen ließ. Sie hatte sie auf frischer Tat bei ihrer Prügelei ertappt.

Feierlich sah sich Schwester Stanislaus in dem großen Schlafsaal um, und sie wirkte bekümmert, als sie zu sprechen begann. »Hört her, Mädchen, ich habe eine traurige Nachricht zu überbringen.« Wieder ließ sie die Glocke ertönen, um sich Gehör zu verschaffen. Sie sah Peggy und Lilly direkt an und sagte dann offensichtlich enttäuscht: »Einige von euch bringen Schande über den guten Namen des Magdalene-Heims. Es macht mich traurig, sagen zu müssen, dass ihr keinen Deut besser seid als ein Rudel wilder Tiere.« Nach einer langen Pause sah sie sich noch einmal schweigend im Raum um, neigte kaum merklich den Kopf und sagte: »Ich möchte, dass ihr heute alle für die Seele von Catherine Kelly betet, die Gott an seine Seite berufen hat. Gerade eben ist sie friedlich im Schlaf gestorben.«

Ein hörbares Aufatmen ging durch die Menge, als sich die Büßerinnen wie in einer Kettenreaktion bekreuzigten und deutlich vernehmbar murmelten: »Gott erbarme sich ihrer Seele«, und ganz plötzlich lösten sich all ihre Sorgen und Nöte in Luft auf.

Schwester Stanislaus rang um Fassung und fuhr fort: »Catherine Kelly war eine treue und zuverlässige Dienerin der Schwestern der Barmherzigkeit. Die Mutter Oberin und ich möchten, dass ihr alle uns heute Nacht bei unseren Gebeten für ihre Seele unterstützt. Möge sie in Frieden ruhen, Amen.«

»Amen.«

Catherine Kelly war eine ältere Büßerin, die den größten Teil ihres Lebens im Magdalene-Heim verbracht hatte. Seit einiger Zeit schon lag sie auf der Krankenstation, und ihr Tod kam nicht gänzlich unerwartet. Doch der bloße Gedanke, dass jemand mitten unter ihnen gestorben war, schnürte Bridie beinahe die Luft ab, während sie der Schwester weiter zuzuhören versuchte.

»Die ehrwürdige Mutter Oberin und die anderen Schwestern werden alle da sein und die Gebete anführen. Wir möchten, dass all ihre Freundinnen und Kolleginnen sich in Zehnergruppen zusammenfinden. Jede Gruppe soll eine Stunde an ihrem Bett beten. Die Beerdigung wird übermorgen nach der Zwölf-Uhr-Messe stattfinden, auf dem Friedhof der Büßerinnen. *Deo gratias.*«

Dann drehte sie sich um und wollte den Raum verlassen, als Peggy Neary zu ihr hinlief und sagte: »Schwester Stanislaus, mein Benehmen vorhin tut mir so leid. Lilly war schuld. Sie wollte mich nicht mit zu ihren Freundinnen lassen. Wenn es irgendwas gibt, das ich tun kann – ich helfe gern.«

Nachdenklich verzog Schwester Stanislaus den Mund, dann antwortete sie: »Wie nett von dir, Peggy. Vielleicht betest du ja fünfzehnmal den Rosenkranz für Catherines Seelenheil.«

Als sie Bridie und Josephine am Fenster zusammen stehen sah, ging sie zu ihnen und fragte höflich: »Josephine, würdest du so nett sein und bei der Trauermesse singen? Und du Bridie, dich hätte ich gern im Chor.«

Die beiden Mädchen konnten ihr Glück kaum fassen. Beide antworteten leise: »Es ist uns eine Ehre, Schwester.« Und als Schwester Stanislaus den Raum verließ, empfanden sie tiefe Befriedigung darüber, dass wenigstens fürs Erste eine andere im Mittelpunkt der Aufmerksamkeit stand.

Es war knapp zwei Wochen vor Weihnachten. Bridie und Josephine drehten ihre üblichen Runden, spazierten über den ausgetretenen Pfad auf dem Gelände des Magdalene-Heims und sprachen über das Auf und Ab des Lebens, als Bridie unerwartet sagte: »Ich habe nie gehört, dass du über Träume sprichst. Glaubst du nicht an Träume?«

»Oh doch! Allerdings! Ich träume die ganze Zeit. Aber meist ist das ganz furchtbar, ich träume von Streit zu Hause und so. Aber am schlimmsten sind meine Träume von Cathal. Denk dir nur, er hat mir kein einziges Mal geschrieben, keinen einzigen meiner Briefe beantwortet, meine Eltern übrigens auch nicht. Wieso fragst du?«

»Ach, einfach nur so. Ich träume nämlich auch ziemlich viel. Aber es gibt tatsächlich Zeiten, in denen ich an meine Träume glaube, dann weiß ich, dass etwas Gutes oder Schlimmes passieren wird. Du weißt doch, ich habe am Dreizehnten Geburtstag, und neulich Nacht habe ich geträumt, ich würde meinen Sohn am Dreizehnten wiedersehen. Ich weiß aber den Monat nicht. Ich weiß nicht, ob es der dreizehnte Januar sein wird. Der dreizehnte Dezember kann es ja nicht sein, denn der ist schon vorbei. Also habe ich gedacht, ich sehe ihn vielleicht im Januar. Und weißt du was, das ist schon das zweite Mal, dass ich diesen Traum habe, seit ich hier bin. Ich habe keine Ahnung, was das alles zu bedeuten hat, aber ich habe das Gefühl, dass die Dreizehn meine Glückszahl ist.«

»Schön für dich! Ich scheine keine Glückszahl zu haben«, erwiderte Josephine niedergeschlagen.

»Ach, sei nicht albern. Jeder hat doch eine Glückszahl«, sagte Bridie und fasste Josephine tröstend am Arm. »Manchmal ist das aber schwer zu sagen. Ich weiß nicht genau, wie ich es ausdrücken soll, auch wenn ich das deshalb überhaupt erst erwähnt habe, aber ich habe letzte Nacht einen so herrlichen Traum von dir gehabt.«

»Von mir!«, unterbrach Josephine sie.

»Ja, und der Traum war kristallklar, wenn auch ziemlich merkwürdig. Du hast so wunderschön ausgesehen – wie ein richtiger Engel.«

»Ach, komm schon, hör doch auf, mich zu veralbern!«, sagte Josephine und gab Bridie einen Klaps auf die Schulter. Dann begannen sie ihren Rundgang zum zehnten Mal.

»Ehrlich wahr, Josephine! Großes Ehrenwort! Du warst in der Wäscherei und hast gesungen. Aber sonst schien keiner da zu sein, und dann kam dieser Mann und hat dir lange zugesehen. Da waren Wolken und so was – eine Art Nebel im Hintergrund, und haufenweise Nonnen oder Engel, die für dich gebetet haben. Na, jedenfalls, diesen Mann habe ich ganz deutlich gesehen. Er hat gesagt, du hättest eine Stimme wie ein Engel und dass er dich fortholen würde und dass du berühmt würdest. Aber er hatte was ganz Seltsames an sich. Er wollte dich nur für sich allein.

Ich stand dabei und sah zu. Es war so klar wie der helllichte Tag. Ich habe sogar mich selber in dem Traum gesehen, wie ich euch zwei beobachtete. Aber am seltsamsten war, dass ich auch seine Gedanken lesen konnte, und wenn er auch deinen Gesang bewunderte und an jeder Note hing, die du gesungen hast, hat er in Wirklichkeit nur auf deinen Körper geguckt. Er wollte dich unbedingt ganz für sich allein haben …«

»Oh Bridie! Das klingt ja furchtbar! Hör auf. Du machst mir ja Angst.« Josephine schüttelte sich, als sie die kalte Winterluft zu spüren begann. »Weshalb musstest du mir das erzählen? Hättest du mir nicht was Schönes sagen können? Zum Beispiel, dass es Cathal Swanick war oder so was?«

»Oh nein! Das war kein schlimmer Traum oder so«, meinte Bridie voller Mitgefühl, als sie sanft Josephines Handrücken tätschelte. »Ich kann solche Sachen nicht so gut beschreiben. Aber ich weiß, es war so was wie eine Prophezeiung, und ich dachte, ich mache dir eine Freude damit.«

»Ja, klar, tolle Freude«, meinte Josephine ängstlich, und beide dachten daran, wieder in den Schlafsaal zurückzugehen, wo die Proben für das alljährliche Weihnachtskonzert stattfanden.

Die Weihnachtsfeiertage und die religiösen Zeremonien waren längst vorbei. Während dieser Zeit hatte man den Insassinnen zum allerersten Mal einen Kinofilm gezeigt. Dieses denkwürdige Ereignis und das anschließende Nachspielen der Handlung beschäftigte die Mädchen noch Wochen danach. Aber jetzt war wieder der Alltagstrott eingekehrt, und alle kochten, nähten, wuschen, bügelten und schrubbten wie üblich.

Josephine war eine von denen, die in den tiefen Zinkbecken an der einen Wand des Waschraums die schmutzigen Hemdkragen auf den Waschbrettern schrubbten. Sie sang vor sich hin und unterhielt dabei ihre Kolleginnen, als ein Inspektor des Gesundheitsministeriums dem Heim und seiner Wäscherei einen Überraschungsbesuch abstattete. In Begleitung von Schwester Philomena machte er seine Runde, und aus sicherer Entfernung sahen sie von dem Türvorhang aus in den Waschraum hinein. Josephine nahm das rhythmisch schrubbende Geräusch auf den Waschbrettern und das Platschen des Wassers, das auf den Fußboden spritzte und sich über ihre von Wunden übersäten Füße ergoss, gar nicht wahr. Und als sie sich damit abmühte, einen weiteren durchweichten Haufen feuchter Wäschestücke auf den großen Wagen zu laden, entfachte ihre schwermütige Interpretation von *Danny Boy* bei Mr. Fincock eine grenzenlose Begeisterung.

Einen Moment lang stand er mit Schwester Philomena da und betrachtete die Mädchen an ihren Arbeitsplätzen; sie schienen so unberührt von all den Ablenkungen um sie herum. Aber als sich Josephine zu ihm umdrehte und einen weiteren Berg feuchter Kleidungsstücke auf den Wagen lud und er dabei ihr Gesicht sah, rief er aus: »Mein Gott!« Und als Josephine mit der zweiten Strophe begann, konnte er nicht anders, er schüttelte den Kopf und sagte: »Was für eine Vergeudung von Talent.«

Ihre Schönheit und ihre Haltung, so fand er, wiesen all die typischen Merkmale eines bezaubernden Bauernmädchens auf, nicht unähnlich dem Gemälde *Das Mädchen aus Connemara* von Augustus Burke, an das er sich von seinem Besuch in der National Gallery erinnerte. Er drehte sich zu Schwester Philomena um und sagte: »Haben Sie etwas dagegen, wenn ich einmal mit diesem Mädchen spreche, und wer ist sie überhaupt?«

»Es tut mir leid, Sir, wir dürfen die Mädchen nicht mit Fremden reden lassen, außer mit Priestern und Ärzten. Aber da Sie in offizieller Funktion hier sind, bin ich sicher, das geht in Ordnung. Warten Sie bitte einen Moment, ich hole sie.«

Schwester Philomena führte Josephine zu Mr. Fincock. Josephine hatte Probleme beim Gehen, denn ihre nackten Füße waren übersät mit Blasen, was von den endlosen Stunden an den Waschtrögen kam, aus denen die Seifenlauge ständig auf den Boden spritzte. Wie viele Mädchen hatte auch sie es längst aufgegeben, Socken oder Schuhe zu tragen, denn die waren immer durchnässt und weichten ihre Füße auf, wovon sie noch mehr Blasen bekamen.

»Das ist Mr. Fincock, Josephine. Er arbeitet beim Gesundheitsministerium in Dublin. Und er würde gern einmal mit dir reden«, sagte Schwester Philomena, die sich fragte, was er wohl mit einer jungen Insassin anfangen konnte.

»Darf ich dich fragen, Josephine, ob du je auf der Bühne gesungen hast?«

»Nein, Sir.«

»Nun, ich denke, das solltest du aber. Du hast das Zeug zu einer großen Sängerin. Ein aufkommender Star, würde ich sagen. Natürlich brauchst du ein wenig Unterricht … aber das sollte kein großes Problem sein.« Dann streckte er die Hand aus und fügte hinzu: »Ich heiße Bruce. Ich habe enge Beziehungen zur Theaterszene in Dublin. Also, Josephine, wenn du dich je entschließt, in die Großstadt zu kommen, könnte ich dich beim Theater unterbringen oder etwas in der Art. Würde dir das gefallen?«

Fragend schaute Josephine Schwester Philomena an, ehe sie schüchtern antwortete: »Ich weiß nicht …«

»Sie müssen wissen, wir haben einige wunderbare Sängerinnen hier im Magdalene-Chor, und Josephine ist unsere beste«, sagte Schwester Philomena.

»Das überrascht mich keineswegs«, bestätigte Mr. Fincock. Dann wandte er sich an Josephine, machte eine dezente Verbeugung und sagte: »Es hat mich gefreut, dich kennenzulernen, Josephine«, und er hielt ihr wieder die Hand hin.

Schwester Philomena fing an zu beten, dass Josephine nicht nach Dublin entführt und eine neue Karriere dort beginnen würde, sonst hätte sie der Mutter Oberin einiges zu erklären, vor allem, weshalb sie es überhaupt zugelassen hatte, dass die beiden einander vorgestellt wurden. Und jetzt erkundigte sich Mr. Fincock auch noch bei ihr, weshalb Josephine barfuß war.

Auf dem Rückweg zum Büro bemerkte Mr. Fincock: »Ich kann beim besten Willen nicht begreifen, weshalb ein Mädchen mit einer derartigen Begabung hier arbeiten muss.« Als sie zur Seite traten, um eine kleine Prozession von Wäschekörben und Wagen über den langen Korridor vorbeirollen zu lassen, fügte er hinzu: »Ich würde sie zu gern nach Dublin holen – wenn das möglich wäre?«

Schwester Philomena hielt die Hände fest über dem Bauch verschränkt und antwortete: »Es tut mir leid, Sir, aber es ist der Wunsch ihrer Familie, dass sie hier bleibt. Und keinem ist es gestattet, sie aus dem Magdalene-Heim wegzuholen, mit Ausnahme ihrer nächsten Angehörigen. Und ihre Füße behandeln wir so gut wir können. Aber sie scheint allergisch gegen jede Form von Fußbekleidung zu sein. Ich werde der Mutter Oberin natürlich mitteilen, dass Sie sich Sorgen gemacht haben.«

»Ja. Das würde ich sehr begrüßen«, antwortete Mr. Fincock, als sie beide zum Büro gingen, um das Schriftliche zu erledigen.

Nach dem, was sie für eine wundersame Begegnung hielt, lebte Josephine noch monatelang in der festen Überzeugung, dass Mr. Fincock eines Tages zurückkehren und sie in ein neues Leben nach Dublin entführen würde. Also sang sie jeden Tag in dem Bemühen, ihre Stimme zu verbessern, nur um schließlich zu akzeptieren, dass ihr Retter ihr nie zu Hilfe eilen würde. Und obwohl sie es seinerzeit für dumm gehalten hatte, erkannte sie nun an, dass Bridies Prophezeiung eingetroffen war. Es war tatsächlich ein Mann erschienen, doch er war nicht der Richtige. Nein, der richtige Mann für mich, dachte Josephine schließlich, ist bestimmt Cathal Swanick. Und er ist außerdem größer und viel attraktiver. O Gott! Lieber Gott! Auf die eine oder andere Art muss ich unbedingt versuchen, von hier zu fliehen, sonst werde ich noch wahnsinnig.

Um den Mut nicht zu verlieren, sang sie oft ihre eigenen Lieder, während sie sehr zur Erheiterung ihrer Freundinnen gefährlich auf einem Wäschekorb balancierte. Gelegentlich standen die Nonnen hinter einer Tür oder einem Vorhang und sahen zu, dann versuchten sie, sie zum Schweigen zu bringen. Josephine hatte die Macht, ihre Freundinnen zu beherrschen, indem sie sie unterhielt und so gleichzeitig von der Arbeit abhielt.

Wenn die Nonnen den Eindruck hatten, dass ein Mädchen den Anforderungen in besonderem Maße entsprach, steckten sie ihm bei seltenen Gelegenheiten ein oder zwei Shilling zu. Dieses Geld wurde später dann diskret den Lieferwagenfahrern übergeben, die davon billiges Parfüm, weiße Strümpfe oder Zigaretten kauften, und immer am Sonntag darauf machten sich die Mädchen fein und taten, als seien sie in einem berühmten Ballsaal bei einer richtigen Tanzveranstaltung, während sie die Sendung *Ceilí House* auf Radio Éireann hörten.

Bridie bekam nie Geld. Ihre Freundinnen meinten, das komme daher, dass sie zu stolz sei, um bei den Spielchen der Mutter Oberin mitzumachen. Ein- oder zweimal erhielt sie jedoch zwei Shilling von Schwester Philomena als Beitrag zu den Geburtstagsgeschenken für ihren Sohn, und obwohl sie – abgesehen von dem einen Foto – nie mehr Post aus Tuam bekommen hatte, schrieb sie weiterhin an Schwester Hortense und schickte kleine Geschenke für ihren Sohn mit.

Inzwischen lebte Bridie im zehnten Jahr als Büßerin im Magdalene-Heim und sehnte sich verzweifelt nach Neuigkeiten über John Paschal. Und so war es dann eine große Überraschung für sie, als ihr eines Nachmittags Schwester Philomena zuflüsterte, sie wolle sich noch am selben Tag mit ihr in der Kapelle treffen, weil sie einige gute Nachrichten zu überbringen habe.

»Also, Bridie«, begann sie. »Ich war in St. Mary's in Tuam, um eine ledige Mutter abzuholen, und habe mich in deinem Namen nach John Paschal erkundigt.«

»O Schwester! Wie geht es ihm?«, fragte Bridie und legte der Schwester nervös und voller Erwartung die Hand auf den Arm, während sie flüsternd an der Kirchentür standen.

»Es geht ihm gut! Wirklich gut! Gesehen habe ich ihn nicht. Aber ich habe noch bessere Neuigkeiten. Er ist bei einer guten katholischen Familie in Pflege, in einem Ort namens Williamstown. Es ist mir gelungen, Name und Anschrift der Leute in Erfahrung zu bringen. Hier«, sagte die Schwester und reichte Bridie ein kleines Stückchen Papier.

»O Schwester!«, rief Bridie dankbar, »meine Gebete wurden erhört. Wie kann ich Ihnen jemals danken?«

»Bete für mich«, flüsterte Schwester Philomena bescheiden, »denn in den Augen Gottes sind wir alle Sünder. Und gerade eben habe ich mich schuldig gemacht. Ich habe die Gebote missachtet und gegen die Lehrmeinung der Kirche verstoßen, was die Trennung von Mutter und Kind betrifft. Ich muss dein Ehrenwort haben, Bridie, dass du nie auch nur einer Menschenseele ein einziges Wort davon verrätst. Sonst könnte ich aus dem Kloster ausgeschlossen werden. Ich habe mit Schwester Hortense gesprochen, der ehemaligen Leiterin des Heims, die jetzt im Ruhestand ist. Sie lässt dich herzlich grüßen. Sie war es auch, die in Schwester Imeldas Büro ging und die betreffenden Informationen für mich beschaffte. Und jetzt hör mir gut zu«, flüsterte sie sanft. »Um es dir in Zukunft einfacher zu machen und einen Briefwechsel zu ermöglichen, wird Schwester Hortense dich offiziell über den Aufenthaltsort deines Sohnes in Kenntnis setzen. So hast du zumindest die Chance, an die Pflegeeltern zu schreiben und dich bei ihnen dafür zu bedanken, dass sie sich um ihn kümmern. Wer weiß, vielleicht hast du ja Glück und seine Pflegeeltern sind so verantwortungsvoll, wie ich sie einschätze, dann bekommst du vielleicht sogar Antwort. Und denk bitte daran, setze sie nie unter Druck. Ich wünsche dir alles erdenklich Gute.«

An einem strahlenden Sommermorgen beinahe ein Jahr später traf endlich ein Brief ein als Antwort auf Bridies viele flehentliche Anfragen.

Corrolough,
Williamstown,
Grafschaft Galway
10. Mai 1955

Liebe Bridie,
hier nur einige wenige Zeilen, um Ihnen für das Päckchen Dank zu sagen, das Sie John geschickt haben. Er ist inzwischen ziemlich gewachsen, und er hat sich wie verrückt über

die Fußballsocken gefreut, die Sie ihm geschickt haben. Ich hoffe, es geht Ihnen gut. Uns geht es jedenfalls Gott sei Dank recht gut. Das Wetter ist wieder umgeschlagen, und so sind wir im Moment vollauf mit dem Torfstechen und so weiter beschäftigt. Mehr Neuigkeiten habe ich nicht zu berichten und schließe deshalb für heute. Gott segne Sie, und schreiben Sie wieder einmal.

Herzliche Grüße, Mrs. O'Brien

Und beigefügt fand Bridie eine Notiz ihres Sohns.

Liebe Bridie,
vielen Dank für das große Paket. Es war wunderbar. Mir hat die Wundertüte gefallen und die Socken und Taschentücher und die Stifte. Für heute auf Wiedersehen,

Dein Sohn Paschal

P.S.: Beinahe hätte ich es vergessen. Ich hätte gern noch ein paar Glückswundertüten, denn unser Ladenbesitzer hier sagt, er hat einfach kein Glück mehr und dass ich Glück hätte, weil ich jemanden kenne, der viel, viel Glück hat.

Bye.

Bridie war nun siebenundzwanzig, und dieser Brief war die erste Nachricht von einem lebenden Angehörigen, die sie je erhalten hatte – von ihrem eigenen Sohn. Wieder und wieder las sie den Brief, damit sie noch einmal das Glücksgefühl der letzten Zeile in sich aufnehmen konnte: ›Für heute auf Wiedersehen, dein Sohn Paschal.‹

Sie wischte sich die Freudentränen fort, und dann machte sie die Runde bei ihren Freundinnen und zeigte ihnen den Brief. Sie freuten sich mit ihr, und an dem Abend gönnten sie sich ihr zu Ehren einen kleinen Leckerbissen. Sie stopften große, mit cremiger Butter bestrichene Stücke Rosinenbrot in sich hinein, die sie aus der Küche gestohlen hatten.

Julie lag allein in der Stille des Schlafsaals. Sie war niedergeschlagen und kam allmählich zu dem Schluss, dass sie niemals mehr das Glück auf ihrer Seite haben würde. Alle anderen schienen Glück zu haben, dachte sie, nur sie nicht. Vor allem Bridie Rodgers, die jetzt sogar Kontakt zu ihrem Sohn hatte und ihm andauernd schrieb. Woher bekommt die nur all die Umschläge und das ganze Papier? Ein Postamt, so was bräuchten wir hier. Und diese Josephine Finn, die wird ja wie der liebe Gott verehrt, bloß weil sie ein paar alte Lieder singen kann. Sogar Noreen Donnellan, die alte Hexe, hat es geschafft, Arbeit drüben bei den Nonnen im Kloster zu kriegen, wo sie mit Tee und Kuchen und weiß der Teufel was überschüttet wird. Das ganze Theater macht doch jeden krank, seufzte sie verdrießlich.

Und an einem jener milden Sommerabende, einige Wochen darauf, als man Kinder auf den nahen Straßen der Stadt spielen hörte, beschloss Julie Murray, einen verzweifelten Ausbruch in die Freiheit zu wagen. Sie kletterte über das schmiedeeiserne Tor, das auf das Klosterfeld führte, und rannte überstürzt an der Begrenzungsmauer entlang zum oberen Ende des Felds. Dort kletterte sie über eine Steinmauer und eine steile Böschung hinunter, die zur Eisenbahnstrecke von Galway nach Clifden führte, wo sie die Gleise überquerte und den Weg in Richtung der Straßen einschlug, die in die Vororte führten. Sie wusste im Grunde nicht genau, wo sie war. Aber es gab eine Sache, in der sie sich im Magdalene-Heim alle einig waren. Wenn dir die Flucht gelingt, renn so weit weg wie möglich.

Erst als sie weit draußen vor der Stadt war, kam ihr die Ungeheuerlichkeit ihrer überstürzten Entscheidung zu Bewusstsein. Woher um Himmels willen sollte sie etwas zu essen bekommen? Wichtiger noch, wo sollte sie schlafen? Die Abenddämmerung war schon hereingebrochen, als sie am Straßenrand einen kleinen Heuschober in gutem Zustand entdeckte. Und da sie aus der Kinderzeit noch wusste, wie es war, im Heu zu schlafen, war sie nur zu gern bereit, dort die Nacht zu verbringen.

Am nächsten Morgen entdeckte sie auf dem angrenzenden Feld Obstbäume und fing an, sich mit Äpfeln voll zu stopfen, ehe sie in dem Versuch, nach Hause zu gelangen, Meilen über Meilen über Felder und Landstraßen wanderte. Sie war fest entschlossen, mit niemandem zu reden, damit keiner sie an die Polizei verraten konnte, denn sie wusste, man würde die Stadt auf der Suche nach ihr durchkämmen. Doch am Tag darauf wurde Julie von einem Farmer entdeckt, als sie in seinem Heuschober tief und fest schlief. Schließlich gelang es dem Farmer und seiner Frau, sie zu überreden, zu ihnen ins Haus zu kommen. Da bekam sie eine warme Mahlzeit und saubere Kleidung, damit sie sich umziehen konnte. Die Leute fragten sie, wohin sie wolle. Sie erzählte ihnen, sie sei auf dem Weg nach Kilmaine, habe aber Angst, man könne sie nach Galway zurückschicken.

Da der Farmer und seine Frau nicht in der Lage waren, sie bei sich aufzunehmen, beschlossen sie, es sei das Beste, das Magdalene-Heim zu benachrichtigen. Über das Heim wussten sie nur sehr wenig, außer dass es eine Art Einrichtung für psychisch gestörte Frauen war. Sie fürchteten sich vor einer möglichen Klage wegen Beihilfe oder Beherbergung einer Flüchtigen, die möglicherweise Patientin einer Heilanstalt war. Also meldeten sie die ganze Sache über das Postamt in die Stadt. Bald kamen zwei uniformierte Polizisten und eine Nonne vom Magdalene-Heim, um Julie abzuholen. Doch zunächst mussten sie dem Farmer und seiner Frau die Zusicherung geben, dass Julie nicht auf irgendeine Weise misshandelt würde.

Und so wurde Julie Murray wieder einmal in die Wäscherei des Magdalene-Heims zurückgebracht. Sie stand am Beginn ihres zweiundzwanzigsten Jahrs als Büßerin in der College Road, Galway.

KAPITEL 11

Es war Samstagvormittag, und ein besorgtes Stirnrunzeln lag auf Bridies blassem Gesicht. Als Mutter hatte sie jetzt eine Verantwortung gegenüber ihrem Sohn. Also suchte sie nach der bestmöglichen Taktik, was die Geschenke zu seinem zwölften Geburtstag betraf. Es war schon halb zwölf, und sie hatte bisher noch nicht die Gelegenheit gehabt, mit Julie Murray zu sprechen und sie um finanzielle Unterstützung zu bitten. Seit Julies zweitem Fluchtversuch hatten sie wenig Gelegenheit zum Reden gehabt. In Julies Abwesenheit wurde ihr Bett in Bridies Schlafsaal einer neuen Büßerin zugewiesen, und Julie wurde bei ihrer Rückkehr in den Schlafsaal St. Teresa verlegt. Und obwohl Julie bei ihrer Rückkehr nicht misshandelt wurde, schnitt man ihr doch als Strafe die Haare ab. Julie litt und wurde zänkischer im Umgang mit den anderen Frauen. Bridie gegenüber schien sie sich allerdings so loyal wie eh und je zu verhalten, und sie trafen sich, sooft es ging.

Bridie bügelte gerade einen großen Stapel Hemden, und dabei überlegte sie, was sie hinsichtlich John Paschals Geburtstag machen sollte. »Ich glaube, ich setze sechs Pence auf Mother's Pride im Pferderennen um 15.30 Uhr«, murmelte sie vor sich hin. Hatte sie nicht auch vorher schon Sieger herausgepickt, indem sie die Augen schloss und mit einer Nadel in die lange Liste der gesetzten Pferde stach? Mother's Pride hörte sich irgendwie nach einem guten Tipp an. In der letzten Sonntagsausgabe der Zeitung, die in einem Haufen schmutziger Wäsche ins Haus gekommen war, hatte sie über dieses Pferd gelesen. Und sie erinnerte sich wieder an Gerald O'Malleys Abschiedsworte in Conly House: ›Im Leben muss man immer ein gewisses Risiko eingehen.‹

Aber was, wenn ich verliere? Dann bekommt mein Sohn wenig oder gar nichts zum Geburtstag, seufzte sie, während sie ein weiteres gebügeltes Hemd faltete und es zu den zwanzig anderen legte, mit denen sie schon fertig war. Und dabei hätte heute ein viel ruhigerer Tag sein sollen wegen des morgigen Besuchs des Bischofs im Magdalene-Heim. Ruhiger, von wegen, dachte sie. Es wird von Tag zu Tag schwerer. Wenn ich bloß fünf Shilling hätte, dann könnte ich ihm ein Paar schwarze Lackschuhe kaufen. Nein, die wären zu teuer. Vielleicht kaufe ich stattdessen ein schönes Paar weiße Strümpfe, ein Hemd und eine Krawatte und Süßigkeiten. Oh, und ich darf die Wundertüten nicht vergessen. Ich habe die zwei Shilling, die mir Schwester Philomena gegeben hat, meine eigenen sechs Pence, die ich im Futter von einem Mantel gefunden habe, und wenn ich die zwei Shilling haben kann, die Julie hat, das weiß ich nämlich, dann habe ich insgesamt vier Shilling und sechs Pence. Ich hoffe, sie kommt bald, denn heute ist der einzige Tag, an dem ich den Lieferwagenfahrer überreden kann, die Sachen zu kaufen, die ich haben will – das heißt, wenn ich das Geld habe.

Josephine Finn und Margaret Sherry standen hüfthoch in schmutziger Bettwäsche aus den Hotels der Stadt und der Badeorte. Sie wollten gerade zu Bridie ans andere Ende des Raums hinüber, um auf die Schnelle eine Zigarette zu rauchen und ein kleines Schwätzchen zu halten, als sich die stämmige Gestalt von Julie Murray an der Tür zeigte. Julie kam in Begleitung der Mutter Oberin, die sich davon überzeugen wollte, ob eine der Abteilungen womöglich unterbesetzt war.

»Nun, Mädchen, wie kommt ihr voran?«, fragte die Mutter Oberin in ihrem diktatorischen Tonfall. »Bridie Rodgers! Ich nahm an, du hättest diese Hemden inzwischen fertig. Morgen ist der Tag des Herrn, und wie du sehr wohl weißt, tun wir unser Möglichstes, um am Sonntag nicht zu arbeiten. Miss Finn, was gibt es da zu schwatzen? Haben Sie vielleicht nicht genug Arbeit?« Nach einer kurzen Pause fügte sie hinzu: »Ich glaube,

Julie, hier gibt es nicht gerade viel zu tun für dich. Vielleicht findet Schwester Philomena etwas für dich.«

Als Bridie diese Bemerkung hörte, reagierte sie sofort. »Verzeihung, ehrwürdige Mutter Oberin, könnte ich vielleicht ein wenig Hilfe bekommen? Ich fühle mich heute nicht so gut«, sagte Bridie.

»Was ist denn los mit dir?«

»Ich habe leichte Schmerzen in der Seite.«

»Schmerzen in der Seite! Bist du sicher, dass das nicht vom Schwatzen und Herumalbern kommt?«

»Ja, ehrwürdige Mutter Oberin«, antwortete Bridie.

»Vielleicht sollten wir alle niederknien und den Rosenkranz für Bridie Rodgers beten, die leichte Schmerzen in der Seite hat. Sollen wir das tun, Miss Rodgers?«

»Nein, ehrwürdige Mutter, das ist nicht nötig.«

»Das ist nicht nötig! Na, dann lasst uns dafür dankbar sein. Wer soll dir denn dabei helfen, deine Probleme glatt zu bügeln?«

»Das ist mir egal, Schwester. Von mir aus gerne Julie, wenn Ihnen das recht ist.«

»Julie Murray? Wie merkwürdig, dass sie zufällig gerade neben mir steht. Und wie praktisch, dass ihr beide immer zusammen zu sein scheint, egal wohin ich komme. Na, immerhin bin ich dankbar dafür, dass du nicht um Seine Exzellenz den Erzbischof gebeten hast, denn er kann erst morgen kommen.«

Nach einer kurzen Pause fügte sie hinzu: »Also, Mädchen, ihr habt bis etwa ein Uhr Zeit, hier alles fertig zu machen. Und dann runter mit euch auf Hände und Knie. Ich will, dass für den Besuch seiner Exzellenz morgen hier alles wie funkelnagelneu glänzt. Also los, geh zu ihr, Julie, ich sehe euch dann später.«

Kaum hatte die Mutter Oberin sie allein gelassen, erfüllte eine heitere Atmosphäre das Bügelzimmer. Josephine sprang auf einen Wäschekorb und fing an, die ehrwürdige Mutter Oberin nachzuahmen, wozu sie sich ein großes weißes Laken über den Kopf zog und es unter dem Kinn festhielt. »Vielleicht sollten wir alle niederknien und den Rosenkranz für Bridie Rodgers beten, die einen leichten Schmerz in ihrer Muschi hat. Sollen wir das tun, Bridie? Nein, Schwester, das ist nicht nötig. Nun denn, was meinst du, wer sollte dir helfen, deine Schmerzen wegzubügeln? Das ist mir egal, Schwester, von mir aus gerne jeder beliebige behaarte Mick oder Danny, wenn Ihnen das recht ist. Wie seltsam. Und wie praktisch, dass ihr beide immer zusammen zu sein scheint, egal wohin ich komme. Also, Mädchen, ihr habt bis ein Uhr Zeit, eine Nummer zu schieben. Und jetzt lasst uns alle niederknien und für Bridie Rodgers beten, die einen Schmerz in ihrer Muschi hat, der nur von einem entzückenden Jungen namens Danny geheilt werden kann.«

Josephine machte eine obszöne Geste und begann mit einer unanständigen Version von *Danny Boy*.

> *»Oh Danny Boy, der Schmerz, der Schmerz ist furchtbar. Die Titten durch und überall bis unten hin. Mein Schlüpfer ist runter, und meine Blume wartet. Und du, und du wirst kommen, und stöhnen muss dann ich. Doch bitte komm zurück und bums mich noch einmal …«*

Josephines Freundinnen waren so entsetzt, dass sie zu ihr hinrannten und sie von dem Korb zerrten, ehe sie alle Anwesenden noch in Schwierigkeiten brachte, und dann brachen sie in schallendes Gelächter aus. Und doch hatten einige fürchterliche Angst, die Mutter Oberin könne es gehört haben und sie später dann für diese schmutzige Sprache bestrafen. Also machten sie sich alle schnell wieder an die Arbeit, für den Fall, dass die Mutter Oberin ihnen einen Überraschungsbesuch abstattete.

»Oje, oje! Also diese Josephine Finn ist wirklich nutzlos«, sagte Julie und breitete ein Hemd auf dem Bügelbrett aus. »Und wie kommst du klar? Hast du noch viel zu tun?«

»Ach, so wild ist es nicht mehr. Ich habe bloß noch zehn oder zwölf. Die haben wir locker vor dem Essen fertig«, antwortete Bridie, während sie sich in Gedanken schon darauf vorbereitete, Julie zu bitten, ihr doch die zwei Shilling zu leihen.

»Weißt du, Julie, den ganzen Vormittag habe ich gebetet, dass ich dich heute noch sehe, ich will dich nämlich um einen Gefallen bitten. Ich hoffe, das ist in Ordnung für dich.«

»Ja, klar«, meinte Julie und stellte ihr Bügelbrett so zurecht, dass sie beim gemeinsamen Arbeiten ein nettes Schwätzchen halten konnten.

»Du weißt ja, in zwei Wochen hat John Paschal Geburtstag, und ich will ihm was Hübsches schenken. Und da wollte ich wissen, ob du mir vielleicht die zwei Shilling leihst, die du von der Mutter Oberin bekommen hast. Die paar Pfund, die ich bei meiner Ankunft hier hatte, sind längst ausgegeben. Für Weihnachtsgeschenke und hin und wieder für Zigaretten, ich bin also total pleite. Ich helfe dir auch bei deiner Arbeit, wenn du mal nicht klarkommst, und gebe dir das Geld zurück, sobald ich kann.«

»Klar, ich gebe dir ja immer alles, und mir bleibt dann gar nichts mehr.«

»Ja, das weiß ich, Liebes«, sagte Bridie, »und ich bin dir auch sehr dankbar. Was soll ich denn machen, wenn die Nonnen mir nie Geld geben.«

»Na, wieso gibst du dir denn nicht mal Mühe und bist ein bisschen nett zu ihnen wie ich? Dann geben sie dir vielleicht auch was.«

»Na sieh mal an! Du bist gerade die Richtige, so was zu sagen. Ich arbeite hier, schufte wie eine Leibeigene, genau wie du. Noch netter will ich zu denen nun wirklich nicht sein. Letzte Weihnachten habe ich zwei Shilling bekommen, für ein ganzes Jahr Arbeit, und seitdem überhaupt nichts. Weißt du was, Julie, ich finde es wirklich ungerecht, dass manche Leute bezahlt werden und andere nicht«, sagte Bridie und ließ das Bügeleisen vor lauter Wut heftig auf ein weißes Hemd niedersausen.

»Ich will dir oder sonst wem ja nicht zu nahetreten, Bridie, aber hat nicht die Mutter Oberin selber gesagt, dass ich für zwei arbeite? Und genau deshalb kriege ich die paar Kröten«, sagte Julie.

Bridie hatte das Gefühl, Julie wolle damit etwas Bestimmtes andeuten, also hielt sie einen Moment lang mit dem Bügeln inne und sagte: »Also Julie, nicht eine Sekunde würde ich bezweifeln, dass du die beste Arbeiterin im Heim bist, aber um ehrlich zu sein, ich glaube nicht, dass sie dir deshalb das Geld geben.«

Julie hörte mit Bügeln auf und sah Bridie verblüfft an. »Was um Himmels willen meinst du damit?«

»Du weißt ganz genau, was ich meine. Ich glaube, die haben dir gegenüber ein schlechtes Gewissen, weil sie dich so misshandelt haben. Ich an deiner Stelle würde keinen Penny von denen annehmen.«

»Na klar, aber du willst dir Geld von mir leihen. Was um alles in der Welt willst du damit sagen?«, fragte Julie von oben herab.

»Herrgott noch mal! Alle Welt weiß doch wohl inzwischen, wie die nach deinem Fluchtversuch mit dir umgesprungen sind, oder? Die Haare haben sie dir kurz geschoren und dich mit dem Lederriemen windelweich geprügelt! Eine Woche später haben sie dir Geld gegeben und allen weisgemacht, du wärst was ganz Besonderes und die Beste von allen. Ausgezeichnete Arbeiterin, jawohl! Ist es nicht genau dasselbe mit …«

»He, Moment mal«, unterbrach Julie sie und versuchte, dem Wortschwall Einhalt zu gebieten, doch Bridie ließ sich nicht aufhalten, nachdem sie einmal angefangen hatte. »Nein! Nein! Es ist ganz genau dasselbe mit den beiden anderen, die im anderen Schlafsaal, in St. Teresa, untergebracht sind. Erst neulich wurden die grün und blau geschlagen, weil die versucht hatten abzuhauen. Und nach allem, was ich so höre, werden genau diese beiden Mädchen jetzt mit ein bisschen Geld bei Laune gehalten.«

Für Julie, die wütend und verlegen zugehört hatte, hörte jetzt der Spaß auf. Sie fuhr Bridie an. »Wie kannst du es wagen, so mit mir zu reden! Was glaubst du denn, wer du bist! Ich hätte gar nicht erst hier eingewiesen werden dürfen, wo ich es mit Leuten wie dir zu tun bekomme. Ich hatte wenigstens ein Zuhause und eine Mutter; du weißt ja nicht mal, woher du kommst. Und du hast ein Kind und kannst dich nicht drum kümmern. Und wenn es die Nonnen nicht gäbe … du würdest verhungern. Du bist nicht besser als eine Bettlerin, andauernd bettelst du die Leute an, jede Minute und jede Stunde …«

»Tja, vielleicht gehe ich bei den Leuten betteln«, fiel Bridie ihr ins Wort. »Aber mir kann wenigstens keiner vorwerfen, dass ich geklaut habe …«

»Ach, halt den Mund! Halt ja den Mund!«, brüllte Julie. Und dann packte sie einen Stapel gebügelter Hemden und warf Bridie alles hin. »Da! Stopf dir doch deine Bügelwäsche sonst wo hin. Ich will jedenfalls nie mehr im Leben was mit dir zu tun haben.« Und damit stürmte sie zur Tür hinaus, während die anderen Mädchen verlegen der ganzen Szene folgten. Was war nur vorgefallen? Josephine beschloss, zu Bridie zu gehen, sobald sich die Wogen etwas geglättet hatten.

In dem Augenblick hätte sich Bridie am liebsten die Zunge herausgeschnitten, so sehr bereute sie es, Julie solche Dinge an den Kopf geworfen und solch ein Chaos angerichtet zu haben. Sie drehte den anderen den Rücken zu, denn sie wollte sie nicht den Schmerz über das sehen lassen, was sie gerade angerichtet hatte. Sie war so wütend, dass sie am liebsten das Bügeleisen gegen die Wand geschleudert hätte, so wütend, dass sie nie wieder in ihrem Leben ein Bügelbrett sehen und am liebsten tausend Meilen von der nächsten Wäscherei entfernt sein wollte. Stattdessen stand sie still da und betete leise vor sich hin: O lieber Gott und heilige Muttergottes, was habe ich bloß angerichtet? Was in Gottes Namen ist da bloß über mich gekommen? Was wird John Paschal nur von mir denken, wenn er nichts zum Geburtstag bekommt? Wie kann ich denn weiterhin hoffen, ihn einmal wiederzusehen, wenn ich nicht mal das richtig hinkriege?

Josephine kam vom anderen Ende des Raumes herüber, legte einen Arm um Bridie und sagte: »Kopf hoch, Bridie. Lass dich davon nicht unterkriegen. Das kommt schon wieder in Ordnung.«

»Ach, Josephine! Ich glaube kaum, dass das mit mir noch mal gut wird. Alle scheinen gegen mich zu sein. Die Nonnen zum Beispiel, wenn ich die Hemden nicht fertig habe. Und andauernd will einer die paar Kippen von mir, die ich ab und zu von den Lieferwagenfahrern bekomme. Sogar die Clique aus Dublin macht mir Vorwürfe, wenn ich nicht deren Partei ergreife und gegen die Nonnen Stellung beziehe.«

»Scht! Beruhige dich doch, Bridie. Da ist ein Stuhl. Setz dich doch mal einen Moment hin. Du weißt ja, was ich immer sage: Scheiß auf die Nonnen, scheiß auf die Klamotten und scheiß auf alle anderen.«

Doch Bridie wollte sich nicht setzen, sie hatte Angst, eine von den Schwestern würde sie beim Ausruhen erwischen.

»Was soll ich denn bloß machen, Josephine? Ich mache mir solche Sorgen um John Paschal. Ich könnte ihn verlieren, und dann habe ich keine Menschenseele mehr.«

»Ruh dich erst mal aus. Ich habe noch einen kleinen Rest von einer Woodbine. Da! Nimm mal einen Zug. Margaret schiebt Wache bei der Tür, und ich besorge dir Feuer.«

»Margaret«, rief sie. »Hast du mal Feuer?«

Schnell wie der Blitz schoss Margaret zu ihnen rüber und holte ein kleines amerikanisches Feuerzeug hervor, das sie in der Tasche eines Smokings gefunden hatte, und gab es Josephine. Dann lief sie zur Tür, um aufzupassen, und Josephine sagte: »Hör mal, du musst dich zusammenreißen, Kleines, und darfst dich nicht mit deinen Freundinnen zerstreiten. Wir sollten alle zusammenhalten und uns gegenseitig helfen. Worüber habt ihr euch denn so heftig gestritten?«

»Gestritten haben wir uns eigentlich nicht. Es ist bloß, ich dachte, Julie würde mir bestimmt helfen, deshalb habe ich sie um Geld gebeten. Du weißt doch, mein Sohn hat bald Geburtstag, und ich will ihm ein bisschen was kaufen.«

»Deinem Sohn geht es prima. Er ist in guten Händen, und selbst wenn nicht, könntest du sowieso nichts daran ändern.«

»Oh Josephine, sag so was nicht. Ich muss ihm doch irgendwas schicken. Er ist doch noch ein Kind.«

»Na schön, na schön. Beruhige dich. Wir sind alle Freundinnen hier, weißt du nicht mehr? Und jetzt hör zu, Bridie, ich habe ein richtig hübsches Paar weiße Söckchen, die sind mir viel zu klein. Die kannst du haben, wenn du willst. Die wollte ich morgen beim Besuch des Bischofs tragen. Aber wenn du die Wahrheit hören willst – der würde wahrscheinlich jederzeit lieber einen Blick auf mein rosa Höschen werfen als auf meine weißen Söckchen.«

»Ach, Josephine, du bist wirklich schrecklich! Lass das lieber nicht Peggy Neary hören«, sagte Bridie etwas gefasster.

»Habe ich etwa nicht recht? Es heißt doch, manche von den Typen können so heiß wie die Hölle sein. Julie Murray glaubt, dass manche bei dem dicken Hals, den die haben, es fertig bringen würden, eine Kuh zu besteigen. Gib mir die Kippe, damit ich noch einen Zug kriege, bevor du die ganz aufgeraucht hast.«

Bridie gab ihr die Zigarette, und Josephine inhalierte tief, ehe sie die Kippe auf dem Boden austrat und in den Abfalleimer warf. Dann langte sie in ihre Bluse, holte ihr Heilig-Herz-Beutelchen heraus und sagte: »Da! Du kannst diese Sixpence haben. Du weißt, manchen von den Hexen bei mir im Schlafsaal traue ich nicht so recht, also verwahre ich mein Geld – wenn ich denn welches habe – in meinem Heilig-Herz-Beutel.« Sie reichte Bridie ein glänzendes neues Sixpence-Stück. »Kauf dir davon, was du kriegen kannst, und ich helfe dir, ein Päckchen für den jungen Burschen zu machen. Wir überreden einen von den Fahrern, es zur Post zu bringen.«

Bridie war so gerührt von Josephines Geste, dass sie die Hände der Freundin ergriff und sagte: »Danke, Liebes, eines Tages, bitte Gott, wenn wir hier rauskommen, werde ich das wiedergutmachen. Das verspreche ich dir.«

»Ach, da mach dir mal keine Sorgen. Dafür sind Freunde doch schließlich da, oder? Ich weiß, du würdest dasselbe für mich tun.«

»Natürlich würde ich das, Liebes, und das werde ich auch bald. Hör mal, du gehst jetzt lieber wieder an die Arbeit, ehe die Mutter Oberin zurückkommt und uns beim Schwatzen erwischt«, sagte Bridie.

»Tja, das sollte ich wohl.«

Dann drehte sich Josephine noch einmal um und fragte mit hoffnungslosem Blick: »Glaubst du wirklich daran, dass wir eines Tages hier rauskommen?«

Bridie faltete die Hände und hob den Kopf, als sie mit allem Nachdruck antwortete: »So wahr Gott im Himmel mein Zeuge ist, Josephine, mein großes Ehrenwort darauf, ich werde hier rauskommen, und meine beiden besten Freundinnen nehme ich mit, dich und Julie. Das mag schwierig werden, aber davon lasse ich mich nicht abhalten.«

Halbherzig lächelte Josephine und sagte: »Lieber Gott im Himmel, Bridie, hätte ich doch nur deinen Glauben. Und wenn es nur halb so viel davon wäre.«

Eine halbe Ewigkeit, so schien es jedenfalls, gelang es Bridie und Julie, einander aus dem Weg zu gehen. Zu groß war ihr Stolz, als dass sie hätten zugeben können, dass ihre verwundbaren Herzen gebrochen waren.

Beinahe jede Nacht vor dem Schlafengehen rief sich Bridie den Tag ins Gedächtnis, als Julie ihr schreckliches Geheimnis enthüllt hatte. Sie hatte ihr Versprechen gehalten, niemals jemandem zu erzählen, dass Julie eine Diebin war, bis zu diesem schrecklichen Streit um Geld. Jetzt wünschte sie sich mehr als alles auf der Welt, den Riss in ihrer Freundschaft wieder zu kitten, doch sie brachte es einfach nicht über sich, wegen einer Sache um Entschuldigung zu bitten, die sie unfair fand. Dass sie betteln musste, um ihrem Sohn ein paar Kleinigkeiten schicken zu können, war, so fand sie, als wolle man die unverheirateten Mütter für ihre Sünden bestrafen.

Auch Julie hatte nicht das Gefühl, sich entschuldigen zu müssen, denn ihrer Meinung nach war Bridie einfach zu großspurig und zu stolz, um von den Nonnen Geschenke anzunehmen. Und nicht nur das, sie behandelte die Nonnen auch noch verächtlich, außer vielleicht diese Schwester Philomena, vor der sie sich Gott weiß wie zum Narren gemacht hatte, weil sie ja ach so dringend die Adresse von ihrem Sohn brauchte. Ich bin es jedenfalls leid, dachte sie, mir andauernd Bridies Geschichten über ihren John Paschal anhören zu müssen. Man könnte meinen, sie wäre die Einzige auf der ganzen weiten Welt, die ein Kind hat. Ich hätte selber eines haben können, wenn ich mich nur damals auf dieser Wiese von Harry hätte einfangen lassen. Bestimmt hätte er mich geküsst, und wer weiß, vielleicht hätte ich dann sogar Zwillinge gehabt. Wäre das nicht toll, ich hätte zwei und Bridie bloß das eine. Aber wie sie andauernd bloß über ihn redet und über die Wundertüten, da wird man ja komplett wahnsinnig. Aber was rege ich mich überhaupt auf. Ich habe nun mal kein Kind, und genauso gut kann ich ja auch ihr mein Geld geben, damit sie ihm was kaufen kann, statt es für Lippenstift zu verschwenden, den der arme Harry nie zu Gesicht kriegt, oder für dieses blöde Parfüm, von dem Josephine sagt, damit könne man einen streunenden Hund vergiften. Aber entschuldigen werde ich mich bei Bridie nicht. Nie und nimmer.

Fast auf den Tag genau eine Woche nach dem Streit liefen sich Bridie und Julie auf dem langen Korridor zum ersten Mal wieder über den Weg. Gleichzeitig senkten beide den Kopf und das Herz pochte ihnen heftig in der Brust. Eine Woche lang hatten sie jede Bewegung in der Furcht gemacht, der anderen zu begegnen, und hatten sich gefragt, wie die andere dabei wohl reagieren würde.

Als sie fast schon auf gleicher Höhe waren, hob Bridie den Kopf – und verärgert stellte sie fest, dass Julie gerade dasselbe tat. Ganz kurz trafen sich ihre Blicke, dann blieben sie wie angewurzelt stehen, und den Bruchteil einer Sekunde starrten sie einander an, ehe sie sich in die Arme sanken. Ihr Stolz schmolz dahin, und beide flüsterten Entschuldigungsworte, ehe sie sich auf die Wangen küssten.

»Hör zu, wir treffen uns nach der Arbeit«, sagte Bridie aufgeregt und seufzte tief vor Erleichterung darüber, dass ihre gebrochenen Herzen nun wenigstens zum Teil wieder geheilt waren.

Einige Wochen nach einem besonders heftigen Spektakel, als die Nonnen eine Büßerin mit Gewalt ruhigstellen mussten und sie anschließend in die psychiatrische Anstalt von Ballinalsoe einwiesen, beschloss Julie eines Abends still und heimlich, Zuflucht in der Kapelle des Magdalene-Heims zu suchen. Sie wollte in aller Ruhe nachdenken und einen klaren Kopf bekommen, denn das Leben im Heim deprimierte und desillusionierte sie mehr und mehr. Sie wünschte sich so verzweifelt, einmal mit ihren Gedanken allein zu sein, zu überlegen, ob es überhaupt noch Hoffnung für die Zukunft gab.

Nachdem sie die Kirche betreten hatte, musste sie so tun, als bete sie den Rosenkranz, denn eine Zeit lang gingen zwei Nonnen im Mittelgang auf und ab und lasen dabei in ihrem Brevier. Als sie Julie schließlich in Ruhe ließen, stand sie auf und spazierte in der Kapelle herum, dann blieb sie stehen und musterte mit kritischem Blick das Kruzifix.

Sie ging ganz nach vorn in die Kapelle, setzte sich in die erste Reihe und sah zur Gestalt Unseres Herrn hoch, die leblos an dem wuchtigen Kreuz hing. Eine ganze Weile saß sie da, gab sich alle Mühe, ihre Gedanken zu ordnen, und fragte sich, weshalb sie überhaupt in die Kirche gekommen war. Schließlich gestand sie sich ein, dass sie dem Herrn gegenübertreten wollte, von Angesicht zu Angesicht mit ihm reden und ihn fragen wollte: Bist du wirklich ein echter Gott? Ja, bist du das? Also manchmal glaube ich ja, du bist ein Betrüger. Wenn du wirklich so gütig bist, wieso bestrafst du mich dann immer noch? Ich habe doch inzwischen sicher genug gelitten, oder? Seit vielen, vielen Jahren bin ich jetzt hier. Weißt du, was mit mir los ist? Ich bin es so leid, dieses ewige Beten vom Rosenkranz und die ganzen Gebete für die Toten und andauernd zur Messe zu gehen und das alles. Herrje, wofür mache ich das eigentlich? Als Strafe für etwas, das ich als junges Mädchen getan habe. Ich bin jetzt fünfunddreißig. Ich bin bald dreiundzwanzig Jahre hier; die besten Jahre meines Lebens sind für immer vorbei. Herr, betete sie leise und sah zu den vor ihr hängenden, verwundeten Gliedern Unseres Herrn am Kreuz hoch. Ist es denn wirklich gerecht, dass ich nie die Liebe eines Mannes kennengelernt habe, nie erfahren werde, was es heißt, Kinder zu bekommen? Da ist Bridie, die hat wenigstens einen Sohn. Die hat jemanden, wenn sie alt wird. Alles, was ich anscheinend habe, sind Schmerzen und Leid. Der Schmerz, wenn man Hure genannt wird, ist doch wirklich entsetzlich. Wenn ich bedenke, dass die Gören da auf der Mauer uns Huren nennen! Prostituierte! Wo ich doch nie im Leben einen Mann in mir hatte. Ich kann ums Verrecken nicht verstehen, wie Bridie darüber lachen kann. Sie hält das für komisch. Na ja, die ist wirklich nicht ganz richtig im Kopf. Das ist eine Meute von Strolchen, habe ich zu ihr gesagt. Und weißt du, was sie da sagte? ›Ach, Julie, die erinnern mich an John Paschal.‹ Stell sich das mal einer vor! Das hat sie gesagt. Sie sagte: ›Ach, Julie, ich würde wer weiß was darum geben, wenn ich von John Paschal wenigstens so viel sehen könnte. Alles würde ich drum geben. Und sei es auch nur das Weiße in seinen Augen oder seine kleinen Hände, mit denen er sich oben an die Mauer klammert.‹ Stell sich das mal einer vor. Mit der muss doch irgendwas nicht ganz in Ordnung sein. Das ist so entsetzlich, was manche Leute denken. Prostituierte! Die Mädchen aus Dublin denken, Prostituierte verkaufen ihren Körper, weil sie keine Arbeit finden oder keinen Ehemann. Aber wenn sie ihren Körper verkaufen, ist das doch eine Art Job, und auf die Art können sie jeden Mann haben, den sie wollen. Ich glaube nicht, dass ich je meinen Körper verkaufen würde. Ich würde es umsonst machen. Herrje, ich würde Gott weiß was darum geben, wenn ich wüsste, wie das ist. Nur um es mal gemacht zu haben. O Gott! Ich würde wer weiß was darum geben, wenn ich nur einen Mann hätte, den ich lieben könnte. Dublin-Mary sagt, die meisten Prostituierten in Dublin landen im Gefängnis, weil sie zu derb und zu schmutzig sind. Vielleicht heißt das ja, dass ich auch eine Prostituierte bin. Ich bin ja auch schon seit Jahren eingesperrt. Gott! Sind das wieder diese Strolche da draußen?

In der dunkler werdenden Stille der Kapelle hörte Julie die unverfrorenen Rufe der Jugendlichen aus der Stadt, die sich gegenseitig die hohen Mauern hinaufhalfen, um auf das Grundstück des Magdalene-Heims obszöne Dinge zu brüllen. *Hoch mit den Maggies! Hoch mit den Maggies! Ich gebe dir einen Penny für einmal gucken, drei Pennys für einmal drüber. Zeig uns dein Höschen, Maggie.*

Julie stand auf, trat aus der Kirchenbank in den Mittelgang und riss die Arme in die Luft. Laut schrie sie ihre Verzweiflung heraus. Lieber Gott, hast du eine Ahnung, wie das hier ist? Ich bin das alles so verdammt leid! Die Nonnen leid! Die Priester leid! Dieses Scheiß-Heim leid! Die Schmerzen leid! Den Kummer leid! Ich bin es leid, eine Büßerin mit Bauchkrämpfen zu sein! O Gott! O Gott, ich bin das alles so leid. Und ich habe solche Schmerzen in der Seite, und im Rücken, und das Blut tropft mir aus der Muschi. O Gott! Nimmt diese Plage denn nie ein Ende? Sie fuhr mit der Hand in ihre Unterhose aus grobem Stoff, unter den Stofffetzen, den sie statt einer Binde trug. Sie konnte spüren, wie es tröpfelte. Ihre Menstruation war in vollem Gange. Sie nahm die Hand wieder hervor und roch an den Fingern mit dem Blut. Es roch wie immer, übel und Ekel erregend, eine Mischung aus Blut und Urin und Gott weiß was sonst noch, dachte sie. Sie zog ein sauberes Taschentuch aus dem Ärmel ihrer Strickjacke und stopfte es in ihre Unterhose, und da fiel ihr wieder die peinliche Situation ein, als sie vor Jahren einmal ihre Menstruation gehabt hatte und vom Tisch aufstand. Das muss man sich mal vorstellen!, dachte sie. Da war eine Blutpfütze auf meinem Stuhl. Lieber Himmel, was sollte ich da machen? Ich habe überlegt, ob die anderen Mädchen und die Nonnen wirklich wissen konnten, dass das von mir war. Ich hatte natürlich keine Gelegenheit gehabt, mir den Stofffetzen zu holen, und die Mutter Oberin, diese alte Hexe, befahl uns allen, uns an der Wand aufzustellen, und wollte wissen, wer von uns sich die Unterhosen schmutzig gemacht und das Blut auf den Stuhl hatte tropfen lassen, sodass sich hinterher eine von den keuschen Nonnen daraufsetzen musste und dadurch ihr geheiligtes Ansehen beschmutzte. Ansehen, ja Kacke. Ich spürte, wie ich rot wurde, weil ein paar Mädchen kicherten. Ich war fest davon überzeugt, dass sie über mich lachten, bis die Dublin-Mary der Mutter Oberin sagte, sie soll bloß die Klappe halten. Sie hat gesagt, dass wir ja doch bloß alles Menschen sind und dass ein kleiner Tropfen Blut noch keinen umgebracht hat. Die Mary hat gesagt, wenn die Mutter Oberin nicht ihre Klappe hält, hinterlässt sie in der ihrer Muschi ihre Fingerabdrücke und wird dann sehen, wie ihr das gefällt. Klar, dass sie von der Mutter Oberin ein ganz schönes Donnerwetter zu hören kriegte. Und gesagt hat sie ihr, sie soll sofort diese üble, ekelhafte Redeweise unterlassen. ›Sonst melde ich das dem Bischof‹, hat sie gesagt. ›Wie kannst du es wagen, derart schmutzige Ausdrücke im Hause Gottes zu benutzen? Aber etwas anderes habe ich auch gar nicht von einer wie dir erwartet.‹ Und Mary hat zurückgeschrien: ›Das mag ja übel und ekelhaft sein, aber es ist die verdammte Wahrheit, du alte Hexe.‹ Tja, die Mutter Oberin war kurz davor, ihr den Kopf abzureißen. Die sind aufeinander los und hätten sich gegenseitig fast umgebracht. Gott möge mir vergeben, aber ich habe jeden Moment davon genossen. Vor allem, als sich die Mary auf die Mutter Oberin stürzte. Wie zwei Katzen, die miteinander kämpfen, waren die. Richtig übel. Und die Dublin-Mary schrie uns zu: ›Helft mir endlich und steht da nicht so rum wie eine Bande Riesenarschlöcher.‹ Oh, was für üble Ausdrücke! So was habe ich vorher nie gehört. Ich nehme an, ich hätte mich auch gegen Schwester Stanislaus und die Mutter Oberin stellen sollen, aber die Weiber hätten einen noch umgebracht, und dann wäre ich noch übler dran gewesen. Wären die Mädels aus Dublin und Connemara nicht gewesen, hätten die Nonnen uns alle niedergewalzt. Mausetot wären wir am Ende gewesen. Diese Mary ist ja wirklich eine Knallharte. Wollte einfach nicht aufgeben. Dann hat sie noch ein paar schmutzige Verse gemacht und hat sie vor den Nonnen rausgeschrien. Am Ende mussten die sie mit Gewalt zügeln, denn sie hatte sich aus dem Lagerraum einen Eimer Farbe geholt und hat eines von den Gedichtchen an die Wand gemalt. Ach Scheiße, wie ging das noch gleich? Mannomann, das war wirklich klasse.

War einst 'ne Nonne aus dem Heim hier.
Sah sie den Bischof, überkam sie die Gier.
Der runzelt die Stirn: Ich mach's nicht ohne.
Das kostet dich 'ne Krone.
So'n Bischofsschwanz ist 'ne ziemlich seltene Zier.

Noch eine Woche später haben wir gelacht. Diese Mädels aus Dublin nehmen kein Blatt vor den Mund. Gott, ich wünschte, ich könnte so schreiben. Aber ich tauge ja zu gar nichts. Wenn ich nur an Bridie denke, die schreibt jeden Tag. Was soll ich bloß machen? Und was zum Teufel tue ich überhaupt hier, wo ich eigentlich auf dem Land sein sollte, auf einer Wiese mit irgendeinem tollen Typen, der mich küsst. Und dann würde er mir das Höschen runterziehen, und ich würde die Beine breit machen, und er würde über mich drüber und mich halb zerquetschen. Ach, das muss doch bestimmt göttlich sein, in den Himmel hochzusehen und dann die Augen zuzumachen und es ihn tun zu lassen. Herrje, lieber Gott, einmal will ich noch niederknien und dich darum bitten, mich hier rauszulassen.

Im stillen Halbdunkel der Kapelle kniete Julie nieder. Lieber Gott, ich glaube, ich bin am Ende. Es gibt doch keine Hoffnung mehr, jetzt nicht mehr. Ich muss wirklich eine arge Sünderin sein, um so etwas zu verdienen. Daddy! Daddy! Bitte! Wenn du im Himmel bist, musst du Gott darum bitten, dass er mir verzeiht. Bitte ihn um meine Freiheit. Ich flehe dich an, Dad! Tu es für mich, denn wenn du jetzt noch am Leben wärst, dann weiß ich, dass ich nicht hier wäre. Ganz bestimmt hasst mich meine Mutter. Sie muss mich hassen wie die Pest, denn sie hat mir kein einziges Mal geschrieben. Lässt mich hier drin verrotten. Bitte! Erhöre meine Gebete. Nur dieses eine Mal! Bitte! Bitte!

Inzwischen konnte Julie das Zucken ihres verzerrten Gesichts nicht mehr unter Kontrolle halten. Sie legte sich auf die Bank, den Kopf in den Händen vergraben, und ließ den Tränen freien Lauf. Bald schon spürte sie die warmen, feuchten Tropfen, die ihr die Wangen herunterliefen, und die nassen Strähnen ihres schulterlangen, zerzausten Haars klebten ihr am Gesicht. Nur das Echo von Pferdehufeisen war auf den uralten Straßen der Stadt Galway zu hören, und dieser Klang durchbrach die friedliche Ruhe der Klosterkapelle. Von irgendwoher kam ein Rotkehlchen und hüpfte unbemerkt von einem Sitz zum nächsten, während Julies geplagte Seele sie auf einer Welle von Gefühlen davontrug.

Es war ein herrlicher Mittsommerabend im malerischen Dörfchen Kilmaine, die Bauernburschen kamen auf ihren Rädern aus allen Himmelsrichtungen angestrampelt, angezogen von den fernen Klängen des Dorffestes, die wie ein Echo über das warme Land hallten. Nervös stand Julie vor dem riesigen weißen Festzelt und wartete auf ihre Freundin Josephine. Sie musterte jedes Fahrrad, bis ihr vom andauernden Starren allmählich die Augen brannten. Männer! Fast alles Männer, die zu zweit und zu dritt eintrafen und ihre rostigen Drahtesel unbekümmert über die nächste Mauer warfen, ehe sie zum Tanz eilten, als wollten sie sich die besten Chancen sichern. Sie wusste, dass ihre eigenen Aussichten mit jedem Tanz mehr und mehr schwanden, denn inzwischen standen die Mädchen in Viererreihen da, in ihren neuen Kleidern und den Seidenstrümpfen. Stumm betete sie, dass Josephine sie nicht hängen ließ.

Plötzlich, wie durch Zauberhand, wurde Julie aus der Menge gezogen. Es war Harry, den sie wie einen Gott anbetete und der zu ihrer Rettung erschienen war. Woher er kam, war völlig egal, jetzt hielt sie ihn umklammert und hatte nicht die Absicht, ihn wieder loszulassen. Harrys sonnengebräuntes Gesicht glänzte wie ein Leuchtfeuer. Seine großen weißen Zähne, sein wildes Aussehen machten ihn zum keltischen Krieger, und als er sie bei ihrem Spitznamen Pickles nannte, meinte sie, jeden Moment in Ohnmacht fallen zu müssen, so glücklich war sie.

»So wunderhübsch wie heute habe ich dich noch nie gesehen, Pickles. Wo bist du die ganze Zeit gewesen? Ich habe dich ja eine halbe Ewigkeit nicht mehr gesehen«, Harry begann, sie über die Tanzfläche zu wirbeln.

»Ich bin jetzt in Dublin, da wohne ich bei einer Tante, aber zum Dorffest komme ich immer wieder gerne her«, antwortete Julie aufgeregt.

»Ich wünschte, ich hätte dich schon früher gesehen, dann hätten wir die ganze Nacht tanzen können«, sagte Harry mit einem breiten Lächeln, das ihm bis über beide sonnengebräunte Ohren reichte.

Auf einen Schlag war Julie außer sich vor Freude, sie hätte am liebsten den Kopf in den Nacken geworfen und lauthals gesungen. Gott, wenn er doch nur langsamer machen würde, dachte sie. »Harry!«, rief sie. »Wieso tanzen wir so schnell?«

Doch Harry hatte die Welt um sich herum vergessen und wirbelte sie majestätisch im Walzertakt herum. Sechs uniformierte Musiker in marineblauen Hosen und mit roten Fliegen wiegten sich rhythmisch im Takt der Musik, während sie in ihre glitzernden Saxophone und Posaunen bliesen und die wirbelnde Menge der Tänzer in einen Zustand romantischer Hysterie katapultierten. An die siebenhundert Leute müssen das sein, dachte Julie, als Harry und sie, beide schon heftig schwitzend, in der kurzen Pause tief Luft holten. Sie war sich der Töchter von wichtigen Leuten bewusst; sie tanzten ganz in der Nähe, trugen teure Kleider, die ihre Taillen malträtierten. Sie trugen gerüschte Faltenröcke und Ballkleider, die ihnen um die Taille schwenkten, wenn sie blitzschnell auf anmutigen Beinen herumwirbelten. Ihre Tanzpartner führten sie stolz wie ein Pfau mit starken und doch eleganten Bewegungen wieder und wieder herum, was dazu führte, dass jedes Paar wie eine elegante Porzellanfigurine aussah.

Am vorderen Ende des Festzelts standen schlaksige Jungs und Uraltveteranen des Junggesellentums und starrten auf die flüchtig enthüllten Strumpfränder und -bänder auf nackter Haut. Gerade als sie sich auf den Genuss einer weiteren Runde wirbelnder Beine einstellten, machte die Kapelle abrupt Schluss und kündigte eine kurze Pause an.

Julie Murray war überglücklich, als sie ihren Fang durch die aufgewühlte Menge zur Bar auf der rechten Seite führte, wo sie Orangenlimonade aus Flaschen tranken und sich einigten, dass sie nach dem nächsten Tanz das Fest verlassen wollten. Als sie wieder auf der Tanzfläche waren, legte Julie ihre Arme liebevoll um Harrys großgewachsene Gestalt und lehnte den Kopf an seine Brust, als sie sich sanft zu den Klängen von *Galway Bay* hin und her wiegten. Einen Moment lang schloss sie die Augen und erinnerte sich an ihre erste Begegnung mit Harry. Vor langer, langer Zeit hatten sie sich als kleine Kinder schon kennengelernt und angefreundet, und dies sollte jetzt der Beginn der glücklichsten Nacht ihres Lebens sein. Einen flüchtigen Moment lang dachte Julie, sie höre jemanden ihren Namen rufen, oder bildete sie sich das nur ein? Jemand rief ihren Namen.

»Julie Murray, Julie Murray.« Sie schaute über die Schulter zurück und sah einen Schatten bei der Tür. Ein Mann in Schwarz mit weißem Kragen kam auf sie zu, und zu beiden Seiten der Tanzfläche teilte sich die Menge. Plötzlich aufkommende Angst durchströmte ihren Körper, als sie Pater Gilhooley, den Gemeindepfarrer, erkannte. Schon hatte er das Aussehen eines Wahnsinnigen angenommen, Schaum stand ihm vor dem Mund, als er anfing, Julie anzuschreien und einen großen Rohrstock zu schwenken.

»Wie können Sie es wagen, Miss Murray, den guten Namen meiner Gemeinde und ihrer Bewohner zu beflecken. Ich werde nicht untätig dabeistehen und zusehen, wie Sie mit einigen der angesehensten Bürger Irlands herumtollen und Unzucht treiben und so deren guten Namen und deren untadeligen Charakter zerstören.«

Instinktiv drehte sich Julie Hilfe suchend nach Harry um, doch der war unerklärlicherweise verschwunden, und alle anwesenden guten Christen starrten sie jetzt an. Mit einer scheußlichen

Krone aus weißem Haar und mit schwarzen Zähnen näherte sich ihr Pater Gilhooley und schwenkte dabei weiter den wuchtigen Rohrstock. Wie angewurzelt stand Julie da und konnte sich nicht rühren. Sie stieß einen markerschütternden Schrei aus, doch die Leute um sie herum lachten, als Pater Gilhooley sie grob am Handgelenk packte und ihr mit voller Wucht mit dem schweren Rohrstock auf die schmalen Schultern schlug. Verzweifelt versuchte sie, sich aus seiner Umklammerung zu lösen, doch seine Hand war wie ein Schraubstock, was sie hysterisch aufschreien ließ. Gerade als sie dachte, der Knochen in ihrem Handgelenk würde unter dem Druck brechen, und als durch ihre vortretenden Adern Ströme von kochendem Blut schossen, konnte sie sich losreißen, schien jedoch mit einem Mal auf einem anderen Planeten gelandet zu sein.

Ein paar kurze Momente befand sie sich in einem warmen Zwischenstadium, während sie versuchte, das Geheimnis zu entschlüsseln. Langsam, ganz langsam, zeigte sich die nackte Realität vor ihren Augen, und was sie sah, war schlimmer als der Tod. Denn da war kein Harry, kein Tanz, kein Dorffest, schlimmer noch, da war keine Freiheit. Wie gelähmt starrte sie auf den schwach erhellten Altar, an dem sie hatte beten wollen. Dann überkam sie ein Gefühl schierer Hoffnungslosigkeit, als sie begriff, dass es alles nur eine Sinnestäuschung gewesen war, ein übler Betrug. Denn in Wirklichkeit gab es keinen Harry mit dem liebevollen Lächeln, nur den bösen Geist von Pater Gilhooley irgendwo in der fernen Vergangenheit.

Sie brachte sich auf der harten Kirchenbank in eine aufrechte Position und sah, dass die Stelle, an der sie gelegen hatte, von ihren Tränen durchnässt war. Wieder spürte sie, wie sich ihre Augen mit Tränen füllten, hatte aber nicht die Kraft, sie zu unterdrücken, denn schon strömten sie ihr die Wangen hinunter. »O Gott«, schluchzte sie, »ich kann nicht mehr. Ich werde noch wahnsinnig. Ich bringe mich um.« Sie hob den Kopf, sah auf das Tabernakel und flüsterte: »Beim Leben meines Vaters, Gott, ich schwöre, ich bringe mich um, wenn ich nicht hier rauskomme.«

Und genau in dem Moment hörte sie das Knarren der schweren Eichentür. Sie drehte sich um und sah Noreen Donnellan die Kirche betreten.

»Julie! Alles in Ordnung mit dir? Wir haben überall nach dir gesucht.« Doch kaum hatte sie den Mund aufgemacht, begriff sie, dass mit Julie überhaupt nichts in Ordnung war. Gute zwei Stunden war sie verschwunden gewesen.

Julie starrte wie gelähmt vor sich hin, als Noreen auf der Kirchenbank an sie heranrückte. »Willst du denn jetzt nicht mit mir kommen und mir erzählen, was dich so bedrückt? Ich verspreche, ich sage auch keinem was.«

Langsam stand Julie auf und klammerte sich einen Moment lang an ihre Freundin, ehe sie sich beide umdrehten und unbeholfen den schwach erleuchteten Mittelgang der Kapelle hinunterschlurften. Das freundliche Rotkehlchen hüpfte unbemerkt vor ihnen her und durch die weit geöffnete Tür in die Freiheit hinaus. Ein sicheres Zeichen dafür, dass morgen ein schönerer und ein neuer Tag anbrechen würde.

KAPITEL 12

Mit ihrem Fluchtversuch begann Noreen Donnellan an dem Tag, als sie von der Großküche des Haupthauses in die friedvollere Umgebung des Nonnenklosters versetzt wurde, das sich diskret an die Rückseite des Magdalene-Heims schmiegte.

Im Lauf der Jahre hatte Noreen ihren vielen Freundinnen unter den Büßerinnen – vor allem Julie und Bridie – zugehört, wenn sie traurige, kummervolle Geschichten über viele tapfere Fluchtversuche erzählten. Und sie war zu dem Schluss gekommen, dass sie alle aufgrund schlechter Planung gescheitert waren. Sie hatte allerdings nicht den Mut gehabt, ihnen das in aller Offenheit zu sagen. Stattdessen beschloss sie, besonders hart zu arbeiten und sich mit manchen von den Nonnen gut zu stellen. Außerdem ließ sie durchblicken, dass sie später einmal geweihte Büßerin werde wolle. Solche Insassinnen wurden von den Nonnen oft als Musterbüßerinnen gesehen, die gewillt waren, ihr Leben zum Wohle der Mitinsassinnen und der katholischen Kirche zu opfern. Und jetzt, nach elf Jahren hingebungsvollem Dienst im Heim, war Noreen ins Nonnenkloster versetzt worden.

Von Noreens Standpunkt aus war die Verwandlung völlig irreal. Vorbei die harten Tage unermüdlichen Waschens und Schälens von Kartoffeln für hundertfünfzig Insassinnen. Vorbei die endlosen Stunden der Schufterei an heißen Öfen beim nie enden wollenden Brotbacken.

Hier in ihrer neuen Stellung hatte sie lediglich fünfzehn dauerhaft im Kloster lebende Nonnen zu betreuen, und manchmal zwanzig oder mehr, vor allem in der Touristensaison. Aber immer hatte sie die Unterstützung einer Haushälterin und zweier älterer

Büßerinnen, die sich um die vielen Nonnen und Priester kümmerten, die aus allen Teilen der Welt kamen, um den Schwestern der Barmherzigkeit in Galway einen Besuch abzustatten. Alle Welt, so kam es Noreen vor, wollte Galway sehen. Wer aus religiösen Motiven nach Irland kam und nicht Galway besuchte und die im Bau befindliche neue Kathedrale gesehen hatte, hätte genauso gut zu Hause bleiben können, hieß es oft.

Noreen Donnellan merkte bald, dass sie bessere Kleidung trug und besseres Essen bekam als je zuvor in ihrem ganzen Leben. Zudem erhielt sie oft kleinere Geldgeschenke, ein Shilling hier, ein Sechs-Pence-Stück da, und ab und zu zwei Shilling oder eine halbe Crown obendrein.

Allein im ersten Monat hatte sie zehn Shilling gespart und wusste kaum, was sie damit anfangen sollte. Später dann, als sie fünf Pfund beisammen hatte, begriff sie allmählich, dass sie sich bei guter Planung und mit all diesem Geld womöglich aus dem Magdalene-Heim freikaufen konnte.

Bald war sie so etwas wie der Liebling der Nonnen, und als vertrauenswürdige Mitarbeiterin der Klosterangestellten forderte man sie gelegentlich auf, eine der Nonnen zu begleiten, wenn diese einen beträchtlichen Geldbetrag aus der gutgehenden Wäscherei ein- oder zweimal in der Woche auf der Bank einzahlte. Bei sehr seltenen Gelegenheiten schickte man sie zum nahe gelegenen Postamt, wenn dringend Briefumschläge und Briefmarken gebraucht wurden. Und bei einem dieser Botengänge beschloss sie, bei der Postbank ein Sparkonto zu eröffnen. Als sie all die Leute auf den Straßen der Stadt sah, die mit dem Fahrrad unterwegs waren oder in den Bus sprangen, als hätten sie auf dieser Welt keine Sorgen, bestärkte sie das in dem Entschluss, einen meisterhaften Fluchtplan zu ersinnen. Sie wusste, sie musste weg. Und sie hatte nur eine einzige Chance, sagte sie sich. Also zahlte sie weiterhin wann immer sie konnte Geld auf ihr Konto ein, während sie sich gleichzeitig diskret nach Zug- und Busverbindungen nach Dublin, Cork, Limerick und Sligo erkundigte.

Nach zehn Monaten, als sie meinte, zur Flucht bereit zu sein, nahm sie ihr Postsparbuch an sich, um ihre saubere Arbeit zu bewundern und sich ernsthaft auf das vorzubereiten, was vor ihr lag. Als reine Vorsichtsmaßnahme versteckte sie ihr Sparbuch unter ihrem eigenen Nachtschränkchen, in der sicheren Gewissheit, dass niemand es dort entdecken würde. Bis eines Morgens, als sie selber anderweitig beschäftigt war, die Mutter Oberin ihren Untergebenen befahl, die Möbel in einigen der Räume umzustellen. Diese Arbeiten überwachte sie persönlich, als sie Noreen Donnellans Postsparbuch auf dem Fußboden entdeckte, während Noreens Nachtschränkchen gerade zur Seite geschoben wurde. Noreen wurde ins Büro der Mutter Oberin im Hauptgebäude bestellt, wo sie das alles erklären sollte.

»Miss Donnellan, ich habe hier einen höchst interessanten Gegenstand. Können Sie mir sagen, ob dieses Postsparbuch Ihnen gehört, ja oder nein?«, fragte die Mutter Oberin und hielt das hellgrüne Buch hoch, auf dem deutlich zu lesen Noreens Name stand.

»Ja, Schwester, das gehört mir.«

»Und kannst du mir auch erklären, wie eines von euch angeblich so verlassenen, heimatlosen Geschöpfen in der Obhut des Magdalene-Heims es schafft, die fürstliche Summe von neunzehn Pfund, zehn Shilling und sechs Pence anzuhäufen?«

»Das habe ich mir gespart«, antwortete Noreen ängstlich. »Geschenke von Besuchern … hauptsächlich.«

»Du willst mir erzählen, du hast auf die Art neunzehn Pfund, zehn Shilling und sechs Pence gespart?«

»Ja, Schwester, das schwöre ich bei Gott, dem allmächtigen Herrn, der jetzt in diesem Moment auf mich herabsehen mag; ja, in den zehn Monaten.«

»Und würdest du mir bitte sagen, weshalb du daraus unbedingt ein Geheimnis machen und das Sparbuch unter deinem Nachtschränkchen verstecken musstest?«, fragte die Schwester und hielt das Sparbuch hoch.

»Ich hatte Angst, es könnte verloren gehen.«

Die Mutter Oberin musterte ihre junge Hausangestellte wie eine Katze eine Maus. Eine falsche Bewegung, und sie wäre bereit zuzuschlagen.

»Von Besuchern, hauptsächlich«, wiederholte die Mutter Oberin sarkastisch. »Es sieht so aus, als hätte ich ihnen Unterkunft und Verpflegung *berechnen* sollen. Neunzehn Pfund, zehn Shilling und sechs Pence, also wirklich!«

Die Mutter Oberin glaubte Noreen nicht ein einziges Wort. Sie beugte sich über den Tisch und begann mit der Art Kreuzverhör, bei dem sich Miss Donnellan, das wusste sie genau, wegen ihres heimlichen Bankkontos schuldig fühlen würde.

»Trifft es zu, Noreen, dass du eine geweihte Büßerin werden willst?«

»Ja, Schwester«, bestätigte Noreen ängstlich.

»Und bist du bereit, dein Leben bis ans Ende dem Dienste Gottes zu widmen und dich um das Wohlergehen der armen Büßerinnen im Magdalene-Heim zu kümmern?«

»Ja, Schwester, dafür habe ich mich schon eintragen lassen.«

»Ja, Noreen, das ist mir sehr wohl bewusst, und deswegen sollst du mir ja auch einen guten Grund dafür nennen, dass ich diese neunzehn Pfund, zehn Shilling und sechs Pence nicht konfisziere und augenblicklich zur Unterstützung der armen, hungernden Babys nach Südafrika schicke.«

Diese Bemerkung entsetzte Noreen zutiefst. Sie hatte mit Vorwürfen gerechnet, mit Strafe sogar. Aber das war das Schlimmste, was ihr passieren könnte. Nach all dem Sparen und Knausern sollte sie jetzt wieder dahin zurückgestoßen werden, wo sie ihr ganzes Leben gewesen war – in Armut und tiefes Elend. Doch Noreen war überzeugt, immer noch einen Trumpf im Ärmel zu haben.

»Das ist für meine Rente. Ich spare für meine Rente. Für … wenn ich alt bin, verstehen Sie?«

»Rente! Rente!«, rief die Mutter Oberin, und ihre vorquellenden Augen ließen deutlich das Absurde des Ganzen erkennen. »Was wissen Sie denn schon von Rente, Miss Donnellan? Ehe du eine Rente brauchst, bist du längst tot und begraben, Herzchen, genau wie ich! Was für eine absurde Vorstellung!«

Eine scheinbar unendlich lange Zeit starrten sich die beiden Frauen nur an, wie zwei Kampfhähne.

»Woher oder besser von wem hast du solche Ideen?«, fragte die Mutter Oberin etwas ruhiger und lehnte sich in ihrem großen Eichenthron zurück.

»Das waren ein paar von den Büßerinnen; die haben sich Sorgen gemacht, wissen Sie, dass sie später mal kein Geld für ihren Lebensunterhalt haben … wenn sie mal alt sind. Dann könnten sie ja nicht mehr arbeiten. Die meinten, dann wirft man sie womöglich raus und sie landen auf der Straße, wissen Sie. Aber ich werde dann mein eigenes Geld haben«, antwortete Noreen in der festen Überzeugung, dass zum ersten Mal in ihrem Leben die Mutter Oberin sich jemandem gegenübersah, der ihr gewachsen war, und das war ein einfaches Mädchen aus Winn-am-stown.

»Also ich muss schon sagen, Noreen! Würde ich dich nicht besser kennen, müsste ich sagen, dass da mehr in dir steckt, als man auf den ersten Blick sieht. Aber da Gott dir offenbar die Weisheit verliehen hat, das Irrige deiner Taten einzusehen, will ich im Zweifel zu deinen Gunsten entscheiden. Dennoch nehme ich es auf mich, dieses Sparbuch zur Sicherheit im meinem Büro aufzubewahren. Solltest du weiteres Geld einzuzahlen wünschen, musst du mich erst um Erlaubnis bitten. Und du darfst nicht, ich wiederhole: NICHT das Gelände verlassen ohne die Begleitung einer der Schwestern. Haben wir uns da verstanden?«

»Ja, Schwester. Das ist sowieso das Beste. Ich hätte sonst Angst, es könnte verloren gehen oder gestohlen werden, wissen Sie.«

Erst einige Tage darauf war Noreen in der Lage, ihren nächsten Schritt zu überdenken. Zu überlegen, ob sie ihre Pläne vorläufig aufgeben oder aber weitermachen sollte. Bald kam sie auf die Idee, ein zweites Konto zu eröffnen und das neue Sparbuch auf dem Postamt zu lassen. Wenn sich alles wieder beruhigt hatte, wollte sie ihren Plan noch einmal überdenken.

Sie hatte bereits fünf Pfund auf ihrem neuen Konto, als sie sich eines Freitagnachmittags an die Mutter Oberin wandte. Sie wusste, die Mutter Oberin würde in ihrem Büro damit beschäftigt sein, die wöchentliche Abschlussrechnung für die Wäscherei zu erstellen. Die Oberin fischte in ihrer Schreibtischschublade nach Noreens Sparbuch. »Wie viel willst du einzahlen?«

»Zwei Pfund, Schwester«, antwortete Noreen.

»Wer begleitet dich?«

»Ich weiß noch nicht. Wahrscheinlich Schwester Margaretta.«

»Da, nimm die mit und bitte sie, die einzustecken, und vergiss nicht, mir gleich dein Sparbuch zurückzubringen«, sagte die Mutter Oberin und reichte Noreen einige Briefe und dazu das kostbare Postsparbuch.

Noreen seufzte tief vor Erleichterung, als sie das Sparbuch in Händen hielt. Wie auch immer sie das anstellen mochte, sie würde es nicht mehr aus den Augen lassen. Jedenfalls nicht, bis sie ihr Geld sicher in Händen hielt. Sie musste sich etwas ausdenken, um all ihr Geld abzuheben, ohne dass eine der Nonnen das mitbekam. Und weil sie nicht vorhatte, im Beisein einer der Nonnen ihr Geld abzuheben, verfiel sie auf einen kühnen Plan.

»Schwester Margaretta, kann ich kurz zum Laden, bitte? Ich muss Schreibpapier für Bridie Rodgers besorgen. Sie will ihrem Sohn schreiben. Darum hat sie mich schon gestern gebeten, wissen Sie, aber ich hatte das vergessen.«

»Ja, gut, aber bleib nicht so lange weg.«

Kaum hatte Schwester Margaretta ihre Erlaubnis erteilt, da wurde ihr klar, wie schusselig sie doch beide waren. Sie mussten doch ohnehin gleich aufs Postamt, und da hätten sie gut beide Gänge auf einmal erledigen können. Schnell ging sie zur Tür, aber Noreen war schon verschwunden.

Hastig verließ Noreen das Gebäude, ließ aber die Haupteingangstür im Kloster offen stehen, damit sie schnell wieder hineinschlüpfen konnte. Kaum war sie draußen, da rannte sie auch schon zum Postamt, und ihr kam es so vor, als habe es eine gute Stunde gedauert, ehe sie mit der großen Summe von vierundzwanzig Pfund, zehn Shilling und sechs Pence die Bank wieder verließ. Sie steckte die Banknoten in ihr Rockfutter und rannte den ganzen Weg zurück ins Magdalene-Heim.

»Wo bist du denn nur gewesen, Noreen? Was hat dich aufgehalten?«, fragte Schwester Margaretta mit besorgtem Blick. »Du weißt doch, dass du eigentlich nicht allein das Gelände verlassen darfst.«

»Tut mir leid, Schwester, das hatte ich vergessen. Bridie Rodgers wollte noch kurz mit mir reden. Sie überlegt, ob sie vielleicht auch eine geweihte Büßerin werden soll.«

»Bridie Rodgers? An deiner Stelle würde ich nicht zu viel darauf geben, was diese junge Dame sagt.« Schwester Margaretta faltete einen weiteren Bittbrief um Gelder für die Kathedrale zusammen und steckte ihn in einen Umschlag.

»Bist du so weit? Wo sind die Briefe der Mutter Oberin? Ah, gut!«, meinte sie, als Noreen die beiden Briefe hochhielt. »Du weißt, wir müssen rechtzeitig zum Abendsegen wieder zurück sein, und du musst ja noch zur Beichte.«

Als Noreen zum zweiten Mal an diesem Tag das Postamt betrat, blieb sie ein Stückchen hinter der Nonne zurück, während Schwester Margaretta ihre üblichen Aufgaben erledigte. Dann trat Noreen an den Bankschalter und reichte ängstlich ihr altes Postsparbuch mit dem Guthaben von einer halben Crown hin und zahlte ihre zwei Pfund ein. Es blieb ihr nichts anderes übrig, sie musste in Gegenwart ihrer Aufpasserin eine Einzahlung tätigen.

Auf dem Rückweg ins Kloster redete Noreen ununterbrochen auf Schwester Margaretta ein, denn sie hatte Angst, die Schwester könne sie womöglich bitten, ihr einmal das Postsparbuch zu zeigen, das Thema und Gegenstand des Neids bei allen Nonnen im Kloster war, seit man es entdeckt hatte.

Mit bemerkenswertem Geschick gelang es Noreen, der Mutter Oberin für den Rest des Abends aus dem Weg zu gehen, ehe sie über das Gelände ins Haupthaus ging, um ihre Freundin Bridie Rodgers zu suchen. Sie wollte Bridie unbedingt sehen, denn diesmal hatte sie etwas wirklich Aufregendes zu erzählen.

KAPITEL 13

Ausnahmsweise einmal ging es einigen der Insassinnen, den ledigen Müttern, den launischen jungen Mädchen und den Verzweifelten, richtig gut. Sie saßen in einem weitläufigen Kreis auf dem auf Hochglanz polierten Fußboden im Heilig-Herz-Schlafsaal und erzählten sich ihre glücklichsten Kindheitserinnerungen und ihre schlimmsten Momente.

Draußen auf dem Korridor schaute Noreen suchend in jeden Schlafsaal, sie hielt nach Bridie Ausschau, als sie unerwartet auf die kleine Versammlung stieß. Auch die anderen freuten sich, Noreen zu sehen, und forderten sie auf, sich zu ihnen zu setzen. Das tat sie dann und hörte voller Interesse Bridie zu, die gerade mitten in ihrer Erzählung war.

»... Und ich weiß noch, wie ich auf Schwester Conceptas Knie saß – sie war die Mutter Oberin in Clifden –, sie hatte die herrlichste Stimme, die ich je gehört habe, und Klavier spielte sie auch. Eines Abends sang sie mir ein wunderschönes Lied vor. Es hieß *Where the Flowers Sweetly Grow*, und soll ich euch was sagen, es will mir kein einziges Wort aus dem Lied mehr einfallen. Aber Schwester Concepta werde ich nie vergessen, sie war so lieb zu mir.«

Einen Moment lang herrschte Schweigen; ein kurzes Innehalten ihrer Zuhörerinnen, denn sie versuchten zu begreifen, dass es irgendwo auf der Welt so etwas wie eine anständige Nonne geben sollte. Aber ehe noch jemand Zweifel an ihrem Bericht anmelden konnte, fuhr sie fort. »Und mein schlimmster Moment war der Tag, an dem sie mir meinen Sohn wegnahmen. Den Schmerz vergesse ich mein Lebtag nicht. Und wenn ich je hier rauskomme, werde ich als Allererstes meinen Sohn suchen und mich dann um ihn kümmern. Dann könnte ich mir nichts Schöneres vorstellen, als einen netten Mann kennenzulernen und zu heiraten, und eines Tages dann, wenn Gott will, treffe ich womöglich noch meinen Vater und meine Mutter.«

»Tja, wünschen wir uns das nicht alle? Und wenn er dann vielleicht noch ein bisschen Geld hat, wäre das gar nicht so übel«, meinte Julie Murray fröhlich nach einem angestrengten Schweigen.

Wieder lachten alle.

»Ja, du hast gut reden, Murray, du weißt, wie man in Kilmaine nach einem guten Fang Ausschau hält«, sagte eines der Mädchen, während ein Zwischenruf von einer anderen kam, die von Bridie wissen wollte, ob das der Tag war, an dem sie ihrem Kind die Locke abgeschnitten hatte.

»Ja«, antwortete Bridie stolz. »Die habe ich immer noch«, sagte sie und griff in ihre Bluse und holte den kostbaren Gegenstand heraus, der an ihrem Heilig-Herz-Beutelchen hing und den sie seit über zwölf Jahren hütete.

»Was hast du denn damit vor?«, fragte eine, musterte die Haarlocke und versuchte, sich vorzustellen, dass sie einmal zu einem anderen lebendigen menschlichen Wesen gehört hatte, das irgendwo in der weiten Welt dort draußen lebte.

»Gar nichts. Ich will sie einfach nur aufheben, zur Erinnerung an die Zeit, die wir zusammen verbracht haben. Weißt du, es müsste schon etwas ganz Außergewöhnliches passieren, ehe ich mich von dieser Locke trennen würde. Aber ich weiß, der Tag wird kommen, an dem ich sie liebend gern weggebe, denn dann habe ich meinen wunderbaren Sohn wieder bei mir.«

»Sonst noch jemand?«, fragte Julie und sah begierig in die Runde, sie wollte wissen, wer noch etwas beizutragen hatte.

»Noreen, was ist mit dir? Du hast ja noch gar nichts gesagt«, drängte Bridie.

Noreen erinnerte sich nur an eine Sache aus ihrer Kindheit, und die schien sich über viele Jahre hinzuziehen. Sie wusste nicht genau, ob es das passende Thema war, aber sie wollte es trotzdem gern erzählen, denn jetzt würde ihre Erinnerung eine größere Bedeutung für Bridie haben, da ihr Sohn ja in Williamstown aufgezogen wurde, wo sie selber aufgewachsen war. Also wandte sie sich an Bridie und begann zögerlich: »Also, als ich noch in Winn-am-stown war – das war, bevor ich hierher kam –, war da dieser Mann. Tom Tully hieß er, und er kam zu uns ins Haus, um beim Pflügen und bei der Ernte zu helfen, na, ihr wisst schon. Und die Leute, bei denen ich wohnte, waren furchtbar geizig. Die haben mich mit dem Lederriemen verkloppt, wenn ich mir bloß ein Körnchen Zucker oder so was genommen habe. Und wenn Tom und die Arbeiter zum Abendessen von den Feldern kamen, wurde ich nach draußen geschickt, wo ich die Pferde festhalten sollte, in der bitteren Kälte. Und ich hatte nicht mal ein Paar Schuhe. Und Tom sagte dann immer: ›Holt das Kind da weg aus der Kälte; das arme Ding verhungert noch. Man kann sie doch da nicht stehen lassen, barfuß.‹ Und wenn ich dann reinkam, wurden mein Vater und meine Mutter – ich meine, die Leute, die mich aufzogen – richtig neidisch, weil Tom die Gabel in ein dickes Stück Speck steckte, es aufschnitt und sagte: ›Da, Herzchen, nimm das, und wärm dich ein bisschen auf.‹ Dann gab er mir eine große Tasse Tee mit Unmengen von Zucker. Er gab mir sein ganzes Abendessen, jawohl. Er hatte keine eigenen Kinder, wisst ihr. Und er nannte mich immer sein kleines Herzchen. Wenn ich je nach Winn-am-stown zurückgehe, will ich Tom Tully wiedersehen, oh ja. Mehr habe ich nicht zu sagen.«

»Hört sich wirklich an, als wäre er ein netter Kerl gewesen. Den würde ich auch mal gern kennenlernen«, sagte Bridie. »Und dann würde ich ihm sagen, dass du nach ihm gefragt hast.«

»Ja, tu das ruhig.«

»Also ich fürchte, ich habe nicht gerade viele glückliche Erinnerungen«, sagte Lilly . »Aber ich weiß noch, da war ein widerwärtiger Ladenbesitzer, der sich mal ganz übel meiner Mutter gegenüber benommen hat, Gott sei ihrer Seele gnädig. Wollt ihr die Geschichte hören?«

»Na los! Erzähl schon!«, drängte Noreen.

»Natürlich wollen wir das hören«, meinte Bridie, als Lilly noch zögerte, denn die Geschichte weckte traurige Erinnerungen in ihr.

»Na los, bis acht Uhr morgens haben wir sicher nicht Zeit«, sagte Julie fröhlich.

»Also, da war dieser widerwärtige Ladenbesitzer«, fing Lilly an. »Ich war damals erst etwa zehn oder zwölf. Natürlich besaßen wir keinen einzigen Penny, und ihr wisst ja, es war damals schon ein richtiges Fest, wenn man freitags mal ein paar Heringe hatte. Normalerweise hat mich meine Mutter in den Laden geschickt. Aber an dem Abend waren wir beide auf dem Nachhauseweg von meiner Tante, denn mein Vater, Gott sei seiner Seele gnädig, war gerade eben erst beerdigt worden.«

Als Lillys Freundinnen das hörten, seufzten manche vernehmlich, und schnell bekreuzigten sie sich.

»Amen«, sagte Lilly und nahm ihre Geschichte wieder auf. »Na jedenfalls, wir blieben stehen, als wir diese große Kiste mit Heringen draußen vor dem Laden stehen sahen. Und meine Mutter zog eine alte Zeitung vor, so was hatte sie immer in ihrer Tasche, und suchte sich ein schönes Exemplar heraus. Und weil die damals alle denselben Preis hatten, egal ob groß oder klein, wühlte sie auf der Suche nach noch einem schönen in der Kiste herum. Aber ich habe gesehen, wie uns der Ladenbesitzer schon ziemlich griesgrämig musterte. Dann kommt er auch schon bald raus und sagt zu meiner Mutter: ›Hören Sie, gute Frau, das ist nicht der Pimmel von ihrem Mann, den sie da in der Hand halten. Wie sehr Sie auch mit den Dingern rumspielen, größer werden die nicht mehr. Also nehmen Sie einfach so viel Sie wollen und verschwinden Sie.‹«

»Oh, wie schlimm, so was zu sagen«, meinte Bridie und versuchte verzweifelt, mitfühlend zu klingen, verstand aber nicht ganz, was das zu bedeuten hatte, während die anderen Mädchen nach Luft schnappten und kicherten und feixten, bevor sie schließlich alle in schallendes Gelächter ausbrachen. Sogar Bridie wurde von Lachkrämpfen geschüttelt, ehe wieder Normalität einkehrte und Lilly ihre Geschichte beenden konnte.

»Lasst sie zu Ende erzählen. Also, was hat deine arme Mutter dann getan?«, fragte Bridie und sah in die feixenden Gesichter.

»Ach, meine arme Mutter war schockiert, und das kann man ihr ja wohl kaum übel nehmen, oder? Na ja, sie warf den Hering in die Kiste zurück und sagte: ›Da, das da können Sie sich in den Arsch schieben, und wenn Gott gnädig ist, ersticken Sie dran.‹«

In dem Moment gerieten die Mädchen völlig außer Rand und Band. Sie lachten, wie sie schon Jahre nicht mehr gelacht hatten. Sogar Lilly hatte große Mühe, die Botschaft ihrer Geschichte klarzumachen, nämlich die Tatsache, dass man ihre Mutter gekränkt hatte, als sie gerade von der Beerdigung kamen.

»Also nein, das war doch wirklich furchtbar, so was zu sagen, und so jung ich auch war, ich begriff, dass er meine Mutter furchtbar aufgeregt hatte, denn sie weinte den ganzen Weg bis nach Hause. Na, jedenfalls ist der lausige Mistkerl inzwischen längst tot, ich hoffe, er ist erstickt.«

Noreen Donnellan meinte schon, die Mädchen würden nie aufhören zu reden und zu lachen. Sie wollte Bridie unbedingt allein sprechen, und als könne eine die Gedanken der anderen lesen, gaben sie und Bridie sich mit dezentem Augenzwinkern zu verstehen, dass sie hinauswollten.

Noreen Donnellan verabschiedete sich, und Bridie bot an, sie bis zum Ende des Korridors zu begleiten. Sie gingen langsam, untergehakt wie Schwestern. Als Noreen dann dachte, es sei sicher, drehte sie sich zu Bridie um und flüsterte: »Ich muss dir was Wichtiges sagen. Versprich mir, dass du keinem Menschen was erzählst.«

»Ja, versprochen«, sagte Bridie und fragte sich, was so wichtig sein mochte.

»Morgen haue ich ab, mit Gottes Hilfe. Seit zwei Jahren plane ich das. Ich habe vierundzwanzig Pfund gespart, und jetzt haue ich ab.«

»Vierundzwanzig Pfund!«, rief Bridie verblüfft. »Aber wie hast du das denn geschafft?«

»Scht«, machte Noreen und legte den Finger auf den Mund, und ihre schmächtige, kindliche Gestalt erschien zwergenhaft klein neben Bridie, die auch nur ein Meter fünfundsechzig groß war. »Die könnten uns hören.«

»Aber wie …?«

»Hör zu, ich habe wenig Zeit. Ich habe Schwester Margaretta gesagt, ich will ein paar Freundinnen besuchen. Die erwarten mich jeden Moment zurück. Ich sage nur so viel: Wenn ich es schaffe wegzukommen, gehe ich nach Dublin oder England. Ich schreibe dir einen Brief und schicke ihn an Mr. Hehir, den Lieferwagenfahrer. Der wohnt gegenüber, Mary Magdalene Terrace Nr. 15. Er wird den Brief weiterleiten. Das weiß er noch nicht, ich habe es ihm noch nicht gesagt. Sag drei Wochen lang nichts zu ihm. Wenn dann kein Brief da ist, dann musst du ihn eben fragen.«

»Aber wie willst du denn rauskommen?«, fragte Bridie ungläubig und überlegte, ob sich Noreen das alles womöglich nur zusammenfantasiert hatte.

»Weiß ich noch nicht«, antwortete Noreen vorsichtig, denn sie wollte nicht ihren ganzen Plan verraten – nicht einmal einer Freundin. »Aber du wirst doch für mich beten, ja?«

»Natürlich«, antwortete Bridie. »Ich bete, dass alles gut geht«, sagte sie und lächelte bei dem Gedanken, dass Noreen zu einer Art Zauberer wurde, der sich einfach in Luft auflöste.

Herrje, die muss nicht mehr ganz richtig im Kopf sein, dachte sie. Die schafft es doch nie, ganz allein hier rauszukommen. Ihre Unterredung im Flüsterton wurde genau in diesem Moment durch das Läuten der Messingglocke beendet, als Schwester Stanislaus den Korridor betrat und die Büßerinnen in alle Richtungen in ihre Schlafquartiere davonstoben. Als Schwester Stanislaus ihnen den Rücken zuwandte, gaben sich Bridie und Noreen hastig einen Kuss und verabschiedeten sich.

»Und vergiss nicht zu schreiben, ich will nämlich zu dir«, waren Bridies geflüsterte Abschiedsworte.

Schon vor Wochen hatte sich Noreen dazu entschlossen, nur einem einzigen Menschen Bescheid zu sagen, wenn alles nach

Plan lief und die Zeit gekommen war, das Magdalene-Heim zu verlassen – und dieser eine Mensch war Bridie.

Den Mädchen im Kloster wollte sie nichts erzählen, denn ähnlich wie sie profitierten auch die anderen von diesem System der Günstlingswirtschaft. Und wenn sie auch nichts Schlechtes über ihre Kolleginnen sagen wollte, vertraute sie im Grunde doch keiner. Bridie war anders, dachte sie. Sie stand außerhalb. Und wenn sie auch wusste, dass ein oder zwei Nonnen Bridie nicht mochten, so war sie doch bei den meisten Büßerinnen sehr beliebt. Dennoch entschied Noreen, sie würde Bridie nicht mehr erzählen, als die unbedingt wissen musste. Gleichzeitig meinte sie, dass sie beide durchaus etwas Wichtiges verband, denn sie waren am selben Tag ins Heim gekommen. Und jetzt, da Bridies Sohn in Williamstown aufwuchs, hatten sie noch mehr Grund, einander zu vertrauen.

In aller Herrgottsfrühe beim ersten Morgengrauen stand Noreen auf, viel früher als gewöhnlich, denn sie hatte die ganze Nacht kein Auge zugemacht. Sie hatte große Angst, und heftige Schuldgefühle plagten sie, denn schon in wenigen Stunden wäre sie eine schwere Verbrecherin, die überall im Land von Sergeant Ruane gesucht würde.

Sie gab sich alle Mühe, sich einzureden, dass sie ein Recht auf Freiheit und mit sechsundzwanzig Jahren immer noch die Chance hatte, ein neues Leben zu beginnen.

Doch immer wieder musste sie an die Tatsache denken, dass sie so viele Lügen erzählt, so viele Nonnen zum Narren gehalten hatte, indem sie sie bat, ihren Namen auf die Liste derer zu setzen, die ihr Leben dem Dienst Gottes widmen wollten.

Nachdem sie sich die ganze Nacht herumgewälzt hatte, konnte sie sich schließlich einreden, dass sie das Richtige tat. Wenn sie es jetzt nicht durchzog, könnte sie das womöglich bis ans Ende ihres Lebens bereuen. Sie wusste, wenn sie versagte, müsste sie einen hohen Preis dafür bezahlen. Wenn man sie fasste, würde sie wahrscheinlich bis in alle Ewigkeit niedere Arbeiten erledigen, den ganzen Tag Fußböden schrubben oder in der Küche abwaschen. Das mausbraune Haar würde man ihr kurz scheren, und die Mutter Oberin, die von ihr nach Strich und Faden belogen worden war, würde sie windelweich prügeln.

Als sie aufstand, setzte sie einen großen Topf Porridge aufs Feuer, deckte die Tische und erledigte all die üblichen Arbeiten vor der Messe; nur dass sie diesmal zur Vorbereitung auf die lange vor ihr liegende Reise eine große Portion Porridge aß.

Bei der Frühmesse konnte sie es kaum erwarten, ihre letzte Aufgabe zu erfüllen, eine Aufgabe, für die sie vom Priester und von den Nonnen einen besonderen Dispens hatte; sie musste nämlich direkt nach der heiligen Kommunion die Messe verlassen, schnell ins Kloster zurückgehen und den Tee machen. Sieben kleine Kannen Tee hatte sie zu kochen, jeden Morgen, regelmäßig wie ein Uhrwerk. Damit der Tee fertig auf dem Tisch stand und alles in Ordnung war, wenn die Nonnen von der Messe zurückkamen.

Noreen kam aus der Kirche gelaufen und versuchte, den Tee zu machen, aber sie war nervös, denn sie hatte Angst, sie könne den Zug verpassen. Statt den Tee fertig zu machen, ging sie auf direktem Weg in die privaten Räumlichkeiten der Mutter Oberin und holte den Ersatzschlüssel, von dem sie meinte, er sei das exakte Gegenstück zu dem, den die Mutter Oberin ständig bei sich trug. Sie nahm ihren Mantel, alle anderen persönlichen Dinge ließ sie in ihrem Zimmer zurück, dazu eine hastig geschriebene Notiz, die sie auf ihr Nachtschränkchen legte: *Bin den Tag über in Winnamstown. Bis heute Abend dann.*

Hastig ging sie zu der Theke vorn in der Wäscherei, wo die Leute aus der Stadt ihre Wäsche abgaben. Und mit großer Mühe gelang es Noreen, die schwere Eichentür aufzuschließen, die auf die Straße hinausführte, und hinter sich wieder zuzusperren. Flink wie ein Wiesel rannte sie über die Straße und zum Bahnhof, von wo der Zug nach Dublin jeden Moment abfahren würde. Das hieß, wenn er nicht schon abgefahren war. Dieser Gedanke war unerträglich.

Zum Glück war der Zug noch da. Es blieben ihr noch etwa fünf Minuten, als sie sich am Fahrkartenschalter anstellte. Wundersamerweise löste sich die Schlange auf, als die Leute mit ihrem Gepäck davonstoben, und im nächsten Moment tat sie genau dasselbe.

Und als der Zug nach Dublin den Ceannt-Bahnhof verließ, war sie einerseits erfüllt von tiefer innerer Befriedigung, verspürte aber andererseits so viel Angst, dass sie spie und spuckte, bis sie nichts mehr im Magen hatte, noch ehe sie Athenry erreichte.

Nach einer halben Ewigkeit, wie es Noreen schien, lief der Zug endlich am Westland-Row-Bahnhof in Dublin ein, und von da fuhr sie mit dem Taxi zu einer Adresse in Phibsboro, an die sie sich aus ihrer Jugendzeit erinnerte. Die Frau in dem Haus in Phibsboro war eine entfernte Verwandte ihrer Pflegeeltern in Williamstown, und Noreen hatte Grund zu der Annahme, dass diese Frau sie mochte. Noreen war gerade durchs Gartentor getreten, als die Dame des Hauses herauskam. Nach einer langwierigen Erklärung drehte sich die Frau um, öffnete die Tür und bat Noreen ins Haus. Dort zog Noreen schnell ihren grauen Mantel aus und seufzte tief vor Erleichterung. Nach zwölf Jahren im Dienst des Nonnenordens der Schwestern der Barmherzigkeit in Galway war sie eine freie Frau. Endlich!

KAPITEL 14

Bridie las den Brief und vernichtete ihn danach sofort, sie hatte Angst, noch andere könnten ihn lesen, vor allem die Nonnen. Da Noreen keine Nachsendeadresse hinzugefügt hatte, bestand nicht die Notwendigkeit, den Brief aufzuheben. Noreen hatte geschrieben, sie würde sich wieder melden, sobald Gras über die Sache gewachsen sei, und ihr dann alles berichten. Noreen war in Dublin. Doch wie es sich anhörte, ging sie vielleicht bald nach England. Ich kann nur beten, dass sie weiter Kontakt hält, dachte Bridie, denn ich brauche jemanden, zu dem ich gehen kann, wenn ich hier rauskomme.

Briefe liebte Bridie über alles. Jede Woche schrieb sie an John Paschal und seine Pflegeeltern Mr. und Mrs. O'Brien und drängte sie, ihren Sohn zu Besuch zu ihr zu bringen. Und ständig lobte Bridie die Nonnen und schrieb, wie gut es ihr im Heim gefiel, denn sie wusste, die Nonnen würden die Briefe lesen, bevor sie sie losschickten.

Wenn der Brief dann endlich ankam, sahen die O'Briens es als erwiesen an, dass Bridie Rodgers nicht ganz richtig im Kopf war, denn so viele ihrer Briefe waren unvollständig und voller geschwärzter Wörter, sie ergaben überhaupt keinen Sinn. Genauso wurde mit den im Magdalene-Heim ankommenden und an Bridie adressierten Briefen verfahren; sie wurden über Dampf geöffnet und zur Sicherheit gelesen. Gelegentlich wurden einige Briefe als ungeeignet angesehen und dann sofort vernichtet.

Jahrelang bettelte Bridie bei den O'Briens um einen Besuch ihres Sohns, doch immer vergeblich. Trotzdem schrieb sie weiterhin Brief um Brief und bat um einen Besuch von John Paschal, bis ihre flehentlichen Bitten eines Abends im Sommer zu Hause bei den O'Briens ausnahmsweise einmal Gesprächsgegenstand waren.

Die Eheleute saßen zu beiden Seiten eines gemütlichen Torffeuers, beide in ihre eigene Welt versunken. Edward rauchte seine Pfeife mit dem krummen Stiel und las dank John Paschals Schulbücherei *Die Schatzinsel*. Seine Frau Catherine oder Kate, wie sie gern genannt wurde, war genauso still, doch ihre Stricknadeln klapperten rhythmisch vor sich hin, während sie gleichzeitig ihren nächsten entscheidenden Schritt überdachte.

»Weißt du, Ned, ich dachte, wir könnten vielleicht Michael Kirrane mit seinem Wagen kommen lassen und den Jungen nach Galway bringen, damit er seine Mutter mal sieht. Nach allem ist es doch das Mindeste, das wir tun können.«

Doch Edward war meilenweit entfernt, und seine einzige Reaktion war ein unbewusstes Ächzen oder Stöhnen, denn er konnte es nicht leiden, wenn man ihn beim Lesen störte.

»Es wäre weiß Gott ein Akt der Barmherzigkeit, wenn wir endlich Ruhe hätten. Ich bin es leid, ihre Briefe zu beantworten und mir ewig Ausreden ausdenken zu müssen.«

»Hm.«

»Du mit deinem ›Hm‹ hast gut reden. Du schreibst ihr ja nie, solange du ein paar Idioten hast, die das für dich erledigen.«

»Hm«, seufzte Ned und ärgerte sich darüber, dass er nicht einmal in seinem eigenen Haus ein paar Minuten Frieden haben konnte, ohne dass ›die Gnädige‹ ihn ständig wegen irgendetwas bedrängte.

»Du weißt, er ist jetzt dreizehn. In ein paar Jahren wird er ganz von uns weggehen.«

Aber immer noch bestand Edwards einzige Antwort darin, dass er sein Lesetempo erhöhte. Seine Lektüre wurde zu einem hörbaren Flüstern, womit er die nie still stehende Zunge seiner Frau, von der er insgeheim dachte, sie müsse so lang wie die Straße sein, zum Schweigen bringen wollte.

Catherine wusste, dass diese Änderung in seinem Leseverhalten ein deutliches Zeichen dafür war, dass sie bei diesem verbalen Schlagabtausch die Oberhand behalten würde und dass er mehr oder weniger alles, was sie jetzt vorzuschlagen hatte, absegnen würde. Also fuhr sie in dem Versuch, ihn unter Kontrolle zu bringen, damit fort, an seinem Unterbewusstsein zu kratzen. »... Wir müssen ihm natürlich einen neuen Anzug kaufen; wenn er wie ein Landstreicher aussieht, können wir ihn unmöglich da aufkreuzen lassen. Wo doch seine Mutter und die Nonnen ihn mustern werden, muss er so gut wie möglich aussehen.«

Unbehaglich rutschte Edward auf seinem Stuhl hin und her. Abrupt unterbrach er seine Lektüre. Er nahm die mit Speichel getränkte Pfeife aus dem Mund und spuckte ins Feuer, dann sagte er wütend: »Also um Himmels willen, ich kann einfach nicht begreifen, wie deine Zunge das immer wieder aushält.«

Catherines Stricknadeln, die sich schon in einer ordentlichen Geschwindigkeit bewegten, legten an Tempo noch zu, als sie ärgerlich erwiderte: »Ach du lieber Himmel! Wenn ich auf einen wie dich warten wollte, würde man ewig und drei Tage warten müssen.«

Edward stand auf und drehte seiner Frau den Rücken zu, um von den nur noch glimmenden Holzscheiten ein wenig Trost zu beziehen. »Und was stimmt nicht mit dem Anzug, den er hat?«

Kate hörte auf zu stricken und sah ihn mit einem Ausdruck schierer Verzweiflung an. »Herrje! Habe ich dir nicht neulich erst erzählt, dass die Jacke von dem Anzug viel zu klein ist. Wie eine beengte Weste sieht die aus, oder ist dir noch gar nicht aufgefallen, dass er ein Junge mitten im Wachstum ist? Und außerdem, wenn wir ihn nicht bald zu ihr bringen, braucht er auch noch ein nagelneues Paar Schuhe.«

»Na ja«, erwiderte Ned resigniert, als er sich umdrehte und noch einmal ins Feuer spuckte. »Mir egal, was du machst.« Er entschloss sich, seine Jacke anzuziehen und in die Nacht hinauszugehen.

Normalerweise verbrachte John Paschal seine Abende damit, Fußball zu spielen beziehungsweise sich herumzutreiben, wie Mrs. O'Brien das so gern ausdrückte. Doch nur wenige Tage nach der Unterredung mit ihrem Mann gab sie ihrem Pflegesohn die klare Anweisung, seiner Mutter Bridie zu schreiben und ihr mitzuteilen, dass er zu ihr zu Besuch käme. Bald.

Jahrelang hatte John Paschal in einer gewissen Verwirrung gelebt, was seine Mutter in Galway betraf. Er begriff nicht, weshalb er ihr ständig schreiben musste, wenn sie doch seine Mutter war. Wieso konnte er nicht einfach bei ihr leben? Für ihn war die ganze Sache reichlich albern. Lebte er denn nicht schon bei seiner Mutter? Also wieso konnte er da noch eine andere Mutter haben? Auch wenn es eine Zeit gab, in der er glaubte, sich vage daran erinnern zu können, mit anderen Kindern herumzutoben, während ein oder zwei oder drei Frauen sich um ihn kümmerten. Aber dann wiederum dachte er, das sei nur eine andere Schule gewesen. Er konnte überhaupt nichts mehr mit Sicherheit sagen. Und als er seine Mutter Mrs. O'Brien fragte, wieso er zwei Mütter habe, wo doch alle anderen auf der Welt nur eine hätten, meinte sie, er sei noch zu klein. Er würde das nicht verstehen. Vielleicht verstünde er das besser, wenn er sechzehn sei.

Sechzehn!, dachte er. Aber dann bin ich ein alter Mann. Da lebe ich in Dublin oder in England oder vielleicht auch in Amerika. Denn ich bleibe ganz bestimmt nicht hier auf dem Land, auch wenn Ned das gern hätte. Ich will irgendwohin, wo ich jeden Sonntagabend ins Kino kann, und ich will mir einen Job suchen, und vielleicht kann ich dann für Galway spielen. Es gibt nichts auf der Welt, was ich lieber täte, als Fußball für Galway zu spielen.

Aber jetzt hatte er über aufregendere Dinge nachzudenken. Er würde nach Galway fahren und zum ersten Mal seine Mutter Bridie sehen. Er musste ihr schreiben und ihr das jetzt mitteilen, sonst machte seine Mum ihm die Hölle heiß.

Liebe Bridie,
vielen Dank für den schönen Brief, den Du mir geschickt hast. Ich hoffe, es geht dir gut, bei uns ist jedenfalls alles Gott sei Dank in bester Ordnung. Das Wetter ist gut. Wir haben das

Heu reingebracht und sind auch schon beim Torfstechen. Jetzt mach mal einen Moment die Augen zu, denn ich habe gute Neuigkeiten für dich. Mummy sagt, ich soll dir schreiben, dass wir am Freitag, dem 13., nach Galway kommen und dich besuchen.
Das ist alles, was ich zu berichten habe.
Auf Wiedersehen und Gottes Segen, und schreib bald.
Von Deinem Sohn Paschal

Er lag im Bett und versuchte, nicht an seinen Ausflug nach Galway zu denken. Er wollte viel lieber *Die Abenteuer des Huckleberry Finn* zu Ende lesen. Aber es hatte keinen Zweck. Kein Abenteuer, ganz gleich wie großartig, konnte so aufregend sein, wie zum allerersten Mal mit dem Auto in die Großstadt Galway zu fahren. In seinem ganzen Leben war er noch nie mit Bus, Bahn oder Auto unterwegs gewesen. Also beschloss er stattdessen, sich unter der Bettdecke zusammenzukuscheln und sich vorzustellen, wie Kirranes glänzendes, schwarzes Auto in die Straße einbog. Und wie sein verborgener, kraftvoller Motor unter der Kühlerhaube schnurrte und krampfartig ausgespiener Rauch aus dem verchromten Auspuff schoss, während der Wagen eigens darauf wartete, ihn den ganzen Weg nach Galway zu befördern.

Als der große Tag endlich da war, stellte er zu seiner Freude fest, dass er tatsächlich so etwas wie einen freien Tag hatte. Er brauchte keine der üblichen Arbeiten auf der Farm zu erledigen. Kein Kühemelken, kein Schweinefüttern, kein Torfstechen. Nichts.

»Jetzt sei ein guter Junge und iss dein Frühstück auf, damit du fertig bist, wenn Kirrane kommt«, sagte Mrs. O'Brien.

Gerade als er dachte, er sei mit seinem neuen Anzug fix und fertig, schnappte Catherine sich ihn und bearbeitete sein Haar mit einer tüchtigen Portion Pomade, damit es ordentlich saß und ihm nicht ständig in die Augen fiel. Und als Krönung des Ganzen steckte sie ihm ein zum Dreieck gefaltetes Taschentuch in die Brusttasche seines Anzugs. Als er sich im Spiegel betrachtete, sah er, dass dieses weiße Symbol ihn von einem gut angezogenen Jungen vom Land in einen richtigen Städter verwandelte, und er war furchtbar stolz. Jetzt konnte er nur noch am Fenster sitzen und warten.

Die Sonne schien intensiv, wie lange nicht mehr, als der Wagen die Hügel hinauf- und die Täler hinunterraste. John Paschal saß mit seiner Mutter Catherine auf dem Rücksitz. Paschal atmete den angenehmen Geruch der auf Hochglanz polierten Sitzpolster ein und verrenkte den Hals, um die chromumrandeten runden Anzeigen am Armaturenbrett zu erkennen. Sie fuhren mit einer Geschwindigkeit von fünfzig Meilen die Stunde, aber nicht lange. Kaum hatten sie Tuam hinter sich gelassen, begegneten ihnen mehrere Viehherden, Lastwagen und der denkbar längste Konvoi durchs Land ziehender Kesselflicker in ihren fröhlich bemalten, von Pferden gezogenen Wagen. Das war nun wirklich ein atemberaubender Anblick. Da waren Hunderte von Schecken, Eseln, Ziegen und Ponys auf der Straße unterwegs. Den Abschluss bildete eine kleine Parade von Frauen mit Kopftüchern und ihren Ehemännern, die schwarz wie Schornsteinfeger aussahen und Kordhosen trugen. Sie saßen auf ihren Pferdewagen umgeben von Hühnern, Enten und Gänsen mit zusammengebundenen Beinen, und man hörte das Klippklapp, Klippklapp der Pferde, die in halsbrecherischer Geschwindigkeit über die Straße trabten. In dem vergeblichen Versuch, dem ohrenbetäubenden Lärm von wiehernden Pferden, verspielten, schreienden Eseln und meckernden Ziegen mit wilden Augen zu entkommen, flatterten die Hühner immer wieder mit den Flügeln. Als sich Paschal dann auf den Rücksitz des Autos kniete, um auf das kleiner werdende, verschwindende Spektakel zu schauen, hörte er zu seinem Erstaunen den Fahrer sagen, dass sie bald in Galway seien.

Mittlerweile sah Bridie mit jeder Stunde mit mehr und mehr Sorgen der Ankunft ihres Sohnes entgegen. Seit sie John Paschals Brief erhalten und die Mutter Oberin dessen Inhalt bestätigt hatte, machte sie sich Gedanken darüber, wie er nach all den Jahren wohl auf sie reagieren mochte. Würde sie ihn noch erkennen? Würde er sie als seine richtige Mutter akzeptieren? Was, wenn er nicht nett zu ihr war und wenn er sie nicht umarmen wollte? Das Ganze könnte zu viel für ihn sein, dachte sie. Er könnte sogar Angst bekommen und sich von ihr abwenden. Davon abgesehen wollten Julie, Josephine, Lilly, Margaret sowie Schwester Philomena und alle übrigen Nonnen John Paschal unbedingt kennenlernen. So wie die Dingen lagen, dachte sie, würde sie selber am Ende kaum einen Blick auf ihn werfen können. Sie hatte sich vorgenommen, ihm etwas Besonderes zu schenken. Als also Schwester Philomena ihr zu dieser besonderen Gelegenheit ein paar Münzen gab, freute sie sich sehr.

Plötzlich wollten alle Freundinnen von Bridie ihm auch kleine Geschenke machen, zur Feier des Tages. Doch Bridie machte sich mehr Sorgen um ihre Frisur, ihre Kleidung und ihr Aussehen, bis Schwester Philomena sie zu einer Anprobe in ihr Büro bat. Bald war alles vorbereitet.

Bridie konnte kaum glauben, dass ein sonniger neuer Tag anbrechen sollte. Beinahe hatte sie viel zu viel Angst, um an diesen Tag überhaupt zu denken, es konnte ja etwas passieren, das ihr die Freude verdarb, sie könnte krank werden oder John Paschal würde krank oder, schlimmer noch, er könnte bei einem Verkehrsunfall sterben, noch ehe sie ihn überhaupt gesehen hatte.

Nervös marschierte sie mit ihren engsten Freundinnen auf dem Heimgelände auf und ab. Sie hatte die Nonnen darum gebeten, dass die anderen Frauen sich freinehmen durften, um bei ihr zu sein und John Paschal kennenzulernen. Das war aber gar nicht nötig gewesen, denn die Büßerinnen hatten ohnehin gerade Mittagspause und liefen wie aufgeregte Schulkinder herum. Und die meisten wussten gar nichts von Bridies bevorstehender Wiedervereinigung mit ihrem Sohn. Bridie betete, die Glocke möge bald ertönen, damit sie sich nicht alle zusammenrotteten und glotzten, wenn ihr Mrs. O'Brien John Paschal vorstellte. Sie wollte nur ihre Freundinnen bei sich haben, wenn der große Moment da war. Sie zitterte und fragte Julie schon zum zweiten Mal, ob sie noch Zigaretten habe.

»Herr im Himmel, beruhige dich doch endlich. Du verschlingst die Kippen ja«, sagte Julie, während sie vor dem Hintereingang der Wäscherei wie Wachsoldaten auf und ab marschierten. Doch trotz der guten Laune, die Julie zur Schau trug, hatte sie Mühe, sich damit abzufinden, dass Bridie Rodgers wieder einmal alle übertrumpfte. Die setzt doch immer ihren Willen durch, egal wie, dachte sie. Die darf haufenweise Briefe an ihren Sohn schreiben, und keiner sagt was dagegen. Wie sie das bloß angestellt hat, den Nonnen John Paschals Adresse abzuluchsen, ist mir schleierhaft. Und jetzt erlauben die ihr sogar, ihn zu sehen! Die hält uns doch alle irgendwie zum Narren. Da muss doch irgendein Trick dabei sein. Und wenn ich bloß versuche, durch die Tür zu gehen oder wegzulaufen, werde ich halb umgebracht. Das ist nicht fair, das ist einfach nicht fair.

»Du lieber Himmel, ob er überhaupt kommt?«, fragte Bridie wohl schon zum hundertsten Mal, als Schwester Philomena am Hintereingang der Wäscherei auftauchte, sich suchend umsah und laut nach ihr rief.

Die Nonnen versuchten Bridie zu instruieren, wie sie sich zu benehmen hatte, aber sie hörte gar nicht zu, nickte bloß zu allem, was die Schwestern sagten. Sie war in ihrer eigenen Welt. Sie dachte an all die Tage und Wochen und Monate und Jahre, als sie gebetet hatte, dieser Moment möge kommen. Sie wusste noch ganz genau, wie sie bei zahllosen Gelegenheiten davon geträumt hatte, ihren Sohn zu sehen, an einem Dreizehnten. Und jetzt sollte es wahr werden. Sie wusste, die Dreizehn war die wichtigste Zahl in ihrem Leben. An einem Dreizehnten war sie geboren. Ihr Sohn John Paschal wurde ihr nach dem dreizehnten Monat fortgenommen, und jetzt sah sie ihn an einem Dreizehnten, im Monat Juli. Sie wusste, die Dreizehn war ihre Glückszahl und würde es immer bleiben.

Nachdem John Paschal in langwieriger Prozedur verschiedenen kirchlichen Persönlichkeiten vorgestellt worden war, fing er an, die beeindruckende Umgebung zur Kenntnis zu nehmen. Der Salon, in dem seine Mum und eine Gruppe von Nonnen eng aneinandergedrängt standen und sich im Flüsterton unterhielten, war mit einer wunderschönen Sammlung erlesener Antiquitäten möbliert. Kleine Statuen vom heiligen Josef, vom heiligen schwarzen Martin und vom heiligen Antonius zierten den massiven Kamin aus Connemara-Marmor, während an den Wänden riesige religiöse Gemälde hingen und dazwischen an der Wand unser Herr Jesus an blutbeflecktem, wuchtigem Kruzifix.

Für John Paschal stand es außer Frage, dass man hier in Gegenwart irgendeiner Menschenseele auf gar keinen Fall fluchen durfte, ja an so etwas wie Fluchen nicht einmal denken konnte. Diese Nonnen waren die heiligsten Menschen, denen er je begegnet war. Ihre leisen, sanften Stimmen waren der Beweis dafür, dass ihr zartes Bewusstsein nicht einmal das kleinste Schimpfwort aushielt, ganz zu schweigen von so einem richtig dicken Brummer, wie er ihn manchmal von sich geben konnte. Von dem, was seine Lehrer ihm erzählt hatten, wusste er außerdem, dass Priester und Bischöfe ihren Platz im Himmel sicher hatten, egal wie schlecht sie sich in diesem Leben benehmen mochten. Und deshalb brauchte man sich ja bloß diese Nonnen anzusehen, um zu wissen, dass auch sie direkt ins Himmelreich marschieren würden. Während gewöhnliche Sterbliche, wie seine Mum und alle anderen, Tag und Nacht hart an der Erlösung ihrer Seele arbeiten mussten.

Zum damaligen Zeitpunkt spielte John Paschal allein schon aus diesem Grund ernsthaft mit dem Gedanken, Priester zu werden. Doch irgendwie schlug die Idee in seinem Kopf nie so recht Wurzeln, sooft er sich auch sagen mochte, dass er den schwarzen Babys in Südafrika gern helfen würde, wo man anscheinend ein Dutzend Apfelsinen für einen Penny kaufen konnte. Ein Jesuitenpater, der einmal ihre Schule besuchte, hatte ihnen dieses außerordentliche Geheimnis enthüllt. Er bat sie inständig, niemandem davon zu erzählen, denn sonst würde sich das ganze Land melden, um Priester zu werden, damit sie alle in die Missionen ins Ausland konnten. John Paschal wusste noch, wie er sich an Ort und Stelle beinahe gemeldet hätte, als der Priester anfing, über die großen Probleme zu berichten, die sie mit den Unmengen von Trauben und Bananen hatten, die in einem fort von den hohen Bäumen fielen und dabei fast die Einheimischen erschlugen. Damals kam es John Paschal so vor, als hätten alle anderen, und vor allem die Priester, das ganze Glück dieser Welt gepachtet. Und da waren sie nun, direkt vor seinen Augen, rubinrote Äpfel und Orangen aus Transvaal, bei deren Anblick einem das Wasser im Mund zusammenlief, in einer wunderschönen Schale, würdevoll dekoriert auf dem großen Mahagonitisch in der Mitte des Raumes, und warteten nur darauf, verschlungen zu werden.

Doch seine Hungerattacken wurden bald von einer Bewegung bei der Tür vertrieben, als sich ihm eine dunkelhaarige Frau mit ausgestreckten Armen näherte, umgeben von einer ganzen Traube von Nonnen, und flehentlich sagte: »Paschal! Paschal, mein Liebling, wie geht es dir?« Bridie schlang die Arme um ihn und hielt ihn einen Moment lang wie in einem Schraubstock umklammert.

Wie gelähmt stand er da. Er brachte keinen Ton heraus, obwohl seine Mum ihn angewiesen hatte, sich von seiner besten Seite zu zeigen, ›Ja, Ma'am‹ und ›Nein, Ma'am‹ zu sagen. Aber wie konnte er das jetzt tun, da eine Frau, die er nie zuvor gesehen hatte, ihn zu erdrücken versuchte, während verblüfft dastehende Nonnen und seine Mum ihn wie Habichte beäugten.

»Paschal! Du siehst ja großartig aus! Und so groß bist du! Und wie hübsch du in deinem neuen Anzug aussiehst. Willst du denn gar nichts sagen?«, fragte Bridie und hielt ihn auf Armeslänge entfernt.

Bedächtig schüttelte Paschal den Kopf. Nein.

»Willst du denn nicht ›Guten Tag‹ zu deiner Mutter sagen? Ich bin deine Mutter«, versuchte es Bridie erneut.

Doch John Paschal schwieg. Beschämt senkte er den Kopf und murmelte schließlich nur: »Nein.« Er wollte bloß noch weglaufen. Aller Augen ruhten auf ihm, als habe er sich eines schlimmen Verbrechens schuldig gemacht.

»Willst du denn nicht Guten Tag zu Bridie sagen?«, drängte ihn Catherine, die sich darüber ärgerte, dass John Paschal so maulfaul war, wo er ihr doch zu Hause die Ohren vollschwatzen konnte.

»Guten Tag«, sagte John Paschal aus dem Nichts heraus, denn er wusste, dass er andernfalls zu Hause Mums Handrücken zu spüren bekam und sich obendrein noch eine Standpauke anhören müsste, die sich gewaschen hatte.

»Oh!«, riefen die Nonnen. »Er kann also doch sprechen. Vielleicht wird er ja eines Tages Priester.«

»Gott im Himmel, wäre das nicht wundervoll?«, meinte Catherine stolz. »Das wäre ein Segen für uns alle«, während sie gleichzeitig überlegte, ob das wirklich eine solch gute Idee wäre. Innerlich war sie zusammengeschreckt, als sie Bridie sagen hörte: ›Paschal! Paschal! Ich bin deine Mutter!‹ Und sie dachte bei sich: Eine richtige Mutter bist du ihm nicht gerade gewesen an dem Tag, als ich ihn aus dem Heim in Tuam rettete und du ein junges Fräulein warst ohne einen Penny in der Tasche, ohne einen Bissen zu essen und ohne einen Pott zum Pinkeln. Was mich betrifft, so wird er sein ganzes Leben nur eine Mutter haben, und das ist die, die ihn aufgezogen hat.

Nach einer Weile nahm Bridie ihn mit auf einen Rundgang über das malerische Gelände mit der bunten Mischung aus Sträuchern und blumengesäumten Pfaden, die zu der Felsnische mit der Heiligen Jungfrau Maria führten. Erst jetzt musterte er seine neue Mutter zum ersten Mal. Sie war groß und schlank. Schlank wie eine Tanne, mit herrlichem lockigen schwarzen Haar, das wie der Flügel eines Raben schimmerte und glänzte. Und wenn sie sprach, dann mit einer sanften, schmeichelnden Stimme, die in ihm den Wunsch weckte, ihr den ganzen Tag zuzuhören. Sie hatte wunderschöne große Augen und ungewöhnlich hohe Wangenknochen, die ihr ein spanisches Aussehen verliehen, fand er. Und doch war ihr Gesicht so bleich und weiß wie eine Schneewehe. Das erschreckte ihn, weil er noch nie einen so blassen Menschen gesehen hatte, außer einmal, als er mit seiner Mum zu einer Beerdigung ging und er neben dem Sarg stehen und so tun musste, als bete er, doch stattdessen hatte er das schrecklich gespenstische Aussehen des Leichnams betrachtet. Irgendwie, so dachte er, sah Bridie genauso aus. Sie trug eine langärmelige Seidenbluse und einen dreiviertellangen, marineblauen Faltenrock. Sie war so dünn und sah so zerbrechlich aus, dass sie sehr krank sein musste, was bedeutete, dass dieser Ort wohl eine Art Krankenhaus war. Das Wort ›Sanatorium‹ kam ihm in den Sinn, doch er wusste nicht, was es hieß. Zu Hause war im Flüsterton davon gesprochen worden, und so meinte er nun, dass dies solch ein Ort sein musste. Aber als seine neue Mutter ihm den Arm um die Schultern legte und ihn zögerlich umarmte, hatte er nicht mehr so viel Angst vor ihr und ihrem Zustand. Aber immer noch begriff er nicht, was das alles zu bedeuten hatte. Es schien, als habe er wirklich zwei Mütter, so wie manche seiner Schulfreunde zwei Onkel oder drei Tanten hatten. Er wusste, dass er keine Tanten und Onkel hatte, aber von diesem jüngsten Familienzuwachs musste er unbedingt so bald wie möglich all seinen Freunden erzählen.

Genau in dem Moment bekräftigte Bridie seine Gedanken, als sie ihm eine kleine Lederbörse mit einer brandneuen Pfundnote gab. So viel Geld hatte er nie zuvor besessen, und sofort wurde ihm klar, dass diese Frau diejenige war, die ihn zum Geburtstag, zu Weihnachten und zu Ostern und bei so vielen anderen Gelegenheiten mit Geschenkpaketen überrascht hatte.

Sie stellte ihn all ihren Freundinnen vor, die in ihren langen weißen Kattunkleidern und mit ihren weißen Hauben dastanden und ihn anstarrten, und alle gaben ihm Tütchen mit Bonbons und kleine Tafeln Schokolade. Und als Julie zu Bridie sagte, er sei ihr wie aus dem Gesicht geschnitten, hellte sich ihre Miene auf und sie strahlte bis über beide Ohren. Dann bat Bridie ihn, ihren Freundinnen zum Abschied zuzuwinken, und führte ihn wieder in den Salon zurück.

»Paschal, mein Liebling, du musst immer daran denken, dass ich jeden Tag für deine Gesundheit und dein Glück bete«, sagte sie und umarmte ihn noch einmal lange, was er nie vergessen würde.

Nachdem die Besucher Tee aus eleganten Porzellantassen getrunken und sich an einer Auswahl von Kuchenstücken und Gebäck bedient hatten, saßen sie schon bald in ihrem Wagen mit Chauffeur und winkten hektisch ein letztes Mal zum Abschied. Aber diesmal gab es auf den Straßen nichts Aufregendes zu sehen. Keine Viehherden und auch keine herumziehenden Kesselflicker, die dem Horizont Farbe verliehen hätten. Nichts. Da sammelten sich nur dunkle Wolken, und den Wagen erfüllte ein seltsames Schweigen sowie ein Gefühl von Missverstandensein und Einsamkeit, während sich John Paschal alle Mühe gab, das plötzliche Auftauchen einer schönen Frau in seinem Leben, seiner Mutter, zu begreifen.

Mutter, dachte er, wieso hast du geweint, als ich fort musste? Und wieso ist dein Gesicht so bleich? Wieso bist du nicht wie all die anderen Leute, die bei uns auf dem Land leben? Und wieso führst du mit all diesen anderen Frauen solch ein merkwürdiges Leben in diesem Magdalene-Heim? Wegen dieser und so vieler weiterer unbeantworteter Fragen sollte das Leben für John Paschal nie mehr dasselbe sein.

KAPITEL 15

Als Folge von Noreen Donnellans erfolgreicher Flucht kam es im Heim zu einer plötzlichen Häufung von Ausbruchsversuchen. Alle scheiterten kläglich, weil die Nonnen darauf vorbereitet und ständig auf der Hut waren.

Es war ein schwerer Schlag für das Ego der Mutter Oberin, dass es einer ihrer angesehensten Insassinnen gelungen war, alle im Heim – sie selber eingeschlossen – zum Narren zu halten und ungestraft davonzukommen. Und ohne dass Bridie Rodgers davon wusste, wurde wegen Noreen Donnellans erfolgreicher Flucht beinahe nichts aus dem Besuch ihres Sohns. Wäre da nicht die Tatsache gewesen, dass sich die Mutter Oberin höchstpersönlich ihrer pensionierten Freundin, Schwester Hortense in Tuam, gegenüber verpflichtet hatte, den Besuch von John Paschal zu erlauben, dann hätte sie die ganze Sache abgesagt. Und zwar aus lauter Angst, es könne nur eine weitere List sein, ein Versuch von Bridie Rodgers, dem Heim zu entfliehen.

Wenn schon eine undankbare Göre wie Noreen Donnellan bereit war, die rechte Hand vor Gott zu erheben und zu schwören, sie wolle eine geweihte Büßerin werden, dann, so folgerte die Mutter Oberin, wäre der Rest der Insassinnen zu allem fähig. Sie verdienten keine Milde. Die Unverfrorenheit dieser Göre, dachte sie. Man stelle sich das bloß mal vor! Man stelle sich vor, dass sie solch eine Notiz dagelassen hatte! ›Bin den Tag über in Winnamstown.‹ Winnamstown, so ein Quatsch! Wieso hatte sie solch eine alberne Notiz geschrieben, wenn sie ganz woandershin wollte? Ganz offensichtlich hatte sie überhaupt nicht vorgehabt, nach Williamstown zu fahren. Aber leider war es nun zu spät. Die Mutter Oberin grübelte über ihre möglichen

Versäumnisse, trank ihre Tasse Tee aus und dachte dann: Ich glaube, ich werde alt, ich bin dem allen nicht mehr gewachsen. Noch vor wenigen Jahren hätte ich gewusst, was zu tun gewesen wäre, ich hätte dem Fräulein alles abgenommen und das kleine Büchlein beschlagnahmt. Das hätte Miss Donnellan den Wind aus den Segeln genommen. Na, da hilft jetzt alles Zetern und Klagen nicht mehr. Aber eines schwöre ich: Die Nächste, die aus dem Magdalene-Heim zu fliehen versucht, kann sich auf was gefasst machen.

Mit einem kleinen Topf Irish Stew kam Peggy Neary aus der Küche angelaufen. Heimlich hatte sie sich vor ihrer eigentlichen Arbeit, dem Abwasch, gedrückt, weil sie die Erste sein wollte, die die Nachricht überbrachte. Sie wusste, dass Sergeant Ruane bei den meisten Nonnen hochangesehen war, vor allem bei der Mutter Oberin, aufgrund deren enger Freundschaft mit ihm sie seit Langem den Verdacht hegte, es könne da irgendwie ungesund zugehen. Trotzdem war Peggy stets auf der Seite von Kirche und Staat, und nur zu gern schloss sie sich der Mutter Oberin in der Bewunderung des ehrenwerten Sergeant an. Sie wusste auch, dass viele Büßerinnen im Heim, beziehungsweise die ›Hexen vom Land‹, wie sie diese Frauen gern bezeichnete, Sergeant Ruane leidenschaftlich hassten, bloß weil er ihnen ordentlich den Kopf wusch, wenn sie versuchten, aus dem Heim zu flüchten.

Als Peggy zu den langen Tischen in der Mitte des Speisesaals kam, rief sie laut und vernehmlich: »Jemand noch von dem Stew?«

Sofort war ein ganzer Chor von Bestellungen zu hören. Auch Bridie Rodgers meldete sich zu Wort und rief: »Hast du noch etwas Brot? Ich hätte zu gern noch eine Scheibe, in diesem Stew sind ja bloß Erbsen.«

Peggy ignorierte die Stichelei und rief in die Küche: »Noch eine Scheibe Brot für Bridie Rodgers. Nein! Lieber drei! Nein! Vier. Noch vier Scheiben für Tisch Sieben und Neun.« Dann ging sie zu Bridie hinüber, beugte sich runter und flüsterte: »Hast du schon von Sergeant Ruane gehört?«

Einen Moment lang war Bridie ganz perplex, und sie versuchte, sich zu erinnern, ob jemand geflüchtet war oder fehlte. Dann kam ihr ein schrecklicher Gedanke.

»O Gott, sag nicht, es ist Noreen. Die haben sie doch nicht wieder eingefangen, oder?«

»Ach, Blödsinn, was ist denn bloß los mit dir?«, erwiderte Peggy und stupste Bridie mit dem Ellenbogen an. »Noreen ist längst über alle Berge, das weißt du doch ganz genau. Es geht um Sergeant Ruane. Er ist tot. Gestern ist er umgekommen. Von einem Bus überfahren, der Arme.«

»Was?«, fragte Bridie völlig schockiert, während die anderen Büßerinnen an dem Tisch lange Hälse machten, um zu sehen, ob sie etwas verstehen könnten.

»Doch, wirklich wahr. Einer der Fahrer hat es mir erzählt. Die Mutter Oberin ist ganz außer sich. Ich wusste gar nicht, was den ganzen Vormittag mit ihr los war. Versprich mir, dass du keinem was erzählst, denn manche von den Hexen da drüben«, flüsterte sie und deutete mit dem Kopf zu den Frauen hinten im Raum, »würden auf seinem Grab tanzen, und das, wo der Arme doch noch nicht mal beerdigt ist.«

»Aber bist du auch sicher?«, fragte Bridie, die immer noch dabei war, sich von dem Schreck zu erholen. Halb fürchtete sie, es könne nur ein wildes Gerücht sein. Zu schön, um wahr zu sein, dachte Bridie. Obwohl sie nie ein schlechtes Wort gegen wen auch immer hören wollte, musste sie sich eingestehen, dass Ruane ein übler Schlägertyp war und dass es ihm nur recht geschah, wenn er jetzt auf die Art umgekommen sein sollte.

»Hier ist dein Brot.«

»Danke«, sagte Peggy, nahm eine Scheibe Brot von dem Teller und reichte sie an Bridie weiter. »Aber ich habe es dir doch gesagt. Er wurde überfahren. Mausetot ist er«, sagte Peggy. »Denk dran: Selig sind, die nicht sehen und doch glauben. Ich muss jetzt los. Wir sehen uns später. Wir gehen zusammen in die Kirche und beten den Rosenkranz.«

»Wenn … wenn ich Zeit habe«, antwortete Bridie zögerlich, denn sie wollte nicht gern mit Peggy zusammen gesehen werden. Die galt allseits als Unruhestifterin und Klatschbase. Andererseits wollte sie aber auch nicht ablehnen. »Ich frage Julie und Lilly, vielleicht wollen die ja mitkommen«, meinte Bridie schlau und verzog keine Miene dabei, denn sie wusste, dass sich Peggy nichts aus der Gesellschaft ihrer Freundinnen machte und lieber gestorben wäre, als auf derselben Kirchenbank mit denen zu sitzen.

Peggy warf Bridie einen schneidenden Blick zu, als sie den Rest vom Stew einer hungrigen Büßerin auf den Teller gab, und sagte: »Deine Freundin Julie meinetwegen, aber die andere Kuh! Vergiss es.« Dann drehte sie sich um, ging auf direktem Weg in die Küche und ärgerte sich darüber, dass Bridie ihren Vorschlag abgelehnt hatte. Und sie fragte sich, weshalb sie sich überhaupt die Mühe machte, sich mit ihr anfreunden zu wollen. Die war doch immer gleich, nie für einen, aber auch nie gegen einen. Und trotzdem schien sie massenweise Freundinnen zu haben.

Bridie aß zu Ende und tunkte mit Genugtuung ihr Stew auf, während die anderen sie fragten, ob es stimmte, was sie gerade gehört hatten. Bridie lächelte nur und sagte: »Keine Ahnung. Ich an eurer Stelle würde das Ganze wie euer Essen nehmen – mit einem Körnchen Salz.«

Es war schon spät an dem Abend, als Bridie, Julie und ihre Freundinnen durch eine der Schwestern die Bestätigung erhielten, dass Sergeant Ruane tatsächlich umgekommen war. In einem Punkt behielt Peggy immerhin recht, dachte Bridie. Einige Büßerinnen tanzten bereits auf seinem Grab, und das, obwohl der Arme noch nicht einmal beerdigt war.

Seit einigen Wochen schon schien Josephine Finn langsam, aber sicher in die tiefen, dunklen Abgründe der Verzweiflung zu gleiten. Diese Veränderung in Josephines Persönlichkeit blieb von ihren Freundinnen und Kolleginnen weitgehend unbemerkt. Die waren immer viel zu beschäftigt mit ihren eigenen Gedanken und Problemen, um jemand anderen zu beachten. Keiner wusste, dass sich Josephine beim Gedanken an eine verlorene Liebe in der Einsamkeit der warmen Sommernächte in den Schlaf geweint hatte. Der Schock, nach zwölf langen Jahren Bridies Sohn ins Heim kommen zu sehen, war beinahe unerträglich für sie. Es hatte etwas tief in ihr aufgewühlt, als habe ihr jemand einen Dolch ins Herz gestoßen, sie fühlte sich erinnert an die Tragik ihres eigenen vergeudeten Lebens, das sie damit verbracht hatte, von einem Leben außerhalb der hohen Steinmauern ihres Gefängnisses zu träumen. Ihr Traum, nach London und an den Broadway zu reisen, ihr Idol Judy Garland kennenzulernen, ihren Namen in großen roten Leuchtbuchstaben zu sehen war offenbar ganz in die Ferne gerückt; so sehr in die Ferne, dachte sie, dass er beinahe nicht mehr in Sichtweite war.

Ohne dass es ihr bewusst war, hatte sie die schmerzlichen Erinnerungen an ihre grausamen Eltern und an Cathal aus ihren Gedanken verbannt und stattdessen ihre ganze Kraft auf diesen törichten Traum konzentriert, ein großer Star zu werden. Die ganze Zeit hatte sie damit gerechnet, dass sich die Tür zur Freiheit irgendwie magisch öffnen würde oder dass ein Ritter in schimmernder Rüstung in Gestalt von Mr. Fincock aus Dublin zu ihrer Rettung eilte. Zum ersten Mal begriff sie, dass alles nur Illusion war, ein Hirngespinst, das sie sich selber erschaffen hatte. Und die ganze Zeit hätte sie stattdessen lieber ihren Weg in die Freiheit planen und überdenken sollen, einen Weg, der schließlich in den Starruhm führen könnte. Sie begriff, dass sie ihre Flucht wie Noreen hätte planen sollen, oder zumindest wie Bridie Rodgers, die unaufhörlich die Leute mit ihren Bettelbriefen geplagt und gepiesackt hatte.

Stattdessen hatte sie sich ein für alle Mal mit ihrem gegenwärtigen Schicksal beschieden und hatte aufgehört zu kämpfen. Sieh dir nur Bridie an, dachte sie. Nicht nur einmal, tausendmal habe ich sie sagen hören, dass sie eines Tages wieder mit ihrem

Sohn vereint wäre. Und ich habe bloß gedacht: Tja, schön für dich. Wenn du dich damit zufriedengeben willst, bitte sehr. Aber ich werde eines Tages ein Star sein. Ach Gott, was bin ich doch für eine Närrin gewesen. Ich habe mein Leben verträumt. Sogar meine Mutter hat damals immer schon zu mir gesagt: ›Ach, Josephine, aus dir wird nie was werden, du bist ja bloß eine Träumerin.‹

Ach wieso, wieso hat bloß John Paschal zu ihr kommen müssen? Ich kann kaum glauben, dass er damals noch ein Baby war, an dem Tag, als wir alle drei hierherkamen. Und jetzt ist er dreizehn oder vierzehn. Und Bridie macht sich Sorgen, dass er in ein oder zwei Jahren von zu Hause weggeht und sie ihn nie wiedersieht. Aber wenigstens hatte sie die Freude, ihn überhaupt zu sehen. Und wenn ich denke, dass ich mit Cathal hätte weglaufen können, damals, als wir uns in Tuam getroffen haben. Wir hätten nach England gehen können. Ich hätte von zu Hause weglaufen sollen. Aber auf jeden Fall hätte ich weglaufen sollen an dem Tag, an dem sie mich hierher brachten, denn letztlich kümmert es keinen. Man braucht sich ja bloß Julie Murray anzusehen. Sie hat es wenigstens versucht. Zweimal. Und irgendwann kommt die bestimmt noch raus. Und dann Noreen. Vollkommen unbehelligt ist die weggekommen. Einfach durchs Tor marschiert. Ich muss auch raus. Ich werde genauso einfach rausmarschieren, denn ich halte es keinen Moment länger hier aus. Fußböden und Hemdkragen schrubben, Tag ein, Tag aus, ganz zu schweigen von all dem Putzen und Beten. Und dass man den Leuten dabei zusehen muss, wie sie sich um blödes Zeug wie Rosenkranzperlen und Lebensmittel und Geld und Kleider und Zigaretten streiten, sogar um Freundinnen. Aber um mich kämpft keiner, kein Einziger, ich bin allen egal.

Und als sie im frühen Morgengrauen wach lag und diese schrecklichen Dinge dachte, schwang sie die nackten weißen Beine über den Rand des klapprigen Eisenbettgestells und seufzte müde, weil sie die ganze Nacht kein Auge zugetan hatte. Sie wusste, bald würde es Morgen sein, und bald würden sie alle aufstehen, in die Wäscherei hinuntergehen und einen weiteren langen Tag beginnen. Die Helligkeit des frühen Morgens wunderte sie, und so nahm sie den Stuhl, der neben ihrem Bett stand, stellte ihn leise neben das hohe Fenster und kletterte auf das ausgetretene Fensterbrett. Durch die kleinen Löcher, die sie alle in die übermalte Fensterscheibe gekratzt hatten, wollte sie hinaussehen. Über den Dächern der Stadt sah sie den fernen matten Farbfleck eines azurblauen Himmels, und deutlich hörte sie den herzerwärmenden Chor der Singvögel ganz in der Nähe. Eine ganze Weile stand sie da und schaute auf das heraufdämmernde Blau des Morgenhimmels und die dahintreibenden dunklen Wolken, die sacht vorüberglitten. Allmählich fielen ihr die magischen Worte ihres Lieblingsliedes ein, das sie so oft für die Büßerinnen gesungen hatte, vor allem zu Weihnachten. Jetzt gäbe sie beinahe alles, alles – sogar ihren eigenen Körper – für irgendeinen gutaussehenden Burschen, der es für sie sang. Dann, und erst dann, würde sie an die Zeilen in Judy Garlands Lied glauben, dass irgendwo hinter dem Regenbogen Träume wahr werden.

Abrupt hielt sie in ihren Gedanken inne und kletterte vom Fensterbrett. Sie hatte genug von Träumen und Regenbögen, sagte sie sich. Dieses verfluchte Lied wollte sie nie wieder hören. Sie beschloss: Das ist es. Ich haue ab, ehe das alles mich umbringt. Gott! Wäre das nicht toll, wenn ich über die Mauer klettere und keinem ein Wort sage. Es wusste ja auch keiner, dass Julie oder Noreen ihre Flucht planten, bis sie dann weg waren. Und wo jetzt dieser Sergeant Ruane tot ist, mache ich das eben auch. Ich verschwinde einfach. Ab über die Mauer, und ich bin weg. So einfach ist das. Und ich sage keinem ein Wort. Ich gehe nach Dublin und suche Mr. Fincock, und bald bin ich ein Star, ein richtiger Star. Ich weiß, dass ich eine gute Sängerin bin, aber in Dublin bin ich dann ein richtiger, richtiger Star. Ich bitte Bridie und Julie, dass sie mir ein bisschen Geld leihen für Parfüm und Zigaretten. Die kommen nie dahinter, bis es zu spät ist, aber dann bin ich über alle Berge. Ich werde frei sein.

Erleichtert seufzte Josephine auf, als sie wieder ins Bett kletterte und sich die uralten Decken um den Körper zog. Wenn sie nur noch ein bisschen Schlaf bekam vor der Aufregung dieses neuen Tages, dachte sie.

»… Ach, Mädels, da fällt mir was ein. Könnte mir eine von euch vielleicht ein bisschen Geld leihen? Ich möchte mir ein nettes Parfüm und ein bisschen Make-up für den Tanz am Sonntag kaufen. Ich habe beschlossen, mal tanzen zu gehen«, sagte Josephine zu ihren Freundinnen, als sie sich von der stickigen Hitze und der Feuchtigkeit des Waschraums weggestohlen hatte.

Julie und Bridie, die in dem Bügelzimmer ein Kleidungsstück nach dem anderen bügelten, waren froh, eine Verschnaufpause machen zu können, denn ihnen klebte bereits die Kleidung am Körper, so sehr schwitzten sie. Fragend sahen sie Josephine an. Normalerweise bat sie nie um Geld, und ganz bestimmt nicht Bridie, sie wusste ja, dass die all ihre Ersparnisse für ihren Sohn John Paschal ausgab. »Was denn für einen Tanz? Meinst du …?«

»Ja! Ihr wisst schon, Sonntagabend! In dem alten Saal, Lee O'… wie heißt er noch gleich … Lee O'Byrne spielt. Ich habe die Ankündigung im Radio gehört.«

»Also ich habe bloß einen Shilling, wenn dir das reicht? Dafür kriegst du vielleicht einen Kerl«, sagte Julie, die versuchte, das Gespräch ein wenig aufzulockern. Über Geld wollte sie einfach nicht nachdenken. Sie war es so leid, dass andauernd die Leute zu ihr kamen und sich etwas leihen wollten: Kippen, Süßigkeiten, Geld, Make-up und so weiter. Was auch immer es war, die wollten alles haben, dachte sie. Und die Hälfte von diesen Verschwenderinnen gab das Geld noch nicht mal zurück.

»Und ich spare für Paschals Weihnachtssachen. Aber ich habe zwei Shilling, die leihe ich dir, wenn du mir versprichst, sie mir bald zurückzugeben …«

»Oh ja, ganz bestimmt! Ganz bestimmt!«, versicherte Josephine eifrig.

»Übrigens, das Parfüm, das du kaufst, Schätzchen, ist ziemlich teuer, glaube ich. Vielleicht behalten ja die Fahrer was von dem Geld für sich. Wieso bittest du nicht Schwester Philomena, es diesmal für dich zu besorgen. Dann kriegst du es vielleicht billiger«, meinte Bridie und griff in den Ausschnitt ihrer Bluse, fischte nach dem Portemonnaie und gab Josephine die zwei Shilling.

Josephine nahm das Geld und ging schnell in den großen Waschraum zurück. Sie war ganz begeistert darüber, dass alles nach Plan verlief. Es war der ideale Zeitpunkt zum Abhauen, dachte sie, denn jetzt besaß sie drei Shilling.

Da es Dienstag war und die ganze Schmutzwäsche der vergangenen Woche gerade gewaschen wurde, eilten junge Büßerinnen hin und her, den langen Flur auf und ab, vor sich die schweren Wagen, in denen Unmengen von Hotelwäsche zu den großen Wäschemangeln im Trockenraum befördert wurden. Andere waren damit beschäftigt, die frisch gewaschenen Vorhänge und Gardinen zu falten und aufeinanderzustapeln, die dann zur Auslieferung gebracht würden. Dort überwachten zwei Nonnen das Verpacken und die umgehende Verteilung der Wäsche aus der Stadt, sodass alles rechtzeitig fertig wurde für die Pferderennen in Galway, zu denen Massen von Besuchern über Nacht bleiben wollten, die Vergnügung und Unterbringung in den Hotels der Stadt, in Pensionen und privaten Unterkünften suchten. Die Nonnen wussten, dass alle bis über beide Ohren in Arbeit steckten, wenn alles rechtzeitig gewaschen, getrocknet und ausgeliefert werden sollte.

Doch das konnte Josephine Finn nicht abschrecken. Heimlich stahl sie sich unter dem Vorwand, zur Toilette zu müssen, von ihrem Arbeitsplatz am Waschbecken fort. Sie verschwand durch den Hinterausgang und lief dann am Hauptgebäude lang auf die Felsnische mit der Muttergottesstatue zu. Da ging sie in die Hocke und presste sich so dicht wie möglich an die hohe Umgebungsmauer. Dann rannte sie an der Mauer entlang bis zum äußersten Ende des Blumengartens, der an den Nonnenfriedhof grenzte und wo dicht an der Mauer ein Ahornbaum wuchs.

Sie fühlte sich unglaublich ruhig, als sie einen Moment lang dastand und sich umschaute, um zu sehen, ob jemand sie beobachtete. Perfekt. Genau, wie sie es geplant hatte. Keine Büßerin weit und breit zu sehen, denn alle arbeiteten emsig irgendwo im Haus. Die erste Lieferung in die Stadt war bereits auf den Weg geschickt worden, also bestand keine Gefahr, dass Fahrer oder Nonnen zum Haupteingang kommen würden, dachte sie.

Plötzlich kam sie sich ganz unbeholfen vor, als sie ihre Umgebung musterte und nach dem günstigsten Punkt suchte, von dem aus sie auf die Mauer klettern wollte. Im Voraus hatte sie sich überlegt, dass sie, wenn sie nur einen sicheren Halt für den Fuß in dem uralten Mauerwerk fände, die Mauerkrone erreichen könnte. Und als sie ihr langes weißes Kleid und den Rock raffte, wünschte sie, sie hätte nicht so viel angezogen.

Ehe Josephine an dem Morgen zur Arbeit ging, hatte sie eine zusätzliche extragroße Unterhose angezogen, einen zusätzlichen BH und zwei leichte Pullover, dazu ihren Rock und das lange weiße Kleid. Sie hatte vor, Anstaltskleid und Haube abzulegen, sobald sie auf der anderen Seite der Mauer wäre, und die zusätzliche Kleidung könnte sich als nützlich erweisen, wenn sie in Dublin wäre, dachte sie.

Jetzt war sie nicht mehr sicher, ob das wirklich solch eine gute Idee gewesen war. Den ganzen Vormittag hatte sie sich unbehaglich in all dem extra Zeug gefühlt, aber inzwischen meinte sie, sie müsse ersticken, und dabei hatte sie noch nicht einmal damit begonnen, über die Mauer zu klettern. Mit der einen Hand stützte sie sich an dem Baum ab, mit der anderen suchte sie Halt an der Mauer, dann hob sie sich hoch und stellte die entzündeten Füße weit auseinander, um eine größere Hebelwirkung zu erreichen. Dann wuchtete sie ihren Körper hoch, und mit immenser Anstrengung schaffte sie es, oben auf der Mauer festen Halt zu finden. Als Nächstes zog sie sich nach und nach höher, bis ihr

Körper auf der Mauer lag. Sie hatte bereits gewusst, dass die Mauer von außen sehr hoch war. Aber als sie auf die College Road und den Bürgersteig hinuntersah, kam ihr die Höhe beängstigend vor. Die Mauer wirkte, als wolle sie jeden Moment auf den Bürgersteig krachen, weil der mächtige Baum sie entwurzelt hätte. Sie sah nach gegenüber, auf die ordentliche Reihe von Häusern mit Namen Mary Magdalene Terrace, und da entdeckte sie eine zierliche alte Dame, die gerade Fenster putzte und Josephine anstarrte. Sie stand einfach da, wie versteinert, und starrte; mit der linken Hand hielt sie die Spitzengardine hoch, die rechte lag auf dem Fenster. Einen kurzen Moment lang starrte Josephine zurück, ehe sie begriff, dass sie sich schnell entscheiden musste: sich umdrehen und zurückgehen oder das Ganze durchziehen und springen.

Sie schaute nach links und sah, dass die Mauer eine leichte Biegung zu machen schien, nur wenige Meter entfernt. Wenn sie jetzt sprang, dachte sie, sollte sie lieber in die Richtung davonlaufen, statt in die entgegengesetzte Richtung, wo sie einer der Nonnen vom Orden der Schwestern der Barmherzigkeit über den Weg laufen konnte, die für wohltätige Zwecke sammelte.

Sie fällte eine Entscheidung. Sie musste jetzt springen oder der Möglichkeit einer demütigenden Niederlage ins Auge sehen, ohne je den Versuch zur Flucht unternommen zu haben.

Sie wand den Körper zur Seite und kam in eine sitzende Position, bereit zu springen und sich dessen bewusst, dass jede ihrer beschämenden Bewegungen von der zierlichen alten Dame genauestens registriert wurde. Schon spürte sie die Schamesröte in die Wangen steigen, vor allem, weil sie gleich die Beine über die Mauer schwingen musste.

Als sie nach unten sah, begriff sie auf der Stelle, dass sie auf keinen Fall springen könnte. Es war zu gefährlich. Bestimmt würde sie sich den Hals brechen. Aber jetzt war sie schon zu weit gekommen, um wieder umzukehren. Schnell sah sie noch einmal hinunter und konnte noch nicht einmal das untere Ende der Mauer sehen, so sehr neigte die sich. Ihre einzige Möglichkeit, so dachte sie, bestand jetzt darin, sich mit dem Gesicht zur Mauer zu drehen und irgendwie nach und nach ihren Körper hinunterzulassen und dabei einen Halt für die Füße zu suchen, ehe sie die paar letzten Meter in die Freiheit sprang.

Als es ihr endlich gelang, sich auf der Mauer umzudrehen, erlebte sie die Bruchlandung ihres Lebens. Denn augenblicklich verlor sie den Halt, und ihr Körper glitt an der rauen Steinmauer lang, wobei sich die beiden BH die Brüste hochschoben, als sie schmerzhaft auf dem Boden aufstieß. Und weil sie mit voller Wucht auf den Füßen gelandet war, plumpste sie auf ihren Hintern, und ihre gespreizten Beine flogen in die Luft und gaben die ganze Unterwäsche den Blicken preis.

Als wäre das noch nicht genug, kamen just in dem Moment zwei Polizisten um die Ecke marschiert, die auf dem Weg ins Gericht waren, wo sie eine Zeugenaussage machen mussten. Sofort eilten sie Josephine zu Hilfe, als die sich verblüfft umsah und vor Schmerzen stöhnte. Im nächsten Moment hatten die beiden sie aufgerichtet und halfen ihr auf die Beine, während sie vor Schmerz schrie: »Oh, meine Füße! Meine Füße!«

Den beiden Polizisten war sehr wohl bewusst, wer sie war und was sie vorhatte, und trotz ihrer Proteste begleiteten sie Josephine persönlich zum Haupteingang des Magdalene-Heims. Sie hätten ihr gern bei der Flucht geholfen, aber sie hatten ihre Vorschriften und mussten dem Gesetz Genüge tun und sie ins Heim zurückbringen. Die Polizisten wussten aus Erfahrung, dass viele Insassinnen zu fliehen versuchten, indem sie über die Mauer kletterten. Dies war wieder einmal genau solch ein Versuch. Und die zierliche alte Dame, die gerade Fenster putzte, starrte weiter, als sei sie in einer Raum-Zeit-Falle gefangen, als auf das Türklingeln hin die schwere Eichentür aufging und eine der ehrwürdigen Schwestern erschien und Josephine und die Polizisten hineinbat.

Die beiden Polizisten eskortierten Josephine auf die Krankenstation, wo sich die Nonnen um sie kümmerten, während die Polizisten zu ihren Pflichten zurückkehrten.

Bald erschien die Mutter Oberin an der Tür und schaute einen Moment lang finster auf Josephine herab, die im Bett lag. »Tja, tja! Wenn das mal nicht Judy Garland höchstpersönlich ist! Der jüngste Flüchtling, oder wolltest du mal kurz zum Pferderennen?«, fragte sie sarkastisch und trat ans Fußende von Josephines Bett. »Ach, du armes Ding. Ich nehme an, wir müssen den Doktor für dich holen.«

Die Mutter Oberin untersuchte Josephine, indem sie je ein Bein packte und es grob nach links und rechts drehte, sehr zu Josephines Verdruss. »Wenn es ein Trost für dich ist, gebrochen ist nichts, mein Fräulein. Leider. Das hätte dich vielleicht Manieren gelehrt, oder besser noch, du wärst auf dem Kopf gelandet. Dadurch wäre dir bestimmt ein bisschen Vernunft eingebläut worden, und du hättest etwas zum Nachdenken gehabt. Das hättest du weiß Gott bitter nötig.«

Später wurde der Arzt gerufen. Er bestätigte, dass sie keine ernsthaften Verletzungen hatte. Er meinte, sie habe beträchtliche Prellungen an Hüften und Beinen, und es würde einige Zeit dauern, bis das, wie auch die entzündeten Wunden an den Füßen, geheilt wäre.

Die unmittelbare Reaktion der Mutter Oberin bestand darin, die Anweisung zu geben, dass man Josephines Haar kurz schor und ihr die Essensration kürzte. Ein paar Tage blieb Josephine im Bett und bejammerte dabei ununterbrochen ihr Schicksal.

Julie und Bridie und etliche weitere Freundinnen kamen sie jeden Tag besuchen. Sie wollten versuchen, sie aufzuheitern, denn sie selber hatte es tief getroffen, dass Josephine in Ungnade gefallen war, ganz zu schweigen davon, dass sie die Singdrossel vermissten, die regelmäßig für sie gesungen hatte.

Nach einer Woche stand sie wieder an ihrem Becken im Waschraum, zeigte aber wenig Interesse daran, Kleidung zu schrubben. Stattdessen beklagte sie weiterhin ihr Pech und wurde daraufhin von der Mutter Oberin für niedere Arbeiten eingeteilt. Doch Josephine verweigerte jede Mitarbeit. Nach diversen Auseinandersetzungen mit den Schwestern beschlossen diese, sie zu einem Arzt zu bringen, und der bestätigte, dass sie manisch depressiv sei. Er verschrieb Medikamente und verordnete vollständige Ruhe. Gelegentlich stattete Schwester Philomena der Krankenstation einen Besuch ab, um nach Josephine zu sehen, doch jedes Mal ging sie schnell wieder, weil sie selber zu sehr litt. Es verging kein Tag, an dem sie sich nicht an den Besuch des Inspektors vom Gesundheitsministerium erinnerte und an dessen Wunsch dachte, Josephine nach Dublin und ans Theater zu holen. Aber sie hatte mehr auf die hochmütige Haltung der Mutter Oberin gegeben und auf die allwöchentliche Predigt des Priesters gehört, der über die lüsterne Gier der Männer nach weiblichem Fleisch geredet hatte, sodass sie schließlich nur noch Angst hatte, womöglich das Falsche zu tun. Inzwischen wusste sie ohne jeden Zweifel, dass sie genau das Falsche getan hatte, und das schmerzte sie um so mehr.

Bridie, die Josephine an dem Tag der versuchten Flucht ihre zwei Shilling geliehen hatte, wollte das Geld unbedingt zurückhaben. Sie wollte Josephine nicht direkt bitten zurückzuzahlen, was sie ihr schuldete, doch sie war sicher, dass die Freundin das Geld immer noch hatte, denn sie konnte es ja nicht ausgegeben haben. Sie beschloss, die Sache nur anzudeuten, indem sie einfließen ließ, dass sie sich schon sehr darauf freue, ein paar Geschenke für John Paschal zu kaufen. Wenn sie das Geld zurückbekäme, würde dadurch das Leben für sie leichter, dachte sie. Aber kaum hatte sie Paschals Namen erwähnt, bekam Josephine einen Wutanfall.

»Ach, Bridie, halt um Himmels willen den Mund! Den Namen von deinem Jungen will ich nie wieder hören. Kaum machst du den Mund auf, heißt es bloß noch John Paschal hier, John Paschal da. Also damit kannst du die Leute wirklich krank machen, weißt du …«

»Tut mir leid, Liebes, ich hatte dich nicht kränken wollen …«, setzte Bridie an.

»Ach, du denkst doch, es hat nie einer auf der Welt ein Kind gehabt außer dir. Cathal Swanick und ich hätten schon ein halbes Dutzend haben können … und …«

»Ach, Josephine.«

»Ja, nichts, ach Josephine! Stimmt doch. Du glaubst doch tatsächlich, kein Mensch auf der ganzen weiten Welt hat je ein Kind gehabt außer dir. Es gibt Dutzende von Frauen hier, die Kinder hatten, und die reden nie darüber.«

Bridie war verstört. Und sie fühlte sich verletzt durch die Unterstellung, dass sie allzu oft über ihren Sohn redete, aber noch mehr erschreckte sie die Erkenntnis, dass ihre Freundin geistig verwirrt schien. Vielleicht kam das durch die Medikamente, dachte sie. Trotzdem würde sie keinem erlauben, so mit ihr zu reden.

»Das mag ja alles sein, aber ich bin anders. Ich werde nicht …«, setzte sie erneut zu einer Antwort an, wurde aber wieder von Josephine mitten im Satz unterbrochen. Die sah aus, als habe sie einen richtigen Anfall, denn Schaum stand ihr in den Mundwinkeln.

»Inwiefern bist du denn anders? Du hältst dich wohl für was ganz Besonderes, was?«

»Nein, Josephine, wirklich nicht«, erwiderte Bridie ruhig, während sie Josephines verzerrte Gesichtszüge betrachtete. Sie wusste, ihre Freundin musste wirklich völlig am Boden sein, wenn sie so mit ihr redete. Sie musste versuchen, ihr zu helfen. Sie in der Stunde der Not unterstützen.

»Na dann halt den Mund und lass mich in Ruhe!«, schlug Josephine vor.

Doch Bridie streckte die Hand aus, legte sie zögerlich auf Josephines Hand und sagte: »Ich höre dich gar nicht gern so reden. Das sieht dir gar nicht ähnlich, dich so aufzuregen. Und glaub mir, ich weiß das. Du fühlst dich niedergeschlagen, Josephine, nach allem, was du erlebt hast. Aber wir haben dich von Herzen lieb. So oft waren wir alle niedergeschlagen, und du hast uns aufgeheitert. Wenn du nur wüsstest, wie sehr wir dich bei der Arbeit vermisst haben. Keine andere in der Wäscherei kann uns so aufheitern wie du, keine. Mir ist egal, was du zu mir sagst; du kannst mich mit allen Schimpfwörtern unter der Sonne belegen. Du kannst zu mir sagen, dass ich abhauen soll, denn vielleicht übertreibe ich es ja ein bisschen mit John Paschal … mehr, als gut für mich wäre.« Dann drückte sie sacht die Hand ihrer Freundin und fuhr fort: »Aber jetzt gerade denke ich nur an dich. Nichts ist mir im Moment wichtiger, als dass du wieder auf die Beine kommst und uns alle wieder glücklich machst. Dann können wir Pläne für die Zukunft machen. Ich habe dir einmal versprochen, weißt du noch, dass ich von hier weglaufe und dass ich meine beiden Freundinnen mitnehme. Und dieses Versprechen werde ich auch halten«, flüsterte sie.

»Ach, Bridie!«, jammerte Josephine und schüttelte den Kopf. »Ich … Ich habe hier keine Zukunft. Ich fürchte, Gott hat mich in der Stunde der Not verlassen, und ich werde nie mehr erfahren, was Freiheit ist.« Sie holte tief Luft und packte Bridies Hand mit einem Griff so fest wie ein Schraubstock, ehe sie die Freundin verzweifelt ansah. »Oh, Bridie, ich will nicht hier sterben. Wenn ich sterbe, dann an gebrochenem Herzen. Cathal Swanick und dieser andere alte Narr aus Dublin«, fing sie an zu stammeln, »sogar meine eigene Mutter … die haben mich alle … die haben mich alle verlassen.«

»Hör auf, so was darfst du nicht sagen!«, sagte Bridie, denn dieser Besuch, dieses ganze Gespräch wurde einfach zu deprimierend. Bald würde sie sich noch genauso schlecht fühlen, dachte sie. Und als sie Josephines fleckiges, verweintes Gesicht und die rotumrandeten Augen sah, beugte sie sich vor, küsste sie sacht auf die Stirn und meinte: »Hör mal, Liebes, du musst dich in Zukunft zusammenreißen und diese Ausbrüche sein lassen. Das musst du einfach, und du kannst das auch. Für den Anfang will ich dir helfen; ich gehe runter in die Küche und mache dir eine schöne Tasse Tee und dazu eine dicke Scheibe Brot mit ganz viel Marmelade. Na, wie wäre das?«

Die Mutter Oberin eilte auf die Krankenstation und sah Bridie über Josephines Bett gebeugt, beide in ein Gespräch vertieft.

»Bridie Rodgers, hast du nichts Besseres zu tun, als herumzulaufen und meine Patienten zu belästigen?«

»Verzeihung, Schwester«, erwiderte Bridie und sagte Josephine auf Wiedersehen, und die Mutter Oberin drehte weiterhin ihre Runden, besuchte die Kranken und heilte die von Schmerzen Geplagten. Doch Bridie hatte ihren Entschluss gefasst. Sie wollte mit Tee und Brot wiederkommen, ganz gleich, wie sie das anstellte. Soweit es sie betraf, standen Freundinnen an erster Stelle, und abgesehen von Julie hatte sie keine bessere Freundin als Josephine.

KAPITEL 16

Julie wachte auf und fing an, ihre Toilettensachen in ihrem Nachtschränkchen zusammenzusuchen. Sie konnte ihr Handtuch nicht finden. Es war nicht da. Einen Moment lang stand sie da und überlegte, während auch die anderen Insassinnen auf das Signal der Stationsschwester hin die schmerzenden Glieder von den quietschenden Sprungfedermatratzen hoben. Julies Gedächtnis schien sie völlig im Stich gelassen zu haben, und ganz kurz tat ihr Herz einen beängstigenden Hüpfer, denn sie fürchtete schon, verrückt zu werden. Sie war sich hundertprozentig sicher, dass sie ein eigenes Handtuch besaß. Aber wo war es? Es war nicht in ihrem Schränkchen und hing auch nicht über dem Fußende vom Bett, wo es eigentlich sein sollte. Aber was ihr wirklich allmählich zu schaffen machte, war die Tatsache, dass sie sich nicht erinnern konnte, ob sie sich in der vergangenen Woche überhaupt gewaschen hatte.

In letzter Zeit hatte sie sich gewisse Freiheiten bei ihrer persönlichen Hygiene erlaubt und hatte sich je nach Laune geweigert, sich wie alle anderen regelmäßig zu waschen. Sie traute sich nicht zuzugeben, dass diese seltene Trotzhandlung einen ganz besonderen Reiz für sie darstellte. Die schiere Stupidität des Ganzen sei es, sagte sie gern zu Bridie. »Also, wir machen doch ständig dasselbe, Tag ein, Tag aus, habe ich recht? Waschen uns das Gesicht, putzen uns den Hintern ab, und keinen interessiert das auch nur im Geringsten.«

Doch so sehr sie auch versuchte, sich zu erinnern, sie wusste einfach nicht mehr, ob sie sich am Tag zuvor überhaupt gewaschen hatte oder nicht. Und als sie langsam in die tiefsten, dunkelsten Nischen ihres Bewusstseins hinunterstieg, wurde ihr klar, dass sie geistig blockiert war, auf eine Weise blockiert, dass es sie beunruhigte. Schließlich tauchte eine Art verschwommenes Bild vor ihr auf. Hatte es womöglich etwas mit einem gestohlenen Mantel oder einem zerbrochenen Schaufenster in Kilmaine zu tun? Nein, seufzte sie, aber irgendetwas in der Art war es, sie war schon sehr nah dran. Sie hatte irgendeinen Traum gehabt, dachte sie, es ging um etwas, das mit zu Hause zu tun hatte. Das war es, sie hatte von zu Hause geträumt, von ihrer Mutter. Ihrer Mutter! Dann fiel ihr auf einmal ein, wie sie in der Nacht aufgewacht war und sich fest vorgenommen hatte, sich gleich beim Aufwachen an all die herrlichen Einzelheiten zu erinnern. Gerade jetzt wollte ihr allerdings überhaupt nichts mehr einfallen. Schade. Es schien solch ein friedvoller, ruhiger Traum gewesen zu sein, die Art Traum, in dem Vögel sangen und Leute zu Pferde lässig vorbeiritten, über sich dahinschlängelnde Landstraßen, die zu beiden Seiten von Wildblumen und meilenweit sich erstreckenden Feldern und goldenem Weizen geschmückt waren. Es schien, als sei sie auf einer Art Party gewesen. Aber das war auch schon alles.

Der Traum, so sagte sie sich, war wie all die anderen, die sie bisher geträumt hatte, für immer verloren im Nebel der Zeiten. Verzweifelt drehte sie sich um und wollte Lilly fragen, ob die nicht ihr Handtuch gesehen oder es vielleicht genommen habe. Aber Lilly war schon auf dem Weg zu den Waschräumen.

Die dumme Pute, dachte sie. Die ließ sich ja kaum zum Pissen Zeit, rannte hierhin, rannte dorthin, wollte sich immer nur lieb Kind bei den Nonnen machen. Nonnen, ja Scheiße! Bald wird sie diese Bridie Rodgers auch noch dahin gebracht haben. Als sie sich umdrehte, sah sie Bridie auf sich zukommen.

»Ach, Bridie, habe ich mich gestern überhaupt gewaschen? Ich kann mich überhaupt nicht erinnern, und ich finde mein Handtuch nicht.«

»Da! Ist es das denn nicht?«, sagte Bridie und streckte die Hand nach einem zerknitterten Handtuch aus, das unter die Bettdecken geraten war.

»Klar, ich wusste doch, dass ich es irgendwo haben musste. Weißt du, ich glaube, ich verliere allmählich mein Gedächtnis«, plapperte Julie los, ehe sie trocken hinzufügte: »Ich begreife einfach nicht, weshalb diese bescheuerten Nonnen uns nicht ein extra Handtuch geben, statt durchs Land zu ziehen und Geld für die schwarzen Babys zu sammeln. Was nützt denen denn schon ein schönes, sauberes Handtuch? Die bleiben doch trotzdem kohlrabenschwarz, oder?«

»Da könntest du recht haben«, lachte Bridie, als sie beide hinausgingen. »Wenn die Mutter Oberin dich so reden hört … dann bist du bald diejenige, die sich um schöne helle Haut keine Sorgen mehr machen muss.«

Doch wie alle anderen hatte auch die Mutter Oberin an diesem Vormittag ganz andere Sorgen. Seit einiger Zeit wurde sie von Schmerzen geplagt, die sie auf eine Form von schleichender Arthritis zurückführte. Aber als sie sich immer öfter schwach fühlte, musste sie der Vernunft gehorchend doch einen Arzt aufsuchen. Der gab ihr einen ernst gemeinten Rat.

»Ich will Sie ja nicht beunruhigen, Schwester, aber wenn Sie nicht kürzer treten, brechen Sie bald völlig zusammen.«

Auf diese Diagnose reagierte die Mutter Oberin sorgenvoll. Was sie am meisten beschäftigte, war die Frage ihrer Nachfolge. Wen sollte sie als die neue Mutter Oberin empfehlen beziehungsweise ernennen? Schwester Stanislaus war die naheliegende Wahl. Aber es gab Momente, in denen sie das Gefühl hatte, die Schwester gehe zu milde mit manchen Büßerinnen um. Und überhaupt schien die neue Generation von Nonnen, die aus dem Kloster kam, in religiösen Fragen unterlegen und in ihrem Umgang mit den Vorgesetzten allzu freizügig. Sie selbst hatte bereits zwei junge Novizinnen im Refektorium dabei erwischt, wie sie sich unterhalten hatten, und das ausgerechnet über Tanzvergnügungen und Gott weiß, was sonst noch. Und wie sie im Kloster herumspazierten, immer mit erhobenem Kopf, man könnte schwören, die befänden sich auf einem Kostümball. Herr im Himmel und alle Heiligen, Religion ist auch nicht mehr das, was sie mal war, seufzte sie.

Heute hatte sie ein besonders straffes Arbeitspensum, was ihr um diese Vormittagszeit nicht so gut passte. Aber da sie sich für diesen Tag vorgenommen hatte, einige besonders heikle Probleme anzugehen, blieb ihr keine andere Wahl, als sich dem zu stellen. Vor ihr saßen ihre beiden wichtigsten Ratgeberinnen, Schwester Stanislaus und Schwester Philomena. Aber alles schön der Reihe nach, dachte sie, erst mal will ich die Post durchsehen. Wer weiß, vielleicht ist ja etwas dabei, das mich aufheitert. Die Schwestern können ja solange ihre Vorschläge noch einmal überdenken. Den größten Teil der Woche hatten Schwester Stanislaus und Schwester Philomena damit verbracht, auf Wunsch der Mutter Oberin eine groß angelegte Studie zu den Arbeitsabläufen in der Wäscherei durchzuführen. Die Mutter Oberin hatte sie darüber informiert, dass seine Exzellenz der Bischof nach Möglichkeiten suchte, die Produktivität in der Wäscherei zu steigern, damit höherer Profit erzielt wurde. Außerdem suchte er nach Wegen vermehrter Geldeinnahmen, damit die riesigen Schulden abgetragen werden konnten, die beim Bau der neuen Kathedrale der Stadt anfielen, und so hatte er sich ratsuchend an die Barmherzigen Schwestern im Magdalene-Heim gewandt.

Die Mutter Oberin hielt den spitzen Brieföffner in der rechten Hand und musterte sorgfältig jeden einzelnen Brief, ehe sie sich entschloss, ihn zu öffnen. Sie war außerordentlich stolz auf ihre Fähigkeit, allein an der handgeschriebenen Adresse und dem Poststempel den Absender identifizieren zu können. Der Brief, den sie im Augenblick in der Hand hielt, schien sie zu verwirren. Die Schrift war ihr zwar bekannt, aber der Name des Absenders wollte ihr partout nicht einfallen. Und dass der Brief in New York abgestempelt war, verwirrte sie um so mehr. Also gestand sie sich ihre Niederlage ein und öffnete den Brief mit einem einzigen sauberen Schnitt ihres Brieföffners.

Sehr geehrte Mutter Oberin,
haben Sie recht herzlichen Dank für Ihren freundlichen Brief, den ich vor geraumer Zeit erhielt. Wenn Sie wüssten, wie er-

leichtert und glücklich ich war, als ich von der anhaltend guten Gesundheit und der Genesung meiner Schwester Julie erfuhr. Wie Sie sicherlich wissen, habe ich mir lange Zeit große Sorgen um ihr Wohlergehen gemacht. Als ich daher von Ihnen die schriftliche Bestätigung erhielt, dass sie sich bester Gesundheit erfreut, hielt ich die Zeit für gekommen, sie aus Ihrer Obhut zu nehmen.
Um das Verfahren zu beschleunigen, habe ich persönlich seine Exzellenz den Bischof in seiner Residenz in Galway angerufen. Er erklärte, er sei selbstverständlich gewillt, meiner Bitte nachzukommen, und zwar unter der Bedingung, dass ich die erforderlichen Entlassungspapiere unterzeichne, wenn ich Julie aus dem Magdalene-Heim abhole, und dass ich als ihre nächste Verwandte volle Verantwortung für ihr künftiges Wohlergehen übernehme.
Ich möchte diese wunderbare Gelegenheit ergreifen, Ihnen, verehrte Mutter Oberin, sowie allen Barmherzigen Schwestern in Galway von ganzem Herzen für die Fürsorge, Hingabe und Aufmerksamkeit zu danken, die Sie alle meiner Schwester Julie über lange Jahre angedeihen ließen.
Am Donnerstag, dem 2. Mai, werde ich in Galway eintreffen und meine Schwester gegen Mittag bei Ihnen abholen. Natürlich werde ich mich vor meinem Besuch noch einmal telefonisch bei Ihnen melden, um zu hören, ob das alles so für Sie in Ordnung ist. Ich hoffe, dass ich Ihnen dadurch keine Unannehmlichkeiten bereite …

Ja, was in Gottes Namen war das denn, dachte die Mutter Oberin, als sie schnell zu dem Kalender an ihrer Bürotür hochsah, als wüsste sie nicht ganz genau, welches Datum heute war. Ihr Bauch verkrampfte sich, es drehte sich ihr der Magen um bei dem Gedanken, dass das bewusste Datum praktisch schon gekommen war und dass Schwester Rosario über ihren Kopf hinweg direkt mit dem Bischof korrespondiert hatte. Und nicht mit irgendeinem, sondern mit ihrem Bischof!

Noch einmal nahm sie den Umschlag zur Hand und musterte ungläubig das Datum des Poststempels. Sie hätte es wissen müssen. Drei Wochen war der Brief unterwegs. Luftpost, du meine Güte, sagte sie kaum hörbar; drei verflixte Wochen.

Plötzlich war alles durcheinandergeraten. Sie musste auf der Stelle diese Vormittagsbesprechung absagen und stattdessen mit Julie Murray reden und ihr neue Kleider besorgen. Noch mehr Geldausgaben, dachte sie.

Nein! Zuerst wollte sie unverzüglich seine Exzellenz anrufen und fragen, weshalb man sie nicht über Schwester Rosarios Bitte, ihre Schwester aus dem Heim zu holen, informiert hatte. Dann wurde ihr klar, dass seine Exzellenz wahrscheinlich irgendwo in Connemara zur Firmung von Schulkindern unterwegs war, da seine Haushälterin ihr Anfang der Woche mitgeteilt hatte, dass er mit den ganzen Firmungen und Erstkommunionen eine recht geschäftige Woche vor sich habe. Sie musste also warten und es später versuchen. Sichtlich erschüttert vergrub die Mutter Oberin einen Moment lang den Kopf in den großen, dunkelroten Händen, ohne sich vor Schwester Stanislaus und Schwester Philomena zu verstellen, die sich einen Seitenblick zuwarfen, ehe sie höflich fragten: »Ist alles in Ordnung, ehrwürdige Mutter?«

Die Mutter Oberin richtete sich kerzengerade auf und fuhr die beiden dann an: »Wenn Sie es denn wissen müssen! Nein, allerdings nicht! Manche Leute sind derart rücksichtslos. Tut mir leid, Schwestern. Etwas Dringendes ist dazwischengekommen. Ich bin gezwungen, die geschäftlichen Angelegenheiten des heutigen Vormittags zu vertagen.«

Als die beiden aufstanden, um das Büro zu verlassen, wünschte die Mutter Oberin inständig, sie würden sich damit etwas beeilen, denn sie wollte nicht, dass die anderen sie in ihrem gegenwärtigen Zustand der Nervosität sahen.

Als die beiden gegangen waren, vergrub sie erneut den Kopf in den Händen und betete zu Gott: Bitte, bitte, lass nicht zu, dass mich in den nächsten Minuten jemand stört. Allmählich sammelte sie ihre Gedanken und seufzte tief. Der Doktor hatte recht.

Ich bin dem nicht mehr gewachsen. Ich kann außerdem kaum glauben, was hier gerade geschieht. Julie Murray wird freikommen. Das bringt nun wirklich das Fass zum Überlaufen. Ich hätte nie gedacht, dass ich noch einmal den Tag erlebe, an dem meine fähigste Arbeiterin freikommt und mich im Stich lässt. Und nie hätte ich gedacht, dass der Bischof einer derart unüberlegten Bitte nachgibt, ohne sich zunächst mit mir zu beraten. Ohne jeden Zweifel war Julie die beste Arbeiterin, die ich je hatte, und jetzt wird sie mir weggeholt, seufzte sie und gab sich alle nur erdenkliche Mühe, sich zusammenzureißen und ihre Gefühle unter Kontrolle zu bringen. Sie lehnte sich in ihren Lieblingssessel zurück, denn ihr war klar, dass sie nicht lange ungestört bleiben würde.

Noch einmal nahm sie Schwester Rosarios Brief zur Hand und überflog ihn. Die hat Nerven, dachte sie. Wie konnte jemand so rücksichtslos sein und derart über ihren Kopf hinweg handeln? Was ist denn nur aus dieser Welt geworden? Ich werde wohl allmählich alt, wenn einer so was mit mir machen kann. Was ich jetzt brauche, ist eine starke Tasse Tee mit einem kräftigen Schuss Whiskey. Ich bestelle mir den Tee unten. Ein Tröpfchen Whiskey sollte ich noch übrig haben, dachte sie, und zog die untere Schublade ihres Schreibtischs auf, in der eine kleine Flasche Whiskey verborgen hinter Papieren lag. Zum anscheinend hundertsten Mal in ihrem Leben brachte sie dieselbe Ausrede vor, um ihr Handeln zu rechtfertigen. Ich weiß, es ist gegen alles, was ich immer predige, aber wenn es in Stresssituationen gut für meinen Vater war, dann ist es sicherlich auch gut für mich.

Julie Murray ließ alles stehen und liegen und begab sich auf die Aufforderung der Mutter Oberin hin auf der Stelle in deren Büro. Sie klopfte an die Tür mit der Glasscheibe, ging hinein und wusste mit großer Sicherheit, dass man sie wieder einmal bitten wollte, ein goldgerändertes Gewand instand zu setzen, das irgendeinem Priester oder Bischof gehörte. ›Bestimmt habe ich mehr Wunder zuwege gebracht als unser Herr‹, sagte sie gern zu

Bridie, wenn sie eine weitere knifflige Aufgabe für die Mutter Oberin erledigt hatte. ›Ja, da leck mich doch einer am Arsch, weißt du was, ich würde zu gern hingehen und ihr das mal sagen.‹ Und darauf antwortete dann Bridie immer: ›Und warum tust du es nicht, statt dauernd auf die Knie zu fallen und ihr in den Arsch zu kriechen?‹ Und Peggy Neary, die still und heimlich dabeistand und zuhörte, predigte dann immer dieselbe alte Leier: ›Bitte, Mädchen! Hört doch mit dieser üblen Sprache auf! Ihr wisst sehr wohl, es ist alles zum Nutzen der katholischen Kirche. Ihr marschiert direkt ab in die Hölle, wenn ihr weiter so redet.‹ Aber Julie Murray hatte allzu gern das letzte Wort: ›Klar! Und wenn wir dann runtersegeln, setzen wir uns auf ein schönes Höllenfeuerchen, wärmen uns die Muschis und warten auf dich.‹ Dann brachen jedes Mal alle in Hörweite in schallendes Gelächter aus, während Peggy Neary das Kreuzzeichen schlug und hastig das Weite suchte.

Als nun Julie der Oberin gegenübersaß, war sie sich nicht mehr ganz so sicher, ob man sie wirklich wegen einer besonderen Aufgabe hergerufen hatte. Ihre Ladyschaft guckt ziemlich sauertöpfisch drein, dachte sie. Herrje, bin ich schon wieder gemeldet worden, weil ich übel daherrede oder jemandem einen Streich gespielt habe? Das ist der einzige andere Grund, aus dem ihre Ladyschaft mich hierher beordert. Aber da zeichnete sich auf Schwester Antonias düsterem Gesicht ein schwaches Lächeln ab.

»Na, Julie, wie geht es dir denn heute?«

»Gut, Schwester«, antwortete Julie leichthin und hatte keine Ahnung, ob es ihr gut oder schlecht ging.

»Tja, tja, meine Liebe! Jetzt bist du schon eine ganze Weile bei uns!«, sagte die Mutter Oberin, senkte den Kopf und fragte: »Wie lange eigentlich schon?«

Julies anfängliche Reaktion war die Überlegung, was das mit dem ›meine Liebe‹ wohl bedeuten mochte. So was sagte die doch sonst nicht. Dann überschlugen sich ihre Gedanken, sie wollte Schritt halten mit dem, was die Mutter Oberin sagte, doch stattdessen sagte ihr Verstand ihr, dass die Mutter Oberin elend aussah. Was für eine bescheuerte Frage war das denn? Da brauche ich erst mal eine Minute zum Nachdenken. Also wie lange bin ich schon hier? Julie dachte lange nach, denn sie war vollkommen überrascht. Sie kannte Jahr, Monat, Woche und Tag ihrer Haft auswendig, aber immer noch brachte sie es nicht fertig, es einfach auszuspucken. Es schien irgendwie nicht zu stimmen. So lange konnte sie doch noch nicht hier sein, dachte sie. Es war, als habe sie Angst, alles zusammenzuzählen. Doch dann wurde ihr klar, dass sie ihr Alter und die Jahre im Magdalene-Heim immer an wichtigen Ereignissen maß, die in ihrem Leben passierten. An Dingen, die man nicht vergessen konnte. In Gedanken fing sie an zu zählen. Ich war fünfzehn, als der Priester mich hier reingesteckt hat. Ich war elf Jahre hier, als ich das erste Mal abhauen wollte. Und zehn Jahre danach bin ich wieder weggelaufen, das macht einundzwanzig, und das war vor drei Jahren. Vierundzwanzig, stimmte genau.

»Vierundzwanzig Jahre«, antwortete Julie, die allmählich, nachdem sie die Körpersprache der Mutter Oberin entschlüsselt hatte, zu dem Ergebnis kam, dass etwas Gutes passieren würde. Sie wollte ihr Geld geben oder sie vielleicht zu einer geweihten Büßerin ehrenhalber ernennen. Nur einer Hand voll Leuten war, soweit sie wusste, diese Ehre je zuteil geworden. Sie fing an, letztere Möglichkeit aus ihren Gedanken zu verbannen, es war wohl zu schön, um wahr zu sein.

»Vierundzwanzig Jahre«, wiederholte Schwester Antonia. »Fast so lange wie ich auch. Das ist mein dreißigstes Jahr in Galway bei den Barmherzigen Schwestern«, fügte sie stolz hinzu.

»Herzlichen Glückwunsch«, murmelte Julie. Sie hatte keine Ahnung, was um Himmels willen man zu einer Nonne sagte, die derart viel Zeit auf den Knien verbracht und gebetet und sie alle angeschrien hatte und weiß der Teufel, was sonst noch.

»Nun … es erübrigt sich wohl zu sagen, meine Liebe, dass du viele, viele Male im Lauf der vergangenen vierundzwanzig Jahre an die Freiheit gedacht hast«, sagte die Mutter Oberin ernst, als sie Julie tief in die meergrünen Augen sah und dabei dachte, was das für ein Verlust sein würde. Was für eine tapfere und treue Dienerin sie doch gewesen ist.

Julie saß da und starrte Schwester Antonia an. Sie war sprachlos, wusste nicht, was sie sagen sollte. Wenn sie bejahte, könnte man ihr möglicherweise vorwerfen, dass sie die ganze Zeit zu fliehen versucht hatte. Aber andererseits, was für eine Aussage war das überhaupt? Ob sie wohl nicht mehr ganz richtig im Kopf ist, frage ich mich, oder vielleicht ein Schlückchen zu viel getrunken hat? Es heißt, dass sie so was macht.

»Hast du das etwa nicht?«, drängte Schwester Antonia.

»Doch«, krächzte Julie.

Jetzt hatte sie endgültig Angst vor dem, was sie von der Mutter Oberin hören würde. Womöglich wollten die sie ja in die Irrenanstalt stecken. Man konnte nie wissen, was die so alles tun mochte, wenn sie es sich in den Kopf gesetzt hatte. Dann sah sie, dass sich die Lippen der Mutter Oberin wieder bewegten, als sie sagte: »Oh ja, ich auch! Jawohl, ich auch!«

Lieber Gott im Himmel, die geht weg, dachte Julie. So wahr ich hier sitze, die geht weg. Ein Glück, dass wir die los sind. Und jetzt glaube ich wirklich, dass ich ein bisschen Geld kriege. Dann dachte Julie, dass sie eine zunehmende Traurigkeit in der Stimme der Mutter Oberin wahrnahm, als deren Augen sich langsam mit glitzernden Tränen füllten. Sag bloß nicht, die fängt an zu heulen. Doch, tatsächlich. Allmächtiger im Himmel, die heult. Na warte, bis die Mädchen das erfahren, dachte Julie nervös, als sie sah, dass die Unterlippe der Mutter Oberin wieder anfing zu zittern. Und als ihr diese verrückten Gedanken durch den Kopf gingen, sah sie die Mutter Oberin die Hände ausstrecken und hörte sie sagen: »Gib mir deine Hände, Liebes.«

Zögerlich hob Julie die Hände, sie hatte entsetzliche Angst, dass etwas Furchtbares passieren könne. Den Bruchteil einer Sekunde lang zog sie in Erwägung, aufzustehen und wegzurennen, denn was auch immer mit der Mutter Oberin nicht stimmte – gut war es nicht.

»Du verlässt das Magdalene-Heim«, flüsterte sie, während sie Julies weiße Hände in ihre großen dunkelroten Pranken nahm und sie fest umschlossen hielt und sich dabei bemühte, ihre Gefühle unter Kontrolle zu bringen.

Doch trotz größter Bemühungen stahl sich eine winzige Träne ihre Wange hinunter und wusch ihr die Scham fort, ihre Jahre der Schuld, in denen sie diese Büßerin derart entsetzlich behandelt hatte. Immer noch sah sie Julie tief in die Augen und begriff langsam, dass diese Frau aus Eisen war. Kein anderes menschliches Wesen hätte die Strafe und die Arbeit, die sie ihr auferlegte, ertragen können. Heftig schüttelte sie Julie bei den Händen, um sie wieder in die Wirklichkeit zurückzubringen.

»Ich sagte, du verlässt das Heim, Liebes. Dir ist die Freiheit gewährt worden. Deine Schwester Kay – Schwester Rosario – holt dich morgen von hier ab. Ist das nicht wunderbar?«, flüsterte sie aufgewühlt und gab sich Mühe, fröhlich zu klingen, aber ihre Seele war von Schmerz und Schuld zermartert.

Die ganze Zeit saß Julie da und starrte die Mutter Oberin schockiert und ungläubig an. Sie erfasste nicht und begriff auch nicht, was die Mutter Oberin gerade gesagt hatte. Als sie zum ersten Mal die Worte ›dir ist die Freiheit gewährt worden‹ hörte, schien eine Welle von Gefühlen ihren Körper zu erfassen. Mit dem Herzen fing es an. Das machte einen beängstigenden Hüpfer, es war fast wie ein elektrischer Schlag, so kraftvoll, dass es ihr heftig in der Brust herumsprang und ihr beinahe den Atem nahm.

Wieder und wieder gingen ihr die Worte im Kopf herum. Sie waren berauschend und erschütternd zugleich. Dann begriff sie plötzlich, dass sie viele Male schon in dieser Lage gewesen war. Was, wenn das wieder nur so ein Hirngespinst war, dachte sie. Beim Gedanken, dass es alles Illusion sein könnte, drehte sich ihr der Magen um, und ihr wurde übel. Sie wusste, sie hatte schon so viele Male von einem Moment wie diesem geträumt, hatte schon so viele falsche Morgendämmerungen erlebt, so viele endlose Albträume gehabt, dass sie die Hoffnung, je frei zu sein, aufgegeben hatte.

Es verstörte die Mutter Oberin, Julies unbewegten Gesichtsausdruck zu sehen, und das, obwohl sie ihr gerade solch außerordentlich gute Neuigkeiten überbracht hatte. Vielleicht ist sie einfach nur überwältigt, dachte die Schwester. Aber was, wenn Julie sich weigerte zu gehen? Was, wenn sie nicht akzeptieren konnte, dass es dort draußen eine *freie* Welt gab, in der Leute taten, was immer sie wollten? Wie ein Pfeil traf sie plötzlich die Erkenntnis, dass sie selbst daran schuld war, diese Büßerin in eine Art Zombie verwandelt zu haben, eine roboterähnliche Gestalt, die nur in der Lage war, das zu tun, worauf man sie programmiert hatte: schrubben und waschen. Waschen und schrubben – und beten. Beten und schrubben und waschen. Aus ihren langen Jahren in der Wäscherei des Magdalene-Heims und aus ihrer großen Erfahrung mit der menschlichen Natur wusste sie, dass manche Büßerinnen, die als herausragende Vertreterinnen der Weiblichkeit gelten konnten, die aus den besten Familien kamen, früher oder später nur noch Schatten ihrer selbst waren. Zum ersten Mal im Leben erkannte die Schwester in aller Deutlichkeit das gewaltige Ausmaß ihrer eigenen Sünden. Jetzt bedauerte sie zutiefst, Julie nicht mit mehr Mitgefühl und Menschlichkeit behandelt zu haben, als sie versucht hatte davonzulaufen. Vielleicht ist es ja noch nicht zu spät, dachte sie. Sie wollte versuchen, es jetzt wiedergutzumachen, Julie ihre innere Ruhe wiederzugeben, ehe sie für immer fortging.

Sie stand auf und kam hinter dem Schreibtisch hervor, und sie sah, dass Julies vorquellende Augen jeder ihrer Bewegungen folgten. Sie streckte die Arme aus und sagte mit brüchiger Stimme: »Julie, du bist frei. Von morgen Vormittag an bist du so frei wie der Wind … so frei wie die Vögel in der Luft.«

Die Mutter Oberin stand mit schmerzverzerrtem Gesicht da – die Arme hielt sie immer noch ausgestreckt – und wartete auf Julie, die sich unendlich langsam von ihrem Stuhl erhob und dabei nicht einen Moment lang die Augen von der Mutter Oberin ließ, bis sie beide in herzlicher, bewegender Umarmung vereint waren. Sanft tätschelte Schwester Antonia Julie auf die Schulter und sagte: »Ich möchte, dass du weißt, Julie, dass du Gott – und mir – eine wunderbare Dienerin warst. Ich weiß, ich bin im Lauf der Jahre eine strenge Zuchtmeisterin gewesen … manchmal. Aber ich werde dich immer in meine Gebete einschließen.«

Dann schob sie Julie von ihrer Schulter fort, sah sie ernst an und bat: »Bitte, Julie, vergib mir meine Fehler und meine Schwächen. Ich möchte, dass du für mich betest. Bitte Gott, er möge mir verzeihen. Im Moment wünsche ich mir nichts mehr als Gottes Vergebung, denn wir sind alle Sünder in den Augen des Herrn.«

Nach einer halben Ewigkeit sah sich Julie kurz im Raum um, als sei sie sich ihrer Umgebung nicht sicher, ehe sie sich noch einmal Schwester Antonias von Sorgen gezeichnetem, bittendem Gesicht zuwandte, und dann flüsterte sie kaum hörbar: »Ich vergebe Ihnen.«

Diese drei kurzen Worte waren mehr, viel mehr, als die Mutter Oberin sich je in ihren Gebeten erhofft hatte. Sie presste Julie wieder fest an ihren Busen und sagte: »Danke, Liebes! Ich hoffe und bete, dass Gott in seiner unendlichen Weisheit dir einen ganz besonderen Platz im Himmel gewährt.«

Sie fasste sich wieder und bat Julie Murray, sich zu setzen, dann fügte sie fröhlich und aufrichtig hinzu: »Jetzt, da wir diese kleine Angelegenheit geregelt haben, werden wir ein schönes Tässchen Tee trinken. Ich werde Schwester Philomena bitten, deine Freundinnen in der Wäscherei zu informieren, und heute Abend werden wir zu deinen Ehren ein kleines Fest veranstalten. Würde dir das gefallen?«

Julie wusste immer noch nicht genau, ob das nicht vielleicht doch alles nur ein Traum war, und war in dem Moment so verstört, dass sie nur fragte: »Ein Fest? Etwa für mich?«

»Ja, Liebes! Ganz allein für dich!«

Die langen Jahre des Eingesperrtseins bedeuteten, dass Julie Murray nun nichts mehr, das mit Freiheit zu tun hatte, als Tatsache akzeptieren konnte. Das Einzige, was sie als Wirklichkeit wahrnahm, war das Hier und Jetzt. Wenn sie so frei war, wie die Schwester gerade gesagt hatte, wieso konnte sie dann nicht gleich gehen? Worauf wartete sie denn noch? Auf morgen?

Hat mein Vater nicht mal gesagt: ›Morgen kommt nie‹? Also, wenn ich heute Abend ins Bett gehe und morgen früh aufwache, ist das bestimmt alles vergessen. Verdammt, was fange ich nur an, wenn die mich mit diesem ganzen Gerede vom Vogel in der Luft und so bloß weiter zum Narren gehalten hat? *So frei wie die Vögel … Deine Schwester Kay … Schwester Rosario … holt dich morgen von hier ab.* Diese sogenannte Schwester kümmert sich doch einen Dreck um mich. Und die ist doch selber in irgend so einem Nonnenorden drüben in Amerika, dachte Julie und starrte die Mutter Oberin weiterhin an, die jetzt mit irgendjemandem telefonierte.

Bridie, dachte Julie aufgeregt, ich werde Bridie fragen. Bridie und Josephine werden wissen, was ich machen soll. Die werden wissen, ob das alles so stimmt oder nicht … Sie stand auf und ging auf die Tür zu.

»Wo willst du hin?«, fragte die Mutter Oberin überrascht.

Bei diesen Worten setzte Julie beinahe das Herz aus. Wie angewurzelt blieb sie stehen und legte sich die rechte Hand auf die Brust, als sie sich zu Schwester Antonia umdrehte, denn sie hatte Angst, dass sie nun doch nicht frei sein sollte.

»Ich will zu Bridie. Ich muss Bridie sprechen«, sagte sie laut, mehr aus Furcht als vor Freude. »Sie haben gesagt, ich kann morgen nach Hause.«

»Ja«, erwiderte die Mutter Oberin und sah, dass Julie immer noch skeptisch war. Sie legte den Telefonhörer weg und fügte beruhigend hinzu: »Es stimmt, du darfst morgen nach Hause. Aber was ist denn mit deinem Tee, willst du denn nicht Tee mit mir trinken? Schwester Philomena macht ihn uns gerade.«

Julie stand da und starrte die Schwester an. Sie wusste nicht, was sie sagen oder tun sollte. Schwester Antonia kam wieder hinter dem Schreibtisch hervor, sie wollte Julie in die Wäscherei zurückbegleiten, doch an der Tür begegnete ihnen Schwester Philomena, die den bestellten Tee brachte.

»Möchtest du wirklich keine Tasse Tee?«, fragte die Mutter Oberin und drehte sich Julie zu.

»Ich möchte lieber zu Bridie.«

»Na schön! Schwester, wären Sie so freundlich, ein paar Minuten hierzubleiben, während ich mit Julie hinuntergehe?«

Als die Mutter Oberin vor Julies ungläubigen Freundinnen in der Wäscherei bestätigte, was Schwester Philomena ihnen bereits erzählt hatte, dass nämlich Julie Murray das Heim tatsächlich am nächsten Tag verlassen sollte, verbreitete sich die Neuigkeit wie ein Lauffeuer in der gesamten Einrichtung.

Nur die ganz Mutigen kamen, um Julie zu gratulieren, und erkundigten sich, wie so etwas Wunderbares hatte passieren können. Doch verwirrt von der ganzen Aufmerksamkeit konnte Julie kaum sprechen. Sie saß auf einem Wäschekorb, während Bridie, Lilly, Josephine und Margaret Sherry versuchten, sie abzuschirmen, indem sie den anderen erklärten, was wirklich vor sich ging.

Bridie selbst hatte bislang kaum Zeit gehabt, ein privates Wort mit Julie zu reden, was sie sich verzweifelt wünschte. Wie die meisten Büßerinnen konnte sie kaum begreifen, dass all das so schnell geschehen war. Und wenn Julie Murray, ihre gute Freundin, von morgen an nicht mehr da wäre, sollte sie sich lieber um eine private Unterredung mit ihr bemühen, um irgendeinen Geheimcode für den Briefwechsel auszumachen. Von Noreen Donnellan, die inzwischen in England lebte, hatte sie nur drei Briefe erhalten, und nun fühlte sie sich von dieser jüngsten Entwicklung irgendwie betrogen. Insgeheim hatte sie gedacht, Noreen würde ihr inzwischen angeboten haben, ihr bei der Flucht zu helfen. Doch bis jetzt war nichts geschehen. Da nun Julie fortgehen würde, hätte sie vielleicht durch sie eine bessere Fluchtmöglichkeit, dachte sie. Und wenn Julie ihr nicht half, steckte sie wirklich in Schwierigkeiten. Von allen Mädchen in der Wäscherei war Julie Murray ihre einzige treue Verbündete. So viel hatten sie gemeinsam durchgemacht. Allein der Gedanke, dass sie nicht mehr da sein sollte, war mehr, als sie ertragen konnte.

Bridie entdeckte Schwester Stanislaus, als die über den Flur zum angrenzenden Zimmer ging. Sie lief zu ihr hin und rief: »Schwester! Schwester! Könnte ich vielleicht den Rest vom Abend frei haben, es ist doch schließlich Julie Murrays letzter Tag hier?«

»Habt ihr denn nicht noch den ganzen Abend für euch? Und was ist mit deiner Arbeit? Einer muss die ja machen, und nach allem, was ich sehe, wird im Moment herzlich wenig getan.«

Bridie zögerte einen Moment. »Ich weiß, aber heute Abend werden alle um sie herum sein und auf sie einreden … und ich dachte, wir zwei könnten noch mal zusammen sein … ein letztes Mal spazieren gehen …«

Angesichts von Bridies Schlagfertigkeit schaute Schwester Stanislaus verblüfft drein. Sie sah Bridie mit neuer Bewunderung. Wenn du etwas Gutes an dir hast, dachte sie bei sich, dann innere Stärke.

»Was du für Schwester Philomena erledigen musst, machst du bitte noch zu Ende, was mich angeht, kannst du dann den Rest vom Abend frei haben.«

»Oh, danke, Schwester. Ich mache das später wieder gut und helfe Ihnen beim Altar, oder was immer Sie wollen«, sagte Bridie fröhlich.

Doch Bridies Wunsch ging nicht in Erfüllung. Josephine und Lilly bestanden darauf mitzugehen. Sie wollten unbedingt wissen, ob Julie nun nach Amerika ginge und zu ihrer Schwester ziehe.

»Aber ich habe doch auch keine Ahnung, ich weiß bloß, dass sie morgen kommt. Am Ende taucht die womöglich gar nicht auf«, kicherte Julie nervös. »Amerika! Ich glaube kaum, dass mir Amerika gefällt«, fügte sie hinzu, während ihre drei Freundinnen darum stritten, wer den Arm bei ihr unterhaken durfte, als sie hinter der Felsnische mit der Madonnenstatue vorbei wieder nach vorn gingen.

»Ich glaube, wir sollten uns hinknien und der Muttergottes für ihre Gunstbeweise danken«, sagte Julie.

»Vergiss nicht, Julie, die Muttergottes dankt wahrscheinlich dir für die vielen Male, die du ihr die Vogelsch…, na du weißt schon, abgewischt hast, die ihr auf dem Kopf gelandet ist«, sagte Lilly vergnügt.

»Ja, wirklich wahr! Da waren immer Tonnen von Vogelscheiße auf ihrem Kopf, und du, Julie, musstest die immer abwaschen«, sagte Josephine unverblümt.

»Aber das war, bevor sie den großen Baum da gefällt haben«, meinte Bridie, die nicht von dem religiösen Eifer ablenken wollte, den sie für die Muttergottes empfand.

»Und weißt du noch, als du mal die halbe Nacht daknien und fünfzehnmal den Rosenkranz beten musstest, weil du die Mutter Oberin gefragt hast, ob die Muttergottes die erste ledige Mutter gewesen ist?«, sagte Lilly.

»Klar«, antwortete Julie und erinnerte sich an die Unverfrorenheit ihrer Jugend. »War ich nicht schrecklich?«

»Wieso wünschen wir uns jetzt nicht was?«, drängte Bridie und versuchte, das Thema zu wechseln, während sie sich alle kichernd hinknieten.

»Worum beten wir denn?«, fragte Lilly. »Dass Julie einen Kerl mit einer Menge Geld abkriegt?«

»Und mit Eiern so riesig wie ein Postsack«, kicherte Josephine. »Und … einen Kerl, der die ganze Nacht auf ihr drauf bleibt und vergisst, wieder runterzugehen.«

»Oder noch besser, der vergisst, ihn wieder rauszunehmen«, fügte Lilly hinzu, und sie fingen alle ungehemmt zu lachen an. Bridie sah sich ängstlich um und entdeckte drei ältliche Nonnen, die vom Fenster im Obergeschoss zu ihnen hinuntersahen.

Die Mädchen fingen an, zu ihnen hochzuwinken, und fielen vor lauter Lachen beinahe um. So herumgealbert hatten sie seit einer halben Ewigkeit schon nicht mehr, und sie hatten keine Lust, gleich schon wieder damit aufzuhören.

Als sie sich wieder unter Kontrolle hatten, sagte Julie: »Also weil das jetzt mein letzter Tag hier ist, glaube ich, ich würde gern ein paar Blumen um die Statue der Muttergottes legen. Kommt schon, helft mir doch mal«, drängte sie und fing an, am Rand des Gartens Blumen zu pflücken.

Später am Abend versammelten sich Julie und ihre Freundinnen im großen Saal, mischten sich unter die anderen und amüsierten sich prächtig. Sie tranken ihren Tee aus den besten Porzellantassen und plauderten fröhlich mit den anderen und den Magdalene-Nonnen, während sie sich an einer Auswahl von Plätzchen und Scones bedienten. Dann war es Zeit für Musik. Der alte Flügel in der Ecke kam, obwohl er erbärmlich verstimmt war und ein oder zwei Tasten fehlten, wieder einmal zum Einsatz. Mehrere Frauen spielten Flöte und Akkordeon, während andere sangen, aber die beste Darbietung eines Liedes kam von Josephine Finn. Als man sie bat, etwas beizutragen, erklärte Josephine, sie wolle nie wieder singen, nun, da ihre Freundin das Magdalene-Heim verließ, aber weil sie keine Spielverderberin sein wolle, werde sie noch ein letztes Lied singen, speziell für Julie.

Sehr spät am Abend kam Schwester Stanislaus und sprach ein paar Worte im Namen der Mutter Oberin, die bereits gute Nacht gesagt und sich früh zurückgezogen hatte. Dann fragte sie Julie, ob sie ein paar Worte sagen wolle.

»Nein, ich habe nichts … nichts zu sagen außer danke … an alle … für alles«, sagte sie, ehe sie ihren Freundinnen aufgewühlt in die Arme sank und das Gesicht abwandte. Doch der anhaltende Beifall, den sie von ihren Mitinsassinnen erhielt, sagte mehr über deren Liebe zu ihr als tausend Worte.

Als Julie und die übrigen Büßerinnen für die Nacht in ihre Schlafsäle gesperrt wurden, blieben Bridie, Josephine und Lilly bei Julie, unterhielten sich weiter mit ihr und halfen ihr bis spät in die Nacht, ihre persönlichen Sachen zu packen.

Noch am Morgen hatte Julie Murray wenig Eigenes besessen, doch inzwischen, als sie zu packen begann, hatte sie eine große Menge an Souvenirs von ihren vielen Freundinnen. Einen versilberten kleinen Bilderrahmen mit Foto, mehrere Schals, Ohrringe und Armreifen, einiges Gehäkeltes wie Platzdeckchen und Teewärmer. Und trotzdem brauchte sie nicht länger als zehn

Minuten, um alles zusammen mit einigen neuen Kleidern, die sie von den Barmherzigen Schwestern erhalten hatte, in den mittelgroßen, neuen Koffer zu packen. Bridie schenkte Julie ihren einzigen Seidenschal, den sie jeden Sonntag zur Messe trug und den Julie immer bewundert hatte. Vor langer Zeit hatte ihn Bridie einmal beim Einkaufen in Tuam erstanden.

»Was fange ich nur mit all dem Zeug an, wenn diese Frau nicht auftaucht?«, fragte Julie, als sie am Fußende ihres Bettes stand und immer noch versuchte, die neue Situation zu verstehen.

»Mach dir keine Sorgen, Schätzchen«, antwortete Bridie. »Wenn die Mutter Oberin sagt, sie wird da sein, dann wird sie da sein.«

»Gott im Himmel, ich hoffe, du hast recht. Ich würde ja wohl wie ein richtiger Vollidiot aussehen … wenn ich hier sitze und warte, und sie taucht einfach nicht auf, oder?«, kicherte sie nervös.

»Sie kommt schon«, sagte Bridie zuversichtlich. »Hör mal! Wirst du uns denn überhaupt schreiben, oder was? Und wann können wir damit rechnen, von dir Post zu bekommen?«

»Ja, bei Gott und allen Heiligen, wirst du versuchen, uns rauszubekommen?«, drängte Lilly.

»Ich tue, was ich kann. Aber ich bin ja selber noch nicht mal draußen«, meinte Julie.

»Na ja, dann eben, wenn du draußen bist. Sonst sehen wir uns womöglich nie mehr wieder«, sagte Josephine ernst.

»Und wann wirst du mir denn nun schreiben?«, fragte Bridie, die Julie unbedingt dazu bringen wollte, eine feste Abmachung zu treffen.

»Ich schreibe an Mr. Hehir, in einer Woche oder so. Allerdings weiß ich selber ja noch nicht mal, wo ich überhaupt hinkomme! Ich kann doch wohl nicht versprechen, irgendwas zu machen, wenn ich nicht mal weiß, wo ich bin«, antwortete Julie.

Die vier Frauen unterhielten sich noch bis spät in die Nacht im Halbdunkel des Schlafsaals. Schließlich bekamen dann auch sie selber zu spüren, dass es ein langer Tag gewesen war. Bridie hatte mit einer Freundin die Betten getauscht, damit sie neben ihrer Freundin Julie in deren letzter Nacht hier im Heim schlafen konnte.

Doch Julie tat kein Auge zu. Sie lag da und dachte an vieles, und dabei versuchte sie, auf die andere Seite des Raums zu dem vergitterten, angestrichenen Fenster zu schauen, das direkt ihr gegenüber war. Zum Schlafen war sie viel zu aufgeregt und zu ängstlich, sie fürchtete, sie könne am Morgen aufwachen, und womöglich stellte sich dann alles als Traum heraus. Passierte das wirklich alles, fragte sie sich wieder und wieder. Ja, es passierte wirklich, sagte sie sich. Morgen früh werde ich frei sein wie die Vögel im Wind, nach vierundzwanzig Jahren. Gott! Wie viele Nächte waren das? Doch bestimmt Tausende. Und diese ist meine letzte. Dann kann ich gehen, wohin ich will. Kaufen, was ich will. Das muss man sich bloß mal vorstellen, ich brauche nicht mehr wegzurennen, wenn ich einen Polizisten sehe oder so. Ich kann sogar nach Hause, wenn ich will. Aber bestimmt werden mich die Nachbarn komisch angucken und so, und werden sagen: ›Das ist doch die, die den Mantel gestohlen hat, damals, wisst ihr noch?‹ O Gott! Dahin gehe ich nie mehr zurück, nie mehr im Leben. Ist das nicht toll, meine eigene Schwester holt mich raus. Dann geht es mir wie Bridie, die mit ihrem John Paschal zusammen sein wird. Und Gott im Himmel, ich kann dann tanzen gehen und so und kann einen Mann kriegen und mit ihm schlafen und ihn heiraten und so.

»Bridie, Bridie!«, zischte Julie leise. »Bridie, schläfst du?«

Doch Bridie war eingenickt. Sie schreckte auf, hob leicht den Kopf und fragte brummig: »Was?«

»Bridie, ich bin es. Weiß du was?«

»Was denn?«

»Ich kann dann ja sogar zu Harry und so. Und diesmal laufe ich nicht weg, wenn er mir hinterherkommt«, flüsterte sie deutlich hörbar.

Bridie war halb im Schlaf und versuchte vergeblich zu begreifen, wovon Julie redete. »Harry … Was denn für ein Harry?«

»Harry! Hast du mir denn nie zugehört? Harry, der Typ, in den ich mal verschossen war, als wir damals in Kilmaine immer zur Brücke gingen und so …«

»Ach, der Harry! Ich wusste erst gar nicht, wovon du redest. Hör mal, Herzchen, es ist schon spät, und du musst morgen in aller Frühe raus. Also schlaf jetzt. Wir reden morgen weiter. Gute Nacht.«

»Ja, schön, gute Nacht! Da kann ich ja genauso gut Selbstgespräche führen«, seufzte sie.

Und als sie sich aufs Kissen zurückfallen ließ und sich wieder unter die Bettdecke kuschelte, fing sie noch einmal an, von diesem herrlichen Sommersonntag vor langer Zeit zu träumen, als sie beinahe alles für einen Kuss von Harry gegeben hätte. Wirklich beinahe alles. Das hatte sie dann aber doch nicht getan.

Sie stand an der Tür des St.-Teresa-Schlafsaals und versuchte, die augenblicklichen Geräusche der Stille zu deuten. Sie fand, es lag eine seltsame Ruhe über allem. Sie spitzte die Ohren und horchte angestrengt. Sie konnte gerade eben das schwach surrende Geräusch der Wäschemangeln und der Wäschewagen auf dem Boden im unteren Stockwerk ausmachen.

Dann drehte sie sich wieder um, ging durch den Schlafsaal auf und ab und nahm sich die Zeit, alle neunundvierzig Betten zu zählen, von denen im Moment nur eines belegt war. Alles war ruhig, abgesehen von dem gelegentlichen Stöhnen von Kitty Mulhare, der älteren Büßerin, die da in ihrem Krankenbett lag. Seit Tagen schon war sie krank, aber erst in der Stille dieses Raums erkannte Julie die Schwere ihrer Erkrankung. Der Anblick der armen Kitty, die in ihrem Bett dahinwelkte, erschreckte sie mehr als je etwas zuvor.

»Wasser!«, stöhnte Kitty und hob unter Mühen die Hand.

Julie hielt ihr den alten, verschmutzten Emailbecher an die ausgetrockneten Lippen, und Kitty gab sich alle Mühe zu schlucken. Das Wasser tropfte ihr das Kinn herunter und auf ihre kranke Brust. Julie versuchte, den Wasserstrom mit einem fleckigen Handtuch aufzuhalten, und dabei spürte sie die schreckliche Kälte von Kittys scheinbar lebloser Hand.

»Schwester! Schwester!«, flüsterte sie kaum hörbar, und dabei sank ihr Kopf auf die Kissen zurück, und ihre Augen verdrehten sich Richtung Himmel.

»Ich bin es, Julie … Julie Murray, kennst du mich?«

Als Kitty nicht antwortete, bekam Julie Angst. Sie meinte, Kitty müsse eigentlich auf die Krankenstation, aber sie wusste auch, dass die normalerweise mehr als gut belegt war, sodass die Kranken die ganze Zeit hin und her geschoben wurden. Trotzdem sollte sie nicht hier sein, dachte sie, und um ihre eigenen Schuldgefühle zu verbergen, beschloss sie, weiter mit Kitty zu reden, bis Schwester Stanislaus käme.

»Ich komme heute raus! Ich komme raus, Kitty! Das habe ich dir doch gestern Abend erzählt, oder?«

»Schwester, Schwester«, stöhnte Kitty, als sie Julies Hand ergriff, die sie irrtümlich für die Hand einer der Nonnen hielt.

Als sie ihren Griff lockerte, drehte sich Julie schnell um und ging wieder zur Tür. In Gottes Namen, kommt die denn nun endlich und lässt mich hier raus, seufzte sie. Die Nackenhaare standen ihr zu Berge, als sie sich noch einmal zu Kitty umdrehte. Im Schlafsaal herrschte eine unheimlich Atmosphäre, und zum hundertsten Mal in ihrem Leben war sie überzeugt, sie rieche den Gestank des Todes. Jetzt bedauerte sie, dass sie an diesem Vormittag nicht hatte arbeiten wollen. Sie hätte mit ihren Freundinnen bei der Arbeit bleiben sollen, bis ihre Schwester Kay sie abholen kam. Stattdessen hatte man ihr erlaubt, nach der Messe und dem Frühstück in ihren Schlafsaal zurückzugehen, damit sie sich die neuen Kleider anziehen konnte und dann um elf Uhr dreißig fertig war. Aber als sie jetzt ihre neue Kleidung betrachtete und die knisternde Zwanzigpfundnote in der Tasche spürte, die sie von der Mutter Oberin erhalten hatte, fühlte sie sich schon bedeutend besser. Vorhin hatte Julie noch gedacht, sie würde gern noch einmal auf dem Gelände des Magdalene-Heims spazieren gehen, noch ein letztes Mal vor ihrer Abfahrt. Jetzt befand sie, davon genug gesehen zu haben. Sie wollte stattdessen direkt in die Kapelle und auf den Friedhof der Büßerinnen und ein Gebet sprechen.

Als endlich Schwester Stanislaus die Treppe hochkam, fragte Julie, ob Bridie und Josephine noch ein paar Minuten zu ihr dürften, ehe sie das Heim verließ, damit sie gemeinsam beten konnten. Ihr Wunsch wurde erfüllt.

Ein letztes Mal ging sie die Treppe hinunter, und da wurde ihr ganz sentimental zumute, als Schwester Stanislaus sorgfältig die Zwischentüren hinter ihnen verschloss. Das war es nun also wirklich, dachte sie, nach vierundzwanzig Jahren.

Die drei Frauen standen mit verschränkten Armen am Rand des kleinen Friedhofs. Sie starrten auf die kleinen, schwarz angemalten Metallkreuze, auf denen säuberlich in Weiß die Namen der Verstorbenen standen. Manche waren die Namen von Freundinnen oder von älteren Büßerinnen, die sie gekannt hatten. Einen Moment lang hatten sie Angst, etwas zu sagen, aber ohne dass sie es wussten, dachten sie alle drei dasselbe: Nur durch die Gnade Gottes gehe ich durchs Leben. Und dabei fragten sie sich, wie sie das alles überlebt hatten. Doch Bridie und Josephine mochten nicht länger darüber nachdenken, was ihnen flüchtig durch den Kopf ging: Sie konnten ebenfalls auf diesem Friedhof enden.

»Ich glaube, das muss hier alles schon sehr alt sein«, sagte Bridie und versuchte, die Niedergeschlagenheit zu vertreiben, die sie angesichts der bevorstehenden Abreise ihrer Freundin empfand. Sie sah, dass das älteste Grab auf diesem Friedhof aus dem Jahr 1887 stammte.

»Wie viele Leute wohl insgesamt hier begraben sein mögen?«, fragte Josephine und überlegte, ob es wohl alles Katholiken waren oder sich auch Protestanten darunter befanden. Sie hätte eigentlich gar nichts dagegen, hier begraben zu sein, dachte sie, wenn nur Cathal neben ihr beerdigt würde. Wenigstens im Tod wären sie dann vereint.

»Fünfundsechzig«, antwortete Bridie. Die Zahl hatte sich ihr vor Langem schon ins Gedächtnis eingegraben, nachdem sie Jahr für Jahr auf diesem einen Stück Land herumspaziert war. »Einmal abends habe ich die Gräber gezählt, als ich das der jungen Frau da in der Mitte gesehen hatte. Da könnt ihr es sehen, da steht ›6. November 1937, Mary Flynn, verschied friedlich im Schlaf, im Alter von dreiunddreißig Jahren‹.«

»Herrje! Ist die aber jung gewesen«, sagte Julie.

Dreiunddreißig, dachte Josephine, fast so alt wie ich. Ihr schoss der Gedanke durch den Kopf, dass sie nur wenige Jahre jünger als Julie war. Und sieh sie sich nur einer an; vorher ist mir das nie aufgefallen, aber ihre Haare werden ja schon ganz grau, und sie hat Tränensäcke unter den Augen. Das macht wohl die Sonne, vorher hat sie für mich nie so ausgesehen. Ihr Herz klopfte bedenklich bei dem Gedanken, dass sie selber bald genauso alt und hinfällig aussehen würde wie ihre Freundin Julie. Herr im Himmel, ob ich wohl je hier rauskomme, dachte sie.

»Kommt doch mit in die Kapelle und lasst uns ein Gebet sprechen. Mir ist ja egal, wo ich sterbe, aber hier in einem unbekannten Grab will ich nun wirklich nicht liegen«, sagte Bridie, die sich plötzlich allein fühlte.

Als könne Josephine Bridies Gedanken lesen, packte sie Julie fester am Arm und lehnte den Kopf an ihre breite Schulter: »Bitte, Julie! Versuch doch, uns hier rauszuholen! Wenn du das nicht tust, sterben wir womöglich alle hier.«

Allein schon der Gedanke, dass sie und Bridie jetzt auf Julie verzichten mussten, die sie in Stunden der Not getröstet hatte, war beinahe unerträglich. Julie war geradezu der Inbegriff von Stärke gewesen, solch ein leuchtendes Beispiel in ihrem Kampf um Freiheit. Und jetzt wurden nach all diesen Jahren ihre Gebete endlich erhört. Dann kam Josephine ein merkwürdiger Gedanke, als die drei durch die Kirchentür eintraten. Bridie hatte sie einmal auf etwas aufmerksam gemacht: dass es immer wieder so bedeutsame Dreiergruppen gab, fast als fände alles Gute im

Leben dreimal statt. Und wenn Bridie recht hatte, dann bestand eine durchaus reelle Chance, dass eine von ihnen in nicht allzu ferner Zukunft durch die Tür in die Freiheit marschierte. Noreen Donnellan war die Flucht gelungen; Julie Murray war so gut wie draußen; und das hieß, dass noch eine von ihnen möglicherweise bald frei sein würde. Bei dem Gedanken allein wurde ihr schon ganz warm ums Herz.

Es war Mittag, und das Angelus-Läuten war laut und deutlich zu hören, als eine kleine Gruppe von Büßerinnen winkend auf dem engen Flur am Ende der Eingangshalle stand, während Julie von Schwester Philomena, Schwester Concillio und zwei Novizinnen in den vorderen Salon begleitet wurde, wo ihre Schwester Kay schon auf sie wartete.

»Auf Wiedersehen! Auf Wiedersehen, Julie! Und vergiss nicht, für uns zu beten«, riefen sie, als sie sie der Freiheit immer näher kommen sahen. Jetzt strömten alle Büßerinnen von ihren Arbeitsplätzen herbei, standen dicht gedrängt zusammen und versperrten die Durchgänge, während sie mit ihren weißen Taschentüchern winkten und dabei hektisch auf und ab sprangen und Julie hinterhersahen, die sich der Ecke näherte. Dann drehte sich Julie, kurz bevor sie außer Sichtweite war, noch einmal um und winkte ihren Freundinnen zu. Aber viele ertrugen den Augenblick nicht und wandten die traurigen Gesichter ab.

Auch Bridie, die Lilly und Josephine untergehakt hatte, fand keine Worte. So sehnlich hatte sie sich gewünscht, allen zuzurufen, dass, wenn je eine aus dem Magdalene-Heim die Freiheit verdient habe, dann Julie Murray. Doch irgendwie blieben ihr die Worte, die sie als liebevollen Abschied geplant hatte, im Hals stecken. Und am Ende sagte sie gar nichts. Sie machte sich von ihren Freundinnen los, wandte sich ab und seufzte: »Ach ja! Das ist nun auch über die Bühne. Ich hoffe bloß, dass wir, wenn der alte Mann da oben irgendwas mit Julies Glück zu tun hat, die Nächsten auf seiner Liste sein werden.«

»Ja, wäre das nicht toll? Ich hoffe, sie vergisst nicht, uns zu schreiben. Wo ist Josephine?«, fragte Lilly und sah sich suchend um.

Sie war nirgendwo zu sehen. Als sie an ihren Arbeitsplatz kamen, sahen sie Josephine niedergeschlagen auf einem der riesigen Wäschekörbe sitzen.

KAPITEL 17

Fast drei Wochen war es her, seit Julie Murray diese langen Schritte in die Freiheit gemacht hatte, von ihrer Schwester Kay gerettet, der ehrwürdigen Schwester Rosario. Es war kaum zu glauben, dass das schon so lange her war, dachte Bridie, als sie auf dem Bett lag und nach der harten Arbeit des Tages ausruhte.

Seit Julie fort war, hatte sie keine große Lust mehr zum Arbeiten, vor allem nachts und abends nicht mehr, eine Zeit, in der sie sonst immer gern ihren Kolleginnen beim Ändern von Kleidern, beim Stricken oder Nähen geholfen hatte. Aber ihre Freundinnen kamen immer noch, belagerten sie fast täglich, ihnen doch zur Hand zu gehen. Doch ihre halbfertigen Kleider und Strickjacken lagen in alte Zeitungen und in braune Papiertüten gewickelt unter ihrem Bett, denn jeden Tag nach der Arbeit sagte sie sich immer wieder, dass sie es später machen wollte oder vielleicht morgen. Das Einzige, was sie jetzt wirklich wollte, war, mit ihren Gedanken allein zu sein.

Eines Tages muss ich endlich mal den Hintern hochkriegen und irgendwas unternehmen, um hier rauszukommen. Auf Julie war kein Verlass. Kein einziges Wort von ihr, seit sie fortgegangen war. Ich kann es kaum glauben. Gott allein weiß, wo sie inzwischen ist. Sie könnte in Dublin sein, in London oder in Amerika. Amerika, schätze ich, mit ihrer Schwester. Ich muss ja wohl komplett verblödet sein, dass ich nicht schon vor Jahren versucht habe abzuhauen. Ich kann hier doch nicht den Rest meines Lebens verbringen. Dreizehn Jahre bin ich jetzt hier, das glaubt man doch kaum. Ich bin fast einunddreißig Jahre alt und immer noch weit davon entfernt, in Erfahrung zu bringen, wer meine Eltern waren. Immer noch weit davon entfernt, mit meinem Sohn zusammen zu sein, und immer noch weit davon entfernt, einen Mann zum Heiraten gefunden zu haben. Ich tauge eben zu nichts, seufzte sie. Zu rein gar nichts! Ich glaube, ich habe einfach nicht mehr die Kraft und auch gar nicht mehr den Wunsch, noch weiterzukämpfen. Und hier sitze ich nun, jahrein, jahraus, und helfe allen anderen, bloß für mich tue ich nichts. Ich bin ja so dumm. Ja, wirklich. Wenn ich nicht bald hier rauskomme, wird John Paschal aus Williamstown weggehen, und ich sehe ihn nie wieder. Bestimmt schreibt er mir dann auch nicht mehr, denn er wird irgendein nettes Mädchen kennenlernen, und dann bin ich vergessen.

Ach, zum Teufel damit, dachte sie, schwang die Beine auf den Boden, setzte sich auf den Bettrand und dachte nach. Höchste Zeit, dass ich anfange, Pläne zu machen, denn eines Tages laufe ich weg. Aber allein gehe ich nicht. Ich werde Josephine und Lilly bitten mitzukommen. Ich habe immer gesagt, ich nehme Josephine und Julie mit, aber jetzt, da Julie fort ist … muss es eben Lilly sein. Ich mache es wie Noreen Donnellan. Ich sage kein Wort und halte mich bedeckt, bis zur allerletzten Minute. Dann werden wir drei uns ganz heimlich davonmachen. Auch den beiden Mädels sage ich nichts, die könnten es ja irgendwem erzählen.

Josephine kam von ihrem Ausflug nach unten zurück. Sie hatte sich heimlich davongeschlichen, weil sie sehen wollte, ob die Tür zum Korridor abgeschlossen war. Sie wollte zur Tonne mit den Essensabfällen, die am hinteren Ende der Wäscherei für die Schweine gesammelt wurden, und hatte vorgehabt, sich etwas zu essen zu suchen. Leider war die Tür abgeschlossen. Jetzt bereute sie, dass sie sich nicht eine Extraration beim Abendessen eingesteckt hatte.

Als sie in den Schlafsaal ›Unsere liebe Frau‹ kam, sah sie Bridie einen Brief schreiben. Sie war in Versuchung, zu ihr zu gehen und mit ihr zu reden, überlegte es sich aber anders. Bridie war nicht mehr sie selbst, dachte sie, seit Julie fort war. Bei Weitem nicht mehr so freundlich. Jetzt bin ich nicht mehr gut genug für sie, nehme ich an. Außerdem lässt sie keinen mehr in ihr Bett, seit Julie gegangen ist, lässt mich nicht mal mehr mit ihr kuscheln, wie wir das früher gemacht haben.

Stattdessen beschloss Josephine zu schauen, was die anderen Mädchen machten. Die Atmosphäre im Schlafsaal, dachte sie, war den ganzen Abend schon ein bisschen wie das Wetter gewesen, bedrohlich, als würde jeden Moment ein Sturm losbrechen. In kleinen Gruppen hingen einige herum und stritten endlos, während sie alberne Spielchen auf dem Fußboden machten. Andere versuchten, Auszüge aus alten christlichen Zeitschriften zu lesen. Einer Büßerin war es gelungen, einen Trivialroman in die Hände zu bekommen. Sie musste ihn schnell lesen, denn wenn die Schwestern das Taschenbuch entdeckten, würde es sofort konfisziert und vernichtet, und alle in der Wäscherei würden sich eine gewaltige Strafpredigt anhören müssen, und man würde sie fragen, wie sie dazu kämen, ihr Geld für solchen Schund auszugeben.

Bridie war mit ihrem Brief an John Paschal – schon dem zweiten in einer Woche – beinahe fertig, als die Frauen kamen und sie aufforderten, sich zu ihnen zu setzen, ein bisschen Musik mit ihnen zu machen und ihre Mundharmonika mitzubringen.

Bridie beschloss, sich zusammenzureißen, und als sie zu den anderen hinüberging, piepste ein junges Mädchen in der Ecke: »… Das sag ich meiner Mama«, und alle lachten, und kaum waren die Worte heraus, da packten sich zwei junge Büßerinnen, fingen an, wild herumzuwirbeln, und sangen:

»Das sag ich meiner Mama, wenn ich erst zu Hause bin.
Die Jungs rennen ständig zu den Mädchen hin.
Ziehen sie an den Haaren, klauen ihnen den Kamm.
Und was ihnen sonst noch kommt in den Sinn.
Aber das ist in Ordnung, wenn ich erst zu Hause bin.
Wie hübsch und wie niedlich, die Kleine.
Eine Süßere gibt es in Belfast keine.
Sie geht mit einem, auch mit zwei, mit drei und vier.
Wie hieß sie, sagt bitte ihren Namen mir.«

Bald war die Atmosphäre wie aufgeladen, was Josephine in Stimmung brachte, und so machte sie einen Vorschlag. »Lasst uns doch einen Tanz veranstalten, und dann tun wir so, als wären wir bei einem richtigen Dorffest. Wir tun so, als hätten wir einen tollen Abend draußen im Seapoint in Salthill.«

»Ja! Ja!«, jubelten die Mädchen. »Das ist eine tolle Idee.«

»Na schön. Teilt euch in zwei Gruppen auf, die eine da, die andere gegenüber«, sagte Josephine. »Bridie, Mary Kelly und ich, wir sind die Band. Und vergesst nicht, ich will euch alle tanzen sehen.«

Dieser Vorschlag wurde begeistert aufgenommen, denn sie wussten aus Erfahrung, dass die beste Abendunterhaltung normalerweise die von spontaner Natur war. Es hatte den Anschein, dass es den Leuten weniger peinlich war, ihre Gefühle auszudrücken, wenn nicht zu viel von ihnen erwartet wurde.

»Also, Bridie, du sitzt hier links, und Mary, du rechts mit dem Akkordeon«, sagte Josephine, die eifrig die Stühle für die beiden anderen aufstellte. »Und ich ziehe mir dieses Nachtschränkchen hier ran, da kann ich mich dann draufstellen.«

Josephine wandte sich an die Bandmitglieder und flüsterte: »Ich denke, wir fangen mit *Danny Boy* an. Gebt uns mal die Melodie von *Danny Boy*, und dann sehen wir weiter. Wir tun einfach so, als wäre hier alles voll mit Kerlen und als wären wir verrückt nach denen. Und die Musik schallt durch den Saal.«

Bridie und Mary spielten sich ein und hatten dabei ein Auge auf die Vorgänge im Raum. Allmählich hatten alle Spaß an dieser improvisierten Unterhaltung.

Bridie freute sich besonders darüber, dass Josephine völlig wiederhergestellt schien. Vor ihrem Fluchtversuch war Josephine die gute Seele des Heims gewesen. Doch danach hatte sie sich stets seltsam verkleidet gezeigt, mit merkwürdigen Kleidungsstücken, die ihr überhaupt nicht standen. Ständig bat sie die Nonnen um elegante Kleider, die diese natürlich nicht hatten, und selbst wenn, hätten sie sie ihr nicht gegeben, denn auf alles, das auch nur im Entferntesten einen Anflug von Stil hatte, sahen sie mit Verachtung herab. Trotzdem gelang es Josephine jedes Mal, sich von einer anderen einen Faltenrock, eine Seidenbluse oder fürchterlichen Lippenstift zu leihen, sodass sie sich zurechtmachen und Sonntagabend in den Freizeitraum gehen konnte. Da tanzte sie dann den ganzen Abend und hörte die Sendung *Ceilí House* auf Radio Éireann, und sie tat, als befinde sie sich in einem berühmten Tanzsaal weit draußen auf dem Land. Einen großen Unterschied gab es aber, und den verabscheuten sie alle. Es war der Anblick der drei oder vier Nonnen, die am oberen Ende des Raumes saßen, alles beobachteten und ihnen zeigten, wie man *The Siege of Ennis* tanzte. Und wenn es nicht das war, dann zeigten sie ihnen, wie sich eine Dame zu benehmen hatte, wenn sie von einem imaginären Mann dazu aufgefordert wurde, einen Jig oder einen Reel zu tanzen. Abzulehnen galt als schlechtes Benehmen, egal wie wenig man den Mann mochte, erklärten die Nonnen. Und in letzter Zeit hatten es die Nonnen immer auf Josephine abgesehen, wegen ihres schrillen Make-ups. Stundenlang stand sie vor dem zerbrochenen Spiegel unten im Waschraum und putzte sich heraus. Dann hatte Bridie viel Spaß, denn immer mal wieder kam es vor, dass Josephine wie eine Furie auf die Nonnen losging und rief: »Das geht euch doch nichts an, mit wem ich heute Abend ausgehe oder mit wem ich letzte Nacht gebumst habe.«

Bei diesen harmlosen Spielchen machte sich aber immer wieder Bridies Sorge um das Wohlergehen ihrer Freundin bemerkbar. Sie fragte sich dann, wieso Josephine immer so einen auf Schau machen musste, oder war sie am Ende wirklich so? Außerdem hielt Josephine Bridie oft vor, zu unscheinbar und zu dumm zu sein, und meinte, sie würde sowieso nie einen Mann abbekommen, denn sie sei ohne allen Schick und so gar nicht wie Josephine, die jeden Mann haben konnte, den sie wollte.

Doch wenn andererseits, so dachte Bridie, Josephine das machte, um die Langeweile erträglich zu machen und ein bisschen Spaß zu haben, dann sollte sie vielleicht auch ihre Hemmungen fallen lassen und mitmachen. Alle wussten, dass Josephine Finn nichts mehr liebte, als im Mittelpunkt zu stehen, ob sie nun jemanden veralberte, Judy Garland imitierte oder sich fein zurecht machte. Gott! Wenn ich doch nur ihr Selbstvertrauen hätte, dann wäre ich auserwählt, seufzte Bridie dann.

Jetzt stand Josephine da, lächelnd auf ihrer neuen behelfsmäßigen Bühne, und schaute ihr Publikum an. Sie hielt eine kleine Statue der Jungfrau Maria in der Hand, die ihr Mikrofon darstellen sollte.

»Guten Abend, meine Damen und Herren …«, begann sie, und ihre Einleitung wurde von unten aus dem Saal durch anerkennende Rufe und Pfiffe unterbrochen. »… Es ist mir ein besonderes Vergnügen, heute Abend bei Ihnen zu sein, auf dieser letzten Station unserer Irland-Tour, und Sie im Seapoint Ballroom hier in Salthill zu unterhalten, einem der schönsten Tanzsäle im Land. Wie Sie sicher wissen, ist dies meine letzte Vorstellung vor Beginn meiner dreimonatigen Amerika-Tournee. In ein paar Tagen spaziere ich hoffentlich schon mit meiner Band den Broadway hinunter …« Weiteres Klatschen, Jubeln und Rufen.

»… und deshalb möchte ich Sie alle da unten tanzen sehen, denn wir beginnen den Abend mit der wunderschönen irischen Melodie *Danny Boy*.«

Oh Danny Boy the pipes, the pipes are calling
From glen to glen and down the mountain side,
The summer's gone and all the flowers are dying
'Tis you, 'tis you must go and I will bide.

Sofort fingen zwei Mädchen an zu tanzen, als seien sie im großen Ballsaal der Liebe, dann folgten andere Paare, und alle tanzten mit der großen Liebe ihres Lebens. Und um das Ganze ein bisschen lustiger und aufregender zu gestalten, wählte sich Breedge Courtney ein großes Kissen von einem der Betten als Tanzpartner.

Als Josephine mit der zweiten Strophe ihres Lieblingslieds begann, wurde Bridie klar, dass sie alle Sorgen, die sie sich um

Josephine Finns Wohlergehen gemacht hatte, nur ihrer lebhaften Fantasie verdankte. Ist das denn schließlich nicht bloß ein bisschen Spaß, dachte sie. Josephine lebte durch die Art, wie sie die Bühne betreten hatte, nur ihre Träume aus und folgte ihren eigenen, unverwechselbaren Begabungen auf eine Weise, wie sie selbst das nie tun könnte.

Breedge Courtney schwenkte auf der Tanzfläche ihren imaginären Tanzpartner hin und her, als spiele sie eine Rolle in *Schwanensee*. Aber bald ließ sie sich mitreißen vom Tempo der Musik und hielt sich das Kissen verführerisch an den Busen, ehe sie es sinken ließ und es lustvoll zwischen die Schenkel presste. Und während sie und ihr imaginärer Partner sich auf höchst erotische Weise zu drehen begannen, bedrängten ihre Freundinnen sie. »Mehr! Mehr! Mehr!« Wie um ihre Bitte zu erfüllen, trat Lilly vor, nahm Breedge das Kissen aus der Hand und warf es weg, ehe sie sich selber liebevoll an Breedge schmiegte. Eine spürbare Welle der Erregung ging durch die Menge. Lilly und Breedge fingen an, sich leidenschaftlich zu umarmen und zu küssen.

Dieser reale Anblick von Menschen, die sich amüsierten, ließ Josephine das Blut durch die Adern schießen. Sie gab die Vorstellung ihres Lebens, indem sie das Volumen ihrer Stimme um mehrere Dezibel hob.

Manche Büßerinnen waren so von dem eigenwilligen Benehmen der Tänzerinnen gefangen genommen, dass sie ihnen laut zujubelten und sie drängten weiterzumachen. Doch Peggy Neary ertrug es nicht länger. Sie stürzte sich in die Menge, gerade als Lilly und Breedge anfangen wollten, den Körper der anderen zu erforschen, und boshaft packte sie Lilly an den Haaren. »Du elendes Biest! Lass die Hände von meiner Freundin! Du erbärmliche, widerliche Hure!«

Obwohl Lilly nach hinten gerissen wurde, gelang es ihr, sich seitlich wegzudrehen und sich an ihre Gegnerin zu hängen, als ginge es um ihr Leben. »Wen verdammt noch mal nennst du hier eine Hure?«, kreischte sie, stürzte sich auf Peggy und stieß sie zu Boden.

Sie prügelten aufeinander ein und wälzten sich auf dem Boden herum, ehe es Lilly gelang, auf die Beine zu kommen. Sie trat auf Peggy ein, als sei sie nichts weiter als eine Stoffpuppe. *Klatsch!* »Du bist doch bloß ein blödes Hätschelkind der Nonnen.« *Klatsch!* »Eine heimtückische Ratte!«

Dann beschloss Breedge Courtney, sich in die Prügelei einzumischen, und landete wie eine Katze auf Lillys Rücken. Mittlerweile hatte die Band aufgehört zu spielen. Eine Weile stand sie da und starrte schockiert auf die Szenerie. Unbewusst hatte Josephine ihr Jungfrau-Maria-Mikrofon auf den Boden fallen lassen, wo es zerbrach.

Vergeblich versuchte Breedge, ihre Freundin vor Lilly zu schützen, aber es half alles nichts. Binnen Sekunden war das reinste Chaos im Schlafsaal ›Unsere liebe Frau‹ losgebrochen. Haut und Haare mussten dran glauben. Schuhe, Haarbürsten und Kissen wurden als Wurfgeschosse eingesetzt; alles, was einen Gegner schachmatt setzen und ihn Sterne sehen lassen kann, wurde benutzt.

Bridie fürchtete, es könne sie einer schlagen oder sie in das Durcheinander mit hineinziehen, also beschloss sie, sich auf der anderen Seite des Raums in Sicherheit zu bringen, während sich Josephine und Mary mitten in die Schlägerei hineinwarfen. Sie sprang von einem Bett zum nächsten, hielt nur einmal kurz inne, um ein Kissen aufzuheben, das neben ihr auf dem Boden landete. Als sie dann mit dem Rücken an der Wand stand und sich an dem Kissen festhielt, gingen plötzlich die Türen auf, und drei Nonnen angeführt von Schwester Stanislaus betraten den Raum.

Einen flüchtigen Moment lang begegneten sich die Blicke von Schwester Stanislaus und Bridie, ehe die Nonnen die chaotische Szene, die sie da vor sich hatten, voll und ganz in sich aufnahmen. Kleine Grüppchen von Büßerinnen rangen halbnackt miteinander auf dem Boden – manche mit blankem Busen –, die Kleider hingen ihnen unten am Rücken, während sie einander obszöne Schimpfwörter zuriefen, und gleichzeitig versuchten sie verzweifelt, sich auch die letzten Reste von Anstand und Schicklichkeit herunterzureißen, die noch ihren Körper bedeckten.

Schwester Stanislaus hob die Glocke hoch über den Kopf und schlug sie so heftig, dass es Tote hätte aufwecken können. Aber erst, als nicht mehr gekämpft wurde und aller Augen auf ihr ruhten, senkte sie die Bronzeglocke und reichte sie einer der Novizinnen, die wie versteinert neben ihr standen.

»Was ist denn hier los!«, rief Schwester Stanislaus laut und schlug mit ihrem großen Kruzifix hastig ein Kreuzzeichen, ehe sie es wieder an ihrem Gürtel herabhängen ließ. »Gott der Allmächtige bewahre uns! Und errette uns vor den Flammen der Hölle … und den Mächten Satans … Seht euch nur an! Ihr seid ja wie eine Meute wilder Tiere! Seid ihr denn alle verrückt geworden?«

Es herrschte absolute Stille, alle wandten den Blick ab und versuchten diskret zu verbergen, wie beschämt sie waren. Alle, das hieß alle außer Bridie und ein paar anderen, die nicht in dem großen Haufen der Schlägerinnen erwischt worden waren.

Schwester Stanislaus, die Bridie das Kissen halten sah und annahm, sie führe nichts Gutes im Schilde, fragte: »Bridie Rodgers, was hast du zu deiner Entschuldigung vorzubringen?«

»Nichts … Schwester.«

»Nichts! Das ist genau das, was von einer wie dir zu erwarten ist. Weshalb hältst du das Kissen in der Hand? Du willst es wohl auf jemanden werfen, nehme ich mal an.«

»Nein, Schwester, es lag auf dem Boden …«

»Auf dem Boden! Wer hat das hier alles angezettelt? Ich gehe heute Abend nicht eher hier weg, ehe das nicht restlos aufgeklärt ist, auch wenn ich mich damit bei euch nicht besonders popolär mache«, rief Schwester Stanislaus, als sie ihre Aufmerksamkeit wieder der ungebärdigen Meute zuwandte, die sie vor sich hatte.

Bridie antwortete nicht. Doch aus ihrer Verlegenheit wurde sie ohnehin gerettet, als einige anfingen, hinter vorgehaltener Hand zu kichern. Bei den meisten war Schwester Stanislaus sowieso nicht sonderlich populär, aber dass sie sich nun auch noch versprochen und ein Wort wie Popo in den Mund genommen hatten fanden sie zum Schreien komisch.

Schwester Stanislaus ahnte sofort, was ihr Versprecher bewirken würde. Ausgerechnet vor den Novizinnen wurde sie zum Gespött aller Frauen, wenn sie mit ihrer Befragung so weitermachte. Eigentlich wusste sie ja genau, weswegen die Prügelei begonnen hatte: Eifersucht. Das war das tödliche Gift, das all diese armen Büßerinnen befiel. War eines der Mädchen allzu freundlich zu den Nonnen, waren ihre Kameradinnen eifersüchtig. War eines der Mädchen besonders gut beim Bügeln der Kirchengewänder, waren sie es auch. War eine gut im Nähen oder Kochen, das Gleiche. Doch vor allem, wenn eine wie Josephine Finn gut sang oder ihre Zuneigung plötzlich einer anderen Büßerin schenkte, dann schlug das Übermaß an Eifersucht aller anderen um in Verachtung.

Aus diesem Grunde müssen wir dieses furchtbare Übel in unserer Mitte ausmerzen, hatte sie ihren Novizinnen vor ein paar Stunden noch erzählt. Und das war wirkungsvoll nur dann möglich, wenn man sich der Rädelsführerinnen entledigte. Rädelsführerinnen wie Josephine Finn, Lilly MacAlastair und vielleicht eine oder zwei weitere, die Einfluss hatten und den anderen ein schlechtes Beispiel gaben. Einige waren längst überfällig, was einen langen Urlaub in der psychiatrischen Anstalt von Ballinalsoe anging, hatte sie ihren Novizinnen erklärt, und ich würde nicht so lange zögern, sie dorthin zu schicken, wie die Mutter Oberin das tat.

Schwester Stanislaus beachtete das Gekicher nicht, sie tat einfach so, als habe sie es nicht gehört. Stattdessen beschloss sie, die Hauptschuldige zu entlarven, zu zeigen, dass sie wusste, wer hinter allem steckte. Dann würde sie das Ganze auf sich beruhen lassen, bis sie die Schuldigen am nächsten Tag allein erwischte. Wer die Verantwortlichen waren, hatte sie an deren Benehmen bereits erkannt und es sich gemerkt, als sie den Schlafsaal betreten hatte.

»Miss Finn, war das Ihre Idee?«

Alle schauten auf Josephine, doch auch sie tat so, als habe sie nichts gehört, sie schwieg und sah sich einfach nur um. Doch als die Schwester lauter wurde und die Frage wiederholte, konnte sie nicht länger schweigen.

»Miss Finn! Ja. Sie. War das Ihre Vorstellung von Unterhaltung, oder wer hatte sonst diese Idee?«

»Nein, Schwester.«

»Nein, es war nicht Ihre Idee, oder nein, Sie wissen nicht, wer damit angefangen hat?«

»Ich weiß nicht, wer damit angefangen hat.«

»Haben Sie vorhin unanständige Lieder gesungen?«

»Nein«, antwortete Josephine zögerlich. »… Ich meine …«

»Wie können Sie es wagen, mich derart dreist anzulügen? Ich habe Sie doch selber deutlich gehört! Tatsächlich hätte man Sie noch bis zum Eyre Square hören können.«

Dann drehte sie sich zu ihren beiden Novizinnen um und sagte: »Lassen Sie diese Heiden fünfmal den Rosenkranz beten, und sorgen Sie dafür, dass sie sich alle geordnet zur Nachtruhe begeben.«

Sie wandte sich wieder um: »Morgen Vormittag werde ich das unziemliche Benehmen dieses Abends genau untersuchen. Und ich werde an Schritten einleiten, was immer ich für nötig erachte, und ich werde nicht zögern, heute Nacht noch die Polizei herbeizurufen, wenn ich noch einen einzigen Laut höre. Habe ich mich klar und deutlich ausgedrückt?«

Die Reaktion war Schweigen, aber das herrschte nicht lange vor, denn schon bald führten die Novizinnen sie alle in eine Nacht eifriger Gebete, weil für einige der Tag des jüngsten Gerichts nahe war.

Der Schrei am frühen Morgen war fürchterlich. Es war der markerschütterndste Schrei, den Bridie je gehört hatte. Gleichzeitig geschahen drei Dinge mit ihr. Sie schreckte aus dem Schlaf hoch. Ihr Herz fing heftig an zu klopfen, und sie wurde wieder an die Jahre ihrer Kindheit im Waisenhaus von Clifden erinnert. Da wurde sie mitten in der Nacht oft von den Schreien eines

Mädchens aufgeweckt, das einen Albtraum hatte, oder von den Schreien eines Kindes, das in einem entlegenen Winkel des Gebäudes bestraft wurde.

Instinktiv sah Bridie ans andere Ende des Schlafsaals. Da stand Lilly, die sich die Hände vor die Brust hielt. Sie schien entsetzt beim Anblick von etwas zurückzuweichen. Als Freundinnen ihr zu Hilfe eilten, redete Lilly nur unzusammenhängendes Zeug und zeigte auf das Bett.

»Wo ist … Bridie? Wo ist Bridie? Bridieeee!«, schrie sie und deutete auf das Bett. »Sie rührt sich nicht.«

»Was ist denn los?«, hörte Bridie die Mädchen Lilly fragen, und überall im Schlafsaal reckten sich Köpfe hoch, alle wollten die Quelle der Unruhe sehen, und alle hatten Angst, dass etwas Ernstes geschehen war.

Voller Angst sprang Bridie aus dem Bett, lief zu Lilly und versuchte verzweifelt, die furchtbaren Gedanken zu verjagen, die ihr bereits durch den Kopf schossen, nämlich dass Lilly plötzlich verrückt geworden war oder dass offenbar Josephine …

Die Frauen standen neben Josephines Bett und klammerten sich aneinander. Sie konnten sich nicht rühren, als Bridie hinzukam. Sie schrien den zusammengeknüllten Haufen an, der reglos dalag. »Josephine! Josephine, wach auf!«

Lilly, die kaum einen Ton herausbrachte, flüsterte flehentlich: »Josephine! Oh Josephine! Judy! Judy! Judy! Wach auf.« Mit angstverzerrtem Gesicht sah Lilly Bridie an und schrie: »Sie rührt sich einfach nicht! Bridie, sie rührt sich einfach nicht!«

Einen kurzen Moment lang dachte Bridie, sie selber werde gleich in Ohnmacht fallen, doch irgendwie zwang sie sich dazu, neben Josephines Bett stehen zu bleiben und auf sie hinunterzusehen. Sie erkannte sofort, dass die Freundin jene Leichenblässe aufwies, die Anzeichen zu sein schien, dass irgendetwas Schlimmes mit ihr passiert sein musste. Sie berührte Josephines abgezehrte Gesichtszüge und betete inständig, sie möge dort Wärme ertasten. Aber tief in ihrem Innern wusste sie schon, was das Ergebnis der Untersuchung sein würde. Sie war tot.

»Jesus, Maria und heiliger Josef … sie ist tot! Sie ist tot!«, flüsterte Bridie kaum hörbar.

Bridies beste Freundin war tot. Die beste Sängerin auf der ganzen weiten Welt war tot. Die Lerche, die am Morgen gesungen hatte, war tot. Judy Garland selber, die einzig wahre Judy, lag tot dort. Tot.

Noch einmal streckte sie die Hand aus, diesmal um Josephines kalte Hand zu nehmen, und während sie das tat, hatte sie plötzlich das Gefühl, als seien sie alle tot. Doch irgendwo in ihrem Innern fiel ihr ihre religiöse Unterweisung ein. Sie hatte gelernt, dass derjenige, der den Leichnam einer verschiedenen Seele findet, sich sofort hinknien und jener Person ins Ohr ein Sündenbekenntnis ablegen soll, um den Betreffenden von allen Sünden seines vergangenen Lebens zu erlösen.

Sie kniete sich neben das Bett, nahm Josephines verzierten Rosenkranz vom Bettpfosten und fing an zu beten. »O mein Gott, ich bereue aus tiefstem Herzen, dass ich mich gegen dich versündigt habe. Ich verabscheue alle meine Sünden, denn ich fürchte den Verlust des Himmels und die Qualen der Hölle. Doch vor allem deshalb verabscheue ich sie, weil ich dein Missfallen erregt und gegen dich gesündigt habe, der du so gütig und freundlich bist und so sehr all meine Liebe verdienst. Ich gelobe hier und jetzt mit der Hilfe deiner heiligen Gnade, mich nie mehr gegen dich zu versündigen und mein Leben zu bessern. Amen.«

Langsam stand sie auf und schaute weiterhin auf den leblosen Körper ihrer Freundin Josephine und war mit jedem Moment, der verging, mehr und mehr überrascht darüber, dass sie selber so gefasst und ruhig war. Ihre Freundin da kalt wie Stein liegen zu sehen brachte ihr zu Bewusstsein, wie vergänglich ein Menschenleben sein konnte. Ihr fiel wieder ein, was sie beide erst vor zwei Wochen besprochen hatten, am Morgen von Julie Murrays Abreise, als sie zu dritt am Rand des Friedhofs der Büßerinnen gestanden hatten. Sie dachte an die erschreckende Bedeutung ihrer Worte, die sie zu Josephine gesagt hatte: ›Kommt doch mit in die Kapelle und lasst uns ein Gebet sprechen. Mir ist ja egal, wo ich sterbe, aber hier in einem unbekannten Grab begraben sein will ich nun wirklich nicht.‹ Und später am Vormittag hatte sie über Julies Glück geredet, die nun aus dem Heim fort durfte. Und Bridie hatte Josephine anvertraut, sie glaube fest daran, dass die Drei im Leben eine zentrale Rolle spiele. Noreen Donnellan war frei, Julie Murray war frei, das bedeutete also, dass auch eine von ihnen bald freikommen würde.

Bridie versuchte, die furchtbare Erinnerung aus ihren Gedanken zu verdrängen. Schuld kroch ihr langsam den Nacken hinauf, fast war es, als besitze sie eine unerklärliche Macht, die ihr ermöglichte, gewisse Dinge vorherzusehen. Sie wünschte sich von ganzem Herzen, sie hätte Josephine nicht davon überzeugt, dass eine von ihnen bald freikommen würde. Sie war vermutlich schuld daran, dass Josephine die falsche Hoffnung gehegt hatte, bald ein freier Mensch zu sein. Frei, die Welt zu sehen, frei, ihren Cathal wiederzusehen. Frei, frei, frei. Oder wie Josephine immer gesagt hatte: frei, durch die Straßen von Galway zu spazieren, und frei, sich auf dem Broadway das Herz aus dem Leib zu singen.

Bridie konnte jetzt mit niemandem sprechen und wandte sich schweren Herzens ab, während eine Schockwelle das ganze Gebäude erfasste. Verhärmte Frauen weinten hemmungslos, während plötzlich von überallher besorgte Nonnen erschienen, hinein- und wieder hinausschwebten, dabei diskret flüsterten und hastig Josephines Leichnam auf die Krankenstation brachten. Während das geschah, fiel Bridie noch etwas anderes ein, das Julie einmal gesagt hatte: ›Da gibt es doch überhaupt keinen Unterschied, Bridie; wenn du weg bist, bist du weg.‹

Die arme Josephine, erst vierunddreißig Jahre alt, und nun war sie einfach weg. Ich kann es gar nicht glauben. Liegt einfach da und ist tot.

Sie wollten gerade zur Heuernte, als das Telegramm eintraf. Telegramme mochten sie gar nicht, denn das bedeutete üblicherweise nur eines, nämlich dass jemand gestorben war. Viele Gedanken schossen ihnen durch den Kopf, schnell rechneten sie sich aus, wie viele alternde Verwandte, Tanten und Onkel sie hatten. Wenn man es recht überlegte, waren da kaum noch welche, dachten sie, also wer konnte es denn sein?

Josephines Mutter riss das Telegramm auf und überflog den Inhalt. »Heilige Muttergottes … Es ist Josephine, sie ist tot!«, sagte sie und tastete auf der Suche nach einer Stütze nach einem Stuhl.

»Was?«, rief ihr Mann ungläubig, als sie ihm das Telegramm reichte.

Sie hatten ihre Tochter nicht mehr gesehen seit dem Tag, an dem sie sie ins Heim gesteckt hatten, und schon vor langer Zeit hatten sie sich mit ihrem Verlust abgefunden, hatten nur flüchtig von ihr als von *der da* gesprochen.

Und das deshalb, weil *die da* nichts als Schande und Verderben über den guten Namen der Finns gebracht hatte, denn sie hatte sich mit diesen Swanicks eingelassen, diesen protestantischen Verbrechern, die einem das Land stahlen. Jetzt fühlten sie sich nach Jahren des Zweifelns in ihren Handlungen bestätigt, da sich Cathal Swanick als weiter nichts als Trunkenbold entpuppt hatte. Und es machte das Gerücht die Runde, dass er überall in der Stadt immer wieder seine nicht enden wollende Liebe zu Josephine bekundete, wobei er sich in Kisten von Guinness und in Selbstmitleid suhlte. Ein anderes Gerücht besagte, dass er irgendeinem unglücklichen Mädchen in Tuam ein Kind gemacht und sich geweigert hatte, die junge Frau zu heiraten.

Josephines Mutter hatte zuweilen einen Anflug von Bedauern darüber empfunden, dass sie nie einen Versöhnungsversuch mit ihrer Tochter unternommen hatte, doch dieses Gefühl wurde durch die Erkenntnis aufgewogen, dass eine Annäherung nur wieder alte Wunden aufgerissen hätte. Ganz bestimmt hätte sich Josephine nach Cathal erkundigt und hätte alles Mögliche unternommen, um ihn wiederzusehen. Und ihren Vater stieß der Gedanke an Versöhnung noch mehr ab. In seinen Augen waren die Swanicks nichts weiter als eine Diebesbande, die Generationen von Bauern das gepachtete Land abgeknöpft und um das ihnen zustehende Erbe gebracht hatte. Daran würde sich auch nie etwas ändern, und die Finns wollten verdammt sein, wenn sie einem von dieser Bagage – Cathal, dem versoffenen Schürzenjäger, mehr war er ja nicht – erlauben würden, ihnen die einzige Tochter zu nehmen und eine weitere Generation räuberischer Swanicks zu zeugen. Nein. Niemals. Diese erschreckende Aussicht hatte John Finn seiner nachsichtigen Frau immer und immer wieder vor Augen geführt, wenn sie versuchte, das Thema anzusprechen. Und jetzt war es egal. Jetzt war alles zu spät. Josephine war tot. Jetzt gab es für sie nur noch zu bedenken, ob sie zur Beerdigung von *der da* fahren würden oder nicht. Und nach allerlei Debatten und langwieriger Gewissensprüfung entschieden sie schließlich, dass mit einer Teilnahme an der Beerdigung niemandem gedient wäre. Seit Josephines Einweisung ins Heim hatten sie keinen Kontakt mehr mit ihr gehabt, also weshalb sollten sie ihre Tochter jetzt als ihr eigen Fleisch und Blut anerkennen? Hinzu kam, dass sie den nagenden Verdacht hatten, ihre Teilnahme an der Beerdigung könne so ausgelegt werden, dass man von ihnen erwartete, die Kosten zu übernehmen. Außerdem überlegten sie, was wohl wäre, wenn die Nachbarn Wind von der Sache bekamen und beschlossen, zur Beerdigung zu fahren. Das würde die Finns doch in einem sehr schlechten Licht zeigen, oder nicht? Nein, entschieden sie, keiner im Dorf würde davon wissen, denn Telegrammjungen lasen die Telegramme nicht, sie lieferten sie bloß aus. Sie mussten stillhalten und nichts sagen und sicherstellen, dass nichts in den Todesanzeigen der überregionalen oder lokalen Presse erschien. Sie würden stattdessen eine Trauerkarte zur Messe schicken. Keiner in der Gegend würde davon erfahren, bis alles vorüber und Josephine sicher unter der Erde war. In ein oder zwei Wochen kam es dann nicht mehr darauf an. Sie könnten einfach behaupten, die Beerdigung habe in aller Stille stattgefunden, nur im Familienkreis.

Der Trauerzug wurde von einer großen Gruppe ganz in Weiß gekleideter Priester angeführt, es folgten die Nonnen vom Orden der Barmherzigen Schwestern, deren lange, fließende Gewänder sacht hin und her schwangen, als sie langsam den Mittelgang der Mary-Magdalene-Kirche hinunterglitten.

Die Priester hatten bereits ihre Plätze rund um den Hauptaltar eingenommen, als die Nonnen mit gesenktem Kopf die vorderen Kirchenbänke zu beiden Seiten von Josephines Leichnam einnahmen, der in der Nacht vor dem Altar aufgebahrt gewesen war. Intensiver Weihrauchduft erfüllte die Luft, und die Kerzen auf den hohen Bronzekandelabern, die zu beiden Seiten des Marmoraltars standen, fingen an zu tanzen und zu flackern.

Angeführt von Schwester Concillio, die damit das Zeichen zum Beginn des Hochamts gab, erhob sich bald die große Versammlung zum einleitenden Kirchenlied. Bridie und Lilly, die beim Eröffnungslied vom selben Blatt mitsangen, hatten Mühe, die Fassung zu wahren.

Ohne dass die beiden etwas davon ahnten, stand Cathal Swanick unmittelbar an der wuchtigen Eichentür, eine fremde, einsame Gestalt. Er holte tief Luft, als er den Blick über den Kirchenraum schweifen ließ. Frauen. Gott im Himmel, in meinem ganzen Leben habe ich noch nie so viele Frauen auf einem Haufen gesehen. Wo kommen die bloß alle her, fragte er sich. Das ist hier also eine Zufluchtsstätte für Frauen. Ein paar ziemlich merkwürdige Orte haben die hier in Galway, Reihe um Reihe um Reihe von Frauen mit Hauben. Fast möchte man meinen, es sind alles Nonnen, wenn nicht viele Hauben und Tücher bunt und die richtigen Nonnen vorn in den ersten Reihen ganz in Schwarz gekleidet wären.

Nervös sah Cathal nach rechts und entdeckte zwei Männer, die bei den hohen Kirchenfenstern knieten. Er überlegte, wer das sein mochte. Lebten die hier mit all den Frauen? Waren das verheiratete Männer, und in welcher Beziehung standen sie zu der Verstorbenen, zu Josephine? Er wusste nicht, dass diese beiden zwei der treuesten Mitarbeiter des Magdalene-Heims waren, Mr.

Hehir und Mr. Tyrrell, beides Lieferwagenfahrer, die beide seit bald schon vierzig Jahren für die Wäscherei des Heims arbeiteten.

Die Messe hatte gerade erst begonnen, und schon fühlte sich Cathals Hals ganz trocken an, obwohl er zu Hause in Lavally schnell noch zwei Glas Bier getrunken hatte, als er auf das Taxi wartete, sowie zwei weitere Bier bei der Ankunft in der Stadt, um sich Mut für den bevorstehenden Tag anzutrinken. Aber es reichte nicht. Gerade in diesem Moment hätte er alles für ein weiteres Bier gegeben, damit sich seine Angst legte.

Es war gestern solch ein Schock für ihn gewesen, als ihm die Postmeisterin vor dem Postamt aufgelauert und ihn gefragt hatte, ob er schon die Neuigkeiten gehört habe. Er hatte verneint. Sie bat ihn ins Postamt und zeigte ihm die Rohfassung des Telegramms, die sie auf ihrem fleckigen Schreibblock notiert hatte.

Wir bedauern, Ihnen mitteilen zu müssen, dass Josephine Finn vergangene Nacht gestorben ist. Stopp.
Friedlich im Schlaf. Stopp.
Beerdigung morgen nach derMesse um 11.30 Uhr auf dem Gelände des Magdalene-Heims, sofern nicht anders gewünscht.
Unterschrift: Schwester Stanislaus (stellvertretende Mutter Oberin)

Sofern nicht anders gewünscht. Nervös fuhr sich Cathal mit der Hand in die Gesäßtasche, um sich davon zu überzeugen, dass der Flachmann immer noch da war, sodass er, wenn es ganz schlimm kam, jederzeit nach draußen gehen und schnell einen Schluck nehmen konnte. Aber er wusste, dass das nur eine Notlösung war. Ein ordentliches großes Bier war das Einzige, was bei Durst wirklich half. Aber wo waren eigentlich die Finns, fragte er sich, als er den Blick noch einmal über die versammelte Menge schweifen ließ. Die sind noch nicht hier; heuchlerische Bande. Die hielten so viel von ihrer Tochter, dass sie ihr nicht erlauben wollten, einen Protestanten zu heiraten, aber sie hielten nicht genug von ihr, um zu ihrer Beerdigung zu kommen.

Man hätte meinen sollen, die bringen das arme Mädchen heim und sorgen für ein anständiges Begräbnis, stattdessen lassen die sie hier in einem Armengrab beerdigen. Ich wäre in Versuchung, selber dafür zu sorgen, aber wenn ich das vorschlagen würde, gäbe es bestimmt Krawall und Mord und Totschlag, das ist mal sicher. Die würden über mich herfallen. Das wäre die ideale Gelegenheit für die, mich zusammenzuschlagen. Dieser John, die alte Giftschlange, würde toben und wüten.

Unruhig wechselte Cathal von einem Fuß auf den anderen. Er war in Versuchung, nach draußen zu gehen und sich den Mund anzufeuchten. Aber er hatte das Gefühl, dass einer der Priester ihn beobachtete. Und dabei fühlte er sich ganz unbehaglich.

Ursprünglich hatte Cathal lediglich vorgehabt, im Kloster eine Karte für die Messe abzugeben, aber die Nonnen waren so nett, und sie überredeten ihn, doch gleich an Josephines Trauerfeier teilzunehmen. Es kam ihm alles so fremd vor, dieser ganze katholische Kram. Inzwischen wünschte er, er wäre ganz weggeblieben, denn all das Singen und Lamentieren – Totenklage nannten die das wohl – war so voller Trauer. Und doch fand er es auf eine merkwürdige Art reizvoll.

Er blieb weiter ganz hinten in der kleinen Kapelle stehen und hörte aufmerksam zu, als die Klänge des Kyrie durch die Kirche erschallten, während Freundinnen der Verstorbenen den Kopf senkten und leise in ihre Taschentücher weinten.

Erst als sie mit dem Gesang zu Ende waren, überfiel ihn ein tiefer Schrecken und das Bewusstsein, diese hinreißende Schönheit verloren zu haben. Er wünschte, er könne ihr engelsgleiches Gesicht nur einmal noch sehen, ob sie da nun tot in dem Sarg lag oder nicht, während die Versammelten auf dem Weg zum Altar und zur heiligen Kommunion an ihrem Leichnam vorbeidefilierten.

Er beobachtete die langen Reihen von Büßerinnen, die zu ihren Plätzen zurückkehrten, wo sie niederknieten und das Gesicht in den bleichen weißen Händen vergruben. Wieso, wusste er nicht; wahrscheinlich irgendein religiöser Ritus und um Buße für ihre furchtbaren Sünden zu tun. Er dachte, auch er sollte vielleicht versuchen, mit den Sünden seines bisherigen Lebens ins Reine zu kommen. Ja, das war eine gute Idee, aber nicht heute, ein andermal, vielleicht. Allmählich wurde er unruhig und betete stumm: Lieber Gott, hoffentlich macht der Priester bald weiter, damit ich an die frische Luft komme und mit ein bisschen Glück auch an ein ordentliches Glas Porter.

Es trat eine kurze Stille ein, als sich alle nach der heiligen Kommunion gesetzt hatten, und Cathal erschrak, als ihm bewusst wurde, dass der Priester, der der Messe vorstand, ihn direkt ansah und im Begriff war, etwas zu sagen.

»Verehrte Anwesende, wir haben uns heute hier versammelt, um für die Seele von Josephine Finn zu beten, deren irdisches Leben beendet ist und die nun zur Rechten Gottes sitzt. Heute habe ich meine Worte mit besonderem Bedacht gewählt, denn während die meisten von uns Sündern – bestenfalls – damit rechnen müssen, eine beträchtliche Zeitspanne im Fegefeuer zu verbringen, ehe sie Einlass in den Himmel finden, wird Josephine Finn keine solche Last auf die Schultern geladen. Nach allem, was ich höre, war Josephine ein außergewöhnlicher Mensch. Dass wir alle Sünder in den Augen Gottes sind, steht außer Frage. Und doch war Josephine das beste Mitglied des Magdalene-Chors, und nach den Berichten ihrer Freundinnen und Kolleginnen und der Barmherzigen Schwestern, denen sie viele Jahre lang treu und ergeben diente – eine wandelnde Heilige. Eine Heilige, die möglicherweise, ja sogar wahrscheinlich nie heiliggesprochen wird. Und dennoch eine Heilige in den Augen Gottes, und zwar aufgrund der Tiefe von Zuneigung und Mitgefühl, mit der sie ihren Mitmenschen begegnete. In eben diesem Moment sitzt sie nun zur Rechten Gottes, denn er hat bestimmt, dass Josephine ein Schäfchen seiner Herde wird. In vielerlei Hinsicht kann man sagen, dass Josephine eines seiner ›verlorenen Schäfchen‹ war, das jetzt gefunden und zur Herde zurückgebracht wurde.

Verehrte Anwesende, als Gott Josephine Finn schuf, stattete er sie mit dem größten Geschenk aus, das er je der Menschheit verlieh, mit einer goldenen Kehle, einer begnadeten Stimme. Sie wird auch in Zukunft stets als wunderbare Sängerin in Erinnerung bleiben, die über die seltene Gabe verfügte, ihre Zuhörer unterhalten zu können. Denn wie so viele ihrer Freundinnen und so viele Schwestern mir übereinstimmend sagten: ›Wahrlich, sie hatte die Stimme eines Engels.‹ Eine Stimme, die wir nun nie mehr hören werden.

Aber diese Worte musste ich gar nicht erst heute hören. Viele, viele Jahre lang wurde mir das Vergnügen, oder soll ich sagen, das Privileg zuteil, Josephine bei einem der seltenen Weihnachtskonzerte mitten im Magdalene-Heim zu hören und zu sehen, und oft denke ich an das schöne Lied zurück: *Somewhere Over the Rainbow*: … *Some day I wish upon a star, where the clouds are far behind me, where troubles melt like lemon drops, way above the chimney tops.'*

War es nicht durchaus passend, dass sie immer wieder dieses Lied sang, das ursprünglich von ihrem Idol Judy Garland in dem Film Zauberer von Oz berühmt gemacht wurde? Ein Lied, in dem es um den Wunsch geht, auf einem anderen Stern, fernab aller Sorgen zu sein. Und war es nicht ebenso passend, dass sie uns durch ihren Gesang, durch ihre Freundlichkeit und ihre große Liebe bis in unsere geheimen Träume hinein berührte, unsere Träume, dass wir eines Tages ebenfalls all unserer Sorgen ledig wären?

Ihr Besuch auf dieser Erde währte nur kurz. Und nun, verehrte Anwesende, möge sie ruhen … in Frieden … Amen.«

Cathal konnte die Tränen nicht verbergen. Trotz aller Anstrengungen sank ihm in tiefem Schamgefühl der Kopf auf die Brust, denn er wollte nicht, dass jemand einen erwachsenen Mann weinen sah. Doch irgendwie brachten die Tränen ein seltsames Gefühl der Erleichterung mit sich, denn sie wuschen den furchtbaren Schmerz in seinem Herzen fort. Die Schuld, nie den Mut gehabt zu haben, herzukommen und sie zu besuchen, als sie noch am Leben war. Er war völlig verblüfft gewesen, als er heute Vormittag feststellte, wie leicht es war, Zugang zum Kloster zu erlangen, und staunte, als die Nonnen darauf bestanden, er solle nach seiner weiten Fahrt eine schöne Tasse Tee trinken. Er hatte mehr oder weniger damit gerechnet, aus dem Magdalene-Heim hinausgeworfen zu werden, da er nicht der geeignete Mensch sei, einem Mädchen wie Josephine die letzte Ehre zu erweisen.

Doch der Priester ... seine Worte ... seine Traueransprache ... kamen so treffend daher, dass sie Cathals eigene Verfehlungen so deutlich entlarvten wie nichts zuvor.

Zwar hatte er seine wunderschöne Josephine nie singen hören, aber den Text jenes berühmten Liedes kannte er auswendig. Es erinnerte ihn wieder an ihre letzte Begegnung an jenem herrlichen Sommertag vor langer Zeit auf der Einkaufsstraße von Tuam. So deutlich sah er sie wieder vor sich, wie sie in der kleinen Seitenstraße stand und ihr Fahrrad hielt und wie ihr hübsches Kleid mit dem Blumenmuster im Wind geweht hatte. Er stellte sich vor, wie sie ein zauberhaftes Liebeslied für ihn sang und wie ihr Gesicht vor Freude darüber strahlte, dass sie ihn zufällig getroffen hatte. Er wusste auch noch, dass ihre sogenannte Liebe aus nicht viel mehr als einigen kurzen Begegnungen bestanden hatte und durch den wechselseitigen Hass beider Familien erstickt worden war. Ihm fiel wieder ein, dass er seiner Liebe zu ihr gestattet hatte zu wachsen, dabei hätte er sie vor langer, langer Zeit schon, als er Josephine verlor, ziehen lassen sollen. Einfach ziehen lassen.

Er war immer schon zu schwach gewesen, zu feige, um den Finns gegenüberzutreten. Das sagten sogar seine eigenen Freunde. Auch zu ängstlich, seinen eigenen Eltern gegenüberzutreten, die es, selbst wenn sie sich ihm nie direkt in den Weg stellten, doch mehr oder weniger missbilligten, wenn er ein Auge auf ein Mädchen warf, das einer anderen Konfession angehörte.

Endlich war die Messe vorüber. Er drehte sich schnell um, schlüpfte durch die Tür der kleinen Kapelle und stand einen Moment lang da und ließ den Blick schweifen. Alles war so ruhig und so friedlich, dachte er, und nicht weit entfernt sah er einige Männer, die an einem offenen Grab warteten. Plötzlich wurde ihm bewusst, dass seine große Liebesgeschichte mit Josephine endgültig vorbei war.

Und so kam es, dass Cathal am Tage der Beerdigung seiner großen Liebe beschloss, einen neuen Anfang zu wagen. Alles würde er ändern, auch seinen Glauben, er wollte Katholik werden. Er würde noch an diesem Tag nach Tuam zurückfahren und Mary Burke, die sein Kind zur Welt gebracht hatte, antragen, eine anständige Frau aus ihr zu machen. Ein Leben hatte er bereits zerstört. Er würde es nicht ertragen können, noch ein weiteres zu zerstören. Er griff in seine Tasche, holte den Flachmann heraus, schraubte den Verschluss ab, ging zum Rand des Rasens und sah zu, wie der Fluch seines Lebens versickerte. Heftig schüttelte er den letzten Tropfen der giftigen Flüssigkeit aus der Flasche.

Zeit für einen Neuanfang, seufzte er, als die Menschen aus der Kirche zu strömen begannen. Bald entsprachen ihre reichlich fließenden Tränen an Intensität dem Dröhnen der Kirchenglocke, als sich die Versammlung anschickte, einer der am innigsten geliebten Büßerinnen aus dem Magdalene-Heim, Josephine Finn, das Geleit zu ihrem endgültigen Ruheplatz zu geben.

Bridie stand am Grab, ohne eine einzige Regung zu zeigen, während überall um sie herum Jung und Alt ganz offen weinten. Ihre einzigen Freundinnen, Lilly und Margaret, standen rechts und links von ihr und klammerten sich an sie, während der Priester die letzten Gebete sprach. Sie hob die Augen zum Himmel, weg von all den laut Klagenden. Sie hatte genug. Sie ertrug es nicht länger. Sie machte sich auf den Weg zurück in die Wäscherei. Sie hatte das Gefühl, als sei sie jenseits aller Mühen und Sorgen, denn es gab nichts mehr, für das sich das Leben lohnte. Schaut mich an, seufzte sie. Ich habe niemanden! Keinen Paschal. Keine Noreen! Keine Julie, keine Josephine. Nichts und niemanden. Aber ich schwöre dir, Gott im Himmel, ich gehe fort von hier, noch ehe dieses Jahr um ist. Das schwöre ich auf die Bibel, denn wenn ich nicht hier rauskomme, dann weiß ich, ich wäre besser dran, wenn ich tot wäre.

KAPITEL 18

Als Bridie gerade Schwester Perpetuo – einer der neuen Nonnen – dabei half, die Pakete für die Grafschaft Clare versandfertig zu machen, steckte Mr. Hehir, der Lieferwagenfahrer, ihr einen Umschlag zu. Schnell schob Bridie den zusammengefalteten weißen Umschlag in ihre Tasche, sehr zur Erleichterung von Mr. Hehir. Fast eine Woche schon trug er den Brief in seiner Tasche mit sich herum und wartete auf die Gelegenheit, Bridie zu sehen.

Als Mr. Hehir mit seinem Lieferwagen vom Hof fuhr, bat Bridie um Erlaubnis, sich kurz zu entfernen, da sie auf die Toilette müsse. Dort schloss sie sich in eine der Toiletten ein und riss den Briefumschlag auf.

Schwesternheim
Merlin Park

Liebe Bridie,
gerade habe ich von Josephines Tod gehört, und ich bin zu gar nichts mehr zu gebrauchen. Die Mädchen hier in Merlin haben erzählt, im Magdalene-Heim sei ein Mädchen gestorben. Sie haben erzählt, sie soll eine große Sängerin gewesen sein. Als ich das hörte, Bridie, wäre ich fast gestorben. Den ganzen Weg zu Mr. Tyrrells Haus bin ich zu Fuß gegangen, um ihn zu fragen, ob sie es gewesen ist. Ich habe eines der Mädchen mit hierhergebracht, ich hatte nämlich Angst, die Nonnen könnten mich sehen. Als er bestätigte, dass es Josephine ist, habe ich nur noch geweint und geweint. Sie war solch eine gute Freundin und so nett zu mir, auch wenn wir

uns oft gestritten haben. Ich hoffe nur, dass Gott mir all die schrecklichen Dinge vergeben wird, die ich zu ihr gesagt habe. Wo es doch so schwer ist, immer nett zu sein. Mit meiner Schwester Kay habe ich mich zerstritten, denn ich wollte nicht, was sie wollte, nämlich nach Amerika gehen. Ich habe gesagt, ich pfeife auf Amerika, ich will in der Nähe von Bridie bleiben. Schließlich hat sie mich im Merlin-Park-Krankenhaus untergebracht. Ein Mädchen, das aus dem Magdalene-Heim abgehauen ist, hat vor ein paar Jahren eine Weile hier gearbeitet, ist dann aber weg, als sie hörte, dass die Nonnen nach ihr suchen. Ich wohne im Schwesternheim, weil einer der Ärzte gesagt hat, ich soll dableiben. Ich weine jede Nacht, Bridie, wenn ich an unsere liebe Freundin Josephine denke und daran, dass Du immer noch drin bist. Vielleicht solltest Du ja an diesen netten Mann schreiben, bei dem Du mal gearbeitet hast. Das kann doch wohl nicht schaden, oder? Womöglich kommt er ja und holt Dich raus. Ich lege fünf Pfund bei, für den Fall, dass Du rauskommst. Ich hoffe, Du verlierst das Geld nicht. Schreib mir schnell und gib den Brief dann Mr. Tyrrell und erzähl mir, was passiert ist beziehungsweise wie Josephine gestorben ist. Dann will ich mal für heute schließen,

Deine Julie

P. S.: Ich bete jeden Tag, dass Du bald rauskommst und wir nach Seapoint fahren. Ich bin bei einem Schwestern-Tanzabend gewesen und habe einen Mann kennengelernt. Aber er hat mir beim Tanzen immer auf die Füße getreten und so. Die Schwestern nennen ihn ›Johnny mit den zwei linken Füßen‹.

Nachdem Bridie die fünf Pfund erhalten hatte, war ihr Glaube an die Menschheit weitgehend wiederhergestellt. Lange und angestrengt dachte sie über das nach, was Julie geschrieben hatte – ob sie sich an Mr. O'Malley in Conly House in Tuam wenden sollte? Daran hatte sie selbst schon ein Dutzend Mal gedacht, hatte das aber für sich ausgeschlossen. Sie war überzeugt, dass er sich nie im Leben mit der Wäscherei vom Magdalene-Heim in Verbindung setzen würde, um sie herauszuholen, erst recht nicht nach all den Jahren. Wahrscheinlich hatte er genug eigene Probleme. Und überhaupt, wenn sie ihm tatsächlich schrieb und er sie herausholte, dann würde er sicher wollen, dass sie für immer in Conly House lebte und arbeitete, sich um die Farmarbeiter kümmerte, und genau das wollte sie nicht. Im Übrigen wären die O'Malley-Kinder inzwischen erwachsen und aus dem Haus. Also wozu sollten die sie brauchen? Nein. Von jetzt an wollte sie sich allein durchschlagen, beschloss sie. Erst wollte sie Julie schreiben und sich für das Geld bedanken.

Liebe Julie,
vielen Dank für das Geldgeschenk. Das war so aufmerksam von Dir. Und ich war schon ganz krank vor lauter Sorge, weil ich nicht wusste, wo Du abgeblieben bist und ob Du von Josephine erfahren hast. War das nicht furchtbar? Ich glaube, davon werde ich mich nie mehr so richtig erholen. Es war schon schlimm genug, als Du weggegangen bist, aber Josephines Tod – das hätte nun wirklich nicht auch noch passieren dürfen. Seit Du weg bist, heißt das ewige Einerlei: Arbeiten! Arbeiten! Arbeiten! Ich weiß wirklich nicht, wie wir das ertragen. Die Hälfte der Mädchen ist erkältet, und ich habe ein paar Tage lang auch damit zu kämpfen gehabt. Ich bete jeden Tag um ein Wunder wie das bei Dir. Wenn sich irgendwas tut, melde ich mich sofort. Das wäre es für heute, und danke noch mal für das Geld. Ich mache bestimmt sinnvollen Gebrauch davon.

Alles Liebe, Bridie

Wochen später beschloss Bridie, dass es höchste Zeit war, ihren eigenen Plan in die Tat umzusetzen. Und der Zeitpunkt jetzt war genauso gut wie jeder andere, dachte sie, zumal mehrere neue

Insassinnen und Nonnen eingetroffen waren. Schwester Kieran, eine der neuen Nonnen, war zur Stationsschwester ernannt worden, anstelle von Schwester Philomena. Es hieß, Schwester Philomena sei nach Dublin gegangen, denn sie war ohne Vorwarnung verschwunden, und keiner wusste so genau, was mit ihr passiert war. Einige behaupteten, sie habe den Nonnenorden ganz und gar verlassen. Bridie hätte allzu gern gewusst, wie und wieso sie derart schnell verschwunden war. Vor Schwester Philomena hatte sie großen Respekt gehabt, denn sie hatte sich solche Mühe gemacht, um ihr zu helfen. Vor allem hatte sie dabei geholfen, dass sie und John Paschal in Kontakt bleiben konnten, während es allen anderen egal war.

Bridies einzige enge Verbündete waren jetzt Lilly MacAlastair und Margaret Sherry. Sie entschied, sie wolle versuchen, einen Pakt mit ihnen zu schließen, sie auf Verschwiegenheit einzuschwören, was die Fluchtpläne für sie drei betraf. Wenn es je eine geeignete Zeit zur Flucht gegeben hatte, dann sicher jetzt, dachte sie, ehe es zu spät ist.

Nachdem sie lange Zeit nichts mehr von Noreen gehört hatte, freute sie sich um so mehr, als sie über Mr. Hehir einen geheimen Brief von ihr erhielt. Überrascht las sie, dass Noreen sie dazu ermutigte, einfach durch das Tor davonzulaufen, und dass sie fünf Pfund beigefügt hatte, die ihr bei ihrem Weg in die Freiheit helfen sollten. Sofort riss Bridie den Absender von dem Brief und versteckte ihn zusammen mit John Paschals Haarlocke, ehe sie den zerrissenen Brief in der Toilette hinunterspülte. Aber eines wusste sie ganz sicher; wenn sie denn flüchtete, würde sie nicht nach England gehen. Sie wollte in Irland bleiben, in der Nähe von John Paschal. Aber Noreens Adresse wollte sie behalten, nur für den Fall, dass sie es sich doch noch anders überlegte.

Die drei Büßerinnen saßen im Gras, während die Sonne langsam den weiten Abendhimmel hinunterglitt, und wollten eigentlich ihre Flucht planen. Doch Lilly und Margaret waren skeptisch. Zwar behaupteten sie, sie wünschten sich die Freiheit mehr als alles andere, doch Bridie spürte, dass sie sich wie die Mehrheit der Frauen in der Wäscherei allmählich daran gewöhnten, ihr Los zu akzeptieren, und dass sie sich unbewusst in den Heimalltag fügten. Beinahe konnte sie ihre Angst vor dem Unbekannten und ihr Zögern, bei der ganzen Sache mitzumachen, auch nachvollziehen. Ihr war durchaus klar, dass sie am Ende ihre eigene Fähigkeit, solch ein wagemutiges Unterfangen durchzuziehen, in Zweifel ziehen würde, wenn es ihr nicht gelang, die beiden anderen zu überzeugen.

»Und wenn die O'Briens uns nun nicht bei sich aufnehmen? Womöglich rufen die die Polizei«, meinte Margaret.

»Das machen die schon nicht. Bestimmt nicht. Da bin ich ganz sicher, nach dem, was sie so in ihren Briefen schreiben«, erwiderte Bridie, pflückte nervös ein paar von der Sonne ausgetrocknete Grashalme und warf sie sich über die rechte Schulter. »Das sind nette Leute. Ich weiß, dass ich ihnen vertrauen kann. Außerdem, sie haben sich jahrelang um John Paschal gekümmert, also weshalb sollten sie uns nicht aufnehmen?«

»Mir egal, was du sagst, Bridie, ich glaube, wir wären weit besser dran, das heißt, wenn wir je hier rauskommen, wenn wir direkt zu Julie nach Merlin Park gehen. Ich weiß, wo das ist. Das ist gar nicht weit von hier. Und Williamstown ist doch sicher meilenweit weg, nach allem, was Noreen erzählt«, konterte Lilly.

»Nein! NEIN! Ihr hört mir einfach nicht zu!«, sagte Bridie und sprach etwas lauter, um ihren Ärger kundzutun.

»Ich habe es euch doch schon gesagt. Das ist der letzte Ort, an den wir gehen sollten. Ich weiß ja, es wäre wunderbar, mit Julie zusammen zu sein und so, aber die Nonnen und die Polizei würden direkt da hingehen, weil sie wissen, dass wir gut befreundet sind. Und selbst wenn wir uns da ein oder zwei Tage verstecken können und sie finden uns dann, können sie uns immer noch jederzeit zurückbringen, weil wir geflohen sind. Julie hat mir in einem ihrer Briefe geschrieben, dass ein Mädchen, das von hier geflohen war und da im Krankenhaus arbeitete, von da weg ist, weil die Nonnen versucht haben, sie wieder zurückzuholen. Seht ihr, mit Julie ist das was anderes. Ihre Schwester hat die Papiere unterschrieben und sie hier rausgeholt. Nur ein Familienmitglied kann euch rausholen.«

Sie stritten immer weiter, besprachen fast eine Woche lang dieselbe Sache wieder und wieder. Bridie bestand darauf, dass sie weglaufen konnten, während Lilly und Margaret der Meinung waren, das Ganze sei zu riskant. Alle drei zusammen! Wer hat denn so was schon gehört? Eine, vielleicht zwei, aber drei! Nein.

»Abgesehen davon, wir sind doch gar nicht darauf vorbereitet«, wandte Margaret ein.

»Seht mal!«, sagte Bridie und flehte sie beinahe an, die Sache vernünftig zu betrachten. »Wenn wir zusammenbleiben, haben wir eine richtig gute Chance. Aber wenn ich allein raus muss, dann gehe ich eben allein. Ich werde keinem was sagen, und dann wird es euch leidtun. Und ich werde mir nicht mal die Mühe machen, euch zu schreiben oder so«, fügte sie trickreich hinzu.

»Aber wenn wir tatsächlich rauskommen, wie kommen wir dann nach Williamstown?«, fragte Margaret.

»Keine Ahnung! Und das ist mir auch egal! Ich weiß nur, dass wir schon irgendwie hinkommen werden. Jetzt ist es erst mal wichtig, dass wir uns darauf konzentrieren, hier rauszukommen. Wenn uns das gelingt, klappt der Rest von ganz allein. Ich will doch nicht bis ans Ende meines Lebens hierbleiben. Die letzten dreizehn Jahre habe ich wegen John Paschal alles aufgegeben. Und ich habe ihn nur ein einziges Mal gesehen. Bald wird er sich irgendwo Arbeit suchen, vielleicht in Galway oder in Dublin oder in England. Und wenn er weggeht, während ich noch hier bin, dann sehe ich ihn womöglich nie mehr wieder. Bitte! Tut es mir zuliebe!«

»Vielleicht hast du ja recht. Was haben wir schon groß zu verlieren? Es gab mal eine Zeit, da hätte ich erst gar nicht darüber nachgedacht«, sagte Lilly und zog sich einen Zigarettenstummel aus ihrem Geheimversteck im Saum ihres Kleides. »Ach was, zur Hölle damit! Wir riskieren es! Sonst reden wir noch bis zum jüngsten Tag darüber und kriegen doch nichts auf die Reihe.«

»Mir egal. Ihr entscheidet«, sagte Margaret und zuckte resigniert mit den Schultern.

»Das entscheiden wir nicht. Wieso sollen wir das allein entscheiden? Wir können doch nicht gehen und dich hier zurücklassen«, erwiderte Lilly. »Du könntest uns verraten, und was soll dann aus uns werden?«

»Rede doch nicht solch einen Blödsinn! Wieso sollte ich irgendwen verraten? Ich komme ja mit, wenn es euch glücklich macht. Ich will nicht allein hierbleiben. Es ist bloß so, wenn wir geschnappt werden, dann beziehen wir Prügel von den Polizisten, und danach verkloppen uns die Nonnen und scheren uns den Kopf kahl. Ich sage euch, diese Schwester Stanislaus kann richtig bösartig werden. Die vertrimmt uns ganz übel, allein schon, weil sie gern ihre Autorität rauskehrt, und dann werden wir von allen ausgelacht.«

»Nein! Nein! Als Erstes müssen wir aufhören, so was zu denken. Bei der ersten Gelegenheit hauen wir hier ab. Sind wir uns da einig?«, fragte Bridie schnell, für den Fall, dass die beiden es sich anders überlegten.

»Ja.«

»Na schön. Was immer du meinst.«

»Und wenn ich nur ein Wort darüber von irgendwem höre, sage ich keinen Ton und gehe allein. Also, kein Wort zu irgendwem«, flüsterte Bridie. »Ich wähle Zeit und Ort, und weil es meine Idee war, gehe ich zuerst raus.«

Bridie kam zu dem Schluss, dass sie die Sache lieber so schnell wie möglich durchzogen. Je länger sie warteten, desto größer das Risiko, dass eine von den beiden den Mund aufmachte. Sie sah es schon vor sich, wie aufgeregt sie sein würden und dann aus Spaß fragten: ›Na, gibt's was Neues?‹, wenn sie sich auf dem Korridor trafen.

Da es keine festgeschriebene Zeit für den Weg in die Freiheit gab, musste Bridie es austüfteln und möglichst bald eine Entscheidung treffen. Samstag schien ihr der beste Tag zu sein, zumal die Pferde-Rennsaison in Galway vorbei war und die

Wäscherei nach der geschäftigen Sommerzeit wieder zu ihrem normalen Arbeitsalltag zurückkehrte. Samstagnachmittag, nach dem ganzen Hausputz und der Chorprobe, war ein idealer Zeitpunkt zur Flucht, dachte sie.

Es war Freitagabend, als Bridie die Ziegenledergeldbörse aus der Bluse vorzog. Darin lag die Haarsträhne ihres Sohnes, die sie seit dreizehn Jahren aufbewahrte. Einen Moment blieb sie auf dem Bettrand sitzen. Sie wollte das glatte, weiche Leder spüren und die winzige Fotografie betrachten und flüsterte kaum hörbar: »Mein Sohn, eines Tages wird dies dir gehören. So viel habe ich für dich geopfert, Paschal, du bist immer in meinem Herzen.« Sie küsste die weiche Haarsträhne, die trotz der langen Jahre ihren goldenen Schimmer bewahrt hatte. Sie überzeugte sich davon, dass sie immer noch Noreen Donnellans Adresse und die Fünfpfundnote hatte und dazu noch Julies Fünfer und legte alles wieder zurück. Sie schaute sich um und sah einige ältere Büßerinnen, die dabei waren, die Türknaufe aus Bronze zu polieren, die im Lauf der Jahre kein einziges Mal auf den Glanz der Politur verzichten mussten. Sie wusste, dass die roboterähnlichen Gestalten jeden Tag stundenlang eingebildeten Staub und Schmutz von ihren Türen und Nachtschränkchen abwischten. Und Stunden brachten sie damit zu, unter ihren Betten nach alter Kleidung, nach Stricknadeln und verlegten Wollknäueln zu suchen.

Unbemerkt schlich sich Bridie aus dem Raum, ging die Treppe hinunter und über das Gelände, um auf dem Friedhof der Büßerinnen ein stilles Gebet zu sprechen. Sie wollte ein besonderes Gebet für ihre Freundin Josephine sprechen, sie um Hilfe in ihrer Stunde der Not bitten und ihr dafür danken, dass sie ihr das Leben im Heim mit ihren witzigen Liedern und Reimen erträglicher gemacht hatte.

Bridie machte einmal die Runde auf dem Gelände des Magdalene-Heims, um alles ein letztes Mal zu bewundern, ihren Lieblingsbaum, die riesige Kirsche, die im Frühling so prachtvoll blühte und immer viele Vögel und Bienen anzog. Sie liebte die Natur und konnte kaum erwarten zu sehen, wie das Leben in der Welt draußen sein würde. Dann stieg sie die Steinstufen zur Felsnische mit der Muttergottes hinauf und bat um Führung und Vergebung. Sie streckte die Hand aus, um die kraftvolle und gleichzeitig zartgliedrige Hand der Muttergottes zu berühren, und beugte sich vor, um der Statue die abgenutzten Füße zu küssen. Nun hatte sie alles getan, was sie tun konnte, kehrte schweigend in den Schlafsaal zurück und konnte an nichts anderes denken als daran, dass am nächsten Tag Samstag war. Der Tag, an dem sie über die Mauer und in die Freiheit klettern wollte.

Die ganze Zeit hatte sie ein Auge auf die Wanduhr und zählte nervös die Stunden und Minuten. Dann geschah das Unaussprechliche. Die neue Mutter Oberin, Schwester Stanislaus, die von keiner Büßerin den ganzen Vormittag über gesehen worden war, tauchte plötzlich aus dem Nichts auf, und zwar in Begleitung einer jungen, dümmlichen Büßerin, die von allen ›Klammer-Marie‹ genannt wurde und die für gewöhnlich mit einer der Nonnen herumlief und ein kleines Bronzeglöckchen läutete, um ihre Ankunft anzukündigen. ›Klammer-Marie‹ war wie ein Kind mit einem neuen Spielzeug, das gern angab und in ihrer Rolle als Assistentin der Mutter Oberin aufging.

Als die Glocke verklungen war, trat die Mutter Oberin vor, ihre kräftig gestärkte weiße Haube und der Schleier sahen so aus, als drückten sie ihr jeden Moment die Blutzufuhr vom Gesicht ab. Aller Augen im Raum ruhten auf ihr, während ihr langes schwarzes Gewand leise raschelte und ihr schwerer Rosenkranz mit den Glasperlen klimperte, als sie die Hände energisch in die tiefen, dunklen Falten ihrer Ärmel steckte und mit deutlicher Autorität in der Stimme fragte: »Nun, Mädchen, was für einen Tag haben wir morgen?«

Bridie spürte, wie ihr das Herz raste, und überlegte, ob die Mutter Oberin etwas ahnen konnte. Wollte sie ihr womöglich einen Knüppel zwischen die Beine werfen? Oh bitte, nicht jetzt, wo wir gerade alles geplant haben. Einige Büßerinnen warfen sich nervöse Blicke zu und hoben den Kopf zum Himmel, als wollten sie sagen: Jetzt geht es wieder los. Die meisten Mädchen im Bügelzimmer traf es unvorbereitet, und sie hatten keine Ahnung, was die Mutter Oberin meinte.

»Sonntag«, piepste eine Büßerin mit Vogelstimmchen. Das kam nicht gerade gut an bei Schwester Stanislaus, der neuen Mutter Oberin.

»Ich weiß, dass morgen Sonntag ist, Kind. Das weiß ich sehr wohl, aber es ist darüber hinaus ein ganz besonders wichtiger Sonntag. Nun, was haben wir denn morgen für ein Datum, und wessen Geburtstag ist es also infolgedessen?«, fragte die Mutter Oberin, und ›Klammer-Marie‹, die hinter der ehrwürdigen Schwester stand, gestikulierte wild in Bridies Richtung.

Ein ganzer Chor von Stimmen erschallte: »Es ist der Geburtstag der Muttergottes!«

»Wie recht ihr habt. Es ist der 8. September und somit der Geburtstag der heiligen Muttergottes.«

Alarmsirenen schrillten in Bridies Kopf, und das Herz hämmerte ihr wie wild in der Brust. Sie senkte den Kopf, damit die Mutter Oberin sie nicht direkt ansah, denn sie wusste, was gleich passieren würde. Sie schaute zur Seite auf ihre beiden Freundinnen, als die Mutter Oberin fortfuhr: »... na, wenigstens habt ihr etwas gelernt und es auch behalten. Also deshalb suche ich nach Freiwilligen, die heute Nachmittag helfen, der Muttergottes für die Frühmesse morgen einen besonderen Altar zu errichten. Ich möchte, dass ihr ein paar schöne Blumen auf dem Altar arrangiert und noch mehr Blumen um die Statue herum, denn am Nachmittag werden uns viele Nonnen vom Orden der Schwestern der Barmherzigkeit aus den umliegenden Schulen besuchen.«

Mehrere Büßerinnen hoben sofort die Hände und riefen: »Ich! Ich! Ich!«

»Und Bridie«, schlug ›Klammer-Marie‹ mutig vor, während sie immer noch mit der Hand gestikulierte und zu verstehen gab, dass sie sich Bridie als Helferin bei ihrer Aufgabe wünschte.

Normalerweise war dies eine Aufgabe, die Bridie gern übernahm. Sie liebte die Muttergottes leidenschaftlich und war ihr sehr ergeben. Aber nicht ausgerechnet heute. Doch wie sollte sie ablehnen? Es schien keinen Ausweg zu geben. Ehe Bridie noch überlegen konnte, welche Taktik am klügsten sei, hörte sie sich selber sagen: »Kann ich für heute vielleicht entschuldigt werden, ehrwürdige Mutter … ich fühle mich nicht ganz wohl … und außerdem fände ich es nur gerecht, wenn auch mal andere die Gelegenheit haben, den Altar zu schmücken, da ja ich sonst das immer mache.«

Überrascht zog die Mutter Oberin die Augenbrauen hoch und warf Bridie schnell einen Blick zu. »Also mit deiner Zunge ist bestimmt alles in Ordnung«, meinte sie, und alle lachten. »Welcher Art ist denn dein Unwohlsein?«

»Mir … mir ist nicht so ganz gut … ein bisschen schwindlig manchmal«, log Bridie.

»Schwindlig! Wann ist dir das zum ersten Mal aufgefallen?«

»Gestern, Schwester.«

»Und wieso, bitte, hast du keiner von den Schwestern oder mir selber Bescheid gesagt?«

»Ich wollte Sie nicht belästigen … und ich dachte, es geht vielleicht wieder weg.«

»Möchtest du dich ein paar Stunden hinlegen?«

»Ich denke ja«, antwortete Bridie und wusste nicht, wie sie sich verhalten sollte, denn ihre Pläne für den heutigen Fluchtversuch waren über den Haufen geworfen. Sie hätte sich dafür ohrfeigen können, dass sie ihre große Klappe zu früh aufgemacht hatte. Wieso hatte sie nur nicht den Mund halten, ihre Arbeiten machen und dann versuchen können wegzulaufen wie geplant? Wie sollte sie jetzt bloß fortkommen? Und was war mit Lilly und Margaret?

Bridie war noch tief in Gedanken, als die Mutter Oberin sich an Lilly MacAlastair wandte und fragte: »Und du, Lilly, würdest du gern an Bridies Stelle mitmachen?«

»Ja, Schwester«, antwortete Lilly begeistert, die ja nicht wusste, dass Bridie für diesen Nachmittag schon andere Pläne hatte.

»Ich auch«, sagte Margaret Sherry schnell, weil sie nicht abseits stehen wollte.

»Na schön! Also, dann hätten wir Mary, Christine, Josephine Rabbitte, Bernadette Comer, Lilly MacAlastair und Margaret Sherry. Gleich nach dem Essen werdet ihr zu Schwester Aloysius und Schwester Concillio in die Kirche gehen. Ihr anderen könnt weiter den Fußboden schrubben. Und Bridie, du kommst mit mir, ich bringe dich dann in deinen Schlafsaal.«

Als Bridie in ihren Schlafsaal zurückgeführt wurde, konnte sie kaum glauben, wie dumm sie gewesen war, als sie sich geweigert hatte, den Altar für die Muttergottes zu schmücken. Sie empfand tiefe Schuldgefühle, als sie die Mutter Oberin die Zwischentüren aufschließen sah, ehe sie sie nach oben in ihren Schlafsaal führte.

»Ich lasse dir ein Aspirin und was Heißes zu trinken bringen«, sagte die Mutter Oberin, als sie die Tür hinter sich wieder abschließen wollte. »Eine der Schwestern wird es dir bringen, und wenn das Schwindelgefühl schlimmer wird, dann lass es mich auf jeden Fall sofort wissen.«

»Danke, ehrwürdige Mutter«, sagte Bridie und versuchte verzweifelt zu vermeiden, der Schwester in die Augen zu schauen, für den Fall, dass die ihre Lüge bemerkte.

Jetzt kann ich nur ins Bett gehen und abwarten, bis Lilly und Margaret mit der Arbeit fertig sind, dachte Bridie. Es ist doch immer dasselbe, meine große Klappe bringt mich doch jedes Mal in Schwierigkeiten.

Nachdem Schwester Aloysius Bridie ein Glas warmes Wasser und ein Aspirin gebracht hatte, legte sie sich aufs Bett und dachte lange und intensiv über das nach, was sie getan hatte, und sie kam zu der festen Überzeugung, dass sie gar nicht genau wusste, was in ihrem Kopf vor sich ging. Sie stand schwankend am Rand der Dunkelheit, denn seit Wochen befahlen ihr die Stimmen im Kopf: Geh, geh, geh. Aber sie hatte Angst vor den Folgen. Was, wenn sie scheiterte und ihre beiden Freundinnen enttäuschte? Schließlich war ja alles ihre Idee. Was, wenn sie weglief und wieder eingefangen wurde? Was, wenn sie von der Mauer fiel – wie die arme Josephine – und auf ihrem Hintern landete? Würde auch sie wahnsinnig werden und schließlich in einem Grab auf dem düsteren Friedhof des Magdalene-Heims enden? Der Gedanke verursachte ihr unvorstellbare Übelkeit. Wenn sie überhaupt weglief, dann müsste es jetzt sein, sagte sie sich.

Sie sprang aus dem Bett, weil sie die Gedanken, die ihr durch den Kopf rasten, nicht länger ertragen konnte. Sie spürte solch einen Druck im Brustkorb, dass sie schon meinte, sie würde jeden Moment in Ohnmacht fallen. Ein neuer Tag, eine neue Gelegenheit hatte sich ihr geboten, und sie hatte nicht den Mut gehabt, sie zu ergreifen. Diese Chance war vertan, oder etwa nicht? Sie musste eben warten und es am nächsten Samstag noch einmal versuchen, dachte sie.

Nachdem sie lange Zeit im Schlafsaal auf und ab gegangen war, hörte Bridie zu ihrer Erleichterung Lilly und Margaret mit den anderen Insassinnen zurückkommen. Sie begriffen nicht, weshalb Bridie behauptet hatte, es gehe ihr nicht gut, wo sie zu ihnen doch eindeutig nichts davon gesagt hatte, ehe die Mutter Oberin auftauchte. Sie kamen rein und wollten eine Erklärung, halb befürchteten sie schon, Bridie sei womöglich schon gar nicht mehr im Schlafsaal, sie habe einen Trick angewandt, um freizukommen. Und sie waren mächtig erleichtert, als sie Bridie dasitzen und auf sie warten sahen.

»Nein! Nein! Ich hatte gar nichts geplant. Ich war es einfach leid, immer ganz selbstverständlich für alles eingeplant zu werden«, antwortete sie auf die vielen Fragen der beiden. »Hört mal, es ist so schön draußen, lasst uns doch spazieren gehen.«

»Spazieren gehen! Bist du wahnsinnig! Es ist viel zu heiß. Und außerdem bin ich total erschöpft. Später vielleicht.«

Doch Bridie beharrte darauf. Sie musste die beiden fast hinter sich herziehen, so überwältigend war ihr Drang, ein für alle Mal aus dem Magdalene-Heim zu fliehen. Sie verglich den furchtbaren Stress und Druck, den sie gerade empfand, mit dem, der vor etlichen Jahren von ihrem Körper Besitz ergriffen hatte, als die

Nonnen ihr John Paschal wegnahmen. In dem Augenblick meinte sie, dem Wahnsinn so nahe wie nur möglich zu sein. Es war Zeit für sie, ihr Schicksal in die Hand zu nehmen und über die Mauer des Magdalene-Heims in die Freiheit zu klettern. Viel zu lange schon hatte sie gewartet, beinahe ein ganzes Leben vergeudet. Jeden einzelnen Tag ihres Lebens hatte sie in Angst gelebt, der Angst vor dem Versagen, der Angst vor dem Unbekannten, der Angst vor den Nonnen und der Angst, von einer ihrer Mitinsassinnen hintergangen zu werden. Doch jetzt drängte eine überwältigende Macht sie zu gehen: jetzt zu gehen.

Die drei Frauen gingen durch die Hintertür hinaus und standen einen Moment lang in der gleißenden Hitze. Das Sonnenlicht schien Bridie kurz zu blenden. Als sie hochschaute, sah sie ein deutliches Kindergesicht in einer lächelnden Sonne, die auf sie herabblickte und deren warme Strahlen sich in unendliche Weiten ausbreiteten. Sie spürte, wie die wunderbare Energie der Sonne in ihren Körper drang. Sie drehte sich zu ihren Freundinnen um und sagte beinahe lustlos: »Ich glaube, wir gehen jetzt.«

»Wohin?«, fragten Lilly und Margaret, als sie sahen, dass sich Bridie umdrehte und in eine ganz andere Richtung ging als die, die sie sonst bei ihren Spaziergängen einschlugen. Plötzlich begriffen sie. Dass dies der Moment war, auf den sie alle gewartet hatten. Aber das konnte doch unmöglich jetzt geschehen. Doch nicht ausgerechnet hier und jetzt.

»Was glaubt ihr wohl, wohin!«, erwiderte Bridie nervös. »Kommt schon, schnell!«

»Aber das geht doch nicht, Bridie, das geht nicht. Guck mal, die beobachten uns.«

»Und sieh dir nur all die Leute an!«, meinte Margaret, die einen Augenblick lang glaubte, Bridie müsse verrückt sein, um an so etwas überhaupt zu denken.

»Das ist mir egal, solange nur keine Nonnen in der Nähe sind. Ich halte es hier keinen Moment länger aus. Ich gehe, ob euch das nun passt oder nicht.«

»Aber, Bridie, begreifst du denn, was du da sagst … Die fangen uns ganz bestimmt wieder ein! Wir haben keine Kleider und nichts. Ich glaube, du hättest keinen schlechteren Zeitpunkt wählen können. Wieso warten wir nicht bis morgen. Da ist dann alles ganz feierlich und ruhig«, schlug Lilly vor.

»Ich habe gedacht, wir hätten beschlossen, gemeinsam zu gehen. Wenn ihr jetzt nicht kommt, gehe ich eben allein«, beharrte Bridie. »Wir haben schon genug Zeit verschwendet. Dreizehn Jahre bin ich jetzt hier, und jedes Mal, wenn ich an Josephines Grab gehe, wird mir ganz schlecht. Ich weiß, wenn ich nicht augenblicklich von hier wegkomme, dann sterbe ich.«

Diese Worte waren zu viel für Bridies Freundinnen. Zögerlich gingen sie ihr hinterher, als spazierten sie einfach nur herum, und gingen in den entlegensten Winkel des eingefriedeten Geländes.

»Hört zu!«, sagte Bridie. »Ihr zwei hebt mich auf die Mauer, und dann versuche ich, euch hochzuziehen. Wenn wir das schaffen, dann könnt ihr euch an mir festhalten, während ich versuche, auf der anderen Seite runterzurutschen. Und wenn ich auf der anderen Seite bin, helfe ich euch.«

Als menschliche Kette schoben und zogen und zerrten sie aneinander, bis sie halb über die Mauer waren. Als sie zurückschauten, sahen sie zwei oder drei Büßerinnen, die weit hinten an der Felsnische mit der Muttergottes standen und sie beobachteten. Sie standen einfach da und starrten verblüfft zu ihnen hin und fragten sich, was sie da wohl machen wollten. Minuten später waren alle drei außer Sichtweite.

Das erste Gefühl, das die drei Flüchtigen empfanden, als sie sicher auf der anderen Seite der Mauer standen, war Jubel, schnell gefolgt von Panik. Sie konnten kaum glauben, dass sie tatsächlich frei waren. Am liebsten hätten sie vor Freude geschrien, als sie atemlos wie Diebe in der Nacht die College Road hinunterliefen. Sie überlegten, ob sie wohl in die richtige Richtung gingen, als sie rasch die weißen Hauben abnahmen und die Kittel auszogen und alles unter eine Hecke stopften. Als sie auf gleicher Höhe mit einer älteren Dame waren, die gerade mit vollen Einkaufstaschen auf dem Nachhauseweg war, fragte Bridie sie, ob die Straße der Weg nach Tuam sei. Es stimmte. Dann beschlossen sie, lieber nicht so zu rennen, sondern sich so normal wie möglich zu verhalten, für den Fall, dass sie der Polizei gemeldet wurden.

Die Welt hier draußen war beängstigend neu für sie, bewohnt von fremden Dingen und Geräuschen. Und hätten sie nicht Lieferwagen und Busse vom Magdalene-Heim aus gesehen, wären sie zu Tode erschrocken. Sogar das unvermittelte Geräusch eines Motorrades mit Beiwagen, das an ihnen vorbeidonnerte, versetzte sie in Angst und Schrecken.

»Was war das?«, keuchte Margaret und stand da und schaute.

»Ein Motorrad, glaube ich!«, antwortete Lilly. »Aber der Krach! Und ich dachte immer, das sind die Busse.«

»Busse, das war dann ja wohl nichts! Los, weiter! Wir müssen schneller machen und sehen, ob wir per Anhalter weiterkommen oder so. Meine Schuhe bringen mich um«, sagte Bridie.

Per Anhalter fahren war etwas, das sie nie zuvor gemacht hatten, und es war das Letzte, was sie wollten. Aber irgendwie mussten sie es schaffen. Als sie einen Wagen hinter sich den Hügel hinunterfahren hörten, beschlossen sie, vor das Auto zu springen und den Fahrer durch Winken zum Anhalten zu bringen.

»Fahren Sie nach Williamstown? Wir haben den Bus verpasst«, sagte Bridie wagemutig.

»Williamstown? Wo ist das denn?«, erkundigte sich der junge Fahrer.

»Keine Ahnung«, meinte Bridie. »Ich glaube, in der Nähe von Tuam.«

»Tuam! Wo Tuam ist, weiß ich, aber da sind Sie auf der falschen Straße. Welchen Bus wollten Sie denn nehmen?«

Die Frauen sahen sich verwirrt an, ehe Bridie mit dem Erstbesten herausplatzte, das ihr in den Sinn kam. »Ein grüner war das.«

»Tut mir leid, da kann ich Ihnen nicht helfen. Wie schon gesagt, Sie sind auf der falschen Straße. Gehen Sie die nächste links, dann rechts, und dann sind Sie auf der Straße nach Tuam«, sagte der Fahrer, ehe er schnell wieder Gas gab, denn er hielt den ganzen Verkehr hinter sich auf.

Nach einer hitzigen Debatte darüber, was nun links und was rechts war, erkundigten sich die drei Flüchtigen weiter nach dem Weg nach Williamstown und Tuam. Bald wurden sie von einem riesigen Lieferwagen mitgenommen. Dem Fahrer war, als seien Weihnachten und Ostern und all seine Geburtstage auf einen Tag gefallen, als er drei junge Damen in Not sah. Sie mitzunehmen sei kein Problem, meinte er. Aber trotzdem saßen sie vorn in dem Lieferwagen eng aneinandergedrängt wie die Ölsardinen.

»Wo arbeiten Sie?«

»Wir arbeiten in einer Fabrik«, antwortete Lilly auf die Frage des Fahrers.

»Es ist unser erster Tag«, fügte Bridie hinzu, die genug Lügen und andere Geschichten auf Lager hatte, um sie alle sicher nach Williamstown zu bringen. Der Fahrer erzählte ihnen, dass er über Tuam und Castlerea den ganzen Weg nach Donegal fuhr und dass sie herzlich eingeladen seien mitzufahren.

Erst als sie auf dem kleinen Dorfplatz von Williamstown vom Lieferwagen sprangen, dämmerte ihnen allmählich, dass dies der wahrscheinlich wagemutigste Fluchtversuch war, den je jemand aus dem Magdalene-Heim unternommen hatte. Zu Fuß die sich dahinschlängelnde Nebenstraße zum Haus der O'Briens hochzugehen war eine Sache, aber dem Gesetz, so wurde ihnen klar, eine Nasenlänge voraus zu sein war etwas ganz anderes.

Als John Paschal an dem Abend nach einem langen, harten Tag im Torfmoor nach Hause kam, stand ihm eine Riesenüberraschung bevor. Statt seines Platzes am gedeckten Tisch fand er drei fremde Besucherinnen vor, die sich mit herrlichem hausgemachten Schinken und mit Tomaten vollstopften. Er fragte sich, ob für ihn wohl noch etwas übrig bleiben werde. Und als er sah, dass seine Mum den Gästen noch mehr Schinken anbot und sagte: »Na, nun essen Sie mal schön auf, wer weiß, wann Sie wieder was kriegen«, war er regelrecht entsetzt.

Er war schon halb beim Tisch, als Bridie sagte: »Allmächtiger und alle Heiligen im Himmel, ist er das? Paschal, mein Liebling! Wie geht es dir denn?«, fragte sie, stand auf und umarmte ihn stürmisch. »Lieber Gott, ich hätte dich kaum wiedererkannt! Du bist ja so groß geworden!« Und als sie John Paschals schockierten Gesichtsausdruck sah, fragte sie: »Kennst du mich denn nicht mehr? Ich bin deine Mutter!«

Paschal tat, als ob er sie erkannte, und sie umarmte und küsste ihn noch einmal.

Nachdem ihm Lilly und Margaret die Hand geschüttelt hatten, stand er verlegen da und wusste nicht, was er tun sollte, während seine Mum die drei mit noch mehr Tee und Kuchen und Plätzchen verwöhnte.

»Wir essen dann später«, verkündete sie, als sie John Paschals fragenden Blick sah. Und Edward O'Brien beugte sich immer wieder vor und hielt ein kleines Stückchen Papier in die Flammen, in dem Versuch, seine Pfeife anzuzünden.

Aber ich will jetzt essen!, schrie Paschals Magen. Mit Tee und Sandwiches hatte er im Torfmoor kurzen Prozess gemacht, und er hatte bedauert, dass er die Hälfte der Brote schon am Morgen vertilgt hatte, ehe er überhaupt angekommen war. Das Problem war, er liebte diese Brote mit der schwarzen Johannisbeermarmelade so sehr, dass er so viel davon essen konnte, bis sie ihm zu den Ohren wieder herauskamen. Gott weiß, wann ich jetzt wieder einen Happen zu essen bekomme oder wie lange die bleiben wollen, dachte er. Wieso haben die denn kein Auto? Wie die wohl hergekommen sind?

»Ich glaube, du bist bestimmt ein großartiger Arbeiter. Wieso setzt du dich nicht hierher zu mir?«, fragte Bridie und machte Platz für John Paschal.

Er schaute ratsuchend seinen Vater und seine Mutter an, er wollte sehen, ob sie irgendwelche Einwände hatten, aber sie schauten ihn einfach an und lächelten. Und als er keine Anstalten machte, sich zu setzen, sagte Mrs. O'Brien zu ihm: »Na, wieso setzt du dich denn nicht zu ihnen? Du musst doch total erschöpft von der Arbeit sein, du bist kohlrabenschwarz. Andererseits, geh doch erst hinaus und wasch dir den Schmutz vom Gesicht, damit Bridie und ihre Freundinnen erkennen können, wie du aussiehst.«

Die Gäste lachten, und John Paschal bekam feuerrote Ohren, als er in die Waschküche ging. Er horchte auf jedes Wort, das gesprochen wurde. Edward, umgeben von Rauchschwaden, spuckte in den Kamin und sagte: »Ich denke, das Beste ist, wenn Sie den Zug nehmen und nach Dublin fahren. Von da bekommen Sie das Schiff nach Holyhead. Da drüben finden Sie dann ganz leicht Arbeit.«

Ohne dass seine Gäste etwas davon wussten, hatte Edward einen ganz bestimmten Grund dafür, diese Vorgehensweise vorzuschlagen. Seit John Paschal und seine leibliche Mutter ihren Briefwechsel aufgenommen hatten, lebte seine Frau Catherine in der ständigen Furcht, dass John Paschals Mutter eines Tages an ihrer Tür auftauchte und ihn zurückverlangte, und das, nachdem sie ihn großgezogen hatte, seit er ein kleiner Junge war. »Das wäre ja wohl die reinste Hölle, wenn Bridie je aus dem Magdalene-Heim entlassen wird und dann herkommt und ihren Sohn zurückverlangt, nach allem, was ich für ihn getan habe«, hatte sie zu ihm gesagt.

Ich weiß ja, Catherine ist irgendwie ein bisschen launisch, und es ist die reinste Hölle, mit ihr zu leben, aber sie ist auch ganz schön schlau. Sie hat geahnt, dass das passieren würde, und ich nicht, dachte er. Also nutze ich wohl am besten meinen Einfluss und meine Überredungskunst, um Bridie so weit weg von hier wie möglich zu bringen, sonst bricht hier noch die Hölle los.

»Ach herrje! Ich glaube, ich möchte gar nicht so gern nach England. Vielleicht könnten wir ja hier in Williamstown eine Arbeit finden. Aber ich hätte Angst, dass wir gefasst und wieder ins Magdalene-Heim gebracht würden«, antwortete Bridie.

»Ich glaube, ich will auch nicht nach England. Vielleicht könnten wir ja zurück und eine Arbeit in Galway finden«, meinte Lilly zögernd.

»Könnten wir denn nicht eine Weile hierbleiben und uns vielleicht Arbeit in Williamstown suchen?«, schlug Margaret vor in dem Versuch, eine Lösung zu finden, die allen genehm war.

»Ja, wollen Sie denn etwa verhaftet und wieder nach Galway zurückgeschickt werden? Wenn Sie der Polizei in Galway als flüchtig gemeldet werden, suchen die hier doch als Allererstes nach Ihnen. Also ich an Ihrer Stelle würde machen, dass ich hier schnell wegkomme, die Leute hier scheinen nämlich immer über alles und jeden Bescheid zu wissen«, sagte Edward und legte tiefe Besorgnis in seine Stimmer.

»Und glauben Sie mir, die wissen schon, wer Sie sind und woher Sie kommen«, fiel ihm Catherine ins Wort, entsetzt über die Aussicht, dass Johns Mutter jetzt Zugang zu ihm hätte und dass sie und Edward in der ganzen Gemeinde der Lächerlichkeit preisgegeben wären, wenn es je so weit kommen sollte.

»Ich werde Ihnen sagen, wie wir es machen«, schlug Edward vor und übernahm wieder die volle Verantwortung für das Problem. »Ich gebe Ihnen ein paar Pfund und sorge dafür, dass Sie später am Abend zum Bahnhof von Castlerea gebracht werden. Mit dem Zug kommen Sie dann bis Dubland, wo Sie die Nachtfähre kriegen, die fährt auch bis Holyhead, und da kriegen Sie alle möglichen Züge, wohin Sie auch wollen, nach London, nach Liverpool, nach Birmingham oder Coventry. Sie wissen, Sie sind jederzeit hier willkommen, und wir sagen auch keinem ein Wort. Keiner wird wissen, wer Sie sind. Und außerdem, wenn John ein bisschen älter ist, wird er sowieso nach England gehen, denn hier gibt es nichts zu tun für ihn. Was sagen Sie dazu?«

Die drei Flüchtigen sahen sich an, dieselben Gedanken schossen ihnen durch den Kopf. Herrje, die geben uns Geld und eine Fähre nach England, wir werden meilenweit weg sein vom Magdalene-Heim, und keiner wird uns je finden. Außerdem ist Noreen Donnellan in Northampton, und wir können direkt zu ihr gehen.

»Wissen Sie was, ich finde, das ist einfach eine großartige Idee. Ich denke, wir sollten fahren«, sagte Bridie zu ihren beiden Freundinnen, ehe sie sich wieder an Edward wandte. »Das ist wirklich sehr freundlich von Ihnen, Mr. O'Brien. Und wir versprechen, wir geben Ihnen das Geld zurück, sobald wir Arbeit haben, und ich danke Ihnen beiden sehr dafür, dass Sie sich so gut um John Paschal gekümmert haben.«

»Ach, wir danken Ihnen«, sagte Mrs. O'Brien.

John Paschal ließ sich Zeit in der Waschküche, denn er wollte nicht wieder in den Raum zurück, in dem die Frauen beim Essen saßen, wo man von ihm erwarten würde, sich neben seine Mutter zu setzen wie ein kleines Kind. Stattdessen stand er still da und lauschte aufmerksam. *›Aber die Polizei … ja, wollen Sie denn etwa verhaftet werden … wenn Sie der Polizei als flüchtig gemeldet werden …‹*

Was zum Teufel ist denn da los, fragte er sich. Das müssen ja Kriminelle sein. Und Mum will, dass ich mich wasche und mich neben drei Kriminelle setze. Und wenn die Polizei zufällig hier vorbeikommt, verhaften die mich gleich mit. Ich begreife das alles nicht. Die müssen ausgebrochen und abgehauen sein. Die haben kein Auto und gar nichts. Wie die wohl hergekommen sind, denn der Galway-Bus kommt erst um sieben. Und jetzt ist es gerade mal halb sechs. Und die haben kein Geld für den Bus oder den Zug. Herrje! Ich habe ja schon so manches gehört, aber das ist wirklich mysteriös. Und dass die mir mein Abendessen wegfuttern, macht die Sache auch nicht gerade besser.

Mrs. O'Brien stupste Bridie an, zwinkerte mit den Augen und rief dann laut: »John, was um Himmels willen machst du denn da draußen? Wenn ich so lange brauchen würde, um mir das Gesicht zu waschen, also weißt du, ich hätte Angst, ich würde noch ertrinken.«

John Paschal tauchte wieder auf, verlegen und mit einem geröteten Gesicht, blieb mitten im Raum stehen und sah, wie die anderen über ihn kicherten und lachten. Es war der schrecklichste Moment in seinem ganzen Leben. Jetzt musste er bei diesen Leuten sitzen, bei denen es sich offenbar um drei verurteilte Verbrecher handelte, die geflohen waren, von der Polizei gesucht wurden und sich nach England absetzen wollten. Und um das alles noch komplizierter zu machen, sollte die netteste von den Frauen auch noch seine Mutter sein. Seine Mutter! Das konnte doch überhaupt nicht stimmen. Wieso sagte alle Welt, dass Bridie seine Mutter sei? Ach, wäre ich doch bloß noch ein oder zwei Stunden länger im Torfmoor geblieben, dachte er. Dann hätte ich heute Abend nach Hause kommen können, und mit ein bisschen Glück wären sie dann alle schon auf dem Weg nach England, und ich würde ordentlich was zu essen kriegen. Wenn ich mich jetzt neben Bridie setze, werde ich noch zu Tode gedrückt. Und wenn heute Abend einer von meinen Freunden zufällig vorbeikommt und mich zum Fußballspielen abholen will, dann sieht er mich neben ihr sitzen und erzählt in der Schule überall herum, dass ich bei irgend so einer Frau auf dem Schoß gesessen habe. Und dann sage ich dem, das war meine Mutter, die in Galway lebt. Sie ist zu mir zu Besuch gekommen. Nein, nein, das kann ich nun wirklich nicht sagen. Es hat doch kein Kind auf der Welt zwei Mütter. Und wieso habe ich keine Geschwister? Wenn ich doch bloß einen fragen könnte, aber wen soll ich denn nach so was fragen? Ich kann doch meine Freunde nicht glauben lassen, dass ich so blöd bin und nicht mal meine eigene Mutter kenne. Das ist doch einfach nur lächerlich.

Er setzte sich neben Bridie, aber nur, weil er musste. Sofort legte sie den Arm um ihn und drückte ihn zärtlich.

Edward stand auf, spuckte ins Feuer und sagte: »Ich will dann mal rüber in die Stadt und nachgucken, ob ich Kirrane dazu bewegen kann, euch bis zum Bahnhof zu fahren, in einer Stunde oder so. Ihr könntet natürlich auch morgen fahren, aber ich glaube, heute Abend ist es besser. Man kann nie wissen, vielleicht kommt ja die Polizei und sucht nach euch, und das wäre ja wohl die Hölle, wenn die euch schnappen, nachdem ihr den ganzen Weg von Galway gekommen seid.«

Und damit schwang er sich auf sein Fahrrad und fuhr direkt in die Stadt, um die nötigen Vorkehrungen zu treffen, sodass knapp eine Stunde später Kirranes Auto mit laufendem Motor auf der Straße stand, um die drei Frauen zur Fähre zu bringen.

»Paschal, mein Liebling«, sagte Bridie und nahm ihren Sohn fest in die Arme. »Wie schade, dass ich fort muss. Du musst mir versprechen, dass du mir brav schreibst und dass du, wenn du alt genug bist, um nach England zu gehen, mich besuchen kommst, ja?«

»Ja, mache ich.«

Sanft schob sie ihn auf Armeslänge weg, streichelte ihm über die sonnengebräunte Wange und bat: »Mehr will ich ja gar nicht von dir, nur, dass du mir bitte schreibst.« Eine immer größerer Traurigkeit stieg ihr in die Augen. »Du bist doch alles, was ich auf dieser Welt habe. Weißt du, ohne dich könnte ich gar nicht leben«, flüsterte sie, und dann schob sie ihm wortlos eine halbe Crown und eine kleine Mundharmonika in die Hand.

Dann stiegen Bridie und ihre Freundinnen in den Wagen und winkten zum Abschied, und John Paschal sah dem glänzenden schwarzen Auto hinterher, das sich über die schmale, sich windende Landstraße entfernte, die sich am See entlangschlängelte. In einer halben Stunde würden die drei Flüchtigen auf einer Fähre sitzen und nach England in eine fremde neue Welt fahren.

KAPITEL 19

Es war früh am Morgen, als die Lokomotive rumpelnd zum Stillstand kam. Eine heiße Dampfwolke brodelte unter dem schmierigen Fahrwerk des Zuges, Waggontüren sprangen auf und spien erschöpfte Reisende auf den Bahnsteig. Das war nun Northampton, ihr endgültiges Ziel. Hier trafen Kinder und Jugendliche ihren Vater und ihre Mutter, Brüder ihre Schwestern, ehe sie sich gegenseitig halfen, ihr Gepäck zu einem bereitstehenden Taxi zu tragen. Als alle Ankommenden verschwunden waren, standen drei einsam wirkende Frauen verwundert auf dem Bahnsteig.

»Und was machen wir jetzt?«, fragte Lilly. »Wo sollen wir hin?«

»Keine Ahnung. Ich denke, wir werden mit dem Bus fahren müssen.«

»Jetzt sag bloß nicht, wir müssen einen Bus nehmen, dann sterbe ich. Können wir nicht einen Wagen nehmen?«, fragte Margaret kleinlaut.

»Das ist Northampton, oder?«, wollte Lilly verzweifelt wissen, als ein kleiner, gepflegt wirkender Mann auf sie zukam.

»Entschuldigung«, sagte Bridie. »Können Sie uns sagen, wie wir zur Barrack Road kommen?«

»Aber klar doch, das ist direkt um die Ecke, in fünf Minuten sind Sie da. Wollen Sie ein Taxi?«

»Oh ja, bitte!«, antworteten sie schnell, und Lilly hob den kleinen braunen Koffer hoch, den Mrs. O'Brien ihnen gegeben hatte und der all ihre weltlichen Besitztümer enthielt.

Als sie zur Barrack Road kamen, klopften sie an die Nummer Neunundvierzig, aber es rührte sich nichts. Nach mehreren weiteren schüchternen Versuchen riet der Taxifahrer ihnen, lauter zu klopfen, und als auch das nichts zu helfen schien, trat er vor und betätigte den Türklopfer mit gewaltigem Gepolter, was ein sofortiges Ergebnis zeitigte. Die drei Flüchtigen konnten ihr Glück kaum fassen, als Noreen Donnellan, die Freundin über so viele lange Jahre, im Morgenmantel und mit Lockenwicklern in den Haaren die schwere Haustür öffnete. Außer sich vor Freude umarmten und küssten sie sich, ehe sie den Taxifahrer bezahlten. Und als sie in der Kälte des Wohnzimmers unten saßen, erzählten sie Noreen von ihrer waghalsigen Flucht in die Freiheit und von ihrer Hoffnung, in England ein völlig neues Leben beginnen zu können.

Trotz einiger kleinerer Rückschläge fanden Bridie und ihre Freundinnen bald eine neue Arbeit. Man stellte sie als Packerinnen in einer großen Schuhfabrik ein. Aber glücklich waren sie dort nicht. Einer nach der anderen gelang es, eine andere Anstellung an Noreens Arbeitsplatz zu finden. Sie arbeiteten jetzt in der Küche des St.-Andrew's-Krankenhauses, und eine Weile war es wieder wie in alten Zeiten. Das Leben, so dachten sie, war herrlich, mit einer Ausnahme: da war die herablassende Haltung der Engländer, die die Iren verachteten – sie als dumm und unwissend empfanden und als bloßes Ärgernis, weil sie nach England gekommen seien und ihnen die Arbeitsplätze wegnähmen. Leider waren die Behauptungen, soweit es Bridie und ihre Freundinnen betraf, nicht völlig grundlos. Sie wussten, dass sie ausgesprochen dumm waren, wenn es um alltägliche Dinge in Irland ging – von England ganz zu schweigen –, und das alles wegen der langen Jahre, die sie im Magdalene-Heim verbracht hatten. Sie kannten den Wert des Geldes nicht und wussten kaum, wie man es zählte. Sie konnten kein Telefon benutzen und hatten nie ein Fernsehgerät gesehen, geschweige denn eine Fernsehsendung. Sie wussten nicht, was ein Dampfkochtopf war, und wenn man sie bat, etwas Besonderes in einem von diesen neumodischen Gerätschaften zuzubereiten, wurde daraus meist ein Desaster. Und wenn sie auch das herrlichste Brot backen und ein ordentliches Irish Stew kochen konnten, sah man doch mit Verachtung auf sie herab, weil sie weder die Cornish Pasties genannten Pastetchen noch den Kartoffel-Hack-Auflauf namens Shepherd's Pie, weder Yorkshire Pudding noch Rosinenpudding mit dem Namen Spotted Dick zuzubereiten wussten. Die Geschäftsführung zeigte zuweilen ein gewisses Maß an Großzügigkeit gegenüber einem jungen Mädchen, das ganz neu in dem Beruf war. Aber bei Irinnen mittleren Alters, wie es Bridie und ihre Freundinnen waren, konnten sie eine derartige Dummheit und Unwissenheit nicht hinnehmen. Ihre Kolleginnen nahmen an, sie hätten bereits große eigene Familien, und als ein einheimisches Mädchen herausfand, dass die Frauen aus Irland keinen Ehemann, ja nicht einmal einen Freund hatten, reagierten sie darauf mit unverhohlenem Zynismus. Und im Lauf der Zeit zwang diese Haltung Bridie und ihre Freundinnen, sich mehr und mehr von den anderen abzuschotten.

Sogar in dem Haus, das sie sich mit mehreren Engländerinnen teilten, blieben sie weitgehend unter sich, denn bei einer Unterhaltung über einen Politiker oder eine Figur aus der Welt des Theaters mussten sie stumm zuhören, ohne selber etwas beitragen zu können. Sie wussten nicht, wer John F. Kennedy war, sie kannten die Modedesignerin Mary Quant nicht, und sie hatten keine Ahnung, wie man wählte.

Kurz nach ihrer Ankunft in Northampton mussten Bridie und ihre Freundinnen sich eingestehen, dass sie überhaupt nichts wussten. Doch Noreen versicherte ihnen: »Das lernt ihr bald, doch, bestimmt.« Also hielten sie zusammen wie eine Familie, und sie waren gewillt, sich hinter ihrer Vergangenheit zu verstecken und von einer Zukunft zu träumen, einer Zukunft, in der es auch Männer geben würde, hoffentlich viele Männer. Nur den richtigen zu finden war ein Riesenproblem, dachte Noreen.

»Ich sage es dir wieder und wieder, Bridie, die Typen, mit denen du dich im irischen Zentrum triffst, taugen rein gar nichts.

Die interessieren sich nur für Bier, ganze Fässer davon. Die lächeln nur, wenn sie dich über einem großen Glas Bier anschauen, habe ich nicht recht?«

Bridie schwieg, denn sie schämte sich zu sehr. Zu peinlich war ihr die Tatsache, dass sie sich mit einem irischen Charmeur eingelassen hatte, dem die schmeichelnden Worte so mühelos aus dem Mund herausflossen wie das schaumige Guinness-Bier hinein. Und davor hatte sie sich Hals über Kopf in einen anderen Iren verguckt, nur um feststellen zu müssen, dass er schon verheiratet war. Und einem Mann hatte sie Geld geliehen, dessen Mutter angeblich in Irland im Sterben lag.

»Also ich sage euch, Mädels«, fuhr Noreen auf ihre mütterliche Art fort, »dass wir irgendwo in Irland besser dran wären, in Dublin vielleicht oder in Galway oder Limerick. Das Einzige, was hier ein Mann will, ist doch, dass ihm einer die Hemden wäscht, der faule Sack.«

Bridie kniete vor dem Kamin und genoss die Wärme, denn sie war richtig krank vor Kälte, trotz der Tasse mit heißem Tee und dem Päckchen Zigaretten. Immer weiter starrte sie ins Feuer und hörte sich Noreens Kritik nicht ganz ohne inneren Widerspruch an. Obwohl sie wusste, dass Noreen die Wahrheit sagte und dass die Wahrheit oft wehtat, fragte sie sich, was wohl passieren mochte, wenn sie umgekehrt mit Noreen Klartext redete. Bridie wusste, dass Noreen ihrerseits mehrere Nächte mit einem Typen weggeblieben war, aber sie beschloss, lieber den Mund zu halten. Sie fühlte sich bedeutend wohler, als die Mädchen das Thema wechselten und anfingen, darüber zu reden, dass sie eventuell doch lieber wieder in Irland leben wollten.

»Wisst ihr, ich glaube wirklich, dass wir zu Hause besser dran wären. Gott, stellt euch das doch bloß mal vor! Wäre es denn nicht fantastisch, wenn wir die ganze Nacht im Seapoint oder einem anderen Ballsaal tanzen könnten? Dann müssten wir auch nicht mehr so einen alten Schnulzensänger unten im St. Brendan's wie eine Todesfee kreischen hören: *Wenn doch nur das gute alte Irland hier bei uns wäre*«, sang Lilly inbrünstig.

»Oh, ich hasse dieses Lied!«, sagte Margaret. »›*Hier bei uns*‹, so was Blödes!«

»Ja, ich auch«, meinte Bridie. »Jedes Mal, wenn ich das höre, fühle ich mich so einsam und verlassen, dass ich am liebsten nach Irland zurückgehen würde. Aber das geht nun mal nicht. Man sollte meinen, die spielen mal was Anständiges.«

»Hast du Noreen schon von deinem neuen Kerl erzählt und von dem Drink, den du neulich Abend bekommen hast?«, fragte Lilly unvermittelt.

»Nein«, antwortete Bridie leicht verlegen.

»Na, dann erzähl es ihr doch. Noreen, hörst du zu?«, drängte Lilly.

»Ja, klar. Dann mal los.«

»Also, Lilly, ich bring dich noch mal um«, sagte Bridie. »Wieso konntest du deine große Klappe nicht halten?«

»Ach, komm schon. Ist doch bloß ein bisschen Spaß, ein bisschen Herumgealbere. Das hätte doch außerdem jedem passieren können.«

»Also lasst mich mal überlegen, ja, es war letzten Samstagabend, ich hatte eine Verabredung mit Tomás. Wir waren in dem irischen Club, und er hatte mir gerade zwei Cider spendiert. Und weil er mich an dem Abend davor nach Hause gebracht hat, dachte ich, jetzt würde ich ihn mal gern einladen. Er hat den ganzen Abend Bier getrunken, aber ich wusste nicht genau, welche Sorte, also sage ich zu ihm: ›Was willst du trinken? Das nächste Glas geht auf meine Rechnung.‹ Und er sieht mich an, ein bisschen überrascht irgendwie, wohl, weil ich ihn überhaupt einlade. Dann sagt er: ›Ich nehme ein *Bush.*‹ Natürlich habe ich gedacht, ich habe mich verhört oder er nimmt mich auf den Arm, denn von solch einem Getränk hatte ich noch nie gehört. Ich sage: *›Bush?‹* Und er sagt: ›Ja, ein *Black Bush.*‹ Und ich denke, das ist wohl das, was er da gerade trinkt. Na jedenfalls, als ich zur Bar ging, habe ich beim Barkeeper zuerst einen Cider bestellt – damit ich ein bisschen mutiger werde –, obwohl ich eigentlich gar nichts mehr trinken wollte. Dann habe ich noch ein Pint *Black Bush* bestellt. Also, ich wäre beinahe gestorben«, sagte Bridie lachend. »Ihr hättet seinen Blick sehen sollen. Er hat gesagt: ›Ein Pint *Black Bush*? *Black Bush* verkaufen wir nicht halbliterweise. Sie können einen kleinen haben oder eine große Flasche. Also, was soll's sein?‹ Zum Glück habe ich da gesagt: ›Einen kleinen.‹ Aber wenn ihr gesehen hättet, was für einen winzigen Tropfen er in das Glas gegossen hat; da hätte man sich nicht mal den Finger drin nass machen können. Und ich überlegte schon, ob ich nicht vielleicht doch lieber eine ganze Flasche nehmen sollte, da fragt mich der Barkeeper, ob es mit Wasser sein soll. Also sage ich ihm: ›Ja, mit Wasser, bitte.‹ Ich wollte nämlich nicht zurück zum Tisch mit dem kleinen Tröpfchen im Glas, sonst hätte Tomás noch gedacht, ich wäre knauserig. Ich hatte doch keine Ahnung gehabt, dass *Black Bush* eine Whiskeysorte ist, bis Tomás mir das dann sagte …«

»Und was hat Tomás dann zu dir gesagt? Ich nehme noch einen davon, was?«, schlug Noreen spaßeshalber vor und versuchte, Bridie ein wenig auf den Arm zu nehmen.

»Ach. Der hat sich überhaupt nicht darüber gefreut«, lachte Bridie und zündete sich noch eine Zigarette an. »Er hat zu mir gesagt, ich hätte einen guten Whiskey regelrecht gekillt und dass er jetzt wie Stutenpisse schmecke. Und dass ich ganz schön blöd gewesen wäre, ihn überhaupt mit Wasser zu bestellen. Er sagte dann noch, dass er seinen Whiskey genauso wie seine Frauen mag: unverfälscht, unverdünnt und unbekleidet.«

»Tja, das ist nun der Dank dafür«, lachte Noreen. »Was habe ich dir gesagt? Wir wären in Irland besser dran.«

»Na dann, weshalb fahren wir dann nicht, statt bloß drüber zu reden?«, schlug Lilly vor.

»Ja, wirklich«, stimmte Margaret zu. »Wir könnten da zu Julie Murray nach Merlin Park ins Krankenhaus gehen. Die kann uns vielleicht eine Arbeit besorgen. Wer weiß, vielleicht kommen wir noch mal dazu, einem gut aussehenden Doktor was anzulegen.«

»Du meinst wohl, du willst ihn was ablegen sehen! Aber das kannst du ja selber nicht mal vernünftig«, meinte Lilly verschmitzt.

»Ach, halt du doch den Mund. Einen Verband anlegen, meine ich natürlich. Du hast doch bloß Männer im Kopf«, gab Margaret zurück.

»Aber was wird dann aus mir? Ich kann nicht wieder zurück«, sagte Bridie verzweifelt. Allein schon die Erwähnung von Julies Namen überwältigte sie, denn sie fürchtete, ihre Freundinnen könnten sie im Stich lassen und alleine Julies Gesellschaft genießen.

»Wieso denn nicht?«, fragten die Mädchen wie aus einem Mund.

»Wegen John Paschal, er ist jetzt in Manchester. Ihr wisst sicher noch, ich habe euch doch erzählt, dass er mir vergangene Woche einen Brief geschrieben hat. Er will mich hier vielleicht besuchen.«

»Ach ja, stimmt ja. Das hast du uns tatsächlich erzählt.«

Die drei Mädchen sahen sich schweigend an, ehe sich Margaret ein Herz fasste und fragte: »Aber kannst du denn nicht fürs Erste mit uns nach Hause fahren, und vielleicht später auf Urlaub wieder hierherkommen?«

»Nein!«, antwortete Bridie enttäuscht darüber, dass Margaret mit solch einem Vorschlag ankam. »Ich werde hierbleiben, weil ich in der Nähe von Paschal bleiben will. Das habe ich mir im Magdalene-Heim geschworen, vor langer Zeit schon, dass ich ihm bis ans Ende der Welt folgen werde, wenn ich je dort rauskäme. Ich war doch bloß damit einverstanden, aus Irland wegzugehen und nach England zu kommen, weil die O'Briens gesagt haben, er wird sicher auch nach England gehen, wenn er erst mal alt genug ist. Außerdem habe ich ihn nie richtig gesehen, und dabei ist er jetzt bald siebzehn.«

Erneut entstand ein angespanntes Schweigen, während die Frauen jede für sich über ihr Schicksal nachdachten. Wenn sie tief in ihr Inneres schauten, mussten sie zugeben, dass keiner von ihnen der Gedanke gefiel, Bridie allein zu lassen. So lange waren sie zusammen gewesen, und so viel hatten sie gemeinsam durchlitten, dass es fast undenkbar schien. Doch in Wahrheit konnten sie es kaum abwarten, wieder nach Hause zu kommen, weg von England, weg vom Smog in Northampton und dem ewigen Geruch nach Schuhleder, für das die Stadt berühmt war. Im Laufe von Wochen und Monaten begriffen sie allmählich, dass sie ihr eigenes Leben leben mussten, dass sie nicht länger aneinandergefesselt waren und von einer Gruppe von Nonnen herumkommandiert wurden und dass sie alle nur noch über den Wert der Pfundnoten in ihrer Tasche miteinander in Verbindung standen. Bridie war entschlossen, in England zu bleiben, trotz der Aussicht, Julie Murray nie mehr wiederzusehen, die regelmäßig schrieb und sie drängte, nach Galway zu ihr zu kommen. Sogar die Liebesgeschichten, die sich vielleicht im Seapoint-Ballsaal ergaben und von denen Julie in ihren Briefen erzählte, reichten nicht aus, Bridie dazu zu bewegen, ihre Sachen zu packen.

»Ich sage euch was. Ihr fahrt nach Hause, und ich bleibe hier. Ich warte ab, bis ich John Paschal sehen kann. Und wenn ich dann ein paar Pfund zusammengespart habe, kann ich ja auf Urlaub zu euch nach Hause kommen, und dann sehen wir uns alle wieder. Wer weiß, vielleicht ziehen John Paschal und ich am Ende ja auch gemeinsam wieder nach Irland.«

»Na schön«, sagte Lilly. »Wie du meinst.«

Noreen und Margaret stimmten zu.

Im Frühjahr stachen die drei Frauen in See. Der Abschied war tränenreich, aber hoffentlich würden sie sich alle in nicht allzu ferner Zukunft wiedersehen, sagten sie. Bridie erzählte ihnen, sie freue sich auf ein Wiedersehen mit ihrem Sohn John Paschal. Und wenn alles gut liefe, hätte sie vielleicht sogar bald einmal Gelegenheit, nach Dublin zu fahren und nach ihrem Vater und ihrer Mutter zu suchen. Alles, was sie sich im Leben je gewünscht habe, sagte sie, sei, Teil einer netten Familie zu sein.

John Paschal war erst seit einigen Monaten in Manchester und lernte schnell, dass das Leben für einen Sechzehnjährigen in einer fremden englischen Stadt alles andere als leicht war. An einem eisigkalten Wintermorgen um sechs Uhr aufstehen, Abfahrt vom Lagerhaus der Firma um sieben. Eine Stunde lang würde er in der Eiseskälte hinten auf einem offenen Lastwagen sitzen, zusammen mit ein paar der härtesten Typen, die er je kennenlernen sollte. Man fuhr sie zu verschiedenen Baustellen innerhalb eines Umkreises von vierzig Meilen in Manchester, Buxton, Liverpool, Leeds, Ellesmere Port und Chester. Vierzig Meilen im Stau und in eiskaltem Nebel, während Keane, der Lastwagenfahrer, in der behaglichen Wärme der Fahrerkabine schallend über die Geschichten seiner Kumpel lachte.

Wenn sie an einer Baustelle ankamen, wurde gleich die schwere Werkzeugkiste aus Holz geöffnet, und da kam ein wildes Durcheinander von Forken und Schaufeln zum Vorschein, die alle durch gefrorenen Dreck aneinandergeschmiedet waren. Und normalerweise gab es einen heftigen Kampf um die Gerätschaften, die am besten und am saubersten aussahen, denn mit denen war das Graben nach allgemeinem Verständnis weniger schmerzhaft.

John Paschal landete unweigerlich immer bei den Gerätschaften, die am übelsten aussahen. Er hatte kaum die Kraft, eine schmutzige Schaufel aus der Kiste zu heben, so streng war die Kälte. Außerdem hatte er eine gute Stunde reglos auf der Ladefläche eines offenen Lieferwagens gesessen. Die abgehärteten alten Hasen standen dagegen großtuerisch in ihren Hemden mit offenem Kragen herum und warteten auf Anweisungen, warteten darauf, dass ihnen einer sagte, wo es losginge. John Paschal fand bald heraus, dass die meisten dieser Männer Obdachlose waren, die immer gerade nur so viel arbeiteten, dass sie für Schnaps und eine Unterkunft zahlen konnten.

Ihr Frühstück bestand aus Steak mit Zwiebeln, und beim Essen standen sie meist um ein großes offenes Feuer herum, was ihnen eine kleine Ruhepause verschaffte. Es gab Momente, in denen die Arbeiter ums Essen kämpften wie die Präriehunde um Fleischknochen. Einmal sah John Paschal morgens beim Frühstück einen alternden Bierhändler, der von einem jungen Burschen zu Boden geschleudert wurde. Der Junge hielt dem Mann ein Messer an die Kehle, und nachdem er ihm das saftige Stück Fleisch aus dem Mund gerissen hatte, fing er an zu toben: »Du verfluchter Schweinehund von einem Dieb! Du bist also das Arschloch, das mir jeden Morgen das Steak geklaut hat.«

»Nein! Nein! Das war ich nicht!«

»Gib es endlich zu, du elender Schweinehund! Gib es zu!«

»Nein! Das war ich nicht, ehrlich!«

Der junge Bursche setzte sich rittlings auf den Mann, den er als Dieb verdächtigte, packte mit der linken Hand dessen Haare, während er mit der rechten ein Steakmesser mit scharfer Spitze hochhielt. Er fing an, den Kopf des anderen immer wieder auf die Erde zu schlagen. »Gib es zu, du Hurenbastard, oder … oder ich schwöre, ich schlitze dir die Kehle von einem Ohr bis zum anderen auf, du dreckiges Schwein. Du bist doch noch zum Scheißen zu geizig. Gib es zu!«

»Vielleicht war es ja ein Versehen«, bettelte der Mann, seine Augen zwei schreckgeweitete Löcher.

»Aha! Wusste ich es doch, dass du mein Mann bist. Versehen, ja Scheiße! Sieh bloß zu, dass das heute das letzte Mal gewesen ist, dass du so was abziehst … denn beim nächsten Mal … das schwöre ich beim Grab meiner Mutter, schlitz ich dich auf … Ehrenwort.«

Und damit schnappte sich der junge Bursche, oder ›Connemara‹, wie er genannt wurde, das Stückchen Steak, das auf dem Boden lag, und schleuderte es den Seemöwen hin. In dem Augenblick brach lauter Jubel beim Rest der Mannschaft aus, denn sie hatte sich prächtig bei dem Schauspiel unterhalten.

»Also, da kann man mal sehen, es gibt Leute, die klauen einem sogar das Essen aus dem Mund«, feixte Keane, woraufhin sich einer seiner Kumpel nicht die Bemerkung verkneifen konnte: »Mag ja sein, dass es bei dir so ist, Martin! Sind eben harte

Zeiten, wenn ein anständiger Mann nicht mal Zeit hat, was zwischen die Kiemen zu schieben, und die Dame des Hauses fuchsteufelswild wird, wenn ein Mann nach einem harten Arbeitstag und vielleicht nach vierzehn Bieren nach Hause kommt, was?«

Nach einem richtig schönen Streit am frühen Morgen bestand das Mittagessen auf der Baustelle meist nur aus einem schnellen Sandwich, gefolgt von vier oder fünf Bieren im nächstgelegenen Pub. Dann ging es zurück ans Schaufeln und Graben, oder es wurden bis zum Feierabend schwere Kabel geschleppt. Das alles hieß, dass ein oft müder und völlig erschöpfter John Paschal spät am Abend in seine Unterkunft zurückkam.

In diesen harten Zeiten schrieb er lange, ausschweifende Briefe an die O'Briens in Williamstown und legte gelegentlich ein paar Pfund bei, wann immer er konnte. Die Korrespondenz mit seiner Mutter Bridie kam dagegen weitgehend zum Erliegen, auch wenn sie ihn unaufhörlich mit Briefen bombardierte und ihn anflehte, lange genug an derselben Adresse wohnen zu bleiben, damit sie ihn besuche könne. Aber das tat er natürlich nie. Ihm behagte das alles nicht, und er antwortete ihr, er sei sehr beschäftigt mit der Arbeit und den Abendkursen und Gott weiß was.

Die Wahrheit war, er verabscheute die Straßenarbeiten und die Leute, mit denen er arbeitete, so sehr, dass er ständig nach etwas Sinnvollerem Ausschau hielt, und Anfang September fand er einen neuen Arbeitsplatz, und zwar als Busschaffner.

Mehr als einmal wurde er vom Kontrolleur ins Gebet genommen, und man drohte ihm mit Entlassung, wenn er sich bei seinen Abrechnungen nicht deutlich besserte. Was John Paschal am meisten aufregte, war die Tatsache, dass es mit seinen Abrechnungen schlimmer statt besser wurde. Er konnte das nicht begreifen. Er dachte, er sei schlau und könne gut mit Zahlen umgehen, doch seine Abrechnungen bewiesen allzu oft das Gegenteil. Aber als er sich um die Stelle als Busschaffner beworben hatte, war ihm gesagt worden, er habe außergewöhnlich gut beim Eignungstest abgeschnitten, und nach sechs Wochen theoretischer Ausbildung und weiteren sechs Wochen auf der Straße mit einem qualifizierten Kontrolleur, so hieß es, habe er durchaus die Möglichkeit, sich bis ganz nach oben zu arbeiten. Doch so wie die Dinge lagen, wusste John Paschal, hätte er sich bald bis ganz nach unten gearbeitet. Offensichtlich machte er irgendetwas falsch. Er zählte sein Geld nicht richtig. Es gab Tage, an denen er seine Einnahmen am Ende der Schicht bis zu dreimal nachzählte und sich jeweils die Daten merkte. Aber wenn er in der darauffolgenden Woche wieder auf die Liste mit den Fehlbeträgen schaute, entdeckte er, dass ihm an dem betreffenden Tag eine halbe Crown fehlte.

Das versetzte seiner Motivation und seiner guten Laune einen herben Schlag. Am liebsten hätte er den Job beschämt hingeschmissen, aber das konnte er nicht, denn all seine Freunde, vor allem die Mädchen, wussten ganz genau, wie sehr er seine Arbeit liebte. Sie würden ganz bestimmt denken, dass man ihn gefeuert hatte, wenn er jetzt kündigte, auch wenn das gar nicht der Fall war. Aber wenn er noch viel länger blieb, ohne dass es besser wurde, setzten sie ihn bestimmt auf die Straße.

In seiner Verzweiflung bat er um ein Gespräch unter vier Augen mit dem Kassierer und erzählte ihm, dass der Fahrkartenautomat schuld sei. Der Fahrkartenautomat sei es, der angegeben hatte, ihm fehlten ein Shilling und sechs Pence oder ein Shilling und neun Pence oder eine halbe Crown. Der Kassierer bestritt das und meinte, das sei nicht möglich. Fahrkartenautomaten logen nicht. Wenn der Automat angab, ihm fehle Geld, dann fehle ihm Geld und damit basta.

»John, hör auf, dir Sorgen zu machen! Jedem Busschaffner fehlt hin und wieder Geld!«

»Ich bin aber nicht jeder Busschaffner. Ich will meine Arbeit anständig machen können.«

»Ach, ihr blöden Iren, dauernd prügelt ihr euch oder streitet«, sagte der Kassierer im Spaß. »Also, John! Du weißt doch noch, das schöne Paar Lederhandschuhe, das du im Fundbüro abgegeben hast, und der Fotoapparat und der Schirm neulich, die Sachen hat keiner abgeholt, und sie sind jetzt schon drei Monate hier. Du kannst sie haben. Da! Nimm sie dir!«, fügte er hinzu und griff unter die Klappe und schob John Paschal die Sachen zu.

»Nein, das will ich nicht.«

»Komm schon, John, sei doch nicht blöd! Die gehen sonst in die Versteigerung!«

»Nein, ich nehme die Sachen nicht. Es kommt mir nicht korrekt vor, und außerdem will ich sie nicht.«

John Paschal wollte die Sachen nicht nehmen. Nicht, dass er sie nicht gern gehabt hätte, aber es kam ihm nicht korrekt vor, etwas zu nehmen, was ihm nicht gehörte. Wenn er unbedingt etwas davon haben wollte, konnte er zur Versteigerung gehen und sie billig bekommen.

Eine Weile schienen sich seine Abrechnungen wundersamerweise zu verbessern. Er war selig. Dann sah er sich wieder einmal die Liste mit den Fehlbeträgen an, nachdem ihm irgendein Schlaumeier etwas zugeflüstert hatte, und musste feststellen, dass ihm neunzehn Shilling und sechs Pence fehlten. Er starrte auf die Zahlen in dicker roter Schrift, die alle lesen konnten, und da fühlte er sich furchtbarer, als er sich je hätte träumen lassen. Sein Vorgesetzter zitierte ihn zu sich ins Büro, wo der freundliche Kassierer Zeuge wurde, wie John Paschal eine gewaltige Standpauke zu hören bekam. Noch am selben Abend überredete John Paschal seinen Freund Nobby Clarke, Busfahrer und früherer Schaffner, seine Einnahmen zu überprüfen. Sie waren, wie zu erwarten war, tadellos.

Am Nachmittag darauf, als er zur Spätschicht erschien, ging er wieder zum Kassierer und fragte, wie es vergangene Nacht gelaufen sei.

»Ach, Paddy! Worauf willst du hinaus? Dir hat letzte Nacht wieder ein Shilling gefehlt. Inzwischen solltest du den Bogen aber so langsam raus haben.«

John, den man wie alle Iren gern Paddy nannte, sagte nichts, denn er hatte das entsetzliche, deprimierende Gefühl, dass man ihn reingelegt hatte und dass es kaum etwas gab, was er dagegen tun konnte. Da haute ihn einer übers Ohr. Und in dem Fall, dachte er, gab es nur eines, was er tun konnte. Er musste weg.

Obwohl er häufig umzog und den Job wechselte, lernte John Paschal immer wieder neue Freundinnen kennen. Für ihn könnte es gar nicht besser laufen, dachte er. Wenn doch bloß alle aufhören würden, solch unangenehme Fragen zu stellen: nach seiner Mutter, nach seinem Vater, nach seiner ganzen Familie. Ihm war klar, er hatte weder eine richtige Mutter noch einen richtigen Vater wie die anderen Leute, aber das war ihm egal. Er wusste, er hatte keine Geschwister, keine Onkel und Tanten, keine Nichten und Neffen oder sonst irgendeinen Verwandten auf der ganzen weiten Welt, aber auch das war ihm völlig egal. Seiner neuen Freundin allerdings nicht. Sie schien sich für alles zu interessieren.

Sie standen im Eingang des Schwesternheims vom Withington-Krankenhaus, in dem sie arbeitete; liebevoll hatten sie die Arme umeinandergeschlungen, und da fragt sie ihn, wie viele Brüder und Schwestern er habe. Paschal sagt das Erste, das ihm in den Sinn kommt: zwölf, weil es so kraftvoll und beeindruckend klingt und weil es zwölf Apostel gibt, ganz abgesehen davon hatten die meisten verheirateten Männer, die er kannte, zwölf Kinder. Sie will die Namen von John Paschals Geschwistern wissen, deren Alter und ob er der Jüngste sei. Er antwortet, er sei, soweit er sich erinnere, irgendwo in der Mitte, irgendwie einfach dazwischen. Eine Woche später ertappt sie ihn beim Lügen. Es folgt ein Streit, und das ist dann das Ende einer schönen Beziehung.

Wenn er das nächste Mal ein Mädchen kennenlernt, denkt er, will er nicht mehr so überschlau sein. Bis er dann Sally begegnet, der bildhübschen Rothaarigen. Auch sie will die Namen seiner Geschwister wissen und deren Alter, und außerdem seien das doch bestimmt nicht alles Mädchen. Na ja, nein, nicht alle. Wie viele Brüder sind in England, und in Amerika? John! Ich glaube dir kein Wort! Die leben doch bestimmt nicht alle in Irland. Das geht doch gar nicht. Jeder hat doch mindestens einen Bruder oder eine Schwester in Amerika. Also beschließt er, seine Verwandten überall zu verteilen, bis er Wochen später wieder beim Lügen ertappt wird.

Und da beschließt er dann, dass es an der Zeit ist, völlig anders vorzugehen. Er lernt Teresa Brady kennen und denkt, es ist an der Zeit, die Wahrheit zu sagen. Da erzählt er ihr, dass er ein Einzelkind ist. Aber dadurch lässt sie sich nicht beeindrucken. Überhaupt nicht beeindrucken.

»Aber du musst doch Geschwister haben!«

»Nein. Habe ich nicht.«

»Aber du musst! Du musst einfach! Jeder hat doch mindestens drei oder vier Geschwister.«

»Nein. Ehrlich, ich bin der Einzige.«

»Und leben dein Vater und deine Mutter noch?«

»Ja.«

»Das müssen dann ja richtig hohe Tiere sein, wenn sie nur einen Sohn wollten.«

»Na ja, sie leben irgendwie getrennt. Und überhaupt, ich rede nicht gern über meine Eltern.«

»Oh! Und wieso hast du mir das nicht schon früher erzählt?«

»Du hast ja nie gefragt.«

»Aber John! Ich sollte gar nicht erst fragen müssen, wenn du ehrlich zu mir wärst. Aber du verheimlichst mir irgendwas. Andauernd verheimlichst du was.«

»Tue ich nicht!«

»Doch, tust du wohl!«

»Nein, tue ich nicht!«

»Na schön. Also wo sind sie denn nun?«

»Teresa, bitte, hörst du irgendwann auch noch mal auf mit der Fragerei?«

»Nein, tue ich nicht! Wo sind sie jetzt?«

»Also, wenn du es denn wissen musst, mein Vater lebt in Galway, und meine Mutter ist in Northampton, ist es gut jetzt?«

»Wieso regst du dich denn so auf? Schämst du dich für sie oder was?«

»Nein, tue ich nicht! Wieso sollte ich mich denn für sie schämen?«

»Was weiß ich! Es sind doch deine Eltern! Haben sie sich in Irland getrennt?«

»Ja.«

»Also das ist dann ja schon mal gelogen. In Irland kann man sich nämlich nicht scheiden lassen oder sich trennen. Also bitte! Wusste ich es doch, dass du Lügenmärchen erzählst!«

Mit jedem Tag hat John Paschal das Gefühl, als komme seine Vergangenheit zurück und suche ihn heim. Er schämt sich so sehr für seine Familiengeschichte, dass er am liebsten davonlaufen und nie mehr wiederkommen würde. Jeder, den er kennenlernt, ist ein potenzieller Freund, bis es an die unangenehmen Fragen geht. Und früher oder später müssen sie beantwortet werden. Aber wie kann er sie denn beantworten, wenn er die Antworten auf diese Fragen gar nicht kennt? Vor allem, wenn seine neuen Freunde und Freundinnen darauf bestehen, ihn ihren Geschwistern vorzustellen. Sie laden ihn sogar übers Wochenende zu sich nach Hause ein. Auf einmal ist das Leben wieder herrlich, ganz großartig, bis sie ihrerseits ihn dann fragen, ob sie ihn einmal bei seiner Familie zu Hause in Galway besuchen können. Sie halten Galway für einen mystischen Ort. Bist du sicher, John, dass es deinen alten Herrschaften auch nichts ausmachen würde? Nein! Nein! Ganz und gar nicht! Aber wie soll er ihnen erklären, dass er nicht so ist wie sie? Dass er ›alte Herrschaften‹ im Grunde nie hatte. Stattdessen erzählt er ihnen, dass es seiner Mutter nicht so gut geht, dass ihr Zustand sich verschlechtert hat, dass es sie womöglich zu sehr aufregen würde, wenn gleich zwei oder drei Leute auf einmal zu Besuch zu ihr kämen.

Doch so leicht gibt Teresa Brady nicht auf. Sie will wissen, weshalb sie nicht zu seinen geschiedenen Eltern zu Besuch kann. Und so beschließt er eines Tages, reinen Tisch zu machen, und er erzählt ihr alles. Sie verstecken sich unter der Treppe in Teresas

Haus, denn ihre Vermieterin ist sehr streng und verbietet Besuche, vor allem Herrenbesuche. Teresa hat ihm die Arme um die Schultern gelegt und flüstert mitfühlend, dass es doch gar nicht so wichtig sei, ob er nun Geschwister oder Onkel und Tanten habe. Und dass es alles doch gar nicht seine Schuld sei. Sie sagt, sie verstehe alles, denn sie selber wisse auch nicht, wer ihre Mutter und ihr Vater sind, wo sie leben oder woher sie stammen und so weiter. Teresa sagt, sie sei mit ihren zwei älteren Schwestern in der Grafschaft Mayo aufgewachsen und jetzt seien sie alle drei hier in England.

Ihre beiden Schwestern sind verheiratet, die eine mit einem Spanier. Sie haben einen zauberhaften Sohn, der inzwischen ein Jahr alt ist, und damit ist Teresa Tante, die nun einen Neffen hat, was sie wiederum zu einem ganz normalen Menschen macht wie alle anderen. Während John Paschal immer noch eine verlorene Seele ist, aber sie verzeiht ihm sowieso. Der Ehemann ihrer anderen Schwester, sagt sie, stamme aus Cork, und jeden Abend komme er blau wie ein Veilchen nach Hause und verprügele seine Frau nach Strich und Faden, während sie außerdem noch alle Hände voll zu tun habe mit den vier schreienden Kindern. Trotz alledem meint Teresa, dass sie liebend gern heiraten und viele, viele Kinder haben würde.

Gerade erst war es Frühling geworden, und die Vögel zwitscherten lieblich; die Narzissen standen in voller Blüte, und Liebe lag in der Luft, als John Paschal und Teresa Hand in Hand spazieren gingen, im herrlichen Park Piccadilly Gardens in Manchester. Und weil es Samstag war, drängten sich die Menschen auf den Straßen, und ein Hauch von Carnaby Street, Mary Quant, Best's Boutique und Beatlemania wehte aus jedem Geschäft und jedem Fenster. Und wie alle anderen auch machten Teresa und John Paschal einen Schaufensterbummel, bewunderten die Kleider, die Schuhe, die schicken Hüte und den Schmuck, vor allem den Schmuck. Vor einem Juweliergeschäft drehte sich Teresa zu John Paschal um und sagte, sie würde sich so gern verloben.

»Verloben! Warum sollten wir uns verloben?«

»Weil es Zeit ist, John! Wir gehen seit sechs Monaten zusammen, wir sollten uns verloben.«

»Aber Teresa, die Leute verloben sich nur, wenn sie bald heiraten wollen, und wir …«

»Du meinst … du willst nicht heiraten?«

»Doch! Aber doch! Irgendwann … aber nicht …«

»Worauf warten wir dann? Also allmählich kriege ich das Gefühl, John, wenn ich darauf warte, dass du mich fragst, dann kann ich bis ans Ende meines Lebens warten. Oh, sieh mal! Sieh doch nur! Ist der denn nicht wunderschön? Sieh dir doch nur den Ring da an! Oh, den hätte ich ja wahnsinnig gern! Lass uns doch reingehen und den kaufen … und uns verloben, ja?«, fragte sie und sah ihn sehnsüchtig an. »Bitte, John!«

»Aber um Himmels willen, Teresa! Sieh dir doch bloß den Preis an! Und außerdem habe ich kein … Lass uns warten, bis ich ein paar Pfund gespart habe.«

»Ach, du meine Güte, dann kaufe ich ihn mir eben selber. Weißt du, John, du bist wirklich zu gar nichts gut. Du hast keine anständige Arbeit, kein Geld, kein gar nichts. Also ich kaufe mir jetzt den Ring, ob du willst oder nicht.«

Also gingen sie hinein. Und dann kamen sie heraus. Halb verheiratet, denn jetzt waren sie offiziell verlobt. Das feierten sie, indem sie auf der anderen Straßenseite in Wimpey's berühmtem Burger-Laden Hamburger aßen.

In der Woche darauf fuhren sie nach Northampton, um John Paschals Mutter zu besuchen und die freudige Nachricht zu überbringen. Teresa trug ihren funkelnden Diamanten, und John trug seinen neuen Nadelstreifenanzug, den er sich kaum hatte leisten können und doch gekauft hatte, um die verrückte Freundin bei Laune zu halten. In Northampton lächelten beide, und Bridies Fotoapparat surrte. Sie wurden behandelt wie Mitglieder der königlichen Familie.

Und in einem privaten Moment flüsterte Bridie, dass sie ihn gern mal in Manchester besuchen würde und dass er, was immer er auch machte, nur nicht zu früh heiraten solle. Du bist immer noch so jung, mein Schatz, du hast alle Zeit der Welt. Sie sagte, sie könne auch nach Manchester ziehen, wo sie seine Socken waschen und seine Hemden bügeln und ihm das Essen kochen könne. »Denn, Paschal, ich habe dich lieb, und nichts und niemand auf der Welt bedeutet mir mehr als du. Ich tue alles, wenn ich dir nur helfen kann. All diese Jahre habe ich darauf gewartet, mit dir zusammen sein zu können. Jeden Tag habe ich darum gebetet, dass du früher oder später zu mir kommst, und jetzt wurden meine Gebete erhört.«

»Ja.«

Spät an jenem Sonntagabend fuhr John Paschal in seinem großen Auto Marke Ford Consul nach Manchester zurück und war alles andere als zufrieden. Er war tief verstört und begriff nicht, was ihn dazu getrieben haben mochte, den ganzen Weg nach Northampton zu fahren, um jemanden zu besuchen, den er weder kannte noch liebte. Er machte sich große Sorgen, weil er auf alle Menschen Hass empfand, am meisten auf seine Mutter. Er meinte, er sei drauf und dran, eine Geisteskrankheit zu entwickeln. Was stimmte denn nur nicht mit ihm? Soweit er wusste, beteten doch alle Leute ihre Mütter an. Die Mutter war für sie wie ein Gott. Aber er wollte seine Mutter nie mehr wiedersehen. Niemals mehr, dachte er.

Er warf einen verstohlenen Blick auf Teresa. Sie schlief friedlich an seine Schulter gelehnt. Der kraftvolle Ford Consul schwebte majestätisch auf der Autobahn dahin, als sie Auto um Auto um Lieferwagen überholten. Er versuchte sich einzureden, dass er jetzt ein Mann von Welt und im Alter von achtzehn Jahren offiziell verlobt war. Aber er fühlte sich nicht verlobt. Und ganz bestimmt wollte er nicht heiraten. Vielleicht sollte er mal zum Arzt gehen. Ob ihm ein Arzt vielleicht erklären konnte, weshalb er seine Mutter nie mehr im Leben wiedersehen wollte? Und konnte ihm ein Arzt erklären, ob er nun bereit war zu heiraten oder nicht? Und ob ihm wohl ein guter Arzt um Himmels willen erklären konnte, wie verliebt sein sich anfühlte? Denn die Antwort darauf selber zu finden brachte ihn fast um.

Wochenlang lebte John Paschal in der ständigen Angst, seine Mutter könne in seiner Wohnung in Manchester auftauchen und sein Leben ruinieren. Bei der erstbesten Gelegenheit zog er aus und schrieb hastig einen Brief nach Hause, in dem er die O'Briens anwies, Bridie darüber zu informieren, dass er jetzt nach Australien gegangen sei, ohne eine Nachsendeadresse zu hinterlassen.

Ziellos streifte er durch die Stadt, von einer Baustelle zur nächsten, auf der Suche nach einer geeigneten Anstellung. Nur um plötzlich wieder zu kündigen, weil er den Polier verabscheute, der ihn ständig herumkommandierte; oder weil er die Arbeit verabscheute oder beides. Aber am meisten verabscheute er ›den Dummkopf‹.

›Der Dummkopf‹ war eine Gestalt, die er darstellen sollte, wenn er eine Stelle auf dem Bau suchte. Arbeitssuchende versammelten sich um sechs Uhr dreißig an der Ecke einer vorher bezeichneten Straße irgendwo in einem ärmlichen Stadtteil umgeben von zahllosen Bussen und Lieferwagen. Sie trugen ihre schweren genagelten Schuhe und verschmutzten Hosen, und sie standen herum und warteten auf die Ankunft vom Boss. Dann traten sie mutig einer nach dem anderen vor, die Daumen hatten sie so tief wie möglich in die Hosentaschen gesteckt. Doch das genügte nicht. Nicht einmal annähernd. Wenn sie Arbeit wollten, mussten sie mit dem großtuerischen Gehabe eines Arbeiters auftreten. Die Schultern mussten leicht vorgezogen sein, man erwartete von ihnen, dass sie ein weißes Hemd mit Schmutzflecken von früheren Arbeitseinsätzen trugen, das bis zur Taille aufgeknöpft scin sollte, um Klasse zu zeigen. Und wenn es zufällig sechs Grad unter null waren, um so besser.

Normalerweise standen da Dutzende Männer, alle auf der Suche nach Arbeit. Und sobald man sein Opfer entdeckte, sollte man vorpreschen und in denkbar breitem irischen Akzent sagen: ›Irgend'ne Chance auf'n Job?‹, in der Hoffnung, vielleicht eine verwandte Seele zu finden.

Es erübrigt sich zu sagen, dass John Paschal weit hinterherhinkte, wenn es ums Vorpreschen ging, und wenn er es machte, dann ohne das ›Dummkopf‹-Gehabe. In sanftem Tonfall brummte er so etwas wie: »Haben Sie vielleicht Arbeit zu vergeben?«

Der Vorarbeiter aus dem Westen Irlands blieb stehen und blinzelte, schaute und starrte, als sei er ein Außerirdischer. Wenn er wirklich verzweifelt Männer brauchte und er meinte, man hätte wenigstens ein bisschen Mumm in den Knochen, brüllte er: »Du! Geh zum dritten Wagen rechts. Du fährst nach Ellesmere Port. Na los, kommt schon! Kommt, Männer! Ich habe nicht den ganzen Tag Zeit! Worauf zum Teufel wartet ihr?«

Als John Paschal einmal fragte – nachdem man ihm gesagt hatte, er sei für den Tag engagiert –, wie viel Lohn er bekäme, fing der Vorarbeiter richtig an zu randalieren. Er brüllte und wütete, als tanze er einen irischen Tanz mitten auf der Straße, was John Paschal besser gefiel als eine Theatervorstellung.

»Allmächtiger Gott im Himmel! Los, rauf mit dir da auf den Lastwagen, ehe noch mehr von euch Schweinekerlen abspringen. Ihr seid doch alle bloß eine Bande von Krüppeln, ihr alle zusammen! Ihr seid alle so schlapp, dass ihr nicht mal den Weg nach Lourdes schaffen würdet, und erst recht nicht zu einer Ölraffinerie. Hopp! Na los, Jungs. Hopp! Na macht schon, Jungs, Hopp!«

Aber John Paschal überlegte es sich gut, ehe er auf irgendeinen Lastwagen sprang, und fragte sich auch immer, was ein Tag Schufterei ihm wohl einbringen mochte. Der übliche Satz war ein Fünfer pro Schicht, aber als er ein paar von den Männern darüber murren hörte, dass sie nur vier Pfund bekommen hatten, einige sogar nur drei Pfund zehn, hatte er keine Lust mehr und ging sofort nach Hause. An anderen Tagen stand er in der Eiseskälte und musste warten, bis fast alle Männer angeheuert waren, und er betete inständig, dass er, wenn er nach einem Job fragte, abgelehnt würde. Dann könnte er nämlich nach Hause in seine Wohnung gehen, überzeugt davon, dass er sein Möglichstes getan hatte, um Arbeit zu finden.

Bald fiel John Paschal auf, dass viele Männer so aussahen, als seien sie nur halb menschlich, affenähnlich, was von den Jahren harter Arbeit und dem vielen Alkohol kam. Statt mittags ein schönes Steak zu essen, vertilgten sie stattdessen sechs, acht oder zehn Halblitergläser Guinness in erschreckendem Tempo, und es folgte ein Nachmittag mit Gebrüll und Herumgetobe, und wer mit ihnen arbeitete, brachte sich vorsorglich in Sicherheit. Diese Verrückten wurden für gewöhnlich für ihre harte Arbeit und ihre derben Trinkgewohnheiten belohnt, indem man sie zum Vorarbeiter oder Polier ernannte, was bedeutete, dass sie nur um so mehr tranken und weniger arbeiteten. Und John Paschal hatte den Eindruck, dass es von London bis Glasgow, von Manchester bis Hull überall von derartigen Verrückten wimmelte. Er überlegte, wie er sie wohl als Individuen beschreiben könnte. Seiner Meinung nach wurde kein einziges Gedicht ihnen je gerecht, und so kritzelte er zu Hause in seinen Mußestunden fröhlich an die Wände, was ihm in den Sinn kam.

Die Iren in England
Kalte, harte Kerle
Wie romantisch die Umschreibung
Derbe Riesenungeheuer stattdessen ich fand
Die lassen dich schuften, regier'n mit harter Hand
Häuten dich bei lebendigem Leib, und sei's für'n Liter Bier.

Der Bär
Großer, böser Jimmy, die Beine breit
Fixiert er dich und schreit:
›Weg mit dem Kipplader von dem Arschgesicht‹.
Da steht er dann, die Arme ausgestreckt, weit von sich.
Ist er wirklich ein Ungeheuer, ein Arschloch oder ein armes Würstchen, frag ich mich.

Dann trat John Paschal ein paar Schritte zurück und bewunderte sein Kunstwerk, und wann immer er Lust dazu hatte, kritzelte er eine oder zwei Zeilen dazu, wobei er die Schrift kleiner und immer kleiner werden ließ. Er hoffte nämlich, der Hauseigentümer würde es dann nicht sehen, und insgeheim träumte er davon, dass er womöglich eines Tages Dichter oder Schriftsteller würde, denn tief in seinem Innern spürte er, dass er genau das wirklich wollte. Schreiben, schreiben, schreiben.

Aber wenn er sich dann wegdrehte und zur Tür hinausging und dann die Straße hinunter, begriff er, dass das ja nur ein törichter Traum war. Dass er mit so etwas nicht sein täglich Brot verdienen würde. Nein, Sir. Mit so etwas nicht. Das könnte er nur mit einer ordentlichen Arbeit. Aber wo sollte er die finden?

KAPITEL 20

Etwa um die Zeit, als John Paschal in Erwägung zog, sich einen neuen Arbeitsplatz in Manchester zu suchen, saß eine Gruppe Frauen wie gebannt im Wohnzimmer des gemieteten Hauses in der Barrack Road 49 in Northampton. Die Arme hatten sie fest vor der Brust verschränkt, und sie waren zu tief versunken in die Geschehnisse der Fernsehserie *Coronation Street*, als dass ihnen aufgefallen wäre, wer da durch die Vordertür hereinkam.

Die Fernsehserie war nun wirklich das Letzte, für das sich Bridie interessierte, als sie sorgfältig den Stapel alter Rechnungen durchsah, der auf dem Tischchen im Flur lag; immer noch kein Brief von John Paschal. Sie schaute ins Wohnzimmer und überlegte, ob sie sich zu den Mädchen setzen oder nach oben gehen und ihren Gedanken nachhängen sollte. Doch dann hatte der Gedanke, allein in ihrem Zimmer zu sitzen, auf einmal etwas Abschreckendes für sie. Sie wollte lieber unten bleiben und versuchen, über alles nachzudenken.

Es war nun schon etliche Wochen her, seit John Paschal und Teresa sie besucht hatten. Ihr fiel wieder ein, wie überwältigt, wie überglücklich sie war, als sie ihn endlich wiedersah. Es kam ihr vor, als seien Weihnachten und Ostern und all ihre Geburtstage auf einen Tag gefallen. Auch wenn sie einige Bedenken hatte, was seine Heiratsabsichten betraf, hielt sie es für besser, sich nicht einzumischen. Sie hätte gern gesehen, wenn er noch eine Weile gewartet hätte, wenigstens bis er seine leibliche Mutter wieder besser kennengelernt hätte. Achtzehn Jahre waren eine so lange Zeit. Und doch hatte sie ihn in all den Jahren nur dreimal gesehen. Und auch dann nur einige wenige Stunden.

Doch seit jenem denkwürdigen Wochenendbesuch hatte sie nichts mehr von ihm gehört. Überhaupt nichts mehr. Kein einziges Wort. Wieso hatte er denn nicht geschrieben, fragte sie sich. War er etwa krank? Hatte er auf der Arbeit einen Unfall gehabt? Hatte Teresa ihn nach Irland geschleppt, damit sie dort heiraten konnten? Nein, dachte sie. So etwas würde John Paschal nicht tun, ohne ihr Bescheid zu geben. Aber wieso hatte er dann nicht geschrieben? Er schrieb doch sonst immer.

Sie saß in der Ecke und bereute schon, nicht nach Manchester gefahren zu sein, wie sie das vorgehabt hatte. Sie hatte John Paschal überraschen wollen. Aber ihr Freund Tomás hatte davon nichts hören wollen. Seinetwegen musste sie sich das Ganze in letzter Minute aus dem Kopf schlagen. Sie traute sich nicht, Tomás zu erzählen, dass sie einen neunzehnjährigen unehelichen Sohn hatte. Wenn sie das tat, konnte sie genauso gut mit einem Schild um den Hals herumlaufen, auf dem zu lesen stand: ›Ich bin ein Flittchen.‹ Auch als John Paschal und Teresa sie besuchen kamen, musste sie ihre Verabredung mit Tomás absagen und vorschützen, dass ein Cousin und eine Cousine zu ihr zu Besuch kamen. Und als sie andeutete, sie wolle einen Gegenbesuch in Manchester machen, warf er ihr vor, sie wolle sich mit einem anderen Mann treffen. In der Hitze des Gefechts schlug sie sich die ganze Sache aus dem Kopf, da sie meinte, es sei besser, bei Tomás zu bleiben. Tief im Innern wusste sie, dass sie Tomás genauso sehr brauchte wie er sie. Oberflächlich betrachtet schien er der Mittelpunkt jeder Feier zu sein, und doch litt er immer wieder unter Anfällen von Depression und unter Phasen von Alkoholismus. Sie konnte sich nur schwer entscheiden, ob sie ihn genug mochte, um bei ihm zu bleiben. Es gab Zeiten, in denen sie sich einredete, ihn zu lieben, und andere Zeiten, in denen sie wusste, sie könnte nie und nimmer in einem Haus mit ihm zusammenleben.

»Bridie? Hattest du schon deinen Tee, oder möchtest du vielleicht jetzt eine Tasse? Ich setze gerade Wasser auf«, sagte Beryl, als im Fernsehen die Reklame kam.

»Ach, ich nehme gern eine Tasse, Liebes, wenn du sowieso dabei bist.«

Als Beryl in die Küche ging, rief sie: »Ach, Bridie! Da ist ein Brief für dich. Ich habe ihn beim Reinkommen vom Boden aufgehoben.«

»Oh, Gott sei Dank!«, sagte Bridie aufgeregt und ging, um ihn zu holen.

Mit ihrem frisch gebrühten Tee ging sie die Treppe hoch und war ein bisschen enttäuscht, als sie sah, dass es nicht John Paschals Handschrift war. Doch ein Brief von ihrer Freundin Julie Murray war jederzeit fast genauso willkommen.

Liebe Bridie,
Du kannst wirklich tolle Briefe schreiben. Ich weiß gar nicht, wie Du das anstellst. Na jedenfalls, ich musste ganz schnell schreiben und Dir die furchtbaren Neuigkeiten mitteilen. Lilly wurde neulich Nacht überfallen und vergewaltigt. Halb erwürgt worden ist sie. Die Polizei war bei ihr im Krankenhaus und so. Sie ist in einem fürchterlichen Zustand, grün und blau geschlagen, mit Schnitten und Prellungen überall, und sie will mit keinem reden.
Ich war so bestürzt, als ich sie im Krankenhaus besuchte, und bin seitdem einfach nicht mehr dieselbe. Du kannst doch so gut schreiben. Vielleicht schreibst Du ihr bald mal, sobald Du kannst, um sie aufzuheitern. Sie ist doch so ein wunderbarer Mensch, ich begreife einfach nicht, wie irgendein Mann, der bei Verstand ist, so etwas tun kann.
Ich gehe in den Seapoint, jedes Wochenende. Männer! Solche hast Du bestimmt noch nicht gesehen. Da wimmelt's von Männern, aber es ist furchtbar schwer, jemand Passendes zu finden. Die haben wirklich keinen Funken Verstand. Trinken und bei einer Frau die Hand unterm Rock haben, mehr wollen die nicht. Letztes Wochenende musste ich einen ganz schön zur Minna machen, aber hinterher hat's mir irgendwie leidgetan, er war nämlich hinreißend. Ist das richtig geschrieben, Bridie, mit der Rechtschreibung habe ich es doch nicht so.

Wieso kommst Du nicht zurück nach Galway? Das wäre so schön, wenn Du hier bei mir wärst. Ich fühle mich richtig einsam, wenn ich an die Zeiten denke, die wir im Magdalene-Heim hatten, und an die alten Nonnen-Hexen. Den Anblick von den Nonnen hier im Krankenhaus ertrage ich kaum, andauernd scheinen sie zu flüstern und zu beten und so.
Aber die Ärzte und die Schwestern sind wunderbar.
Andauernd laden die mich ein. So, jetzt weiß ich nichts mehr zu erzählen. Außerdem muss ich jetzt zur Beichte, sonst komme ich noch zu spät. Bete für mich, dass uns hier nicht dieser verrückte Kerl auflauert, der das mit der armen Lilly gemacht hat. Und denk über das nach, was ich gesagt habe, Du weißt schon, dass Du zurück nach Galway sollst, oder gehst Du noch mit diesem Trunkenbold? Also so wörtlich meine ich das ja nicht, Bridie. Ehrlich. Du weißt schon, was ich meine. Ich musste so lachen, als Du gesagt hast, der ist toll, aber ein bisschen ein Trunkenbold und dass Du Trunkenbolde nicht ausstehen kannst. Die sind doch wirklich alle gleich, Bridie, außer dass es hier in Galway viele Pioniere gibt. Aber die sind fast alle in festen Händen.
Jetzt ist es, glaube ich, zu spät für die Beichte.
Also kann ich nicht hin. Aber mit ein bisschen Glück habe ich dem Priester beim nächsten Mal einiges mehr als nur unkeusche Gedanken zu beichten. Also, Bridie, ich frage mich oft, na ja, Du weißt schon, ob die wohl andere Männer mögen? Einen gibt es hier in Galway, von dem heißt es, der macht es die ganze Zeit. Mir würde das nicht gefallen, Dir etwa?
Jetzt muss ich los. Bis bald. Schreib an Lilly. Vergiss es nicht, sie spricht nämlich immer von Dir. Versuch doch, nach Galway zu kommen, das versprichst Du schon so lange. Bis bald und Gott segne Dich,

Deine beste Freundin Julie

P.S. Wie geht es Paschal? Sag ihm, dass ich mich nach ihm erkundigt habe.

Bridie hielt vor Schreck die Luft an, als sie das über Lilly las. Sie las es noch einmal, um es richtig zu begreifen. Sie war erschüttert darüber, dass ihrer Freundin so etwas Schlimmes hatte passieren müssen. Der bloße Gedanke, dass jemand einem so wunderbaren Menschen so etwas antun konnte, entsetzte sie.

Der Gedanke, dass irgend so ein Irrer sie überfallen konnte, machte ihr Angst. Sie wusste schließlich, was das Resultat von so etwas sein konnte. Trotzdem versuchte Tomás ständig, sie ins Bett zu kriegen, und immer wieder redete sie sich heraus. So sagte sie etwa, dass sie ihn noch nicht gut genug kannte. Und dann bekam er schlechte Laune, und ihr tat es hinterher leid.

Sie hatte inzwischen alles über Verhütung gelernt und über ›Pariser‹, aber davon sprach Tomás nie. Oft dachte sie, wenn er doch nur anbieten würde, so ein Ding zu benutzen, dann würde sie es ja vielleicht riskieren, denn ihr war weiß Gott oft genug danach zumute. Aber die Angst davor, dass sie schwanger wurde und man sie dann in ein Heim steckte und sie für die Nonnen schuften musste, ging ihr ständig durch den Kopf. Dann wiederum dachte sie, wenn sie nur einen wirklich netten Mann träfe, der an ihr interessiert genug war, dass er sie heiraten wollte, dann wäre alles anders. Vielleicht sollte sie nach Galway zurück, zu ihrer Freundin Julie. Wieder fielen ihr die Zeilen aus dem Brief ihrer Freundin ein. *›Den Anblick von den Nonnen hier im Krankenhaus ertrage ich kaum …‹*

Wie ein Echo gingen ihr die Worte im Kopf herum. Nonnen und Heime, und Priester und Babys, und Wäschereien und Galway – all das berührte sie viel zu tief, als dass sie ernsthaft in Erwägung ziehen wollte, nach Irland zurückzugehen, vor allem nach Galway. Wer weiß, womöglich holten die sie einfach von der Straße weg und sperrten sie wieder ein, einfach nur, weil sie weggerannt war.

Davon abgesehen kann ich John Paschal nie und nimmer allein lassen und nach Hause fahren, dachte sie. Und als sie wieder an ihren Sohn dachte, tat es ihr tief im Herzen weh. Sie hatte dieses unbestimmte Gefühl, dass irgendetwas nicht in Ordnung war. Wieso hat er mir denn noch nicht geschrieben? Acht Wochen ist es jetzt schon her, acht lange Wochen und kein einziges Wort.

In dem Bemühen, im Leben voranzukommen, und weil er die Nachtschichten in der Cornflakes-Fabrik von Kelloggs hasste, suchte sich John Paschal Arbeit als Maschinist in der Dunlop-Gummifabrik. Und wenn seine Zwölfstundenschicht um war, flüchtete er durch die Tür und war dankbar, den Aggressionen zu entkommen, die Teil des Jobs zu sein schienen. Wenn er dann wieder in seiner Pension war, hörten er und seine Freunde die Beatles und Gerry and the Pacemakers. Samstags ging er einkaufen, die typische Halbstarkenmode der sechziger Jahre und die neuesten Langspielplatten.

Aber dann am Montagmorgen ging es wieder zurück in die Abteilung für die Haltbarmachung von Gummi in der Dunlop-Fabrik, wo zwei Arbeiter aus Nordirland ihn anpöbelten, immer wenn sie durch seine Abteilung kamen. »Was macht denn ein republikanischer Mistkerl wie du hier drüben? Na ja, schon klar, dass sich einer wie du anwerben lässt.«

Und mit jedem Tag häuften sich die Beleidigungen. »Du bist ja immer noch da! Du Papistenarsch. Wieso gehst du denn nicht nach Hause zurück, dahin, wo du hingehörst, zurück in die Republik?«

Es gab andere Situationen, wenn er gerade auf der Toilette war und die beiden Protestanten vorbeikamen, und wenn dann sonst keiner in der Toilette war, versuchten sie, ihn herumzustoßen und aus der Fassung zu bringen, indem sie sagten: »Stimmt es denn, dass ihr Republikanerschweine euch den Mund mit Seife auswascht? Hast du schon von Harland & Wolff gehört? Da braucht sich so ein Republikanerschwein gar nicht erst zu bewerben. Doch, wirklich. Gute, aufrechte protestantische Nation, Teil des britischen Empire, du weißt schon. Wieso haust du denn nicht ab, du Stück Scheiße«, schrien sie und versuchten, ihn zu treten, wenn er zur Tür hinausging.

Und so ging es weiter und weiter, tagaus, tagein. Woche um Woche, Monat um Monat, bis eines Tages dieser getreue Protestant erklärte: »He! Du Papistenabschaum! Komm nur ja nie auf die Idee, auch nur einen Fuß nach Belfast zu setzen, sonst schneiden wir dir deine republikanische Kehle durch. Verlass dich drauf. Für euch Papistenarschlöcher gibt es nur einen Ort, an den ihr hingehört. Und das ist tief unten im Flussbett vom Lagan.«

Paschal sah deutlich die Boshaftigkeit in ihrem Blick, doch auf ihre ständigen Provokationen reagierte er nie. Er stand einfach da und sah ihnen unverwandt in die Augen, oder wenn er zufällig gerade bei der Arbeit war, machte er einfach weiter, als ob es sie gar nicht gäbe. Wann immer er sie durch seine Abteilung kommen sah, versteckte er sich diskret hinter den riesigen Walzen seiner Maschine. Doch wenn sie ihn beschimpften, fühlte er sich in seinem Stolz tief gekränkt. Und doch meinte er, er könne stolz sein und Gott wenigstens für das eine danken, dass er nämlich im Süden Irlands eine anständige Erziehung genossen hatte, frei von allen Gefühlen von Hass und Bitterkeit.

Tag für Tag stolzierten sie arrogant vorbei, in ihren Nadelstreifenanzügen und mit Pomade im Haar, was ihre krank wirkenden, nach unten gezogenen protestantischen Münder nur noch zu betonen schien. Statt sich selber den Mund mit Seife auszuwaschen – was ihnen zufolge ja alle Papisten taten –, hätte er ihnen liebend gern ein paar Stücke furchtbarer Teerseife in den Rachen gestoßen, und dann hätte er zugesehen, wie sie sich am Boden wanden und wie die Seife allmählich das Gift der Boshaftigkeit zerstörte, das verborgen in ihren geschwollenen Eingeweiden ruhte.

Aber so viel Glück würde er nie haben, dachte er. Nachdem er fast ein Jahr in der Firma gearbeitet hatte, bot man ihm eine Beförderung an. Doch die lehnte er ab, denn er wusste, mit solch verabscheuenswürdigen Leuten könnte er nicht länger im selben Betrieb arbeiten. Stattdessen kündigte er und spazierte zum Tor hinaus. Und innerhalb von wenigen Wochen sah er sich plötzlich ohne Arbeit, ohne einen Penny, ohne Unterkunft und ohne einen Platz zum Schlafen.

Und in diesen einigermaßen aufregenden Zeiten beschimpfte Teresa ihn auch noch als nutzlosen Einfaltspinsel. Über jede Kleinigkeit schienen sie in Streit zu geraten. Doch dann vertrugen sie sich schnell wieder, nur um am nächsten Tag von vorn anzufangen. Er trank kaum Alkohol, außer bei besonderen Gelegenheiten. Er tanzte einfach nur gern, mochte Musik und ging gern ins Kino.

Er kam immer zum Schwesternheim neben dem Krankenhaus, um Teresa auszuführen, und alles schien prächtig zu laufen. Einen oder zwei Tage später kam er wieder, und sie fiel wegen seiner Aufmachung über ihn her. Wenn es nicht seine Frisur war, dann war es sein Hemd. Wenn es nicht sein Hemd war, dann stimmte irgendetwas nicht mit seinen Hosen.

»Ach, John! Das sieht ja furchtbar aus! Ich gehe doch nicht mit dir aus, wenn du so angezogen bist. Wenn du nur ein bisschen Respekt vor mir hättest, dann würdest du in der Aufmachung nicht bei mir erscheinen. Wer hat denn je einen Mann gesehen, der sein Hemd über der Hose trägt und dann noch einen Gürtel darüber? Hältst du dich vielleicht für einen Popstar oder so was?«

»Wenn ich ein Popstar wäre, dann schätze ich mal, wäre das wohl in Ordnung so?«

»Ja, allerdings! Dann würdest du nämlich was darstellen. Aber so, wie die Dinge nun mal liegen, bist du ein Niemand«, antwortete sie.

»Dann sind wir ja schon zwei.«

»Ach, halt doch den Mund!«

Gelegentlich flogen einige Ziergegenstände, wenn er aus dem Zimmer stürmte und nach Hause ging. Aber am nächsten Tag vertrugen sie sich wieder.

Er ist zwanzig Jahre alt, und sie spazieren eines Sommerabends durch den Park, wo sie sich schließlich sorglos im Gras herumwälzen, als Teresa ganz plötzlich aus heiterem Himmel fragt: »Wann werden wir heiraten?«

Leicht erstaunt setzt sich Paschal auf und sieht Teresa an. »Keine Ahnung.«

»Aber um Himmels willen, ist es denn nicht an der Zeit, dass wir mal darüber reden? Du sprichst nie davon. Nicht ein einziges Mal. Du machst immer so weiter, als wäre das ganz egal.«

»Aber es ist doch auch egal! Du kannst doch im Prinzip jederzeit heiraten. Heute. Morgen. Kein Gesetz der Welt schreibt uns vor, dass wir das jetzt tun müssen. Wir können das nächstes Jahr machen«, fügt er schulterzuckend hinzu.

»John! Nimm das doch ernst. Ich spreche über uns! Wann heiraten wir?«

»Teresa! Ich habe keine Ahnung! Ich habe nicht die geringste Absicht zu heiraten … jetzt zu heiraten, und damit basta! In Ordnung?«

»Aber du bist zwanzig Jahre alt, um Himmels willen! Ich bin neunzehn! Willst du etwa, dass ich warte, bis ich eine alte Frau bin, oder was? Du lebst jetzt seit drei oder vier Jahren hier und hast immer noch nichts vorzuweisen …«

Wenn sie so anfing, regte er sich auf. Er wollte wegrennen. Stattdessen saß er da und gab sich die größte Mühe, auf ihre Tirade gar nicht erst zu hören, auch nicht das Bild zu sehen, das sie von ihm malen wollte. Es kränkte ihn so sehr, weil alles, was sie sagte, ein Körnchen Wahrheit zu enthalten schien.

»… Du hast keine ordentliche Arbeit! Kein Geld! Kein Haus … und machst keine Anstalten, eines zu bekommen. Du hattest einen guten Posten bei der Busgesellschaft und hast gekündigt! Du hattest einen guten Posten bei Dunlop und hast gekündigt! Und jetzt machst du bloß mal hier was, mal da was. Dir scheint irgendwie alles egal zu sein. John! Hörst du mir überhaupt zu?«

Er schwieg, weil er unfähig war zu denken. Sein Verstand und sein Körper waren in Aufruhr. Er wusste nicht, was er wollte. Die eine Sache, die er nicht wollte, war Verpflichtung. Er wollte frei sein. Doch mehr als alles andere wollte er lieben und geliebt werden und sich vom Strom des Lebens dahin tragen lassen, wohin auch immer es ihn verschlug. Tief in seinem Innern wusste er, dass er kreuzunglücklich war, weil er sich solch große Hoffnungen auf Erfolg gemacht hatte, als er anfangs nach Manchester kam.

»Ich habe gesagt: Hörst du mir überhaupt zu?«

»Ja! Ja! Ja! Du klingst ja wie eine Schallplatte, die einen Sprung hat!«

»Und was willst du nun also tun?«

»Teresa, würdest du mich bitte endlich in Ruhe lassen, um Himmels willen?«

»Nein, auf keinen Fall. Was willst du nun also tun?«

Genau in dem Moment hätte er sie am liebsten bei der Kehle gepackt, einfach um sie zum Schweigen zu bringen. Er begriff nicht, wie um alles in der Welt solch ein zierliches, wunderhübsches Geschöpf ihm so zusetzen konnte. Er hatte Angst, dass er den Punkt erreicht hatte, an dem er zusammenbrechen und sie womöglich umbringen würde. Aber eine Frau will er nicht schlagen, keine Frau. Das ist nicht in Ordnung. Tief in seinem Innern weiß er, dass das nicht in Ordnung ist. Er glaubt, dass womöglich etwas mit ihm nicht stimmt. Wieso fühlt er sich in Momenten wie diesen so schrecklich allein? Dutzende von Männern würden alles darum geben, so zu sein wie er, jung und unabhängig, mit einem hübschen Mädchen am Arm. Doch er ist nicht glücklich. Vielleicht sollte er ja wirklich in Erwägung ziehen zu heiraten. Aber wie kann er heiraten, wenn er gar nichts von der Welt weiß. Er weiß nicht, ob er Teresa liebt. Er glaubt, er liebt sie, aber das könnte er ihr nie auf die Art sagen, wie sie das in den Filmen im Apollo machen. Er wünscht sich so verzweifelt, diese Worte zu einem schönen Mädchen sagen zu können, aber er weiß, er kann es nicht. Nicht einmal zu Teresa Brady. Er sehnt sich nach Millionen Dingen im Leben, aber er kann sie in keine Reihenfolge bringen. Jetzt fällt ihm ein, wie sehr er die Arbeit im Bus gemocht hat. Aber was soll man machen, wenn man kein Geld zählen kann? Er weiß, er kann Geld zählen. Jeder Trottel kann Geld zählen, aber *er* konnte es nicht.

Er würde gern in einem Laden arbeiten oder in einem Kaufhaus. In der Schule galt er als ziemlich schlau, aber jetzt kann er nicht mal ein paar Zahlen addieren. Und wegen dieser Unfähigkeit würde er nicht einmal im Traum daran denken, je wieder nach solch einer Arbeitsstelle zu suchen. Im Übrigen würden die Leute von der Busgesellschaft wahrscheinlich an seinen Arbeitgeber schreiben und ihm mitteilen, dass der Bursche alles Mögliche kann, bloß Geld zählen nicht. Manchmal glaubt er, er wäre gern Musiker oder Popstar wie die Beatles.

Verstohlen schaut er zu Teresa hin, die im Gras liegt, das Kinn in die Hände stützt, fragend zu ihm hochsieht, als wolle sie seine Gedanken lesen.

»Sieh dich doch nur an! Du weißt weder aus noch ein. So einen wie dich habe ich noch nie kennengelernt, John. Noch nie! Was stimmt denn bloß nicht mit dir? Hast du Angst, dich zu binden, oder was? Ich weiß schon … du hast Angst vor der Verantwortung, und du willst, dass ich alles mache. Ich musste dir ja sogar sagen, wann es Zeit für unsere Verlobung war! Und jetzt wartest du darauf, dass ich die Hochzeit plane, nehme ich mal an. Tja, da kannst du verdammt lange warten. Du kannst dir deine eigene Hochzeit planen.«

Voller Verlangen sieht er sie an und bittet: »Ach, Teresa! Wieso bist du denn so streng mit mir? So streng mit dir selber! Ist es denn nicht gut, so wie es jetzt mit uns ist? Haben wir denn nicht noch unser ganzes Leben vor uns? Können wir denn nicht noch eine Weile abwarten und sehen, was passiert? Und sehen, wie es mit uns weitergeht? Ich suche mir sobald wie möglich eine anständige Arbeit. Irgendwas Gutes wird sich ergeben, du wirst schon sehen.«

»Nein, werden wir nicht! Ich bin es leid, wie du dich treiben lässt! Und außerdem, du hast mir nie gesagt, dass du mich liebst. Und es macht mich ganz krank, wenn du andauernd sagst, wie gern du dieses und wie gern du jenes tätest. Aber kein einziges Mal hast du gesagt, dass du mich liebst.«

Paschal findet, es klingt scheußlich, wie sie das ausdrückt. Er kann nichts anderes tun, als mit den Schultern zu zucken und zu sagen: »Na ja … du weißt schon.«

»Na ja … was?«

»Du weißt schon.«

»Was weiß ich?«

»Ich mag dich.«

»Aber liebst du mich auch?«, fragt sie.

»Ja …« Er weiß, dieses Ja klingt irgendwie hohl.

»Na, dann sag es auch.«

Er wählt seine Worte mit Bedacht und sagt schließlich: »Ich mag dich.«

»Sag, dass du mich liebst.«

»Nein, das mache ich nicht.«

»Bitte, John, nur dieses eine Mal. Sag, dass du mich liebst.«

»Nein, das mache ich nicht!«

»Bitte, John, ich werfe dir diesen Ring wieder hin, wenn du es nicht sagst.«

»Also Teresa! Hältst du jetzt endlich den Mund und lässt mich in Ruhe?«, schreit er. »Du bist schon genauso wie deine verfluchten Schwestern.«

Offensichtlich schockiert steht sie schnell auf und wirft sich die rabenschwarze Mähne über die Schultern, was zusammen mit ihrem Minirock ihre himmlische Figur unterstreicht.

»Meine Schwestern!«, ruft sie. »Was haben denn meine Schwestern damit zu tun?«

Über ihre Schwestern hat John Paschal gar nichts sagen wollen. Es ist ihm einfach so herausgerutscht, und da er es nun einmal gesagt hat und sieht, welche Wirkung dieser Satz auf sie hat, kann er nicht widerstehen, er muss noch eins draufsetzen.

»Na ja, die eine war mit einem Spanier verheiratet, hat ein Kind bekommen, und dann hat er sie verlassen. Die andere hat geheiratet, hat vier Kinder bekommen, und dann hat er sie verlassen. Und verflucht noch mal, Teresa, ich will nicht der dritte im Bunde sein, auf gar keinen Fall.«

»John!«, kreischt sie. »Wie furchtbar, so was zu sagen. Wie kannst du so was bloß sagen?«

Sie bricht in Tränen aus, streift den Verlobungsring ab, wirft ihn John ins Gesicht und sagt: »Du kannst deinen lumpigen Ring zurückhaben. Ich will dich nie mehr wiedersehen, solange ich lebe«, und damit stürmt sie durch den Park davon.

John Paschal seufzt tief, steht auf und macht sich niedergeschlagen auf den Weg zum Ausgang, den Diamantring lässt er im Gras liegen. Er verspürt nicht den Wunsch, ihn aufzuheben oder sich zu entschuldigen. Und doch muss er sich noch einmal umdrehen und eine letzte Salve zum Abschied hinterherschicken. »Teresa! Wenn ich einen Ring kaufe, dann weil ich mich richtig verlobe und nicht nur darüber nachdenke.«

Peinlicherweise hört er das Echo seiner eigenen Stimme durch den Park hallen. Als er zum Ausgang geht, sieht er den Parkwächter geduldig bei den grasgrünen Toren warten, bereit, die Kette hinter einem weiteren anstrengenden Tag zuzusperren.

Als er zu seiner Pension zurückkam, sah er zu seiner Überraschung ein Telegramm, das auf dem Tisch auf ihn wartete. Voller Unruhe im Herzen riss er es auf und las, dass Edward O'Brien, der einzige Vater, den er je gekannt hatte, friedlich gestorben war.

Bridies Theorie, dass alle Ereignisse in Dreiergruppen eintrafen, fiel ihr wieder ein, als sie einen weiteren üblen Brief erhielt. Zuerst die Nachricht über Lilly MacAlastair, dann ein Telegramm von den O'Briens und jetzt *das*. Sie glaubte, sie sei am Ende ihrer Kräfte, und entschied, sich ein paar Tage von der Arbeit im St.-Andrew's-Krankenhaus frei zu nehmen. Die Arbeit war kräftezehrend und entmutigend, sieben Tage die Woche immer wieder dieselben alten Töpfe und Pfannen schrubben, zum Frühstück, zum Mittagessen und zum Abendessen. Vor dem hier war schon alles schlimm genug, dachte sie, die Trennung von Tomás und alles; aber dieser Brief jetzt setzte noch mal einen drauf.

Sie saß allein im Wohnzimmer in der Barrack Road Nummer 49 und versuchte, den Sinn in all dem zu sehen. Jedes verstörende Wort, jede Silbe des Briefs war ihr fest ins Gedächtnis eingegraben. Und doch holte sie ihn noch einmal aus ihrer Jackentasche heraus, in der Hoffnung, dass der Inhalt irgendwie den furchtbaren Schmerz auslöschen würde, den sie im Herzen spürte.

Liebe Bridie,
heute nur ein paar Zeilen, um Ihnen mitzuteilen, dass John Paschal aus Manchester fortgegangen ist und jetzt in Australien lebt. Vor ein paar Wochen ist er zur Beerdigung meines Ehemanns aus England nach Hause gekommen. Er bat mich, Ihnen zu schreiben, dass es ihm sehr leidtäte, dass er Ihnen in letzter Zeit nicht mehr geschrieben hat. Er hielt es für das Beste fortzugehen, ohne etwas zu sagen. Er hat keine Nachsendeadresse hinterlassen, also wer weiß, ob ich je wieder von ihm höre. Er meint, er wolle sich dort für immer niederlassen.
Ich weiß, Bridie, es wird nicht einfach sein, aber Sie wären wirklich besser dran, wenn Sie ihn einfach vergessen könnten. Ich glaube, er weiß in Wirklichkeit gar nicht so genau, was er will. Er stand meinem Ehemann sehr nah, und wir nahmen an, er würde sich auf dem Stück Land niederlassen, aber nein. John wollte das Land nicht bewirtschaften, also gab es keinen Grund für ihn zu bleiben. Ich nehme an, ich werde ihn nie wiedersehen. Australien ist so schrecklich weit weg von hier. Vielleicht ist es ja das Beste. Wahrscheinlich lernt er ein nettes Mädchen dort kennen und lässt sich häuslich nieder.
Es freut mich nicht gerade, Ihnen diese Nachricht zu überbringen. Aber er bat mich, Ihnen Bescheid zu geben, also das ist es dann wohl.
Ich wünsche Ihnen und John Paschal alles nur erdenklich Gute für die Zukunft.

Herzlichst, Ihre Catherine O'Brien

Es ist immer noch derselbe üble Brief, dachte Bridie. Genauso schlimm wie vorher, ganz gleich, wie oft ich ihn lese. Mein eigener Sohn hat mich zurückgewiesen. So verzweifelt hatte sie sich in ihrem ganzen Leben noch nicht gefühlt. Wie konnte John Paschal so etwas seiner eigenen Mutter antun, seinem eigen Fleisch und Blut, sie völlig aus seinem Leben streichen, mit zwanzig Jahren, und das nach allem, was sie für ihn getan hatte? Was hatte sie nur falsch gemacht?

Sie ging zur Kommode und holte ihr Schmuckkästchen vor, nahm das Ziegenleder-Beutelchen heraus, das die goldene Haarlocke ihres Sohns enthielt, und drehte es liebevoll in den Fingern, und sie spürte die seidige Strähne, während sie sich an jenen schicksalhaften Morgen vor so langer Zeit erinnerte, als sie ihrem Sohn die Locke abgeschnitten hatte, kurz vor ihrer Trennung. Das ist jetzt bald zwanzig Jahre her, dachte sie, und eine einzelne Träne lief ihr die Wange hinunter. Alles umsonst, weinte sie. Werde ich je in meinem Leben auch nur einen einzigen glücklichen Tag erleben? Werde ich das? Sie überlegte, ob sie die Locke einfach ins Feuer werfen und neu anfangen sollte. Nein, seufzte sie. Das kann ich nicht. Wenn sie auch für sonst nichts gut ist, will ich sie wenigstens als Souvenir behalten. Er war ein guter Sohn, mein einziger Sohn. Und jetzt für immer verloren, schluchzte sie, als sie zusammenbrach und hemmungslos auf dem Teppich vor dem Kamin anfing zu weinen.

Sie zog ihr Taschentuch heraus, um sich die Tränen abzuwischen. Wie konnte ein Sohn seiner eigenen Mutter so etwas antun? Das muss diese Teresa gewesen sein, oder irgendjemand sonst. John Paschal würde mir so etwas nie im Leben antun, nach allem, was ich für ihn getan habe. All die Briefe und Päckchen, die ich aus dem Magdalene-Heim geschickt habe. O Gott! Wie habe ich da zu leiden gehabt, und alles nur, weil ich dich bekommen habe, mein Liebling; weggesperrt dreizehn lange Jahre. Ach, was habe ich mir alles von der armen Julie erbettelt und geliehen, und jetzt das. Das muss doch einen Grund haben, da muss es einfach einen Grund geben. Wieso nur hat er mir nicht selber aus Manchester geschrieben? Wieso?

Sie schlug die Tür hinter sich zu und ging in den Park. Sie fühlte sich so niedergeschlagen, dass sie sich nicht darum kümmerte, ob sie vor einen Bus lief, denn am Ende war es ja doch allen egal, sogar ihrem eigenen Sohn.

Da saß sie nun allein im Park und starrte ins Leere. Jetzt gab es wirklich nichts mehr, wofür es sich zu leben lohnte. Das Leben wäre so viel einfacher gewesen, wenn sie ihn gleich nach der Geburt weggegeben hätte, anstatt sich mit ihm vertraut zu machen. Am Ende hatte sie ihn doch nur verloren.

Flüchtig dachte sie an ihren Freund Tomás. Er war weg. Sie dachte an ihre liebe, liebe Freundin Josephine Finn – tot und begraben. Und jetzt ihr Sohn John Paschal – für immer verloren. Sogar ihre Freundin Lilly – überfallen und vergewaltigt. Lieber Gott im Himmel, würde das denn nie ein Ende nehmen?

Sie musste sich irgendwie zusammenreißen, dachte sie, sonst würde man ihr noch auf der Arbeit kündigen. Der Gedanke, dass sie ganz frühmorgens den ersten Bus nehmen musste, ließ sie schaudern. Was, wenn sie nicht mehr zur Arbeit ging? Wenn sie stattdessen nach Irland zurückfuhr, nach Galway vielleicht, denn es schien ja hier für sie nichts mehr zu geben.

Allmählich machte sie sich auf den Rückweg aus dem Park und versuchte, die zunehmende Niedergeschlagenheit unter Kontrolle zu bringen; und verzweifelt bemühte sie sich, den Sinn in allem zu sehen. Es muss doch etwas geben, das ich tun kann, dachte sie, denn ich schwöre, ich gebe nicht auf, jetzt nicht und auch später nicht. Ich werde tun, was immer nötig ist. Aber was kann ich tun?

Plötzlich blieb sie stehen, holte den Brief heraus und las ihn noch einmal. ›*… Ich glaube, er weiß in Wirklichkeit gar nicht so genau, was er will …*‹ Ja, das war nur logisch, dachte Bridie, und war auf einmal ganz erleichtert. Er ist verwirrt. ›*… Er stand meinem Ehemann sehr nah …*‹ So war das also passiert. Der arme Junge ist völlig verwirrt. Und was diese Hexe Teresa Brady angeht – wenn ich mich nicht sehr irre, dann ist sie ihm keine große Hilfe gewesen. Verwirrt, das ist es. Ich fahre ein paar Tage nach Irland und besuche die arme Lilly. Vielleicht bleibe ich auch ein bisschen länger und besuche alle meine Freunde. Und wenn ich Paschal überhaupt kenne, trotz allem, was die anderen sagen, dann wird er mir schreiben. Die Frage ist nur, wann?

KAPITEL 21

Bridie setzte sich auf und seufzte vor Erleichterung. Nach der einen Woche Krankenhaus ging es ihr schon viel besser. Die Ärzte hatten gesagt, sie sei völlig am Ende ihrer Kräfte und leide unter körperlicher und geistiger Erschöpfung. Sie hatten ihr auch geraten, sich eine andere Arbeit zu suchen, denn ihr Job würde sie sonst noch umbringen. Zwölf Stunden am Tag seien zu viel, sagten sie. Und während sie noch über den Vorschlag der Ärzte nachdachte, brach sie kurz nach ihrer Rückkehr aus Irland bei der Arbeit im St.-Andrew's-Krankenhaus zusammen.

Tief im Innern wusste sie, dass es nicht die Arbeit war, die sie umbrachte, sondern die Belastung der letzten Monate, als sie jeden Tag auf einen Brief gewartet hatte. Sie erinnerte sich an Tage, an denen sie von Hoffnungslosigkeit überwältigt wurde und sie das Gefühl hatte, alles verloren zu haben. Sie erinnerte sich noch an einen besonders kalten Wintermorgen; sie hatte zum verblassenden Mond hinaufgeschaut, als sich eine böse schwarze Wolke davorgeschoben hatte; damals hatte sie gedacht, dass düstere Wolken doch auch wieder einmal vergehen sollen und sich dann ein Streifchen Licht am Horizont zeigte und dass es inzwischen schon sehr lange her war, dass es solch ein Streifchen Licht für sie gegeben hatte. Nur eines wünschte sie sich wirklich im Leben: zu erfahren, was es hieß, jemanden zu lieben. Zu erfahren, ob es für sie eine richtige Mutter und einen richtigen Vater gab, zu erfahren, ob sie Geschwister hatte, zu erfahren, ob ihr eigener Sohn, ihr eigen Fleisch und Blut, sie je wirklich lieben würde. Aber auf einmal schien alles so strahlend und so wunderschön. Beryl, ihre entzückende englische Freundin von der Arbeit hatte sie jeden Tag im Krankenhaus besucht und dabei jedes Mal versprochen, ihr ihren Bruder Gordon vorzustellen, der sich gerade hatte scheiden lassen.

Und schließlich kamen sie zu zweit, und beide küssten sie auf die Wange, und sie lächelte strahlend, als Beryl sagte: »Und das ist nun also Gordon, Bridie. Weißt du, als ich ihm zum ersten Mal von dir erzählte, von meiner wunderschönen irischen Freundin, bestand er einfach darauf mitzukommen, denn er wollte dich gern kennenlernen«, sagte Beryl, lächelte stolz und zwinkerte Bridie zu.

»Na, und wie geht's Ihnen denn so?«, erkundigte sich Gordon fröhlich, und schon zauberte sein breites Lächeln einen Glanz auf Bridies blasses Gesicht, als er warmherzig die Hand ausstreckte.

»Hallo, Gordon! Wie schön, Sie kennenzulernen«, antwortete sie und ergriff seine warme Hand.

»Herrje, Beryl, der ist ja genau wie du, dieselben Gesichtszüge und alles.«

»Ich weiß, und er trinkt fast gar nicht. Er ist bloß besessen von Autos und macht gern lange Spritztouren.«

»Na, wie wäre es denn damit? Wenn es Ihnen besser geht, fahren wir mal raus, ja?«, schlug Gordon vor und zeigte selbstbewusst seine weißen Zähne.

»Ach, Gordon«, sprudelte es aus Bridie heraus. »Das wäre ja wunderbar, ich komme ja sonst kaum irgendwohin. Und ich liebe das Land und die Natur und die Tiere und das alles.«

»Schön, das wäre dann also abgemacht«, sagte Gordon und rieb sich erwartungsvoll die Hände.

Und bei ihrem ersten Ausflug machten sie eine lange Fahrt übers Land, und Bridie schenkte Gordon einen niedlichen kleinen Hund, den er auf die Hutablage seines Autos stellte. Darüber freute sie sich sehr, als sie ihn schelmisch lachen sah beim Anblick des kleinen, von einer Seite auf die andere wackelnden Hundekopfes.

Und am Sonntag darauf fuhren sie noch einmal aufs Land hinaus, und die Woche darauf noch einmal, bis sie eines Tages beide darin übereinstimmten, dass sie wahnsinnig verliebt seien.

Vor allem Bridie war so glücklich, jemandem begegnet zu sein, der sie für das liebte, was sie war, und nicht dafür, wer sie war. Und so, so glücklich, als ihre gute Freundin Beryl ihr half, eine hübsche Wohnung für sie einzurichten, und ihr allerlei Einrichtungsgegenstände gab, denn sie besaß kein einziges Möbelstück.

Nach zwei Jahren Fahrten übers Land und Flüstern von süßen Nichtigkeiten zwischen Wildblumen und Picknickkörben hielt Gordon um Bridies Hand an und fragte sie, ob sie Mrs. Bridie Foster werden wolle. Ohne zu zögern sagte sie ja, weil Gordon der freundlichste, fürsorglichste Mann war, den sie je kennengelernt hatte, ein Mann, der nicht so trank wie die verrückten Iren. Dann fuhren die beiden in Gordons Morris Minor zum Standesamt, wo sie sich trauen ließen, mit Beryl und Gordons Bruder Raymond als Trauzeugen.

Gordon war Protestant, aber das war Bridie egal. Nur das eine wurmte sie – dass sie keine kirchliche Hochzeit gehabt hatte, trotz all ihrer Bemühungen. Sogar als sie schon verheiratet waren, gab sie die Hoffnung nicht auf, dass sie eines Tages ganz in Weiß in einer katholischen Kirche heiraten würde. Das war eines von zwei Dingen, um die sie betete, immer als Letztes abends vor dem Schlafengehen: in einer katholischen Kirche zu heiraten und eines Tages endgültig mit ihrem Sohn wiedervereint zu sein.

»Byedee! Das ist doch egal! Alle Hochzeiten sind gleich! Das ist doch nur eine einzige Geldmacherei«, sagte Gordon auf ihre aufstachelnden Bemerkungen, als er eine weitere Tapetenbahn an die Wohnzimmerwand klebte.

»Ich weiß, Schatz, und es war ja auch schön, wie wir auf dem Standesamt geheiratet haben, aber ich finde eben, das ist einfach nicht richtig. Es ist nicht dasselbe. Ich hätte immer noch gern eine richtige kirchliche Hochzeit.«

»Byedee!«, sagte Gordon und wurde ärgerlich. »Ich habe es dir schon ein Dutzend Mal gesagt! Wir können nicht in einer katholischen Kirche heiraten! Ich bin nicht katholisch, Byedee!«

»Aber es ginge doch, wenn du nur nicht so stur wärst. Du könntest ganz leicht konvertieren.«

»Ach, Byedee! Gib doch Ruhe. Reich mir mal eben das Tuch da.«

Stattdessen ging sie nach hinten in die Küche und tat, als habe sie ihn nicht gehört, und als er die Enttäuschung sah, die sich in ihrem Gesicht spiegelte, fügte er besänftigend hinzu: »Gib mir ein bisschen Zeit, ich denke mal drüber nach. Du weißt, es wird eine Menge kosten, und wir haben schon so kaum genug zum Leben, mit der Hypothek und allem.«

Nach monatelangem guten Zureden wurde Bridies Wunsch erfüllt. In ihrem wunderschönen weißen Hochzeitskleid schritt sie den Mittelgang der Kirche lang und kam sich glücklicher vor als zu irgendeinem anderen Zeitpunkt in ihrem Leben. Sie war so froh, Julie, Noreen und Beryl als Brautjungfern zu haben, während Gordons Freund John dessen Trauzeuge war.

Als Bridie ihr Hochzeitsalbum zusammenstellte, heuchelte sie Zufriedenheit, denn sie ertrug es nicht, Gordon zu gestehen, dass es ihr immer noch ganz weh ums Herz war, weil ihr Sohn fehlte. Sie wusste, kein Album wäre je vollständig ohne ein neueres Foto ihres Sohnes. Sie hätte wer weiß was darum gegeben, wenn er mit ihr zum Altar geschritten wäre. Es war ihr egal, dass es ein bisschen seltsam gewirkt hätte, wenn ihr etwas über zwanzig Jahre alter Sohn sie durch den Mittelgang begleitet hätte oder wenn die Leute hinter ihrem Rücken getuschelt hätten. Er war ihr Sohn, und sie war stolz auf ihn. Aber was für einen Sinn hatte es, an so etwas zu denken, wo sie doch nicht einmal wusste, wo er war, und außerdem schien es ihm ja auch egal zu sein. Was konnte sie schon tun, wenn er sich entschlossen hatte, sie aus seinem Leben herauszustreichen? Es war Jahre her, dass sie zuletzt von ihm gehört beziehungsweise ihn gesehen hatte. Aber wer weiß, vielleicht tauchte er ja irgendwann wieder auf.

Nachdem sie geheiratet hatten, bestand Gordon darauf, dass Bridie ihre Arbeit im St.-Andrew's-Krankenhaus aufgab. Es gab eine angenehmere Stelle bei der Stadt; sie würde sich um älter tere Leute kümmern, die noch zu Hause lebten, die Arbeitszeit wäre viel kürzer, und man war mehr oder weniger sein eigener Chef.

Bridie nahm die Stelle an. Sie weinte fast vor Erleichterung bei dem Gedanken, dass sie morgens nun nicht mehr so früh raus musste. Keine dunklen Winterabende mehr, an denen sie froh sein konnte, wenn Gordon vor ihr heimkam und schon mal Feuer im Kamin machte. Da Gordon früher einmal Koch bei der Armee gewesen war, konnte er auf die Schnelle das köstlichste Essen zubereiten, vor allem sein Lieblingsessen Schweinefleischpastete mit Kartoffelpüree und einer Riesenmenge Sauce und dazu noch Yorkshire Pudding.

Und während Gordon das Kochen übernahm, schrieb Bridie an ihre Freundinnen Noreen und Julie. Dabei beklagte sie manchmal den Verlust ihres John Paschal und bat sie, die Augen offenzuhalten, für den Fall, dass er je nach Irland zurückkehrte.

An ihrem letzten Arbeitstag im St.-Andrew's-Krankenhaus ging Bridie zum Personalbüro in der Verwaltung, um ihren Lohn abzuholen.

»Also, Mrs. Foster, wie Sie wissen, haben Sie Anrecht auf eine Bonuszahlung in Höhe von einem Pfund pro Dienstjahr.«

»Ja, genau«, sagte Bridie und dachte, dass ein Pfund wohl ein ziemlich kläglicher Betrag war, wenn man die lange Arbeitszeit und die Jahre treuer Dienste bedachte, die sie geleistet hatte.

»… Und da Sie zehn Jahre bei uns waren, entspricht das …«

»Elf«, korrigierte Bridie, ehe der Mitarbeiter der Personalabteilung sie fragend ansah. »Ich war elf Jahre hier!«

Der Angestellte ging zum Aktenschrank, um ihre Unterlagen zu studieren. Im Flüsterton beriet er sich mit seinem Kollegen und kam dann mit triumphierendem Gesichtsausdruck zurück.

»Also tatsächlich, Mrs. Foster, sind Sie nur zehn Jahre hier gewesen.«

»Elf! So wahr Gott mein Zeuge ist, ich war elf Jahre hier, und ich meine, das sollten Sie wissen«, sagte Bridie wieder.

»Es tut mir leid, so ist das nicht. Tatsächlich fehlt Ihnen eine Woche an den elf Jahren. Deshalb gibt es einen Bonus nur für zehn Jahre.«

»Nun«, antwortete Bridie, der es peinlich war, dass sie das nicht von Anfang an gewusst hatte, »ich hoffe, keiner von euch verhungert, nach allem, was ich für euch getan habe. Von morgens bis abends, sieben Tage die Woche, habe ich gewaschen und geschrubbt. Und keiner von meinen Patienten musste je Hunger leiden, und kein Doktor hat je morgens seine Arbeit aufgenommen, ohne dass ich ihm eine schöne Tasse Tee angeboten habe … und das ist nun der Dank dafür. Wenn ich es mir überlege, glaube ich, mein Mann hat wohl recht gehabt. Er hat gesagt, ihr erstickt die Leute, aber nicht mit Freundlichkeit, sondern mit Arbeit.«

»Na, na, Mrs. Foster! Das ist aber nicht nett, was Sie da sagen«, erwiderte der Mitarbeiter der Personalabteilung, der ein bisschen eingeschnappt war, als er Bridie die beiden Lohnabrechnungen überreichte.

»Tut mir leid, Mrs. Foster, aber das ist alles jenseits meiner Einflussnahme. Sehen Sie, wir haben da nichts zu sagen. Das sind die Vorschriften vom Gesundheitsministerium, und wir müssen uns an die Regeln halten.«

Doch Bridie war immer noch wütend, und als sie den kleinen braunen Umschlag mit der deutlich lesbaren Aufschrift ›Bonus‹ las, fragte sie: »Und wie viel ist es jetzt?«

»Zehn Pfund! Das ist der Bonus für die Anzahl Ihrer Dienstjahre, und das da sind Ihre zwei Wochen Lohn einschließlich Urlaubsgeld und Beitrag zur Altersversicherung.«

Bridie schob den Umschlag mit der Aufschrift ›Bonus‹ zurück und sagte: »Da, das können Sie behalten! Es scheint, das Gesundheitsministerium braucht das Geld sehr viel dringender als ich«, und damit machte sie auf dem Absatz kehrt und stürmte hinaus.

Eine Woche später erhielt sie per Post einen Scheck vom St.-Andrew's-Krankenhaus, ausgestellt auf die Summe von zehn Pfund und dreiundachtzig Pence.

Nach dem Ende von John Paschals Liebesgeschichte mit Teresa Brady hätte es schon einer außergewöhnlich starken Persönlichkeit bedurft, um ihn im Zaum zu halten, nachdem das Reisefieber erst einmal eingesetzt hatte. Denn tatsächlich zog er in einer Geschwindigkeit hin und her, dass er selbst kaum wusste, wohin er ging. Und nie blieb er irgendwo lange genug, um sich zu Hause zu fühlen. Seiner Mutter Bridie schrieb er nie und verspürte auch nicht den Wunsch, je wieder in Kontakt mit ihr zu treten. Stattdessen ließ er sich ziellos vom einen Ende des Landes zum anderen treiben, ehe er endgültig beschloss, nach Australien auszuwandern, für immer.

Und in Australien blieb er so rastlos wie eh und je. Anfangs arbeitete er auf den riesigen Goldminenfeldern von Kalgoorlie im Westen Australiens, dann ging er nach Albany in den Süden, später nach Melbourne in den südöstlichen Teil des Landes, wo er ein gutes Jahr als Schaffner und Straßenbahnfahrer arbeitete, ehe er entschied, wieder einmal seine Sachen zu packen. Diesmal fuhr er Richtung Norden, wohnte und arbeitete an solch unterschiedlichen Orten wie Sydney, Brisbane, Townsville, Ayr und Cairns. Und nachdem er wieder einmal seiner Reiselust nachgegeben hatte, entschied er, jetzt nirgendwohin mehr zu gehen. Das Leben in Australien hatte ihn enttäuscht. Er beschloss, nach England zurückzukehren, wo er bald eine gute Stellung auf einer Ölbohrinsel hoch oben im Norden vor Schottland fand. Da überlebte er lange genug Bedingungen wie im arktischen Winter, um ein paar Pfund zu sparen, sich einen Lastwagen zu kaufen und ein Speditionsunternehmen zu starten.

Doch bevor er irgendwelche wichtigen Entscheidungen traf, beschloss er, einen kurzen Urlaub in Irland zu machen, nur um gleich bei seiner Ankunft zu erfahren, dass seine geliebte Pflegemutter Catherine O'Brien wenige Tage zuvor gestorben war.

Ein Jahr später, nachdem er über den Schock hinweggekommen war, beschloss er, ein paar Tage mit seinem alten Freund Joe Hennessy in Kilkenny zu verbringen, denn er glaubte, dass man da besonders gut feiern konnte. Und an einem jener herrlichen

Sommerabende, als er durch die Stadt zog, zeigte Joe ihm ein paar von den besten Kneipen in Urlingford, in denen viele von Joes Kumpel verkehrten. Doch John Paschal interessierte sich mehr für eine junge Dame, die er auf der anderen Straßenseite langgehen sah.

»Herrje, Jungs! Guckt euch das an! Wer ist das?«

»Oh! Das ist Julie«, antwortete Richie Brennan lachend und beugte sich auf seinem Barhocker vor. »Auf die wirfst du mal lieber keinen Blick, die bringe ich heute Abend mit zum Tanz … du hast also keine Chance, JP.«

»Na schön, na schön. Ich sage euch, was mir machen, einfach um ein bisschen Gerechtigkeit in die Sache zu bringen. Wir machen fifty-fifty. Einer von euch Jungs geht mit Julie zum Tanz, aber ich bringe sie nach Hause. Das ist doch wohl fair, oder?«, sagte John lachend, und alkoholisierter Jubel erhob sich in der Bar.

»Fair für dich, JP. Du bist doch immer noch ganz der Alte. Übrigens, sie ist heute achtzehn geworden, du musst ihr also eine große Schachtel Pralinen kaufen«, meinte Richie.

»Ja, und einen Riesenblumenstrauß, nehme ich an. Wisst ihr was, Jungs, ihr seid die größte Ansammlung von Hornochsen, die mir je begegnet ist. Ich glaube ganz bestimmt kein Wort von dem, was aus euren Schandmäulern kommt«, erwiderte John Paschal.

Diese Bemerkung löste noch mehr Jubel und Gelächter aus, bis Joe sagte: »Na los, Jungs! Trinkt aus! Wir machen uns jetzt auf die Socken.«

John Paschal und seine Freunde fuhren direkt nach Thurles und gingen ins Anner Hotel, wo John Paschal eifrig Ausschau hielt nach Julie. Kein Glück. Eine halbe Stunde später entdeckte er sie beim Betreten des Hotels in Begleitung eines Freundes, doch bald schon verlor er sie in dem Gewimmel, und das Gelächter ging da weiter, wo es kurz zuvor aufgehört hatte, und das Bier floss reichlich. Und während die Band weiter Rock 'n' Roll herausdröhnte, schlich sich John Paschal weg von der Bar, um ein paar Mal zu tanzen und mit ein bisschen Glück eine nette Bekanntschaft zu machen. Aber am liebsten hätte er Julie kennengelernt und in Erfahrung gebracht, ob sie noch zu haben sei, denn seinen Freunden, die ihm ganz schön zugesetzt und behauptet hatten, sie sei in festen Händen, mochte er nicht glauben. Sie war das hübscheste Mädchen, dachte er, das er seit Langem gesehen hatte. Wie mochte es wohl sein, sich mit ihr zu unterhalten?

Er entdeckte sie wenige Meter entfernt, als er sich an der kleinen Cocktailbar einen Drink bestellte. Sie stand mit dem Rücken zu ihm, lehnte sich über einen Tisch und sprach mit ihren Freundinnen. Und da plapperten sie und plapperten, er dachte schon, sie würden nie mehr aufhören. Er wünschte sich verzweifelt, mit ihr zu reden, und wusste, wenn er nicht schnell handelte, wäre die Gelegenheit verloren, vielleicht für immer. Aber er konnte ihr ja nicht gut auf die Schulter tippen und sie zum Tanzen auffordern. Wenn er das machte, gäbe er all ihren Freundinnen Gelegenheit, zu lachen und zu kichern, wenn sie ihn abwies, was sehr wohl möglich war. Herrje, dachte er, hört sie denn nie auf zu reden? Er wusste, was er tun würde. Es war etwas, das er nie, wirklich noch nie vorher bei einer Frau gemacht hatte und das durchaus dazu führen konnte, dass sie ihm eine Ohrfeige gab. Aber andererseits hätte er auf die Art wenigstens eine schnelle Reaktion.

Er sah das Stück nackte Haut auf ihrem Rücken, da, wo ihr weißes Oberteil hochgerutscht war, und da griff er nach vorn und goss einen kleinen Tropfen von seinem Guinness auf dieses Stück Haut. Sofort war sie alarmiert, drehte sich um und sah ihn direkt an, während ihre Freundinnen mit ihren Wodkas dasaßen und sich kaputtlachten.

»Hallo, Julie! Tut mir leid das da, aber verzweifelte Momente rufen nach verzweifelten Maßnahmen. Ich musste einfach mit Ihnen reden.«

»Ach du lieber Himmel! Da legen Sie aber mal schnell los. Ihnen ist doch klar, dass Sie mich fast ertränkt haben. Wieso haben Sie das gemacht?«, fragte sie lächelnd und versuchte, sich den Rücken abzutrocknen.

»Lust! Eine überwältigende Lust mit Ihnen … mit Ihnen zu reden …«

»Und wer sind Sie? Kennen wir uns?«

»Jetzt kennen wir uns! Ich heiße John. Ich bin ein guter Freund von Joe Hennessy, und der ist, glaube ich, ein Nachbar von Ihnen. Ich habe Sie vorhin die Straße langgehen sehen, und da habe ich gedacht, ich würde Sie gern kennenlernen.«

»Na sieh mal einer an«, sagte sie mit breitem Lächeln. »Ist das nicht seltsam? Ich habe Sie nämlich gestern die Straße langgehen sehen und habe auch gedacht, dass ich Sie gern kennenlernen würde.«

Er stellte sein Bier auf den Tresen, drehte sich um und sagte: »Schön! Das höre ich gern. Kommen Sie, wir tanzen.«

Sie tanzten ein paar Mal, ehe sie zur Bar zurückgingen. Da spendierte er ihr einen Cocktail, da es tatsächlich Julies achtzehnter Geburtstag war. Danach tanzten sie den Rest des Abends durch, ehe er sie im Walzerschritt zur Tür hinausführte und sie in seinem weißen Wagen mit Radfelgen aus Chrom, den er aus Manchester mitgebracht hatte, nach Hause fuhr.

Eine Woche darauf merkte John Paschal, dass er, nachdem er die Frau seiner Träume getroffen hatte, keinen Wunsch mehr verspürte, nach England zurückzukehren. Stattdessen machte er seine Speditionsfirma in Dublin auf, von wo er nach Kilkenny pendelte, um Julie zu sehen.

Dann, eines sonnigen Nachmittags zwei Jahre später, fragte er sie bei der jährlichen Dubliner Frühjahrsmesse in Ballsbridge, ob sie ihn heiraten wolle.

Sie sagte ja.

Aber ihre Mutter sagte: »Wer ist er, Julie? Jetzt gehst du seit gut zwei Jahren mit dem Burschen, und du weißt überhaupt nichts von ihm. Und er hat keinen Penny in der Tasche und auch keinen Menschen auf der Welt. Und jetzt sagst du mir, er hat weder Vater noch Mutter und dass er … dass er Gott weiß wo aufgewachsen ist … irgendwo im Norden in der Grafschaft Galway. Also ehrlich, ich an deiner Stelle, Julie, würde lange und gründlich nachdenken, ehe ich mich mit so einem näher einließe, lange und gründlich, jawohl.«

»Aber Mutter! Ich will ihn doch heiraten! Es ist mir egal, ob du ihn magst oder nicht!«

Trotz dieses einen größeren Problems heirateten sie in Rom und beschlossen dann später, ein Haus in Williamstown zu kaufen. Am Freitag, dem 13. April, bezogen sie ihr neues Heim.

Jetzt ist es an der Zeit, ein ganz neues Leben zu beginnen, dachte John Paschal.

Die Szene war so alt wie die Welt selbst. Da war eine sehr alte Frau, so zerbrechlich und altersschwach aussehend, dass man es kaum glauben mochte. Es war, als inszeniere irgendein unsichtbarer Geist das Schauspiel speziell für ihn. Die alte Frau durchwühlte jeden einzelnen Abfalleimer in den Eingeweiden der Stadt und bemühte sich verzweifelt, etwas zu Tage zu befördern, das Aufschluss über den Aufenthaltsort von John Paschal gab. Auch als er dastand und sie beobachtete, machte sie mit ihrer gründlichen Suche weiter, arbeitete sich durch eine rattenverseuchte Gasse nach der anderen und musterte jeden zerknüllten Brief und jedes Stückchen Papier, weil sie herausfinden wollte, wo er war.

John Paschal setzte sich kerzengerade im Bett auf, kalter Schweiß rann ihm die Stirn herunter. In diesem Moment ängstigte er sich mehr als je zuvor in seinem Leben. Und das wirklich Furcht erregende an der ganzen Sache war die Tatsache, dass er das Gesicht seiner leiblichen Mutter Bridie sah. Und nicht nur das, sondern es war das Bild einer Frau in bitterster Armut, und es war die Armut an Wissen, die sie auffraß, nicht der Hunger. Langsam und allmählich starb sie vor Hunger nach Neuigkeiten von ihrem Sohn.

In einem Versuch, die schreckliche Szene aus seinem Gedächtnis zu löschen, stand er auf, zog sich schnell an und ging nach unten, um das Frühstück für seine drei kleinen Kinder zu machen. Doch Julie wusste instinktiv, dass etwas nicht stimmte, dass etwas John Paschal Sorgen machte. Nach längerem guten Zureden vertraute er ihr an, dass er einen schrecklichen Traum gehabt hatte, und nach längerer Diskussion entschieden sie beide, dass es eben nur das war: ein schlechter Traum, etwas, das während der Nacht kommt und geht und dann vorbei ist, etwas, über das kein Mensch Kontrolle hatte. Doch obwohl er es nie sagte, es nie zugab, spürte er, dass der Traum in Wirklichkeit eine eindringliche Mahnung gewesen war, eine Botschaft von der anderen Seite.

Zum Glück hatte er Julie gleich, nachdem sie sich kennengelernt hatten, alles über seine Mutter erzählt und darüber, wie er ihr den Rücken gekehrt hatte, sie ganz und gar aus seinem Leben getilgt hatte. Nicht so sehr, weil er es ihr erzählen musste, sondern weil er meinte, es sei richtig so. Ihm war klar, dass er nicht für den Rest seines Lebens mit einer Lüge leben konnte. Julie verstand das und war nur zu gern bereit, alles mitzutragen, was er zu unternehmen beschloss, und danach wurde das Thema nicht wieder zwischen ihnen erwähnt.

Doch als derselbe Traum drei Wochen später wiederkehrte, drohte er, seine geistige Gesundheit ernsthaft zu gefährden. Keinen, aber auch wirklich keinen, dachte er, könne solch ein Traum unberührt lassen. Da lag er nun im Bett, sein Körper schweißgebadet. Er wusste instinktiv, dass das an Paranoia grenzte. Und der Traum konnte nur zwei mögliche Bedeutungen haben. Entweder glitt er allmählich ins Reich des Wahnsinns, oder der Traum war ein deutliches Zeichen dafür, dass seine Mutter nach ihm suchte. Letzteres wahrscheinlich, dachte er. Irgendetwas war irgendwo ganz eindeutig nicht in Ordnung, und während er das Bild vor seinem geistigen Auge wieder und wieder ablaufen ließ und sie die Abfalleimer – wieder einmal – durchwühlen sah, brachte er diese Szene in Zusammenhang mit den vielen Päckchen, die sie ihm im Lauf der Jahre geschickt, und den zahllosen Briefen, die sie geschrieben hatte. Überhaupt nur daran zu denken machte ihn ganz krank und weckte größte Schuldgefühle. Er dachte, er sei es nicht wert, ihren Namen zu tragen. Kein Mensch, der halbwegs bei Verstand war, könnte so selbstsüchtig, so verdorben sein, dass er die eigene Mutter ignorierte. Und doch hatte er genau das getan. Er hatte sich von seiner Mutter losgesagt, nach allem, was sie für ihn getan hatte.

»Wie lange ist es jetzt her, dass du sie gesehen hast?«, fragte Julie.

»Ach, viel zu lange schon, fürchte ich!«, antwortete John, während er ruhelos in der Küche auf und ab lief. »Ich muss versuchen, darüber nachzudenken. Der Traum ist doch ganz bestimmt ein sicheres Zeichen dafür, dass sie tot ist oder so was.«

»O Gott! Sag so was nicht!«

»Doch, doch! Ganz bestimmt! Das ist ein deutliches Zeichen. Aber wofür genau, weiß ich nicht. Und wenn sie nun tatsächlich tot ist, wie finde ich das dann heraus? Ich muss sie suchen. Das Problem ist nur, dass es schon so lange her ist. Vor zwanzig Jahren habe ich sie zuletzt gesehen, in Northampton, und seitdem habe ich keinen Kontakt mehr mit ihr gehabt.«

»Was ist mit ihrer Adresse? Vielleicht solltest du schreiben, wenn du dich dann besser fühlst.«

»Nein, nein! Ich muss nach England. Außerdem weiß ich gar nicht, wo sie wohnt. Ich habe nur noch eine vage Erinnerung an ihre Adresse, das ist so lange her. Und du musst mir glauben, es ist wirklich dringend. Einmal von ihr zu träumen ist Zufall, denselben Traum zweimal zu haben ist Telepathie. Ich weiß das. Sie ruft nach mir. Vielleicht ist sie irgendwo in einem Heim, und keiner kümmert sich um sie. Womöglich ist sie sogar obdachlos, lebt auf der Straße oder ist ernsthaft krank, liegt im Krankenhaus, oder schlimmer noch, vielleicht ist sie ja sogar tot.«

»Also was willst du jetzt machen?«, fragte Julie und versuchte, Síle, das jüngste ihrer drei Kinder, zu füttern.

»Ich gehe sofort zur Bank, hebe ein paar Pfund ab und fahre heute Abend noch mit der Fähre nach England, und wenn ich schon mal da bin, mache ich einen Abstecher nach London und kaufe ein paar Bilder zum Rahmen. So ist die Reise dann wenigstens nicht ganz umsonst.«

»Na ja, mir recht, was immer du tust, solange du nur zufrieden bist. Aber ich meine, du solltest vielleicht noch ein Weilchen warten, noch einmal darüber nachdenken und nichts überstürzen. Du musst doch irgendeinen Grund damals gehabt haben, den Kontakt zu ihr abzubrechen. Und was, wenn du sie findest, und sie will herkommen und bei uns wohnen, wie sollen wir das schaffen?«

»Nein, nein! Das war damals meine Schuld. Mein Fehler. Ich war einfach noch zu jung und konnte mit dem allen nicht umgehen«, räumte John ein, als er eine Scheibe Speck in die Pfanne legte, um sich Frühstück zu machen.

Dann drehte er sich wieder zu Julie um: »Und wenn sie nun tatsächlich bei uns wohnen will, also, darüber reden wir, wenn das Problem akut wird. Außerdem sind zwanzig Jahre eine verdammt lange Zeit. Gut möglich, dass es schwer sein wird, sie aufzuspüren. Aber was auch immer getan werden muss, ich weiß, dass ich sie finde und damit basta.«

Julie hatte Síle zu Ende gefüttert und sagte: »Na dann, Liebling, sie ist deine Mutter. Und was auch immer du zu tun gedenkst, ich wünsche dir alles erdenklich Gute.«

Ein paar Stunden später war er auf dem Weg nach England.

KAPITEL 22

Sie saßen gemütlich auf ihrem neuen Sofa in der Cloutsham Street Nr. 34 in Northampton, tranken Tee, sahen fern und sprachen über ihre jeweiligen familiären Bindungen. Bridie war überzeugt, es könne eine ideale Gelegenheit sein, Gordon ein bisschen mehr aus ihrer Vergangenheit zu erzählen, ein bisschen mehr von ihren geheimen Träumen und Wünschen.

»Habe ich dir je erzählt, wie ich meinem Sohn an dem Tag, an dem ich ihn verlassen musste, eine Haarlocke abgeschnitten habe?«

»Eine Locke von deinem Sohn!«, rief Gordon. »Was erzählst du denn da, Byedee?«

»Ich habe meinem Sohn eine Haarlocke abgeschnitten, an dem Morgen, an dem ich mich von ihm trennen musste … Ich bewahre sie in meinem Schmuckkästchen oben auf. Weißt du, in der Nacht, bevor man ihn wegbrachte, hatte ich einen Traum. Ich habe geträumt, wenn ich etwas behalte, das ihm gehört hat, würde er zu mir zurückkommen, und deshalb habe ich die Locke all die Jahre aufbewahrt. Ich dachte, das hätte ich dir schon erzählt, oder?«

»Herrje, Byedee! Alle Menschen träumen doch! Und du redest ständig davon. Das ist doch reine Zeitverschwendung, wenn du mich fragst.«

»Ich weiß, Gordon, du glaubst nicht an Träume. Aber ich bin da anders. Ich werde ihn nie aufgeben. Sogar, wenn ich abends ins Bett gehe, ist es das Letzte, woran ich denke. Ich bete jeden Abend, Gordon, dass er zurückkommt oder mir schreibt. Und wenn das passiert, möchte ich noch keine alte Frau sein. So lange möchte ich nicht warten müssen.« Liebevoll legte sie Gordon den Arm um die Schulter und fuhr fort: »Ich weiß ja, Schatz, du verstehst das nicht so richtig. Du hast ja schließlich eine eigene Familie, deine Ex-Frau und alles, aber manchmal kann ich eben an nichts anderes denken. Und es regt mich richtig auf, wenn ich höre, wie du über deine Enkel redest. Die sind noch jung, Gordon, wenigstens kannst du sie jeden Tag sehen. Wenn ich doch nur einmal mit John Paschal reden könnte, wäre ich die glücklichste Frau in ganz Irland …«

»Irland, Irland! Was redest du denn da …«, amüsierte sich Gordon.

»Tut mir leid, Schatz, ich meinte natürlich England … du weißt ganz genau, was ich meine. Aber ist das nicht seltsam, andauernd versuche ich mir auszumalen, wo auf der Welt er gerade sein mag. Manchmal denke ich, es ist, wie ganz oben auf einer hohen Säule zu stehen und auf die Straßen von London runterzusehen. Millionen von Menschen gehen vorbei, und man versucht verzweifelt, den einen herauszupicken, den man sucht. Und viel schlimmer ist es noch, wenn man nicht mal weiß, in welchem Land sich derjenige befindet. Das macht es so viel schwerer, ihn im Gebet zu erreichen.«

»Wieso fährst du dann nicht nach Irland? Es muss doch einer wissen, ob er da irgendwo ist.«

»Ach, Gordon, das wäre so schön. Nächstes Jahr vielleicht, wir könnten im Urlaub nach Galway fahren, und ich könnte ein paar Erkundigungen einziehen. Aber ich würde ihn nicht gern sehen, ohne ihm vorher Bescheid zu geben. Ich will ihm das überlassen, mich zu suchen, wenn er das will. Wer weiß, er könnte in eben diesem Moment in Irland sein, in England oder in Australien. Aber irgendwie habe ich das Gefühl, dass er da nicht bleiben würde. Womöglich lebt er jetzt schon wieder in Irland, oder vielleicht in Manchester«, sagte Bridie, lehnte sich über die Armlehne des Sofas und hob ihre Zigaretten vom Boden auf. Und als sie eine weitere Zigarette für sich und Gordon anzündete, fuhr sie fort: »Ich weiß nur das eine, Gordon, dass ich nie aufhören werde zu beten. Ich weiß, dass meine Gebete erhört werden, aber dass die Zeit dazu für uns beide reif sein muss. Als wir uns das letzte Mal sahen, habe ich ihn womöglich verschreckt, denn er war jung und kannte mich ja gar nicht. Habe ich dir je erzählt, dass ich mal übernatürliche Kräfte hatte und gewisse Dinge im Voraus wusste?«

»Was? Du und ein Medium?«, sagte Gordon lachend. »Herr im Himmel, das ist ja phänomenal. Ich muss dich am Samstag auf dem Markt ausstellen, wir würden ein Schweinegeld verdienen …«

»Doch, wirklich wahr, Gordon. Habe ich dir je erzählt – und lach jetzt bitte nicht –, dass ich mal einen Mann kannte, ich bin da, ja … etwa sechzehn oder siebzehn gewesen, der sehr nett zu mir war? Noch heute weiß ich genau, was er damals zu mir gesagt hat. Er sagte: ›Eines sage ich dir jetzt schon, Bridie, reich wirst du sicher nie. Aber andererseits wirst du auch nie arm sein, denn eines Tages, vielleicht erst in ein paar Jahren, wenn du es am wenigsten erwartest und es am meisten brauchst, wirst du gewinnen.‹ Und ist das nicht komisch, irgendwie glaube ich nicht, dass er damit Geld meinte – auch wenn ich immer Lotto spiele und an jedem Preisausschreiben teilnehme. Ich glaube, er sprach von Paschal, obwohl der damals noch gar nicht auf der Welt war. Aber es war diese Art, wie er mich ansah. Und deshalb weiß ich, er meinte das alles wirklich so, wie er es gesagt hat.«

»Muss wohl ein Zigeuner gewesen sein, oder was?«

»Nein, seltsamerweise war er das nicht. Er war ein vornehmer Gutsbesitzer, für den ich mal gearbeitet habe. Er war verheiratet und hatte drei reizende Kinder. Aber ich werde nie vergessen, wie nett er zu mir war. Irgendwie habe ich das Gefühl, dass seine Worte wahr werden und dass John Paschal zu mir zurückkommt. Tut mir leid, Gordon, dass ich dauernd darüber rede, aber ich weiß einfach, wenn ich ihn in meinen Gedanken erreiche, dann kommt er angelaufen.«

»Das bezweifle ich«, seufzte Gordon müde. »Aber wirklich wissen kann man es ja nie, oder?«

Gordon hatte keine Lust mehr, Bridie zuzuhören. Er hatte genug eigene Probleme, dachte er, ohne sich auch noch ihre aufbürden zu müssen. »So, das wär's! Na los, hoch mit dir, Byedee, ich muss morgen früh um acht Uhr in der Abbington Street sein. Du geh nur schon rauf. Ich räume hier ein bisschen auf.«

Doch Bridie blieb auf dem Sofa liegen. Sie hatte noch keine Lust aufzustehen, sie genoss den letzten Zug von ihrer Zigarette und versuchte, sich vorzustellen, wie das wohl wäre, wenn ihr Sohn durch die Tür in ihr Wohnzimmer spazierte. Das wäre absolut himmlisch.

Der Anschlusszug der Holyhead-Fähre glitt vorbei an unscheinbaren Dörfchen, als er mit Zielbahnhof London durch die englische Landschaft sauste. Die nur schwach beleuchteten Waggons waren bis zur Belastungsgrenze vollgeladen; überall verstreut lagen Berge von Gepäckstücken. In dem Versuch, den Sinn des Ganzen zu erfassen, und versunken in die Betrachtung der zahnlos starrenden Gesichter seiner Mitreisenden saß John Paschal da. In dem Moment wünschte er, er wäre Künstler, denn die spätabendliche Szenerie war wirklich der Traum jedes Zeichners. Doch trotz des enormen Vergnügens, das die Betrachtung der menschlichen Gestalt ihm bereitete, bekam er das Bild jenes furchtbaren Traums nicht aus seinem Kopf. Der bloße Gedanke, dass er seine eigene Mutter im Stich gelassen hatte und jetzt auf dem Weg nach England war und ein Unrecht wiedergutmachen wollte, löste erneut Übelkeit aus. Er hatte das unangenehme Gefühl, dass seine Vergangenheit zurückkehren und ihn heimsuchen würde. Nein, nein, da täuschte er sich wohl, dachte er. Auf diese Weise würde seine Mutter ihn nie heimsuchen. Und es war ja auch alles schon so lange her. Aber weshalb ging es ihm dann so schlecht, fragte er sich. Es war, als habe er ein grausiges Verbrechen begangen. Ein Verbrechen, das er nicht erklären konnte. Und der bloße Gedanke, dass er mit seiner Mutter gern wieder vereint wäre, brachte die Erinnerung an ein Wort mit sich, das er mehr als alle anderen Wörter der englischen

Sprache verabscheute: illegitim. Als junger Bursche hatte er so viele hässliche Auslegungen dieses Wortes gehört, und dessen Bedeutung wurde ihm so oft unter die Nase gerieben, dass er sie nie im Leben mehr vergessen würde. Es war der juristische Begriff für einen Bastard, ein unehelich geborenes Kind. Und da saß er nun, ein Bastard, und war auf dem Weg nach England, um nach seiner Mutter zu suchen. Er überlegte, ob sich wohl noch weitere Bastarde im Zug befanden. Sicher war die Welt voll von Bastarden und Arschlöchern und Scheißkerlen, die nicht in der Lage waren, ihrer eigenen Mutter einen Brief zu schreiben, geschweige denn ihrer Großmutter. Also war er sowohl in dem einen Sinn des Wortes als auch in dem anderen ein Bastard.

Wäre er stolz auf seine Mutter, wenn er sie sah? Wenn sie auch nur ein bisschen so war wie das Bild, das ihm im Traum erschienen war, war er sich da nicht so sicher. Inständig betete er, dass der Traum nicht mehr als ein geheimnisvolles Zeichen war, ein Zeichen dafür, dass er sie retten musste. Aber retten wovor, vor Krankheit, Tod oder dem Ungewissen? Das Ungewisse und der Tod gehörten zu den Themen, über die Menschen nur äußerst ungern sprachen. Doch sein grauenvoller Traum hatte irgendwie eine schreckliche Erinnerung aus seiner Vergangenheit wachgerufen, die Erinnerung an etwas, das sich vor vielen Jahren zutrug, als er in Manchester lebte.

Ihm fiel wieder ein, dass er eines Abends von der Arbeit zurückkam und eine gebeugte, ältliche Gestalt sah, die einen wackeligen alten Kinderwagen vollgeladen mit Lumpen hinter dem Haus, in dem er wohnte, die Gasse mit dem Kopfsteinpflaster hinunterschob. Mit klarer, deutlicher Stimme rief der alte Mann: ›Lumpen … ich sammle Lumpen … Lumpen …!‹ Beim bloßen Anblick des Mannes, den er nie zuvor gesehen hatte, wurde ihm angst und bange. Aus irgendeinem merkwürdigen Grund dachte er damals, die durchdringende Stimme des Alten stände für den Tod. Später, als er von einem vergnüglichen Abend nach Hause kam, überkam ihn auf einmal ein seltsames Gefühl, als er sich seinem Haus näherte. Die menschenleere, schwach erleuchtete Straße hatte etwas Unheimliches, das ihn schaudern ließ, und so fing er an zu laufen. Irgendetwas oder irgendjemand verfolgte ihn, das wusste er ganz sicher, kein menschliches Wesen, aber dennoch ein Wesen. Er erreichte sicher das Haus und war noch nie so froh gewesen, ins Bett gehen zu können. Er lag noch nicht lange, da hörte er einen schrecklichen Klageruf von der Vorderseite des Hauses. Er fand, es war das furchtbarste Jammern, das er je gehört hatte. Sowohl er als auch der Mann, mit dem er sich das Zimmer teilte, setzten sich vor lauter Angst im Bett auf. Er erkannte deutlich die Umrisse seines Zimmergenossen im Bett beim Fenster, als der laut rief: »Herr im Himmel, John! Was war das denn?«

»Keine Ahnung, aber es klingt grauenvoll«, antwortete John Paschal halb krank vor Angst. »Ach, das wird wohl nur irgendein alter Trunkenbold sein.«

»Aber ich kann keinen Menschen weit und breit sehen. Hier ist niemand«, sagte sein Zimmergenosse, der aus dem Fenster gesehen hatte. Eine Weile saßen sie beide starr vor Schreck da, während die Lichter der Stadt magische Schatten in das Zimmer warfen. Dann vergruben sie schnell die Köpfe unter der Bettdecke, um die gespenstischen Schatten auszusperren, die auf den Wänden ihrer Unterkunft tanzten. Aber als John am Morgen aufwachte, lag sein Zimmergenosse reglos im Bett, tot.

Und mit diesem Traum von seiner eigenen Mutter kam er der Erfahrung jenes furchtbaren Moments so nah wie nie zuvor. Diesen Traum wollte er nie, nie wieder haben, und er betete, dass es keine Vorahnung vom Tod seiner Mutter war. Und wenn doch, so wusste er nicht, wie er je mit dem Wissen umgehen sollte, dass er seine eigene Mutter verleugnet hatte. Und ihm war klar, dass der Grund dafür, dass er sich so elend fühlte, diese Charakterschwäche war, diese Sünde in seiner Seele. Und es gab nur eine Möglichkeit für ihn, Erlösung zu erlangen, und die bestand darin, dass er sie fand. Er musste sie um jeden Preis finden, ehe es zu spät war. Vielleicht, o Gott, vielleicht war es ja noch nicht zu spät und sie war noch am Leben und wohnte immer noch in der Barrack Road. Aber was wusste er denn schon über sie, überlegte er. Verdammt wenig. Und abgesehen von ein paar alten Fotos hatte er nichts vorzuweisen, das belegte, dass seine Mutter je existiert hatte. Keine Briefe, keine Liedtexte, keine Gedichte und ganz bestimmt keine Mundharmonika. Überhaupt nichts. Und all die Briefe, die sie geschrieben hatte. Sie musste Hunderte, nein, Tausende von Briefen geschrieben haben. Andauernd hatte sie ihm geschrieben. Und nach all dem war es so traurig, dass er keinen einzigen Brief von ihr mehr hatte.

Aber ich finde sie, das verspreche ich, sagte er sich, als der Zug langsam zum Stillstand kam und eine angenehme Lautsprecherstimme verkündete: »Alle Passagiere nach Northampton in Rugby umsteigen. Alle Passagiere nach Northampton in Rugby umsteigen. Nächster Halt Rugby.«

Gegen halb acht kam er dann in Northampton an. Er beschloss, dass er sich zuallererst eine annehmbare Unterkunft in einem preiswerten Hotel oder einer Pension suchen wollte. Egal, wie die Dinge für ihn an diesem Tag liefen, wollte er auf jeden Fall über Nacht in Northampton bleiben, damit wäre er wenigstens schon einmal sein Gepäck los. Dann wollte er sich ein Taxi nehmen, sofort in die Barrack Road fahren und sehen, was ihn in der Nummer 49 erwartete. Bei seinem Glück, so dachte er, war das Haus wahrscheinlich abgerissen.

O Gott, betete er, tu mir das nicht an. Ich glaube, das könnte ich nicht verkraften. Wenn zumindest die Straße noch da ist, weiß vielleicht irgendeiner etwas darüber, wo sie jetzt wohnt. Er wusste, dass die Lösung dieses Problems der wichtigste Moment in seinem Leben sein würde. Er versuchte ja nicht nur, eine Blutsverwandte zu finden, sondern er bemühte sich auch, die Uhr zurückzudrehen und verlorene Zeit wiedergutzumachen.

Drei Stunden später schloss John Paschal sein Hotelzimmer ab und war froh, sein Gepäck losgeworden zu sein. Dann lief er nach unten und sprang in ein wartendes Taxi. »Bitte in die Barrack Road.«

»Sehr wohl, Sir. Welches Ende von der Barrack Road soll's denn sein?«

»Keine Ahnung. Nummer 49, wo immer das ist.«

Die Nummer 49 war ein ordentliches Backsteinhaus, etwa in der Mitte der Straße. Es gehörte zu einem zusammenhängenden Häuserkomplex, der sich über einhundert Häuser oder mehr zu beiden Seiten der Straße erstreckte. Vor den Häusern standen Autos und Lieferwagen in langen Reihen.

An der frisch gestrichenen grünen Tür der Nummer 49 befanden sich ein Türklopfer in Form eines Schiffsankers sowie eine Klingel. Einen Moment lang erfreute sich John Paschal an dem Gewicht des Schiffsankers in seiner Hand und ließ den Klopfer dann schwer auf die Tür fallen. Das tat er wieder und wieder, und als keine Reaktion kam, klingelte er. Von irgendwoher hörte er eine Stimme: »Die sind auf der Arbeit, Kumpel, die kommen erst spät nach Hause.«

Als sich John Paschal in Richtung der Stimme umdrehte, sah er einen kleinen älteren Mann in der geöffneten Haustür direkt gegenüber stehen.

»Ach! Ich nehme an, Sie wohnen hier. Ich bin auf der Suche nach einer Verwandten, die hier in der Nummer 49 gewohnt hat. Bridie Rodgers. Wissen Sie, ob die immer noch hier wohnt?«

»Bridie Rodgers?« Der Mann schüttelte den Kopf. »Nie gehört von der. Da wohnen jetzt Alec und Winifred … eine ganze Weile schon … ein älteres Paar aus Jamaica. Da gibt es keine Bridie … wie war noch der Name …?«

»Rodgers.«

»Rodgers? Da gibt es keine, die so heißt, in der ganzen Straße nicht, und ich wohne schon gut zehn Jahre hier.«

»Zehn Jahre!«, rief John Paschal. »Und wie lange wohnt denn dieses Paar schon hier?«, fragte er und begriff zu spät, dass das eine dumme Frage war.

»Etwa sechs … vielleicht sieben Jahre. Die werden nichts wissen. Nee, Kumpel. Eine Frau, die so hieß, hat hier in der Straße nicht gewohnt. Sie können ja Jack fragen, der wohnt in der Nummer 59«, sagte der Mann und deutete auf ein Haus ein Stückchen weiter die Straße runter. »Der wohnt sein ganzes Leben schon da, der könnte ja was wissen.«

»Na schön, Kumpel, danke.«

John Paschal ging sofort zum Haus von diesem Jack und verfluchte sein Pech, denn auch dort traf er niemanden an. Jetzt blieb ihm nichts anderes übrig, dachte er, als an jede einzelne Tür zu klopfen. Er versuchte es zu beiden Seiten unmittelbar neben der Nummer 49 und direkt gegenüber. Aber er kam nicht weiter, denn kaum einer war zu Hause. Er merkte sich, wen er nicht angetroffen hatte. Zu denen würde er später noch einmal kommen müssen. Irgendwer musste sich doch an sie erinnern.

Es war schon bald Abend, und er hatte es an jedem Haus in der Straße versucht, einschließlich des Papierwarengeschäfts an der Ecke. Er war erschöpft, nachdem er an so viele Türen geklopft und so viele Fragen gestellt hatte, wobei er selber möglichst wenig von sich preisgab. Verzweifelt ging er noch einmal zum Haus von diesem Jack. Endlich traf er ihn auf dem Heimweg von der Arbeit an.

»Bridie Rodgers?«, fragte Jack nachdenklich, während John Paschal überlegte, was für eine Art Handwerk Jack wohl betreiben mochte. Der musste im Kohlenhandel sein, entschied er, denn der unverkennbare Ring aus Kohlenstaub umgab die hellblauen Augen des Mannes.

»Wie die Frau mit Nachnamen hieß, wusste ich nie«, sagte er und schüttelte nachdenklich den Kopf, »aber ich erinnere mich an eine Frau, die da in der Nummer 49 gewohnt hat. Sehr hübsch ist sie gewesen, eine Irin, ganz schwarze Haare. Sie hieß wohl Bridie, glaube ich, und hat im St.-Andrew's-Krankenhaus gearbeitet.«

»Das ist sie! Ja, das ist sie! Wo ist sie hingegangen, und wie lange ist sie schon weg?«

»Ach, Kumpel, die habe ich seit Jahren nicht mehr gesehen. Sind alle weggezogen aus der Gegend hier, wissen Sie, so vor etwa zehn, zwölf Jahren. Seitdem hat sich viel verändert hier, viel verändert.«

»Na ja, danke jedenfalls für Ihre Hilfe. Ich versuche es dann wahrscheinlich gleich morgen früh im St.-Andrew's-Krankenhaus. Die werden doch sicher was wissen.«

»Tut mir leid, Kumpel.«

»Macht ja nichts. Danke.«

Der nächste Tag. John Paschal ging zum St.-Andrew's-Krankenhaus und musste lange, sehr lange beim Empfang warten. Keiner schien an seiner Suche interessiert zu sein, denn die Frau, mit der er zuerst gesprochen hatte, kam einfach nicht wieder. Also nahm er an, sie müsse wohl nach Hause gegangen sein, oder vielleicht nahm sie gerade jemandem den Blinddarm heraus.

Nachdem er sich wiederholt bei verschiedenen Mitarbeitern des Krankenhauses nach dem Aufenthaltsort von Bridie Rodgers erkundigt hatte, kam eine verdrießlich dreinschauende Frau – die Oberschwester – auf ihn zu und fragte ihn: »Sind Sie der Herr, der sich nach Bridie Rodgers erkundigt hat?«

»Ja, richtig.«

»Bridie Rodgers arbeitet schon seit Jahren nicht mehr hier. Sie war Hausangestellte hier. Meinen Sie die?«

»Ja, ja! Das ist sie! Wissen Sie, wo sie hingegangen ist?«

»Tut mir leid. Keine Ahnung, und selbst wenn ich es wüsste, wäre ich nicht befugt, Ihnen derartige Informationen zu geben.«

»Ja, schon klar, schon klar. Und das weiß ich auch zu schätzen. Aber ich bin ihr Sohn, und ich versuche herauszufinden, wo sie hingegangen ist. Haben Sie irgendeine Ahnung, wo sie jetzt wohnen könnte?«, fragte John flehentlich.

Als die Oberschwester das hörte, runzelte sie die Stirn, und ihre schmalen Lippen verzogen sich zu einer verächtlichen Grimasse, als sie den Kopf mit dem mächtigen Kinn hob und antwortete: »Ich bedaure, Sir, Sie müssen hier wohl falsch sein, oder aber es handelt sich um eine andere Person, nach der Sie suchen. Die Bridie Rodgers, die hier gearbeitet hat, hatte keine Familie. Also wie sollten Sie ihr Sohn sein? Die Dame war ja nicht einmal verheiratet.«

»Das weiß ich, das weiß ich ja. Aber ich bin trotzdem ihr Sohn! Und ich versuche doch nur, meine Mutter zu finden … es ist sehr dringend.«

»Tja, da sind Sie hier falsch«, erwiderte die Oberschwester schnell und fügte dann hinzu: »Und jetzt muss ich, wenn Sie nichts dagegen haben, wieder an meine Arbeit zurück.«

»Na schön, ich verstehe. Aber vielleicht könnte ich mit jemand anderem sprechen … einer Freundin oder einem Freund. Die könnten mir vielleicht weiterhelfen«, schlug John voller Hoffnung vor und senkte dabei die Stimme.

Einen Moment lang funkelten ihn die Augen der Oberschwester an, während sie ihn musterte. Dann antwortete sie energisch: »Sir, ich sagte es bereits. Wir geben über unsere Angestellten keine derartigen Auskünfte. Und wenn Sie jetzt nicht gehen, rufe ich die Männer vom Sicherheitsdienst und lasse Sie unverzüglich vom Gelände entfernen.«

Am Boden zerstört drehte John Paschal sich um. Der hat wohl, wie so vielen davor, mein Gesicht nicht gepasst, dachte er. Also wo soll ich jetzt hin, überlegte er, als er oben in einem roten Doppeldeckerbus den ganzen Weg zurück in die Stadt fuhr. Er ging in ein Café, saß da über einer Tasse Kaffee und dachte nach. Nach einigen ernsten Überlegungen ernannte er sich selber zum Oberbefehlshaber bei dieser Untersuchung. Sofort nahm er seine Arbeit auf und machte eine lange Liste mit möglichen Quellen für Informationen, angefangen beim Sterberegister, denn es war wohl kaum sinnvoll, nach jemandem zu suchen, der womöglich schon tot war. Danach wollte er zum Standesamt, mit ein bisschen Glück hatte sie vielleicht geheiratet, dachte er.

Den Rest des Tages verbrachte Paschal damit, von einem Amt zum anderen zu laufen, und das war in dem heftigen Regen gar nicht so einfach. Seine Füße taten ihm weh wie nie zuvor. Es kam ihm vor, als sei er Meilen über Meilen gelaufen, und doch hatte er nichts erreicht. Was, wenn sie noch lebte und inzwischen geheiratet hatte? Was, wenn sie geheiratet hatte, aber dann gestorben war? Dann stünde sie im Sterberegister unter dem Namen ihres Ehemannes. Es würde Tage dauern, alle amtlichen Register durchzusehen. Es gab so viele Variablen, mit denen er sich beschäftigen musste, es war beinahe jenseits jeglichen Begreifens.

Am Abend ging er seine Liste noch einmal durch: Sterberegister, Standesamt, Sozialamt und Steuerbehörde und alle möglichen Krankenhäuser, in denen sie arbeiten könnte.

Dann, er saß gerade über einem Bier, ging ihm durch den Kopf, dass sie womöglich gar nicht mehr in Northampton wohnte. Was, wenn sie weggezogen war und jetzt vielleicht in London, Leeds, Birmingham oder Manchester lebte? Sollte das der Fall sein, dann bestand keine Hoffnung mehr, vor allem wenn sie verheiratet war und unter dem Namen ihres Mannes lebte. Dann hatte er eine Eingebung: das amtliche Wählerverzeichnis. Da hatten sie sehr detaillierte Informationen: jeder Name unter der Sonne, jede Straße, das winzigste Detail über jeden Bürger in jeder Stadt. Er konnte mit den Anwohnern der Barrack Road beginnen. Das würde sicherlich etwas Licht auf die Sache werfen.

Das tat es nicht. Er prüfte alle Namen im amtlichen Wählerverzeichnis, und das viele, viele Jahre zurück. Nichts. Er prüfte die Finanzämter, so planlos die auch sein mochten. Wieder nichts. Und wieder trat das Problem auf: Was, wenn sie geheiratet und auf dem Standesamt einen falschen Mädchennamen angegeben hatte. Dann konnte er genauso gut nach der sprichwörtlichen Nadel im Heuhaufen suchen. Jemand schlug die Heilsarmee als großartige Quelle für Informationen vor. Davor schreckte er innerlich zurück. Er hatte diese Suche begonnen, und er würde sie beenden. Wieder ging er zurück zu den Sterberegistern und den Standesämtern, ein müßiges Unterfangen.

Inzwischen war er drei Tage von morgens bis abends unterwegs gewesen, und er war völlig erschlagen, geistig wie auch körperlich. Sein ganzer Körper schmerzte, als er ausgestreckt auf seinem Bett im Hotel lag. Der Gedanke der Niederlage war alles andere als angenehm für ihn. Er hatte Hunger, aber die Aussicht, draußen zu essen, in dem Wissen, dass er kein Anrecht auf das

Essen hatte, weil er es sich nicht verdient hatte, nahm ihm völlig den Appetit. Wie konnte man nur etwas Schönes essen, wenn man drei volle Tage hart gearbeitet und dabei keinerlei erkennbaren Fortschritt gemacht hatte? Das zu tun hieße, die Niederlage anzuerkennen. Stattdessen beschloss er, rauszugehen und sich eine Zeitung zu kaufen. Die wollte er lesen, um sich abzulenken und sich dann hoffentlich auch vor Hunger in die Niederlage fügen. Eine andere Möglichkeit gab es nicht.

Mit dem *Evening Echo* unter dem Arm kam er ins Hotelzimmer zurück und legte sich wieder aufs Bett, um die schmerzenden Glieder zu entlasten. Er las das *Echo* von der ersten bis zur letzten Zeile, jeden einzelnen Satz. Gerade wollte er die Zeitung zusammenfalten und sie aus lauter Langeweile und Enttäuschung quer durchs Zimmer werfen, da erregte etwas seine Aufmerksamkeit. Es war der Teil mit den Kleinanzeigen. In freudiger Erregung sprang er aus dem Bett. Wieso hatte er daran denn nicht schon vorher gedacht? Was war er doch für ein Idiot gewesen. Ein Aufruf, eine Anzeige, das war doch sicher der Schlüssel zur Lösung, dachte er. Er würde eine Annonce im *Evening Echo* aufgeben. Aber wie sollte er sie formulieren? Wenn sich schon in der Barrack Road keiner an Bridie Rodgers erinnerte oder wusste, wohin sie gezogen war, wer sollte sich dann die Mühe machen zu antworten? Wie wahrscheinlich wäre es, dass sie selber die Annonce las? Wohl nicht sehr wahrscheinlich, aber vielleicht lasen sie einige Freunde oder Kollegen. Doch die Chance, dass das passierte, war verschwindend gering. Er lief im Zimmer auf und ab, und er wusste tief innen drin, dass dies der eine entscheidende Moment sein konnte. Solch eine Annonce in einer Zeitung aufzugeben war ziemlich riskant. Er musste die Sache sehr abschwächen und vorsichtig formulieren, denn die Leute waren immer empfänglich für etwas, aus dem sie Gewinn schlagen konnten. Was für eine Adresse, so überlegte er, sollte er für die Antwort angeben, ein Postfach? Die Idee mit dem Postfach behagte ihm nicht, das hatte immer so etwas von Heimlichtuerei an sich, also würde er es anders machen. Das Hotel als Adresse anzugeben war wenig sinnvoll, denn dann müsste er ja in Northampton bleiben und tagelang auf Antwort warten. Das konnte er sich außerdem gar nicht leisten. Also blieb wohl weiter nichts, als vertrauensvoll zu sein.

Am nächsten Morgen verschob John Paschal seine Abreise nach London – wo er ein paar Bilder kaufen wollte –, um folgende Annonce aufzugeben:

> **Belohnung!** Belohnung für jeden, der Auskunft geben kann über den Aufenthaltsort von Miss Bridie Rodgers.
> Letzte bekannte Adresse: Barrack Road 49, Northampton, etwa 1966.
> Bitte wenden Sie sich an John Rodgers, Main Street, Williamstown, Grafschaft Galway, Irland.

Er zahlte für das Inserat und verlangte, die Annonce solle zwei Tage in Folge in der Zeitung stehen. Alles andere, so sagte er sich, liege jetzt in Gottes Hand.

Beryl Foster war zu Hause, ruhte sich aus und las dabei die Abendzeitung. Es war eine der wenigen Freuden, die sie mehr als alles andere genoss, in der Stille des eigenen Zuhauses die Zeitung lesen zu können, vor allem, wenn die Hausarbeit für den Abend erledigt war. Sie las immer zuerst den Nachrichtenteil und warf dann einen Blick auf die Klatschkolumne, ehe sie überlegte, ob es nicht an der Zeit für eine schöne Tasse Tee und ein paar Kekse sei.

Gerade wollte sie die Zeitung weglegen und in die Küche gehen, da erregte etwas ihre Aufmerksamkeit. Es war dieses eine Wort ›Belohnung‹, das da fettgedruckt in den Kleinanzeigen stand. Sie begann zu lesen, und ihre Augen weiteten sich. Mein Gott, ›*Miss Bridie Rodgers … 1966 …*‹, das ist Bridie, das ist meine Schwägerin. Wieder und wieder las sie die Anzeige. Das ist unsere Bridie. Das muss sie sein! Sie hat einen Sohn,

John, John Paschal. Das muss er sein. John Paschal Rodgers. Ach Gott! Ob das Bridie wohl weiß? Es soll eine Belohnung geben. Herrje, wie viel das wohl sein mag? Bridie gäbe wer weiß was darum, ihn wiederzusehen. Ich glaube, sie hat schon viele Jahre nichts mehr von ihm gehört. Ob das wirklich er ist? Bridie und ich haben damals in der Barrack Road gewohnt. Da wohnte sie damals, als wir uns kennenlernten, zusammen mit ein paar Freundinnen. Ach Gott, ich kann das gar nicht glauben, im *Evening Echo*. Sie schaute auf das Datum oben auf der Seite, nur für den Fall, dass sie einen schrecklichen Fehler gemacht hatte. Aber da konnte es keinen Zweifel geben. Da stand es schwarz auf weiß.

Sie musste Bridie sofort anrufen. Aber dann dachte sie, nein. Sie würde stattdessen zu Gordon und Bridie fahren, damit Bridie es mit eigenen Augen sehen konnte. Sie zog sich die Schuhe an, beschloss aber dann, zuerst anzurufen, nur für den Fall, dass sie womöglich Besuch hatten oder ausgegangen waren.

»Hallo! Hallo, Bridie! Ich wollte nur sehen, ob ihr auch zu Hause seid.«

»Hallo, Beryl. Wie geht es dir, Liebes? Ist alles in Ordnung?«

»Oh ja. Es ist nichts, nichts, das eine Tasse Tee nicht in Ordnung bringen kann. Ich komme mal kurz zu euch … in zehn Minuten bin ich da.«

Als Beryl ankam, konnte sie es kaum erwarten, Bridies Gesicht zu sehen. Sie wusste nicht, wer von ihnen aufgeregter war. Bridie, wenn sie die gute Neuigkeit hörte, oder sie selber als Überbringerin.

»Ich glaube, Bridie, du setzt dich lieber. Und setz deine Brille auf. Lies das«, sagte Beryl atemlos und hielt Bridie die Zeitung unter die Nase.

»Was ist denn los?«, erkundigte sich Gordon, der das aufgeregte Gesicht seiner Schwester sah, als er vor dem Kamin stand. »Hast du eine Urlaubsreise gewonnen oder was?«

»Gordon! Hör zu, bitte.«

»Jesus, Maria und Josef! Es ist John!«, rief Bridie und sah von der Zeitung hoch. »Das ist mein John.«

»John …?«, fragte Gordon verblüfft, während sich die beiden Frauen eine Weile mit glänzenden Augen ansahen.

»Das ist mein Sohn! John Paschal! Ich habe ihn gefunden, Gordon. Oh Beryl, das ist er! Das ist er! O Gott dem Allmächtigen sei Dank. Wie kann ich dir dafür nur danken!«, sagte eine gerührte Bridie, während sie die Hände faltete und den Blick zum Himmel hob. »Dich hat mir der liebe Gott geschickt, als wir uns das erste Mal sahen.« Sie stand auf, und die beiden fielen sich freudig in die Arme. »Herrje, Beryl … was … was mache ich denn jetzt?«, fragte sie und fing an, sich die Freudentränen wegzuwischen, die ihr die bleichen Wangen hinunterströmten.

»Antworten natürlich! Du musst sofort antworten! Das ist dein großer Augenblick. Darauf hast du doch schon so lange gewartet.«

Aus London rief John seine Frau Julie an und erzählte ihr, wie enttäuscht er darüber war, dass er seine Mutter nicht hatte finden können. Aber er ließ keinen Zweifel daran, dass er sie immer noch finden konnte, wenn er nur mehr Zeit und mehr finanzielle Mittel hatte. Irgendwo musste irgendwer etwas über sie wissen, sagte er. Es war eher eine Frage von Zeit und Geduld.

»Wann kommst du nach Hause, das will ich wissen. Die Kinder vermissen dich ganz schrecklich. Dauernd fragen sie: Wo ist Daddy und wann kommt er wieder nach Hause.«

»Übermorgen, wenn alles gut geht.«

»Na schön, ich freue mich auf dich. Also nutz deine Zeit gut, wenn du schon mal da bist, denn ich will nicht, dass du mir gleich wieder fortläufst. Am Ende gefällt es dir da drüben noch. Und vergiss nicht, mir was Schönes mitzubringen.«

»Was! Ich soll dir was Schönes mitbringen! Du weißt doch, dass das unmöglich ist. In ganz London gibt es nichts, das gut genug ist für eine Frau wie dich«, sagte er lachend.

»Ach, versuchen kannst du es ja immerhin! Überrasch mich. Tu einfach so, als würdest du etwas für dich selber kaufen.«

»Was! Ein Höschen mit Rüschen! Ich glaube kaum, dass mir so was steht.«

»Na ja, wo du schon von Höschen sprichst. So eine üble Idee ist das gar nicht.«

»Hör mal. Ich muss jetzt Schluss machen. Mir geht langsam das Geld aus. Bis Samstag dann, irgendwann am Vormittag, wenn alles gut geht.«

»Na schön, ruf mich noch mal kurz an, damit ich weiß, wann ich mit dir rechnen kann.«

»In Ordnung. Bye.«

John war fast da. Noch drei Meilen, und er war zu Hause. Er überlegte, ob es wohl eine Reaktion auf seine Annonce gab. Gestern war Freitag gewesen, der letzte Tag, an dem das Inserat in der Zeitung erschienen war. Vielleicht war es noch zu früh, um mit etwas zu rechnen. Womöglich käme in den nächsten Tagen ein Brief. Das war das Problem, wenn man kein Telefon hatte, dachte er, als er auf der Straße die letzte Kurve vor seinem Zuhause nahm. Er war so froh, von der Straße runterzukommen. Er war das Unterwegssein so leid. Ewig unterwegs, sein ganzes Leben lang, und wohin hatte es ihn gebracht, überlegte er, als er auf den Bürgersteig vor dem Haus fuhr. Er war früh dran. Es war erst zehn Uhr. Er steckte den Schlüssel in die Haustür und machte sie leise auf. Augenblicklich kamen die Kinder angelaufen. Nur Sekunden später waren alle drei um ihn herum. Ihre erwartungsvollen Blicke sagten alles. Roisín, mit fünf Jahren die Älteste, drehte sich um, lief in die Küche, und rief aufgeregt: »Mummy, Mummy! Daddy ist wieder da!«

Um nicht übertrumpft zu werden, riefen die anderen: »Daddy! Mummy hat gesagt, du bringst uns vielleicht Geschenke aus London mit, wenn wir beim Abwaschen helfen. Bist du wirklich in London gewesen?«

Er ließ sie einen Moment lang zappeln. Erst musste er herausfinden, ob sie auch wirklich artig gewesen waren und ob sie ein Geschenk auch verdienten.

»Und wo bleibt mein Kuss? Hast du mich denn ganz vergessen?«, zog Julie ihn auf, dann kam sie und umarmte ihn stürmisch. »Willkommen zu Hause. Wie schön, dass du wieder da bist.«

»Wie sollte ich dich denn vergessen, mein kleiner Oberfeldwebel? Das würde ich doch ewig zu hören kriegen. Und wie geht es dir denn? Hast du mich überhaupt vermisst?«

»Na, jetzt wo du hier bist, geht es mir wunderbar. Ich habe uns ein schönes Frühstück gemacht, oder hast du schon was gegessen? Ich dachte, du wolltest anrufen und mir Bescheid geben, wann du kommst.«

»Nein, ich habe noch nichts gegessen. Und überhaupt, wo würdest du um diese Zeit schon Frühstück bekommen auf dem Weg von Dublin hierher? Außerdem habe ich angenommen, du hättest was vorbereitet, also wozu was essen?«

Bevor sie sich an den Tisch setzten, verteilte er die Geschenke an die Kinder und gab dann Julie ihr Präsent.

»Oh, endlich! Chanel Nr. 5! Und ich dachte schon, du würdest es nie schaffen, mir das zu besorgen. Tja, eins zu null für dich. Du weißt ja, das echte Chanel Nr. 5 habe ich mir schon seit Ewigkeiten gewünscht. Aber das muss dich doch ein Vermögen gekostet haben. Vielen, vielen Dank«, sagte sie und strahlte ihn an, dann küsste sie ihn noch einmal auf die Wange.

»Was soll das heißen, du dachtest, ich würde es nie schaffen?«, zog er sie auf.

Allerdings erzählte ihr John Paschal nicht, dass er das Parfüm in der Bond Street von einem zwielichtigen Geschäftemacher bekommen hatte, der beim ersten Auftauchen eines Polizisten verschwunden war und John Paschals Geld dabei sicher in seiner Tasche verstaut hatte. Soweit John wusste, konnte er genauso gut einen Flakon mit Wasser aus Lourdes gekauft haben. Trotzdem, es schien einigermaßen anständig zu riechen, nicht schlecht für einen Zehner, und wenn es die Liebste glücklich machte, war es schließlich egal, dachte er.

»Und jetzt habe ich eine kleine Überraschung für dich«, sagte sie und reichte ihm einen Umschlag. »Danny hat den Brief gestern Abend ausgeliefert. Er ist an dich adressiert, also habe ich ihn nicht aufgemacht. Ich hatte gehofft, du würdest von unterwegs anrufen und könntest mir sagen, ob ich ihn aufmachen soll oder nicht. Was mag das sein, was meinst du?«

»Ein Telegramm!«, rief er völlig überrascht, als er den Umschlag aufmerksam musterte, ehe er ihn aufzureißen versuchte. Doch der Umschlag gab keine näheren Aufschlüsse, da er über das örtliche Postamt kam.

Seine Hände fingen an, leicht zu zittern, als er ihn aufriss. Er betete darum, dass es keine schlechte Nachricht war. Konnte es womöglich mit seiner Mutter zusammenhängen, so bald schon? Schweigend las er: »Bitte sofort unter Telefonnummer 0604 24772 melden. Stop. Unterschrift: Bridie Rodgers.«

Wie zum Dankgebet hob er den Blick zum Himmel, während ein überwältigendes Gefühl seinen ganzen Körper erfasste. Es war, als fege eine Flutwelle über ihn hinweg und befreie ihn von dem ganzen Schutt seiner Vergangenheit. Er war machtlos; die unglaubliche Freude, die in sein Herz strömte, konnte er nicht eindämmen, sie stieg höher und höher, bis sie überfloss und ihm die bleichen Wangen hinunterlief. Fast kam er sich wie ein kompletter Mensch vor, ein normaler Mensch mit einer richtigen Mutter.

»Herzlichen Glückwunsch, Liebling«, flüsterte Julie, die das Telegramm fallen ließ und ihn in die Arme nahm. »Du hast es geschafft! Du hast es geschafft! Und das ist jetzt alles, was zählt!« Lange standen sie eng umschlungen da und weinten hemmungslos.

»Wie fühlst du dich denn jetzt?«, fragte Julie und reichte ihm ein weißes Taschentuch, während die Kinder still dabeisaßen; auf ihren winzigen, engelsgleichen Gesichtern zeichnete sich deutlich die Sorge ab.

»Ich glaube, das muss wohl der wichtigste Moment meines Lebens sein«, antwortete er überglücklich. »Schließlich findet man nicht jeden Tag seine seit Langem vermisste Mutter wieder.«

»Tja, das ist auf jeden Fall etwas fürs Familienbuch«, sagte Julie und griff nach dem Kalender, der an der Schranktür hing und in dem alle wichtigen Familiendaten wie Geburtstage oder der Tag des Einzugs in das Haus, verzeichnet waren sowie die Daten, an denen jemand Mumps, Masern, Windpocken oder sonst irgendeine Krankheit auf diesem Erdball hatte. Doch diese ganz besondere, gute Neuigkeit wollte sie unter der Überschrift ›denkwürdige Ereignisse‹ verzeichnen. Sie würde einen Ehrenplatz einnehmen.

Julie schrieb: *›Samstag, 13. Juni 1983, John hat seine Mutter gefunden. Amen.‹*

»Der nächste Eintrag wird euer tatsächliches Treffen sein«, fügte sie hinzu, während sie ihren Eintrag bewunderte.

John Paschal saß am Frühstückstisch und nahm seine drei Kinder in die Arme, während Roisín besorgt fragte: »Was ist denn los, Daddy?«

»Gar nichts, Schätzchen, überhaupt nichts.«

»Aber warum weint ihr dann, Mummy und du?«

»Tja«, antwortete er bedächtig. »Es ist so, dass wir eine wirklich gute Nachricht erhalten haben, und die sollt ihr jetzt auch erfahren.«

»Ich weiß schon, du hast uns noch ein Geschenk mitgebracht«, vermutete Óisin.

»Nein! Nein! Es ist etwas viel Besseres. Ihr wisst doch, dass ihr eine ganz liebe Oma in Kilkenny habt, nicht?«

»Du meinst, Nan Nan?«

»Ja. Also, ich habe gerade herausgefunden, dass ihr noch eine Oma drüben in England habt. Was haltet ihr davon?«

»Und wie heißt sie?«

»Können wir dann trotzdem noch Nan Nan haben, unsere Oma in … in …?«

»Und können wir unsere neue Oma auch sehen?«

»Aber klar doch! Wir werden sie alle sehen … und wenn es so weit ist, dann feiern wir ein großes Fest.«

»Wann?«, riefen sie alle drei. »Geht das jetzt gleich?«

»Nein, nein! Wir müssen noch ein bisschen warten. Aber bald! Ganz bald!«

Die drei Kinder standen da und sahen ihren Vater fragend an, ehe ihre kleinen Porzellangesichter sich zu einem strahlenden Lächeln verzogen.

KAPITEL 23

Bridie kniete auf dem Teppich vor dem Kamin unten in dem kleinen Wohnzimmer und füllte die Karte für ein weiteres Gewinnspiel aus. Sie war jetzt glücklicher als je zuvor in ihrem Leben. Sie hatte bereits Briefe und Fotos von John Paschal, seiner Frau Julie und ihren drei Kindern bekommen, und das fast jede Woche einmal. Und seit zwei Wochen wohnten ihre alten Freundinnen Julie Murray und Noreen Donnellan bei ihr.

An Gordons freien Tagen unternahmen sie lange Fahrten aufs Land, und an den Wochenenden machten sie Einkäufe auf der Abbington Street oder den Märkten auf der Kettering Road. Ihre Besucherinnen kauften Unmengen von Spielzeug für ihre Freunde und Verwandten zu Hause. Das verschaffte Bridie die wunderbare Gelegenheit, in ganzen Kisten mit Nippes zu kramen, nach winzigen Bronzefigürchen zu suchen, die Hunde, Katzen und Vögel darstellten, und nach ausgefallenen Schmuckstücken. Und wenn sie einen alten Messingbilderrahmen oder eine alte Ansichtskarte mit einem Hund oder einer Katze sah, musste sie die auch haben. Und so war jeder einzelne Quadratzentimeter auf dem Sideboard, dem Kaminsims und dem Fensterbrett in der Cloutsham Street 34 voll mit kleinem Nippes und allerlei Zierat.

Julie und Noreen waren oben und betrachteten die neuesten Fotos von Bridies Großfamilie.

»… Die hat ja wirklich Glück«, sagte Noreen. »Und Gordon ist so ein lieber Mann. Sieh doch nur, wie schön er hier alles gestrichen hat und so. Und guck mal nach oben, die Decke, ist das nicht schön? Wie ich gesagt habe, es geht doch nichts über einen Mann im Haus.«

»Ja, wirklich toll. Gordon hat einfach für alles ein Händchen. Ach, Mist, irgendwas müssen wir wohl falsch machen, aber was?«, kicherte Julie. »Wir sind wohl zu wählerisch gewesen, das wird's sein.«

»Aber wo könnte man so einen wie Gordon finden, so einen gibt es nicht noch mal«, sagte Noreen.

»Kommst du mit runter? Ich hätte jetzt nämlich gern eine Tasse Tee … mal sehen, ob sie schon den Kessel aufgesetzt hat.«

Bridie kniete immer noch vor dem Kamin und füllte ihr Rätsel für das Gewinnspiel weiter aus, als Julie und Noreen ins Wohnzimmer kamen. Sie erzählte ihnen, was sie gerade machte.

»Es ist ein Gewinnspiel, das mache ich einfach zu gerne. Außerdem ist es ein guter Zeitvertreib, und schließlich kostet es ja nichts.«

»Liebe Güte, das machst du wirklich toll«, sagte Julie. »Zu so was tauge ich einfach nicht. Ich habe einfach nicht die Geduld. Ich kann ja kaum meinen eigenen Namen schreiben.«

»Hast du überhaupt mal was gewonnen?«, wollte Noreen wissen, als sie und Julie sich aufs Sofa setzten.

»Nein. Eigentlich nicht«, antwortete Bridie. »Aber ich weiß, dass ich eines Tages etwas Großes gewinne … vielleicht im Toto oder so.«

»Was redest du denn da, Byedee! Du vergisst wohl die Gäule! Erzähl ihnen doch von den Gäulen«, drängte Gordon sie.

»Ach ja, stimmt ja. Ich habe ein paar Pfund beim Pferderennen gewonnen. Erzähl du es ihnen, Gordon«, sagte sie lachend.

»Also Julie, du hättest unsere Byedee sehen sollen, vor ein paar Monaten erst«, fing Gordon begeistert an zu erzählen. »Da stehe ich doch den einen Samstag und versuche, die Küche zu tapezieren, und Byedee ist am Kamin, wie sonst auch so oft, und piekt mit einer Nadel mal in dieses Pferd, mal in jenes. Stimmt es nicht, Byedee?«

»Stimmt genau. Ich weiß noch, ich war halb erfroren in der Kälte und wollte bloß am Kaminfeuer knien und mich aufwärmen, und dabei habe ich mir ein paar Pferde herausgesucht.«

»… Und ich steh da oben auf der Leiter, und überall auf mir und um mich herum die blöde Tapete und der Kleister, stimmt es, Byedee?«, sagte Gordon lachend und sah Bridie erwartungsvoll an. »Ich sagte: ›Herrje, Byedee, geh mir doch mal zur Hand.‹ Aber sie kam einfach nicht. Stimmt es, Byedee?«, fragte er wieder und lachte immer noch. »… Stattdessen ist sie auf und davon zu den Buchmachern …«

»Ja, das stimmt«, bestätigte Bridie und lachte genauso herzhaft über die ganze Sache. »Ob ihr es glaubt oder nicht, ich habe doch tatsächlich zweihundertzehn Pfund gewonnen, gesetzt auf einen Yankee …«

»Herrje … ihr hättet sie sehen sollen«, unterbrach sie Gordon. »Da geht sie mit dreißig Pence zu den Buchmachern und kommt mit diesem dicken Bündel Geldscheinen nach Hause. Allmächtiger, denke ich, was hat sie bloß angestellt? Die ist doch tatsächlich hin und hat den Laden ausgeraubt! Ich habe damit gerechnet, dass jeden Moment die Bullen an die Tür klopfen, stimmt es, Byedee?«

»Großes Ehrenwort, das stimmt tatsächlich. Gordon wollte mir gar nicht glauben, als ich mit dem Geld nach Hause kam. Also ihr wisst ja, ich wette einfach zu gerne, vor allem samstags, meist zehn oder zwanzig Pence. Aber ich meine immer, man sollte es lieber auf einen Yankee setzen, da hat man die größeren Chancen.«

»Herr im Himmel, bist du fantastisch! Das muss ich mir merken, wenn ich erst wieder zu Hause bin. Ein Yankee«, meinte Julie. »Ist das ein Pferd aus Nordamerika, oder was soll das sein …?«

»Was ist denn mit dir los? Du Dummchen! So blöde kannst du doch nun wirklich nicht sein«, meldete sich Noreen ärgerlich zu Wort, während sie ihrer Freundin Julie einen kräftigen Stups in die Rippen gab, um sie zum Schweigen zu bringen. »Ein Yankee ist eine bestimmte Art der Wette, keine Pferderasse. Beim Yankee setzt man statt auf ein Pferd gleich auf zwei oder drei oder so.«

»… Und wie kommt es dann, dass du so eine Wette nicht selber gemacht hast, wenn du so oberschlau bist?«, gab Julie zurück, die sich darüber ärgerte, dass Noreen, die ziemlich angeben konnte, wenn sie sich in Gesellschaft befanden, ihr wieder einmal voraus war.

Nachdem sie alle kräftig über ihren Fauxpas gelacht hatten, brachte Julie das Gespräch schnell auf etwas Angenehmeres, das Bridie, wie sie wusste, sehr gefallen würde.

»Bei uns zu Hause haben wir was Neues, da kann man für ein Pfund ein Los kaufen und damit eine Million Pfund gewinnen«, erzählte Julie, die unbedingt beweisen wollte, dass sie bei Weitem nicht so dumm war, wie die Leute meinten. »Und in allerhand Läden und auf der Post kann man ein Rubbellos kaufen und alles Mögliche damit gewinnen, von zwei Pfund bis zu zehntausend Pfund.«

»Ja, stimmt«, bestätigte Noreen, der es leidtat, dass sie selber nicht daran gedacht hatte, das zu erzählen. »Eine Freundin von mir, Mrs. O'Keeffe, hat hundert Pfund gewonnen, das muss man sich mal vorstellen, und dabei hat sie nur ein einziges Los gekauft. Direkt aus dem Laden, ja wirklich.«

»Herrje, das hört sich ja fantastisch an, und ich habe noch nicht einmal davon gehört. Ihr müsst mir unbedingt zwei Lose schicken, wenn ihr wieder zu Hause seid.«

»Byedee! Byedee! Das ist doch sinnlos! Mit denen kannst du hier doch gar nichts anfangen! Das wäre reine Geldverschwendung, denn Irland ist doch Ausland«, sagte Gordon ärgerlich, er regte sich darüber auf, dass Bridie noch mehr Geld für Lose ausgeben wollte.

»Aber das ist mir egal, Gordon. Ich hätte eben einfach gern ein oder zwei … aus reiner Neugierde.«

»Man kann ja nie wissen, Gordon«, stimmte Noreen zu. »Am Ende gewinnt sie noch, und dann wirst du schon sehen, meinst du nicht? Wer weiß, vielleicht hast du ja Glück. Ich bin sicher, Mrs. O'Keeffe hat gesagt, man kann die Lose überallhin verschicken, in die ganze Welt.«

»Das kann ja wohl kaum schaden, es mal zu versuchen. Ein Vermögen wird es dich schon nicht kosten, und nur wer wagt, der gewinnt«, kicherte Julie.

»Und selbst wenn wir nicht gewinnen, wäre es nicht das Ende der Welt«, fügte Bridie hinzu, was sie daran erinnerte, dass sie lieber mit dem Preisausschreiben weitermachte, über dem sie gerade gesessen hatte, ehe sie den Wasserkessel für den Tee aufsetzte.

»Ach, Bridie, ehe ich es vergesse, meinst du, du könntest mir meinen alten Mantel als Päckchen verpacken und mir nach Hause schicken? Bestimmt bringt mich das noch um, und dann bin ich mausetot, wenn ich den auf der Heimreise tragen muss, wo es doch so warm ist. Mir war gar nicht klar, dass ich so viele Sachen für die Kinder besorgt habe. Meinen Koffer werde ich wohl nur mit Mühe zukriegen!«

»Natürlich Liebes. Das mache ich doch gern. Wann willst du ihn denn haben?«

»Ach! Solange du ihn mir nur in die Post tust, ehe der erste Frost einsetzt«, kicherte Julie. »Und das Geld dafür gebe ich dir jetzt gleich.«

»Und wieso nimmst du ihn nicht selber mit? Was machst du bloß, wenn es regnet?«, fragte Noreen, die Julie überhaupt nicht verstand. Die Frau macht aber auch immer einen Mist, dachte sie.

»Aber ich habe doch keinen Platz. Mein Koffer platzt aus allen Nähten, und dazu habe ich noch jede Menge Taschen. Und wie kann ich denn nach Hause kommen ohne ein paar kleine Geschenke für meine Neffen?«, fragte Julie, die sich darüber ärgerte, dass Noreen kein Verständnis für sie aufbrachte.

Bridie stand auf, um den Tee aufzusetzen, und ließ die beiden Frauen allein. Es war der letzte Abend für ihre Gäste, also wollte sie sehen, dass sie ihnen einen schönen Abschied bereitete. Die Freundinnen, die ich mein Leben lang schon kenne, kommen mich ja nicht alle Tage besuchen, dachte sie. Und keiner verdient ein bisschen liebevolle Fürsorge mehr als die beiden. Und außerdem werden Gordon und ich ja bald nach Irland fahren und John Paschal sehen, und mit ein bisschen Glück können wir ein oder zwei Tage bei Noreen und Julie in Galway bleiben. Ach Gott, ich freue mich schon so sehr auf den Tag, dass ich gar nicht mehr weiß, wie ich es bis dahin aushalten soll, seufzte sie; mein eigen Fleisch und Blut wiedersehen, nach all den Jahren.

Mit dem ersten Morgengrauen stand sie auf, und die Gedanken, die ihr durch den Kopf gingen, waren ausnahmslos angenehm. Liebend gern kümmerte sich Bridie als Angestellte der Stadt um die älteren Leute. Sie arbeitete selbständig, konnte kommen und gehen, wie es ihr gefiel, und nie bekam sie ein böses Wort zu hören, solange sie nur ihre Arbeit tat. Hinzu kam, dass die Frühschicht ihr die Gelegenheit verschaffte, auf dem Nachhauseweg ein paar Einkäufe zu machen, und dabei hatte sie noch die Zeit, darüber zu staunen, wie sich ihr Leben in den vergangenen Monaten entwickelt hatte. Jetzt, da sie ihre Arbeit erledigt hatte, konnte sie den Rest des Tages genießen, dachte sie, als sie sich auf den Nachhauseweg machte und dabei eine Abkürzung durch eine schmale kleine Seitenstraße nahm.

Sie hatte sich so sehr über ihren Besuch aus Irland gefreut, aber noch mehr freute sie sich auf das Wiedersehen mit ihrem Sohn und darauf, dessen Frau und vor allem ihre drei Enkelkinder kennenzulernen. Sie hatte sie schon auf vielen Fotos gesehen und in vielen Briefen von ihnen gehört, und heute Morgen würde wohl ein weiterer Brief von ihrem Sohn gekommen sein. Briefe, so dachte sie, hielten die Welt am Laufen. Sie liebte Briefe, sowohl das Schreiben als auch das Empfangen von Briefen. Vielleicht, wenn die Dinge anders gelaufen wären, als sie jung war, hätte sie etwas aus sich machen können, statt ihr ganzes Leben lang abhängig zu sein und zu schuften, denn sie liebte Bücher und Kunst und Lesen und Rätsel und das alles.

An der Vordertür mit dem Glaseinsatz, die in ihr Haus führte, blieb sie einen Moment stehen, um zu verschnaufen, dann steckte sie den Schlüssel ins Schloss. Sacht stieß sie die Tür auf und schloss sie hinter sich. Endlich zu Hause. Einfach nur Zeit zum Ausruhen und für eine schöne Tasse Tee, ehe sie mit den Vorbereitungen fürs Abendessen anfing. Ich glaube, ich hätte heute Appetit auf ein Stückchen Fisch, dachte sie, und dann sah sie die Briefe, gleich zwei, auf dem Boden hinter der Haustür. Herrlich. Die Schrift erkannte sie sofort, der eine war von John, der andere von Julie Murray. Sie beschloss, den Kessel aufzusetzen und sich eine Tasse Tee zu machen, ehe sie die Briefe öffnete. Jetzt waren es nur noch vier Wochen, und dann würde sie nach Irland fahren und ihren Sohn sehen, zum ersten Mal seit über zwanzig Jahren. Waren es wirklich über zwanzig Jahre? Komisch, was für Streiche einem die Zeit doch spielt, und ich habe gedacht, so was könnte ich nie vergessen, vor allem nicht die Jahre, die ich von John Paschal getrennt war.

Sie machte sich eine Tasse Tee und kniete sich auf den Teppich vor dem Kamin. Zuerst öffnete sie Julies Brief und las aufmerksam, was sie geschrieben hatte, und dann bewunderte sie die beigefügten Rubbellose. Die hatte sie sich von Julie erbeten, als sie ihr den Mantel in die Post gesteckt hatte, wobei sie sorgfältig darauf achtete, die zwei Pfund für die Lose mitzuschicken. Ohne dass Gordon es wusste, hatte sie schon viele Rubbellose gehabt, meist für wohltätige Zwecke wie Blinde, Behinderte oder irgendeinen Verein wie die British Legion. Wie konnte sie da die Ausgabe der zwanzig oder dreißig Pence scheuen, wo die Lose doch solch einer guten Sache dienten? Aber diese neuen Lose kosteten pro Stück ein Pfund. Sie überlegte, welches sie zuerst aufrubbeln sollte. Sie sahen beide genau gleich aus. Also machte sie es wie ein Kind und nahm einen alten Abzählreim zu Hilfe, um sich aus ihrem Dilemma zu befreien. Sie legte beide Karten nebeneinander auf den Boden und fing an: »Eene, meene, muh, und raus bist du.«

»Das ist Gordons, das ist meins«, sagte sie, nahm ihr Los auf und fing an, mit einem Geldstück zu rubbeln. ›Wenn Sie drei gleiche Zahlen oder Symbole haben‹, so hieß es auf den Karten, ›dann gewinnen Sie den entsprechenden Betrag.‹ Sie hatte zweimal die Fünfzig, zweimal die Fünf, einmal die Tausend und einmal die Hundert. Nichts! Na ja, vielleicht beim nächsten Mal, dachte sie. Sie sah sich Gordons Los an und dachte, dass sie es zu gern aufrubbeln würde. Ob ihm das wohl was ausmacht? Na, schaden kann es ja nicht. Ist es eine Niete, dann ist es sowieso egal, und wenn er irgendwas gewinnt, dann ist es seins und ich sage es ihm. Also rubbelte sie und rubbelte. Ach du meine Güte! Bildete sie sich das nur ein? Sie griff nach ihrer Brille, war sich aber immer noch nicht sicher. Sie holte sich die kleine Lupe aus der Schreibtischschublade. Sie stellte sich ans Fenster und las sich noch einmal die Spielregeln durch. Herrje! Das konnte doch nicht sein. Sie würde warten müssen, bis Gordon nach Hause kam, und dann sehen, was er von der Sache hielt.

Und als Gordon dann schließlich nach Hause kam, müde und erschöpft nach seinem anstrengenden Vormittag als Verkehrspolizist, hatte er nicht gerade offene Ohren für Bridies geheimnisvolle Bemerkung. »Gordon, Liebster, ich weiß, du wirst das kaum glauben, aber ich habe das Gefühl, du hast gerade zehntausend Pfund mit einem Rubbellos gewonnen.«

Gordon warf Bridie einen Blick von der Seite zu, als er seine Uniformmütze an die Garderobe hängte, dann antwortete er: »Herrje, Byedee, was redest du denn da?«

»Doch, bestimmt, Gordon! Sieh dir das an! Ich konnte es kaum erwarten, bis du endlich nach Hause kommst. Es war dein Los, und ich habe es aufgerubbelt, weil ich dachte, es wäre sowieso bloß eine Niete.«

»Also, was gibt es denn heute zu essen? Byedee!«, fragte Gordon laut, und dann wich er erschrocken vor dem Gegenstand zurück, den Bridie ihm unter die Nase hielt.

»Sieh es dir doch an.«

»Was denn? Was machst du hier mit mir, Byedee? Ich hatte ja nicht mal Zeit fürs Abendessen.«

Zögerlich nahm Gordon das Los und betrachtete es mit höchster Aufmerksamkeit, dann drehte er es um und las die Regeln, während Bridie nervös dabeistand. Dann drehte er sich zu ihr um und sagte: »Allmächtiger! Byedee! Es sieht so aus, als hätten wir gerade zehn Riesen gewonnen! Aber wo hast du denn das Los her?«

»Von Julie Murray. Du weißt doch, ich habe ihr den Mantel nachgeschickt, den sie hiergelassen hat. Und, na ja, ich habe zwei Pfund beigelegt und sie gebeten, mir die zwei Lose zu besorgen, diese Rubbellose, von denen sie erzählt hat, als sie hier war.«

»Allmächtiger!«, sagte Gordon, der immer noch das Los ansah. »Das glaube ich nicht! Zehntausend Pfund, einfach so!«

»Aber Gordon, du weißt doch noch – das habe ich dir bestimmt schon erzählt –, ich habe mal einen Mann kennengelernt, der hat mir gesagt, dass ich gewinnen werde. Er hat gesagt, wenn ich am wenigsten damit rechne und es am meisten brauche, werde ich gewinnen. Und ich habe die Hoffnung nie aufgegeben. Ich habe nie aufgehört zu beten, und jetzt sind meine Gebete erhört worden.«

»Aber wie kommen wir an das Geld?«, fragte Gordon, setzte sich wie in Trance, hielt dabei immer noch das Los in der Hand und starrte es ungläubig an.

»Ich glaube, da ist mir schon was eingefallen, wenn du nur damit einverstanden bist«, sagte sie, als sie schnell in die Küche ging und zwei Gläser holte.

»Ich sage dir dann später, was ich mir überlegt habe. Da! Nimm das«, sagte sie und gab ihm ein Glas Bailey's Irish Cream. »Prost!«

»Prost!«, sagte er und lächelte. »Schon vom ersten Moment an, als ich dich im Krankenhaus sah, war mir klar, dass du schwer in Ordnung bist. Ich wusste, du würdest mir Glück bringen. Deshalb habe ich dich geheiratet. Die zehn Riesen standen dir schon auf der Stirn geschrieben«, sagte er und lachte.

»Ich weiß, Liebling! Ich weiß. Aber ich habe das Geld lange vor dir schon gesehen, bloß habe ich nie einem was davon gesagt«, meinte sie fröhlich und setzte sich neben ihn. Und als sie ihn auf die Wange küsste, sagte sie noch: »Ich glaube, mit dem Abendessen wird es ein bisschen später heute, aber ich bin sicher, das macht dir nichts aus, wo wir doch jetzt um zehntausend Pfund reicher sind.«

Gordons Lächeln war Antwort genug, als er ihr den Arm um die Schultern legte und sie ein ganz kleines bisschen enger an sich zog.

In dem kleinen Schlafzimmer oben packte Bridie ihre Taschen und machte sich bereit für ihre Reise nach Irland am folgenden Tag. Sie hielt kurz inne, um das große gerahmte Foto von ihrem Sohn, seiner Frau und ihren drei Kindern zu bewundern, das auf ihrem Nachttischchen einen Ehrenplatz hatte. Sie versuchte zu überlegen, was sie zu ihnen sagen sollte, wenn sie sich endlich trafen, damit das Ganze ein wirklich denkwürdiges Ereignis wurde. Aber was immer sie ihrer neuen Familie sagen würde, konnte nicht am ersten Tag gesagt werden, denn das wäre einfach nicht richtig. Aber später, wenn alles gut lief, würde sie den geeigneten Moment wählen. Sie konnte es kaum glauben, dass endlich der Tag kommen sollte, an dem all ihre Träume wahr wurden. Als sie das freundliche Gesicht ihrer Schwiegertochter auf dem Foto sah und nachdem sie ihre tröstlichen Worte in den vielen Briefen gelesen hatte, war sie fest davon überzeugt, dass sie sich gut verstehen würden. Sie stellte das Foto wieder hin und sah noch einmal ihr Gepäck durch, denn sie wollte sich zum wiederholten Mal davon überzeugen, dass die ganze Kleidung und alle Geschenke sorgfältig gepackt waren. Morgen um diese Zeit, seufzte sie, werde ich in Irland sein.

John Paschal saß am Frühstückstisch und las die Tageszeitung. Er wollte sich über die aktuellen Ereignisse im Sport informieren, vor allem im Fußball in Galway. Nach ein paar Minuten faltete er die Zeitung zusammen und legte sie weg, denn an diesem Morgen war er nicht richtig bei der Sache. Er war nervös und gab sich alle Mühe, es nicht zu zeigen. Doch trotz aller Anstrengungen spürte seine Frau Julie an jeder seiner Bewegungen, dass er sich nicht wohl fühlte.

In einer Stunde würden seine Mutter Bridie und ihr Mann Gordon bei ihnen ankommen und zwei ganze Wochen mit ihnen verbringen. Gordon hatte er noch nicht kennengelernt. Und was seine Mutter Bridie anging, so ging er davon aus, dass er sie im Grunde kaum kannte, nachdem er sie nur zwei- oder dreimal in seinem Leben getroffen hatte. Unweigerlich fragte er sich, wie sie miteinander auskommen würden. Was, wenn er sie nicht mochte? Was, wenn die Kinder frech und unverschämt zu ihr waren? Das konnte sich John Paschal eigentlich nicht vorstellen, aber Kinder waren eben Kinder und zeigten ihre Unzufriedenheit vielleicht einfach, indem sie seine Mutter links liegen ließen. So viele Wenn und Aber, dachte er. Und was war mit Gordon? Vor allem Julie hatte große Mühe, seinen Dialekt zu verstehen, wenn sie miteinander telefonierten.

Immer wieder versuchte er, sich einzureden, dass alles gut laufen würde. Um Himmels willen, hör auf, dir Sorgen zu machen und werde erwachsen, sagte er sich. Hast du nicht auf deinen Reisen immer wieder Leute kennengelernt, und bist du nicht immer gut mit denen ausgekommen? Ja, ja, aber das hier war etwas anderes. Diese Leute werden bei uns wohnen – zwei ganze Wochen. So was hatten wir vorher noch nie, und wer weiß, vielleicht kann Julie die beiden ja nicht leiden. Das sind meine Leute, meine Verwandten. Und ich selber mag sie ja vielleicht auch nicht. Auch Gordon könnte sich hier irgendwie fehl am Platz fühlen. Wie viel weiß er denn überhaupt von der Vergangenheit meiner Mutter? Wie viel weiß ich? Nichts. Irgendwie kann ich mir nicht vorstellen, dass sie Gordon erzählt hat, wie sie ins Heim gesteckt worden war, wo sie jahrelang bleiben musste und von wo sie erst wegkam, als sie nach England flüchtete, nachdem sie mit Margaret Sherry und Lilly MacAlastair über eine Mauer geklettert war.

John Paschal meinte, draußen vor dem Haus Bremsen quietschen zu hören, und als er aus dem Fenster schaute, sah er einen roten Morris Minor draußen parken, der Fahrer winkte ihm zu und lächelte. Da waren sie nun also angekommen.

»Herrje, da sind sie!«, rief er. »Und ich habe gedacht, die kommen frühestens in einer Stunde.«

»Na, dann mach die Tür auf, ehe sie klopfen müssen«, schlug Julie vor und versuchte hastig, das letzte schmutzige Geschirr abzuräumen.

John machte die Haustür auf und sah einen kleinen gepflegten Mann aus dem Auto aussteigen und sich strecken, um die schmerzenden Glieder zu entlasten, ehe er sich zu John umdrehte.

»Guten Morgen«, sagte er und strahlte bis über beide Ohren, als er eine schlaffe Hand ausstreckte und dabei ganz vergaß, dass er seine Frau Bridie noch im Auto hatte sitzen lassen. »Dann bist du also John, was? Was für eine Höllenfahrt. Du hättest die Straßen sehen sollen, riesige, dicke Schlaglöcher, und der Verkehr in Dublin. Allmächtiger Gott im Himmel!«

»Ja, Gordon, wie schön, dich kennenzulernen, herzlich willkommen. Und Bridie, kommt sie allein aus dem Auto?«

Schnell drehte sich Gordon um und ging zur Tür auf der Beifahrerseite. »Byedee! Byedee! Was machst du denn nur?«, fragte er und hielt ihr zögerlich die Tür auf.

»Tut mir leid, Gordon, aber ich kann mich an diesen Türgriff einfach nicht gewöhnen. Unser altes Auto hat mir ja besser gefallen.«

»Ach, Byedee, Byedee! Unsere alte Karre ist zusammengebrochen, oder? Mit der wären wir nicht mal bis ans Ende unserer Straße gekommen. Ich habe ein neues Auto angeschafft, damit du in Urlaub fahren kannst, und da nörgelst du immer noch!«

»Aber ich nörgele doch gar nicht, Gordon, kein bisschen«, antwortete Bridie und kletterte geschickt aus dem winzigen Kombi. »Aber du solltest deine Frau nicht im Auto eingesperrt sitzen lassen, wo sie doch eigentlich auf Urlaub ist«, sagte sie lachend. Aber er beachtete sie nicht weiter und drehte sich zu John um.

»Schicker kleiner Flitzer, was? Was meinst du?« Aber ehe John antworten konnte, sagte Gordon: »Zweieinhalb Stunden von Dublin bis hierher, achtundvierzig Meilen auf eine Gallone. Nicht übel, was, und es wäre noch besser gegangen, wenn da nicht diese verdammten Schlaglöcher gewesen wären. Ganz im Ernst, selbst mit einem Panzer wäre man kaum sicher bis hierher gekommen, und für ein normales Auto war es echt die Hölle«, sagte er strahlend.

»Achtundvierzig Meilen auf eine Gallone ... gar nicht so übel ... Bridie, wie geht es dir?«, sagte John und trat vor, um seine Mutter zu begrüßen. Den Bruchteil einer Sekunde standen die beiden da und sahen sich an, ehe sie sich umarmten.

»Ach Paschal! So lange ist das schon her! Wie schön, dich wiederzusehen, und vielen Dank, dass du dich gemeldet hast. Du ahnst ja gar nicht, was mir das bedeutet.«

John war sprachlos, als er sie das sagen hörte. Also umarmte er seine Mutter einfach nur noch einmal und küsste sie auf die Wange. Als er sie diese magischen Worte ›Du ahnst ja gar nicht, was mir das bedeutet‹ sagen hörte, waren seine ersten Gedanken: Und du ahnst gar nicht, was dieses Telegramm mir bedeutet hat.

»Ich habe schon gedacht, ich hätte dich für immer verloren«, flüsterte er. Er fasste sich wieder und sagte: »Das ist Julie.«

Julie hatte schon Gordon begrüßt und unterhielt sich mit ihm über die Kinder.

»Wie geht es dir, Bridie? Du siehst großartig aus, in deinem wunderschönen Kostüm und mit der schicken Brosche und so«, sagte Julie, umarmte sie freundschaftlich und gab ihr die Hand. »Und das ist Roisín«, sagte sie und nickte dem kleinen Mädchen zu, das vorsichtig näher kam, um die neue Oma zu begrüßen, und dabei strahlte die Kleine wie die Sonne am Morgen.

»Ach, wie geht es dir, mein Liebling?«, fragte Bridie und nahm Roisíns Hand. »Du siehst ja entzückend aus. Wie eine richtige kleine Prinzessin. Und du musst Óisin sein, mein kleiner Enkel. Kommt her, damit ich euch alle umarmen kann.« Sie küsste die Kinder auf die Wange. »Und das muss Síle sein, wie geht es dir, meine Kleine?«

Und Síle, wie es schien zum ersten Mal in ihrem Leben, lächelte ganz scheu, als sie Bridies Hand nahm.

»Ach, Julie, ich komme gar nicht über die Ähnlichkeit weg. Roisín ist dir wirklich wie aus dem Gesicht geschnitten. Und Óisin ist genau wie John Paschal – als er klein war. Und was Síle angeht, da kann ich mich noch nicht entscheiden, wem von euch sie ähnlich sieht, vielleicht euch beiden.«

Die Kinder kicherten, und dann bekamen sie einen nicht unter Kontrolle zu bringenden Lachanfall, als Bridie ihren Vater Paschal nannte. Was für ein alberner Name, flüsterten sie sich zu. Na warte, bis ihre Oma in Kilkenny erfuhr, dass ihr Daddy einen neuen Namen hatte.

»Ach Julie und lieber John, die machen euch wirklich alle Ehre. Die sind so sauber und ordentlich, und so wohlerzogen«, sagte Bridie.

Schließlich gingen sie alle ins Haus, setzten das Gepäck im Flur ab und gingen dann weiter in die Küche, wo bald schon der Kessel aufgesetzt und frischer Tee gemacht wurde. Hunger hätten sie im Grunde nicht, sagten sie, weil sie ganz früh am Morgen auf der Fähre gefrühstückt und dann noch unterwegs auf dem Weg von Dublin einen Zwischenstopp eingelegt und eine Kleinigkeit gegessen hätten. Bald waren die großen Gepäckstücke ausgepackt und die Geschenke für John, Julie und die Kinder verteilt, während Gordon über die hohen Benzinpreise in Irland verglichen mit denen in England redete. Das sei nur die Schuld der EG, sagte er, Irland hätte nie und nimmer Mitglied werden sollen.

Später vertraute Julie ihrem Mann an, dass sie fand, seine Mutter sehe zauberhaft aus und so fröhlich – für ihr Alter. John Paschal seinerseits fand, dass Bridie eher sehr blass und erschöpft wirkte. Aber natürlich sagte er das nicht, er meinte, das Urteil seiner Frau sei vielleicht richtiger. Und außerdem war es egal. Alles, was zählte, war, dass er es den beiden, solange sie da waren, so schön wie möglich machte.

Den Abend begannen sie mit einer üppigen Mahlzeit, gefolgt von einer weiteren am Sonntag. Am Montag machte die ganze

Familie einen Ausflug nach Galway City, am Dienstag fuhren sie nach Salthill und Connemara, denn das Wetter versprach noch schöner zu werden.

Nach ein paar Tagen spürte John Paschal instinktiv, dass Bridie nach seiner Frau und den Kindern der wichtigste Mensch in seinem Leben sein würde. Als seine richtige Mutter hatte er sie bereits akzeptiert. Er liebte ihr Lächeln und ihre entspannte Art. Mit einem Wort, er fand sie wundervoll.

Das Wetter war herrlich an dem Tag, an dem sie nach Salthill fuhren, und sie spielten alle am Strand, und Julie nahm Gordon auf einen Spaziergang über die Promenade mit, wo sie Eis für sich und die Kinder kauften. Und das bot John die ideale Gelegenheit, mit seiner Mutter zu reden und sich bei ihr dafür zu entschuldigen, dass er sich die ganzen langen Jahre nicht bei ihr gemeldet hatte. Er legte ihr den Arm um die Schultern und versprach, er wolle sie nie wieder im Stich lassen. Und er sagte zu ihr, dass Gordon und sie, sollten sie sich je entschließen, nach Irland überzusiedeln, mehr als nur willkommen seien.

Lange saßen sie da und redeten vertraulich miteinander, während sie gleichzeitig auf die Kinder aufpassten, die am Strand spielten. In diesen kostbaren Augenblicken spürte er, dass seine Mutter eine ganz besondere Gabe hatte, nämlich die der schnellen Auffassung. In Windeseile durchschaute sie eine Situation oder den Charakter eines Menschen, auch wenn sie mit der Situation oder der Person noch keinen Kontakt gehabt hatte.

Und als Bridie und Gordon John und Julie von ihrem großen Gewinn in der irischen Lotterie erzählten, sah John, dass Bridie etwas wirklich Gewagtes tat, um den Geldpreis in Empfang zu nehmen. Ihre erste Eingebung sei es gewesen, so sagten sie, mit dem Los nach Dublin zu fliegen und ihren Gewinn in Empfang zu nehmen. Aber Bridie meinte, ihre gute Freundin Julie Murray, die ja die Lose überhaupt erst besorgt hatte, müsse unbedingt mit von der Partie sein, da es sonst Unglück bringe. Also schrieb sie Julie und legte das unterschriebene Rubbellos bei. Dann versprach sie Julie eintausend Pfund, wenn die zum Postamt ging und im Namen von Bridie und Gordon den Gewinn geltend machte, und zwar mit der strikten Anweisung, das gewonnene Geld in ihrer beider Namen anzulegen. Folglich hatten sie jetzt neuntausend Pfund auf einem Postsparkonto, und das nicht zuletzt dank der lebenslangen treuen Freundschaft der beiden Frauen zueinander. Eine Frau, die das erfolgreich durchzog, dachte John Paschal, brachte alles fertig.

In derselben Woche noch bat Bridie ihren Mann, Julie Murray und Noreen Donnellan in Galway City abzuholen und nach Williamstown zu bringen, damit sie John Paschal und dessen Familie kennenlernten. Aber da fing Gordons schicker kleiner Flitzer an, Probleme zu machen, und er musste den Wagen zu Brennans Autowerkstatt bringen, was Bridie die ideale Gelegenheit bot, etwas zu tun, was sie immer schon hatte tun wollen. Als Gordon fragte, ob sie mit zur Werkstatt wolle, sagte sie nein und meinte, sie wolle mit ihren Enkelkindern spielen.

Kaum war Gordon zur Tür hinaus, da setzte Julie den Kessel auf und Bridie rannte nach oben unter dem Vorwand, sie habe etwas vergessen. Die Gelegenheit war besonders günstig, weil John Paschal zu Hause war und sich in seiner Werkstatt hinter dem Haus zu schaffen machte. Und als er ankündigte, er wolle ein paar gerahmte Bilder und Spiegel in ein nahegelegenes Hotel bringen, hörte er Julie seine Mutter fragen, ob sie gern eine Tasse Tee hätte.

»Oh ja, sehr gern, wenn es dir keine Mühe macht«, antwortete Bridie. »Aber ich mache den Tee, dann kannst du die Wäsche aufhängen.«

»Ach, sei doch nicht albern«, meinte Julie. »Jesus, Maria und Josef und alle Heiligen, wenn wir uns nicht mal die Zeit nehmen, uns hinzusetzen und mit unseren Gästen zu reden, dann ist uns wirklich nicht mehr zu helfen. Vielleicht möchtest du auch eine Tasse, John, ehe du dich auf den Weg machst.«

»Ja, sicher, gern, wo sich die Gelegenheit nun mal ergibt«, sagte John, als er sich einen Moment lang setzte und an der Unterhaltung teilnahm.

»Ach, das ist ja wirklich schön, denn jetzt würde ich gern etwas tun, wo ich euch zwei hier zusammen habe«, sagte Bridie. »Ich weiß gar nicht, John, ob ich dir das je erzählt habe, aber als du noch ein Baby warst, habe ich dir eine kleine Haarlocke abgeschnitten – und sie all die Jahre als Erinnerung an dich verwahrt. Ich habe sie wie meinen Augapfel gehütet, wo immer ich auch hinging. Weißt du, ich habe die Hoffnung nämlich niemals aufgegeben. Abends, nachts und morgens betete ich, dass wir eines Tages wieder vereint wären. Das ist sie … hier habe ich sie«, sagte sie, öffnete ihr Schmuckkästchen und holte ein Ziegenlederbeutelchen heraus, dessen eine Hälfte aus durchsichtigem Kunststoff bestand, sodass man den Inhalt sehen konnte, ohne ihn herausnehmen zu müssen. »Das ist sie, ich habe diesen Beutel extra dafür gemacht … vor vielen Jahren«, sagte sie stolz, als sie die goldene Haarsträhne hochhielt.

»Du meinst, das ist von John, als er ein Baby war? Das glaube ich nicht!«, sagte Julie und nahm den Beutel in die Hand. »Stell sich das einer vor! Hast du was dagegen, Bridie, wenn ich die Locke herausnehme?«

»Aber nein, natürlich nicht. Gerne.«

Julie holte die halbmondförmige Strähne von John Paschals Haar aus dem Beutel und fuhr mit den Fingern über die seidenweiche Locke. Sie konnte kaum glauben, dass sie über all die Jahre ihre Farbe und ihre Geschmeidigkeit bewahrt hatte. Die ganze Zeit saß John Paschal völlig verblüfft auf seinem Stuhl. Vage erinnerte er sich daran, dass seine Mutter vor Jahren einmal etwas davon erwähnt hatte. Er fragte sich, ob er seine Mutter wohl je richtig kennenlernen oder in Erfahrung bringen würde, was sie antrieb, was ihr die Kraft gab, die schrecklichen Hindernisse zu überwinden, die das Leben ihr in den Weg gelegt hatte.

»Ach, Julie, wenn du nur wüsstest, wie schwer das war. Er war ja damals erst dreizehn Monate alt, und es brach mir fast das Herz, mich von ihm trennen zu müssen. Und deshalb habe ich mir an dem Morgen eine Schere gegriffen und ihm die Locke aus seinem schönen Haarschopf geschnitten, damit er immer bei mir blieb, wenigstens im Geiste. Und sogar in meinen düstersten Momenten konnte ich mich davon nicht trennen, denn irgendwie wusste ich immer, dass er eines Tages zu mir zurückkommen würde.«

Dann drehte sich Bridie um, ging zu John Paschal und umarmte ihn, ehe sie ihm ihren kostbarsten Besitz gab. Und während er die Locke hielt, war ihm ganz seltsam zumute, da saß er nun und hielt einen Teil seines eigenen Lebens aus der Zeit von vor … inzwischen vierzig Jahren in der Hand. Ihm war klar, dass dies ein geradezu unwirklicher Moment in seinem Leben war. Dass die Götter jetzt auf ihn herabsahen. Er empfand tiefe Dankbarkeit dafür, dass er mutig genug gewesen war, auf ihren spirituellen Ruf hin nach England zu gehen und sie glücklich zu machen. Doch dieses Gefühl war nichts im Vergleich zu dem, was er empfand, als seine Mutter sich an seine Frau wandte und sagte: »Julie, Liebes, ich möchte, dass du das behältst«, und damit drückte sie ihr die Locke in die Hand, »als mein besonderes Geschenk an dich. Mein ganzes Leben habe ich zu Gott gebetet, dass er mir die Vergünstigung gewährt, eine richtige eigene Familie zu haben, denn ich hatte niemanden, zu dem ich gehörte. Und siehst du, solange ich diesen Schatz hütete, gehörte John Paschal immer mir. Es tut mir so leid, Liebes, dass ich nicht bei eurer Hochzeit war. Also gebe ich dir das hier jetzt, als Symbol dafür, dass er nicht mehr mir gehört, sondern dir, und ich hoffe, dass ihr beide sehr glücklich miteinander seid.«

»Liebe Bridie«, sagte Julie bewegt. »Ich nehme das nur zu gerne an. Es ist etwas, das ich mein ganzes Leben in Ehren halten werde. Und da wir schon von Kindesentführung sprechen -«, sagte sie und lachte gerührt und gab sich alle Mühe, ihre Gefühle zu unterdrücken, »jetzt kann ich immer sagen, ich kannte meinen Mann schon, als er noch in der Wiege lag.«

Diese Szene voller Liebe und Hingabe zwischen den zwei wichtigsten Frauen in seinem Leben mit anzusehen – eine Szene, in deren Mittelpunkt er stand –, war einfach zu viel für ihn. John Paschal musste hart mit sich ringen, um seine Freude unter Kontrolle zu halten und im Raum sitzen zu bleiben. Jetzt aufzustehen und den Raum zu verlassen, dachte er, wäre die einfachere Möglichkeit gewesen. Aber es wäre auch ein Akt der Feigheit gewesen. Doch erwachsene Männer weinen nicht über das, was ihre Mütter sagen. Sie nehmen es hin wie ein Mann. Aber herrje, dachte er, wer konnte das hier schon ertragen? Da wäre man am liebsten aus Eisen oder hätte gern ein Herz aus Stein, denn tief im Innern wusste er, dass das, was er gerade mit angesehen hatte, die Abrechnung seiner Mutter mit dem Geist ihrer Vergangenheit war. Es war der Höhepunkt eines lebenslangen Schmerzes und Leidens, ein Verarzten alter Wunden, ein Fortwaschen der Jahre des Schmerzes, der Qual, der Einsamkeit, des Bittens und Betens auf den Knien, des sich selber in den Schlaf Weinens, in der Hoffnung, dass eines wunderbaren Tages dies endlich geschehen möge, und jetzt war es geschehen, endlich.

John Paschal verließ die Küche, und er wusste, dass jetzt keine Bilder ausgeliefert würden. Stattdessen ging er still in seine Werkstatt und nahm vom Regal ein kleines Tagebuch, das er dort versteckt hatte. Sofort brachte er seine eigenen Gedanken und Wünsche zu Papier. Er blätterte zurück und dachte flüchtig an die wenigen Lieder, Gedichte, die gelegentliche Kurzgeschichte, die Sonderbeiträge, die er in der Presse veröffentlicht hatte. Eine Weile hatte er sich sogar an einem Theaterstück versucht. Aber was er wirklich mehr als alles andere wollte, war, ein Buch zu schreiben, ein gutes Buch, über das Leben seiner Mutter. Dieses Tagebuch enthielt viele Passagen und Notizen, die er benutzen wollte. Obwohl er eigentlich nie gewusst hatte, wie sein Buch enden würde, war ihm von Anfang an klar, wie der Titel lauten würde: *Die Liebe meiner Mutter,* als Tribut an die drei tapfersten Frauen, die er je kennengelernt hatte, und vor allem als Tribut an seine Mutter, die so viel geopfert hatte, um sicherzustellen, dass er als Kind nicht – für lumpige einhundert Pfund – in die

Sklaverei verkauft oder nach Amerika geschickt wurde, um die Sehnsüchte eines wohlmeinenden kinderlosen Ehepaares zu befriedigen. Ihm war klar, dass es vermutlich Jahre dauern würde, dieses Buch zu schreiben.

Und so war es dann auch.

Und jetzt endlich kann ich voller Stolz sagen, dass ich es geschafft habe. Und ich bin froh darüber.

DANK

So viele Menschen haben mir dabei geholfen, meinen Traum zu verwirklichen. So etwas schafft man nicht über Nacht, deshalb besteht immer die Gefahr, dass ich vergessen könnte, jemanden zu nennen. Mein Gedächtnis ist nicht mehr das, was es war. Dann also los. Ich danke meiner guten Freundin Christine Keane, die immer da war und schwierige Fragen beantwortete; Aine McCarty, die die ersten Entwürfe las und mich ermutigte, am Ball zu bleiben; John Conneely, der 2005 mit dem Preis »Bard of Ireland« ausgezeichnet wurde; Therese Carrick, meiner Lektorin; Mattie, stets hilfsbereite Ratgeberin; James Newell, Illustrator, der vor zehn Jahren für mich arbeitete und loyal wie eh und je war; Gilbert Gough, Schriftsetzer; Stephen von Colourbooks Ltd.; Óisin, der mein gesamtes Material rettete, als Weihnachten mein Computer zusammenbrach, gut gemacht, Junge, du wirst es noch weit bringen. Mein Dank gilt auch Róisin, Steve, Síle und meiner lieben Frau Julie, euch allen ein besonders herzliches Dankeschön. Dank auch an Maureen, die mich stets von ganzem Herzen unterstützte, und an Claudia Jennings, die die ersten Entwürfe tippte, vielen Dank dafür. Und ein aufrichtiges Dankeschön an Idi Ni Laoghaire (O'Brien Press), die sich die Zeit nahm, mir Fehler aufzuzeigen.

Ein herzliches Dankeschön an Tom Griffin, Irish World Newspaper in London, der mir neuen Schwung gab, als ich es so dringend brauchte.

Vielen Dank an Tom Kenny (Kenny's Buchhandlung); Galway City Library; Tuam Credit Union, die immer da waren, wenn das Geld ausging.

»Ich liebe meine deutschen Eltern, und doch wollte ich meine leibliche Mutter wenigstens einmal in die Arme schließen.«

Anneli Schinkel
SEIDENTOCHTER
Ein Adoptivkind aus Korea findet
seine leiblichen Eltern
Erfahrungen
256 Seiten
Mit 8 Seiten s/w-Bildtafelteil
ISBN 978-3-404-61652-7

Wem bin ich ähnlich? – Diese Frage begleitete Anneli Schinkel ihre Kindheit und Jugend hindurch. Mit einundzwanzig Jahren wagt sie sich in ihr Geburtsland Korea, wo sie als Baby vor den Stufen eines Waisenhauses ausgesetzt worden war. Mit dem Wenigen, das sie über ihre Herkunft weiß – nicht viel mehr als als ein Name, den ihr koreanische Behörden gaben, und ein ungefähres Geburtsdatum –, begibt sie sich auf die Suche nach dem Ursprung ihres Lebens. Es ist die Suche nach der leiblichen Mutter und das Herantasten an die Kultur, in die sie einst hineingeboren wurde.

»Die Vita der 21-jährigen Seidentochter Anneli Schinkel ist spannend wie ein Roman.« STUTTGARTER NACHRICHTEN

Bastei Lübbe Taschenbuch